Eva Gesine Baur

»Mein Geschöpf musst du sein«

Das Leben der Charlotte Schiller

HOFFMANN UND CAMPE

Die Schreibweise der Quellentexte/Briefe wurde dort,
wo sie sich dem modernen Leseverhalten in den Weg stellt oder
den Leser irritiert, heutiger Orthographie angepasst.
Die grammatikalischen und syntaktischen Besonderheiten wurden belassen.
Texte in runden Klammern sind Einfügungen des jeweiligen Briefschreibers,
die in eckigen Klammern Ergänzungen der Autorin.

1. Auflage 2004
Copyright © 2004 by Hoffmann und Campe Verlag, Hamburg
www.hoffmann-und-campe.de
Schutzumschlaggestaltung: Büro Hamburg/Susanne Schwarz
Umschlagbild: Charlotte von Schiller nach Simanowitz/akg-images,
Friedrich von Schiller/Bettmann/CORBIS
Bildrecherche: Konstantin Gerszewski
Satz: Dörlemann Satz, Lemförde
Druck und Bindung: GGP Media GmbH, Pößneck
Printed in Germany
ISBN 3-455-09458-9

**HOFFMANN
UND CAMPE**

Ein Unternehmen der
GANSKE VERLAGSGRUPPE

Inhalt

»Wer ein holdes Weib errungen ...«

Was auf Charlotte Schiller
neugierig macht

»Eine perfekte Ehefrau.« Dieser Ehrentitel ist schuld daran, dass sich kaum einer fragt, wer Charlotte Schiller eigentlich war. Bereits zu Lebzeiten wurde er ihr verpasst. Und hat sie bis heute versiegelt, als wäre sie in Glas eingegossen. Sie atmet nicht, duftet nicht und keiner weiß, wie sie sich anhört. Ein Schicksal unter Verschluss. Und kaum einen hat es gereizt, diese Versiegelung aufzubrechen. Das ist nicht schändlich, sondern durchaus verständlich. Denn was könnte es Langweiligeres geben als eine perfekte Ehefrau?

Was über Charlotte Schiller gesagt wird, klingt großenteils wie aus einer Heiratsannonce der 1950er Jahre: Lottes erster Biograph, Karl Fulda, rühmt 1878 »ihre sinnige Liebe für alles Gute, Wahre, Schöne, Hohe«. Und Hermann Mosapp ist 1896 in seinem »Lebens- und Charakterbild« auch nichts Originelleres eingefallen, als an ihr »ein lebendiges Gefühl für alles Schöne, Edle, Wahre und Gute« zu belobigen.

Zärtlich, aufopfernd, verständnisvoll, sanft, nachgiebig und selbstbeherrscht war sie, das wird einhellig bekundet. Das mag nett für ihre Umgebung gewesen sein. Aber taugt solch ein Musterexemplar, das den Hunger auf Skandale keinesfalls stillen kann, zur Heldin einer Biographie? Es ist nicht verwunderlich, dass sich seit langem niemand mehr interessiert hat für diese Charlotte, geborene von Lengefeld, Lotte, Lollo, Lolo oder Loloa genannt, die mit einundzwanzig Jahren Friedrich Schiller kennen lernte, ihn 1790, mit dreiundzwanzig, heiratete und ihn nur fünfzehn Jahre später, am 9. Mai 1805, wieder verlor. Sogar

Wilhelm von Humboldt, der sich als Lottes Freund verstand, redete von ihr als dem »uninteressanten Lolochen«.

Skandale und Affären: damit können einige deutsche Frauen aus Intellektuellen-, Künstler- und Adelskreisen um 1800 durchaus dienen. Emilie von Münchhausen, zum Beispiel, die mit siebzehn an den Weimarer Stallmeister und Kammerherrn Wertern verheiratet wurde, sich mit achtundzwanzig in August von Einsiedel verliebte und wesentlich mehr Lust hatte, den auf seiner Afrika-Expedition zu begleiten als ihren Gatten durch das fade Leben. Sie ließ sich für gestorben erklären, wurde aber in Straßburg mit dem Liebhaber gesichtet, woraufhin der Gatte das Grab öffnete und eine Strohpuppe im Sarg vorfand.

Caroline von Humboldt, Busenfreundin von Lottes Schwester, die sich auch als Lottes Intima ausgab, wurde nachgesagt, jedes ihrer Kinder habe einen anderen Vater. Und es waren immerhin acht – das letzte bekam sie mit dreiundvierzig Jahren.

Die berüchtigtste der Karolinen, Karoline geborene Michaelis, verheiratete Böhmer, Schlegel sowie Schelling, ließ sich als mittellose Witwe von einem französischen Offizier schwängern, den manche für ihren Sohn hielten, machte vor den Augen ihres zweiten Mannes, August Wilhelm Schlegel, der sie aus der sozialen Zwangslage rettete, »alle nur möglichen Avancen«, war mit ihm »auf eine unanständige Art vertraut« und schloss einundvierzigjährig mit dem zwölf Jahre jüngeren Liebhaber ihre dritte Ehe. Bei Schiller hieß sie nur »Dame Luzifer«. Und Karoline von Beulwitz, später von Wolzogen, Lottes ältere Schwester, brauchte ihre nebenehelichen Beziehungen wie die Luft zum Atmen. Selbst wenn sie sich mit mancher späten Leidenschaft der Lächerlichkeit preisgab.

Charlotte Schillers Leben jedoch verlief geradlinig, ohne Abwege und Seitensprünge: Sie war ihrem Friedrich treu, und offenbar nicht aus Gewohnheit, sondern aus Liebe. Nur einen Skandal gab es in ihrem Dasein, und den hatten ihr Karoline, ihre Schwester, und Schiller eingebrockt: Schiller war anfangs in beide Schwestern verliebt, manche behaupten sogar, ursprünglich nur in Karoline. Und der Versuch der Schiller-Verehrer, dieses Dreierverhältnis auf eine rein platonische Seelenfreundschaft herunterzukochen, die dem damaligen empfindsamen Zeitgeist gemäß gewesen wäre, spricht für deren blinde Prüderie, nicht für ihre Sachkenntnis. »Wer hier unrein modernplumpe Gedanken hereinträgt, der richtet sich selber«, verwarnte Friedrich Lienhard bereits 1906 in seinem Buch über Schillers Ehe alle potenziellen Denkmalsschänder. Karl August Varnhagen van Ense, zwar redselig, aber nicht als unseriös verschrien, referiert eine Unterhaltung mit einem der engen Freunde der Schillers, der zufolge Friedrich und seine spätere Schwägerin durchaus zur Sache gegangen sind: »Humboldt sagte mir heute ohne alle Umschweife, dass Frau Wolzogen, ehe Schiller ihre Schwester heiratete, mit ihm in heißen Liebesflammen gestanden und er nur aus diesem Anlass die Schwester geheiratet habe. Er sagte ganz derb heraus: ›Elle à commencé à coucher avec Schiller et plustard avec Dalberg.‹« – Sie hat angefangen, mit Schiller zu schlafen und später mit Dalberg.

Dass Karoline von Beulwitz, in zweiter Ehe von Wolzogen, aus Schillers glühenden Briefen, die er in der Verlobungszeit mit Charlotte geschrieben und an beide Schwestern gerichtet hatte, jede Anrede an sie selber, jedes »Ihr« und »Euch« herausstrich, spricht für sich; und dass sie in ihrer Schiller-Biographie, die erst 1830, also im sicheren Abstand von vier Jahren nach Lottes Tod, erschien, ihre begehrliche Beziehung zu Schiller leugnete, ebenfalls. Was in all den Briefen und Aufzeichnungen gestanden hat, die Karoline vor ihrem Tod vernichtete, und in jenen, die Schillers Jüngste, die Erbverwalterin Emilie von Gleichen-Rußwurm, später verbrannte, ist nicht bekannt. Doch dass die beiden Dokumente korrigierten, verfälschten oder zerstörten, ist Hinweis genug. Da war etwas, was der Nachwelt vorenthalten werden sollte.

Emilies Interesse galt sicher dem Ziel, die Liebe des Vaters zu ihrer Mutter als die einzig wahre und große darstellen zu können. Karolines Anliegen war wohl eher, im Nachhinein nicht als Verliererin dazustehen, die lange versucht hatte, Schiller für sich zu erobern. Und die immer davon überzeugt blieb, eigentlich habe Schiller ihr zugestanden. Sie, die den Schwager um zweiundvierzig, die Schwester um einundzwanzig Jahre überlebte, hat uns von sich, von Lotte und von der Schiller'schen Ehe das Bild überliefert, das sie vermitteln wollte. Sie stellt sich der Nachwelt dar als die Überlegene, aber zum Unglück verdammte mütterlich Fürsorgliche. Als die Zerrissene, aber dafür bedeutendere der beiden Schwestern. Als eine rastlos Suchende, die aber im Gegensatz zu Lotte das Große erfasst hat. »Ein heißes Streben zwang mein ganzes Wesen in die Höhe«, schwärmte sie von sich. »Ich konnte nichts kleines in mir mehr leiden.«

Der Konkurrenzkampf der beiden Schwestern wurde natürlich nicht offen ausgetragen, beide gaben nicht zu, dass sie, als es um Schiller ging, zu Rivalinnen wurden. Doch in diesem uneingestandenen Schwesternkrieg liegt wohl der Code, mit dem jener Tresor, den die diskrete Lotte darstellt, geknackt werden kann.

Lotte ging als Haus-, Ehefrau und Mutter in die Geschichte ein. Dass und was sie geschrieben und übersetzt hat, ist bis heute so gut wie unbearbeitet und daher großenteils unbekannt. Und daran sind ausgerechnet Leute schuld, die Lotte Schiller geradezu wie eine Heilige verehrt haben, wie zum Beispiel ihr Biograph Hermann Mosapp: Sie war, behauptet er, »wohl nicht, was man eine geistreiche Frau nennt«.

Karoline hingegen ging als Schriftstellerin in die Geschichte ein, lorbeerbekrönt von dem publikumswirksamen Irrtum, dass ihr Werk »Agnes von Lilien« bei Erscheinen Goethe zugeschrieben wurde. Wie ungenießbar ihre Ergüsse sind, wissen nur Germanisten, die sich mit einer Kostprobe bereits den Appetit auf mehr verdorben haben. Doch eine überdrehte Frau mit ihren Verzweiflungen, ihren Intrigen, ihrem Ehrgeiz und ihrer Eifersucht ist aufregender als eine, die wie Lotte von sich sagt, sie sei glücklich gewesen.

In Lottes Leben fehlt es wohl an Brüchen und Widersprüchen, an Drama und an Tragik, an alldem, was Reibungsfläche bietet, also Hitze erzeugt.

Von der Gesellschaft ignoriert oder missachtet zu werden, wie es Goethes Christiane passierte, blieb Charlotte ebenso erspart wie die Demütigungen, denen Goethe seine Gefährtin aussetzte. Doch obwohl mehrmals über Charlotte Schiller geschrieben wurde, blieb sie, verglichen mit der Figur der drallen und prallen Christiane, blass. Und je mehr das Interesse zunahm an Goethes »Bettschatz«, den Frau Herder »eine Hure« nannte, Wieland »Goethes Magd«, die Arnim »eine Blutwurst« und der Großteil der Weimarer Gesellschaft »Goethes dickes Ende«, desto mehr erlahmte das Interesse an der braven Lotte. Zu glatt, zu makellos schien sie. Eine Existenz, an der man abrutschte, die man nicht anfassen, nicht begreifen konnte.

Doch es gibt da einen Haken, der bisher geflissentlich übersehen wurde. Um ihn wahrzunehmen, heißt es nämlich, Schiller nicht nur von unten zu bewundern als den wohl größten Dramatiker deutscher Sprache, sondern ihn aus nächster Nähe zu betrachten, mit den Augen einer Ehefrau. Als einen, der ein Hungerleider war, nicht mit Geld umgehen konnte, dauernd krank war und dennoch leichtsinnig mit seiner Gesundheit umsprang, der sich weder pflegte noch disziplinierte. Und mit seinem schweren schwäbischen Dialekt in besseren Kreisen peinlich war.

Lotte war eine begehrenswerte Partie gewesen: adlig, liebenswürdig, hübsch und gebildet. Sie hätte ein bequemes und verwöhntes Leben führen können. Aber obwohl sie sich für eines entschied, das voller Sorgen und existenzieller Nöte war, nannte sie sich eine glückliche Frau. Niemals hat sie geklagt, das Opfer eines genialen Ehemanns zu sein, niemals hat sie erklärt, ihre Entscheidung für Schiller zu bereuen, niemals hat sie bedauert, nicht wie Karoline Karriere gemacht zu haben. Sie hat sogar behauptet, es sei keine besondere Leistung, mit Schiller glücklich zu sein. Und nach seinem Tod in ihr Tagebuch geschrieben: »Wer glücklich war, genießet selbst im Schmerz noch Glück.«

Wie hat sie das geschafft? Wie viel Kraft hat sie das Lächeln gekostet, ein Lächeln, das nichts Gequältes hatte? Und woher nahm sie diese Kraft?

Liebesfähigkeit ist ein Schlagwort. Lotte Schiller ist ein anrührendes und aufregendes Beispiel dafür, wie viel es bedeuten kann.

I

Retter gesucht

Warum Charlotte Lengefeld
die Flucht aus der Idylle plant

Gäbe es die Bücher nicht, wäre Lotte von Lengefeld nur dick und vernünftig. Dann ließe sie sich von ihrer Mutter mästen und wäre bereit, den Sonderling zu heiraten, der sie neuerdings umwirbt. Der Mann ist zwar nach dem Urteil ihrer Schwester ein Schwätzer, lächerlich und vertrottelt, doch in den Augen ihrer Mutter ist dieser adlige Einserjurist eine gute Partie.

Die Bücher sind schuld an Lottes Traum, einen Helden zu heiraten. Einen lebenden Romanhelden, der sie und ihre Schwester Karoline erlöst aus dem Bannkreis der Ereignislosigkeit. Schließlich leben sie, nach Ansicht Karolines, wie »verwünschte Prinzessinnen«. Und verwünscht hat sie die eigene Mutter. Die hat Karoline mit sechzehn einem Mann versprochen und sie mit einundzwanzig verheiratet, mit Wilhelm von Beulwitz, den Karoline nie geliebt hat, nicht mal leiden konnte. Und nun haust er zusammen mit den so genannten Prinzessinnen.

Lotte von Lengefeld ist noch keine zwanzig und hat Angst, es könnte ihr genauso ergehen wie ihrer Schwester: dass sie eingesperrt wird in eine Vernunftehe, und das lebenslang. Zu Menschen ihres Alters haben die beiden jungen Frauen so gut wie gar keinen Kontakt. Und täglich kämpfen sie gemeinsam dagegen an, von der Langeweile gelähmt zu werden, von der Idylle, in der sie leben. Die Sommergäste jedenfalls nennen es so, das geräumige Haus, einfach und schön in den Proportionen, in der besten Lage von Rudolstadt; zwei Etagen und Dachstuben, südlich davon ein Garten mit Kirsch- und Quittenbäumen, Himbeersträuchern, Lilien und einem grün gestrichenen Pavillon, von Pappeln umstanden. Im Winter allerdings treibt es Fremde wie Freunde nur aus Not oder Zufall hierher. Deswegen ist Lotte zu der Zeit des Jahres, in der die Landschaft am Saalebogen Besucher anzieht, gierig, neue Kontakte zu knüpfen.

Der September 1786 geht zu Ende. Und die Einladung zu Frau von Stein auf Schloss Kochberg ist für Lotte von Lengefeld jetzt mehr als ein Zeitvertreib. Auch wenn sie weiß, dass sie dort wie vor ein paar Wochen schon wieder auf diesen Einserjuristen, Major von Knebel, treffen wird, dessen Avancen ihr peinlich sind. Lotte will Vorräte anlegen für die Monate der Isolation, wo ihr nichts bleiben wird, als zu lesen oder mit Karoline zu reden, der älteren Schwester. Und es redet sich eben anregender über Leute, über geniale wie banale, als über Plutarchs historische Werke, die sie durchackern. Romane, Geschichtliches, Lyrisches, Englisches, Deutsches, Französisches und zur Not auch Lateinisches – beide lesen wie besessen, was Lottes Chancen auf dem Heiratsmarkt keineswegs erhöht. Ein gewisser von Seibold hatte schon vor Jahren im »Frauenmagazin« gewarnt: »Vor ungefähr zehn Jahren lasen noch wenige Frauenzimmer ... seit zehn Jahren liest fast alles. Es ist zu befürchten, das schöne Geschlecht möchte über den Büchern vergessen, dass sie nicht nur zum Lesen, sondern auch zum Kindergebären und Erziehen und zur Führung der Hauswirtschaft bestimmt sind.« Und der Autor sah sich durch einen einzigen Blick auf das Leben der Schwestern Lengefeld, in seinen Augen infiziert von der grassierenden Lesewut, bestätigt.

Karoline, seit vier Jahren mit Wilhelm von Beulwitz verheiratet, ist noch immer nicht schwanger, und beide Schwestern gehen der Hausarbeit so weit es nur möglich ist aus dem Weg. Ihre Mutter, selbstverständlich unterstützt von einem Hausmädchen, stickt und stopft, erntet den Garten ab, legt saure Gurken ein und weckt Obst ein, stellt aus getrockneten Austern Fischsaucenextrakt her, aus getrockneten, zermahlenen Pilzen Ragoutpulver und aus Unmengen von kondensierten Fleischbrühen eine Instantsuppe, während die Töchter sich aus ihrer Bibliothek auf dem Dachboden bedienen.

Gäbe es die Bücher nicht, wäre das, was auf den Teller kommt, das einzige Gesprächsthema, die einzige Abwechslung im Haus der Lengefelds. Eine Kost, schwer von Eiern, Butter, Sahne und Schmalz. Und Lottes Mutter schreibt die Rezepte auf, als sollten ihre Töchter ihren Männern einmal etwas Ähnliches antun wie sie, Louise, es ihrem Mann angetan hat. Vielleicht hat sie ihn in aller Liebe zu Tode gemästet; sicher jedenfalls waren Louises Spezialitäten für einen, der schon mit neunundzwanzig Jahren einen Schlaganfall erlitten hatte, nicht lebensverlängernd: Es war wohl ein zweiter Schlaganfall, an dem er mit gerade sechzig starb. Er, den die Töchter in der Erinnerung romanhaft verklären, war jedoch auch daran beteiligt, dass sie hier nicht herausgekommen sind, aus diesem Kaff in Thüringen, das sich Residenzstadt nennt.

Lotte und Karoline haben sich bestimmt oft gefragt, warum ihr Vater damals hier geblieben und nicht nach Berlin gezogen ist. Friedrich II., König von Preußen, scharfzüngiger Kosmopolit und homosexueller Feingeist, hatte dem Oberforstmeister von Lengefeld die Chance gegeben, Karriere und mehr Geld zu machen, eindrucksvoll zu wohnen, nah dran an der großen Welt zu sein, mitten unter anregenden, wichtigen Menschen und er verstand nicht, wie jemand so etwas ausschlagen konnte. Er konnte sich kaum hineindenken in einen Mann, der mit einem gelähmten Arm und einem gelähmten Bein lieber ein unbedeutendes, aber friedliches Leben in der Provinz führen wollte als eines umgeben von glitzernd verpackten Anfeindungen.

Wer die Natur hier im Sommer erlebt, gibt dem alten Lengefeld Recht. Doch wer Rudolstadt genau betrachtet, versteht ihn kaum. Es gleicht einem Gnom, der sich nur mühsam auf den Beinen hält: ein schmächtiger, verdreckter Körper mit einem übergroßen greisenhaften Kopf. Sie bedränge hier das Gefühl, jammert Lotte, »man sei fünfzig Jahre zurück in allem, was gesellschaftliche Bildung betraf«. Matschige Straßen, Hühner um die Häuser, Wäsche an der Leine, sogar vor der Stadtkirche, die Schaf- und Rinderherden werden durch den Ort getrieben und ihr Kot bleibt liegen, bis der Regen ihn wegschwemmt. Aber auf

Idyllisches Kaff unter übermächtigem Schloss: Gesamtansicht von
Rudolstadt mit der Heidecksburg. Kupferstich von Franz Hablitschek
nach einer Zeichnung von Ludwig Rohbock.

dem Berg über den niedrigen, großenteils strohgedeckten Häusern leuchtet eine dreiflügelige barocke Schlossanlage, die Heidecksburg. Weltfremd zelebriert der hocharistokratische Clan
dort seine Eigenmächtigkeit. Weil es auch noch ein Stadtschloss,
die Ludwigsburg, gibt und die Sommerresidenz Schwarzburg, haben die meisten, die in Rudolstadt wohnen, direkt oder indirekt
mit Schlossherren zu tun. Mit ihrer Unterwäsche, ihren Krankheiten oder Kindern, mit der Bewirtung ihrer Gäste oder der Be-
seitigung ihres Schmutzes. Rudolstadt ist für damalige Verhältnisse nicht klein, aber verglichen mit Gotha, Erfurt oder Dresden
ist es schäbig. Es fehlen anspruchsvolle Stadthäuser, es fehlt jedes
urbane Selbstbewusstsein, es gibt keinen Hauch von Esprit, nur
den Mief devoter Untertanen. Viertausendeinhundert Menschen
leben hier in der Residenzstadt in fünfhundertelf Häusern, da-

runter dreiundzwanzig Familien, die zum Hochadel gehören und sich vom Rest der Bevölkerung distanzieren. Sie müssen also unter sich selber kreisen oder sich Unterhalter von auswärts beschaffen. Im Winter ein Problem.

Aber es gibt sie ja, die Bücher. Pflichtliteratur und Lustliteratur. Und in den Romanen finden Lotte und ihre Schwester Vehikel für die Fluchten aus der Enge. Einer Enge, die Lotte erst bewusst ist, seit sie mit siebzehn fast ein ganzes Jahr draußen war, in Vevey, am Genfer See. Doch gespürt hat sie es schon vorher, wie es ist in dieser Stadt, in der keiner der Kontrolle durch die Nachbarn entkommt, aber viele einsam sind. Trotzdem scheint es so, als könnte sich Lotte mit der Ereignislosigkeit in Rudolstadt besser abfinden als ihre Schwester. Die Mutter jedenfalls hat diesen Eindruck und Karolines Unruhegeist macht ihr mehr Sorgen als Lottes Gleichmut.

»Ein einziger Tag meines früheren Lebens ist die Geschichte aller ...«, schrieb Lotte später über ihre Kindheit und Jugend im Abseits. Und sie behauptete: »Ich lernte dadurch auf mir selbst zu ruhen.«

Das hört sich im Nachhinein gelassen an, verrät aber dem wachen Sinn, wie eintönig es war für zwei junge Frauen, deren Köpfe die Romanciers mit Träumen und Visionen angefüllt hatten.

Ihre Mutter würde das Hirngespinste nennen, denn Louise von Lengefeld ist eine vernünftige Frau. Es ist ihr, wie ihre Bildnisse zeigen, anzusehen, dass sie mit sich und ihrer Welt im Reinen ist. In ihrem Blick, in ihrem Gesichtsausdruck scheint kein Zweifel auf, nichts Spöttisches und auch nichts Träumerisches, da ist nur eine biedere Sicherheit.

Louise ist Hofdame bei der Herzogin Anna Amalia, also in einer angesehenen, miserabel bezahlten Position, und gilt als eine Person, die von Pädagogik etwas versteht; seit dem Tod ihres Mannes – da waren die Mädchen neun und zwölf – hat sie die Erziehung allein übernommen und bildet sich ein, ihre Töchter lägen vor ihr wie aufgeschlagene Bücher. Lesen kann sie aber nicht darin, sonst schliefe sie selten ruhig. Beide, Karoline wie Lotte, denken und ersehnen Dinge, die der Mutter abwegig erscheinen würden. Die Ältere, Karoline, nennt den Hof, unantastbares Heiligtum für ihre Mutter, einen Ort, »wo die Albernheiten und Schiefheiten fest geworden sind«, verachtet dessen aufwändige Lügen und verspottet seinen gestrigen Lebensstil. Und jeder, der einen Besuch auf der Heidecksburg hinter sich bringt, wo noch Zeremonielle gepflegt werden, über die man am Weimarer Hof kichern würde, versteht sie. Lotte, drei Jahre jünger, findet »alles mir Unbekannte und Fremde ... wunderbar«. Ausbruchsgelüste und Freiheitsdrang treiben sie um. Und beide phantasieren gemeinsam davon, dass einer kommen und sie befreien werde. Jede Einladung, jede Reise erscheint ihnen wie ein Glückslos, das ihr Dasein schlagartig verändern könnte. Auch dieser Herbstausflug jetzt, nach Großkochberg, verheißt Lotte eine Gewinnchance.

Ein Zauberschloss hat Goethe das Gut des Freiherrn Josias von Stein genannt, nur eine halbe Reisestunde nördlich von Rudolstadt gelegen, 24 Kilometer von Weimar entfernt. Und es besitzt wirklich Magie: ein abgelegenes Reich in der Waldeinsamkeit, umfriedet von Wasser, nur über einen schmalen Holzsteg an der Ostfassade des Schlosses zu betreten. Selbstgenügsam träumt das Anwesen vor sich hin. Ein hohes Walmdach, schiefergedeckt, dicke Mauern, verwittert, rissig und efeuüberwuchert, stille Nischen, Terrassen, bemooste Treppen. Ein Garten, dessen Wildwuchs nicht beschnitten ist, eher geeignet, um sich darin zu verstecken, als um darin zu flanieren. Hinter den Mauern intime Salons und Zimmer, die sich als Liebesnester eignen.

Lotte reist ohne ihre Schwester an und doch ist die Schwester ständig bei ihr. Denn alles, was sie tut oder unterlässt, hat mit Karoline zu tun. Analyse und Kritik ist Schwesternsache. Lotte also denkt nicht darüber nach, was hier los wäre, wüsste jeder der Anwesenden, was der andere sich erwartet. Mutter Lengefeld hat in einem Punkt bei Lotte ihr Erziehungsziel erreicht: Die jüngere Tochter redet niemals unvorsichtig daher, lästert nicht über andere Leute, bewundert alle, die belesener sind, und schweigt, wo sie nichts zu vermelden hat oder nichts ausplaudern soll. Zum Beispiel über das, was sie von ihrer Gastgeberin Frau von Stein, mittlerweile vierundvierzig Jahre alt, weiß.

Charlotte von Stein ist unübersehbar verbittert und will sich mit einer Einladung wie dieser vor allem ablenken. Vor gut zwei Monaten ist Ernst, ihr zweiter Sohn, an seiner Krankheit, Knochenkrebs, gestorben. Und ihr langjähriger Liebhaber Goethe ist vor vier Wochen ohne jede Vorankündigung nach Italien abgereist. Kommentarlos ist er verschwunden, hat am 2. September nur noch einen postalischen Abschiedsgruß von unterwegs geschickt. Seither herrscht Stille. Ihr Verhältnis mit Deutschlands prominentestem Dichter in den vergangenen zehn Jahren ist zwar allen Gerüchten und körperlichen Begehrlichkeiten Goethes zum Trotz niemals sexuell gewesen, aber jeder in Weimar und Umgebung bekommt mit, dass Charlotte von Stein auf Goethe nun schlecht zu sprechen ist. Sie hat ihn wohl, trotz allem, als ihr Eigentum betrachtet.

Was Lottes Mutter von ihr erwartet, ist der Gastgeberin bewusst: Sie soll für das Patenkind eine Stelle bei Hof und einen Mann finden. Und der Eignungskatalog für den künftigen Gatten Lottes liegt der Freundin vor: Er braucht Geld, Grundbesitz, Adel, Manieren und so viel Bildung, dass er bei Hof eine gute Figur macht. Aussehen gleichgültig, Alter ebenfalls – Vater Lengefeld war schließlich auch achtundzwanzig Jahre älter als seine Frau und seine Behinderung nicht störend für die reibungslose Ehe.

Aber Frau von Stein weiß auch, dass es mit Knebel nichts werden wird. Schon weil Lotte nicht erträgt, wie er redet; »sein süßer Ton mit unserem Geschlecht ist gar unangenehm«, erklärt sie angewidert; »er beleidigt meinen Stolz, weil es so aussieht, als könnten wir nichts anderes verstehen, als wären ernsthafte Dinge ganz außer unserem Gesichtskreis.« Da hat auch Frau von Stein wenig Chancen, der jungen Frau den für sie sehr alten Herrn schmackhaft zu machen. Ohnehin kann sie sich auf ihre Funktion als Eheanbahnerin derzeit nicht gut konzentrieren. Sicher lauert sie die ganze Zeit über nur auf eine ruhige Minute, um mit Lotte unter vier Augen zu reden und ihrer Wut

auf Goethe Luft zu machen, denn ihre Söhne oder ihr Ehemann sind nicht geeignet als Beichtväter in dieser Sache. Die
Patentochter könnte zwar ihr Kind sein – sie ist vierundzwanzig
Jahre jünger –, aber Charlotte von Stein hat ihr Profil mit Sil-
berstift gezeichnet, als wäre sie eine Schwester von ihr. Lotte ist
ihre Vertraute. Und sie ist verschwiegen.

Das ließe sich von Major Karl Ludwig von Knebel, zweiundvierzig, kaum behaupten. Der ehemalige Prinzenerzieher ist
schon seit 1781, also seit er siebenunddreißig ist, im Ruhestand.
Weil er nicht mehr wichtig ist, macht er sich wichtig, und dabei
ist Diskretion hinderlich. »Gott hat ihn eigens dazu geschaffen,
glaub' ich, dass eine Komödie aus ihm gemacht werden soll«,
lästert Lottes Schwester. Doch Knebel fühlt sich keineswegs komisch; das gelehrte Schandmaul Weimars, der Altphilologe
Böttiger, nennt ihn zwar »Goethens Affen und Pajazzo« und behauptet, dass Goethe ihn »ganz wie seinen Pickelhering« behan-
dele; aber schließlich hat Knebel vom Meister selbst zum Dank

für kritiklose Anbetung den Ehrentitel »Urfreund« bekommen, mit dem sich gesellschaftlich einiges hermachen lässt, und er bewohnt während Goethes Abwesenheit dessen Gartenhaus. Dass Goethe hintenrum verbreitet, dieser Knebel sei »schwankend und zu gespannt bei Faulenzerei und Wollen ohne was anzugreifen«, ahnt der Urfreund nicht.

Knebel hofft, in einer zweiten Offensive mit seiner Erfahrenheit bei der unerfahrenen Lotte, immerhin zweiundzwanzig Jahre jünger als er, Eindruck schinden zu können. Hilfreich könnte sein, dass Lotte Goethe anhimmelt und dem Urfreund sicher zu Füßen läge, wenn er sie in dessen Nähe brächte. Außerdem hat Knebel zwei Überraschungsgäste mitgebracht, schon um zu zeigen, wie weltläufig er ist: Lord Inverary, einen Schotten um die dreißig, der hier in Weimar und Jena adlige Kontakte pflegen will und es charmant findet, auf dieses Schloss mitgenommen zu werden, das durch Frau von Steins Liebhaber zu literarischem Ruf gelangt ist. Seine Wünsche werden wohl erfüllt: Er sammelt Eindrücke, mit denen er daheim in Schottland ganze Abendunterhaltungen bestreiten kann.

Sein jüngerer Bruder, Captain Henry Heron, ein großer, athletischer Mann, elegant im Auftritt, gewandt in der Konversation, wäre eine interessante Partie, gäbe es nicht das schottische Erbrecht. Dem zufolge besitzt der Lord alles und der Captain gar nichts, muss also auf das setzen, womit ein Mann sonst noch imponieren kann: Mut, Witz und Charisma. Und das einzige Wesen, an dem sich das hier zu erproben lohnt, ist Lotte. Eine schlanke Frau mit glatter weißer Haut, braunschwarzen langen Locken, einer geraden kräftigen Nase im flachen Gesicht und einem rundlichen Kinn. Ihre »Schmollmiene«, heißt es immer wieder, wirke besonders kokett. Obwohl Lotte kaum weiß, was Koketterie ist. Was reizt den schottischen Militär an dem Mädchen? Vermutlich etwas Ähnliches wie den schwadronierenden Knebel, der am 29. September 1786 von Kochberg aus an seine Schwester Henriette schreibt:»Lotte oder Fräulein von Lengefeld hat bei ihrer beinahe kindischen Unschuld wirklich einen erhöhten Geist für alle und auch sehr ernste Wissenschaften.« Chancen hat er bei Lotte jedoch keine.

Was sich Captain Heron von dem Ausflug nach Kochberg erwartet, bleibt unklar. Denn mittellos, wie er ist, sind die Aussichten schlecht, eine junge Frau zu erobern, deren Mindestpreis feststeht. Es ließe sich zwar unterstellen, er habe nur Lust auf ein Abenteuer und genieße es, das schüchterne Wesen, dem die Unerfahrenheit ins Gesicht geschrieben steht, aus der Reserve zu kitzeln. Wahrscheinlicher aber ist, dass er sich kopflos verliebt, ohne auch nur im Geringsten nachzudenken, was aus dem Ganzen werden soll.

Und was erhofft Lotte sich von dem Kurzurlaub? Flirten bestimmt nicht, das ist ein Metier ihrer Schwester. Bezaubern durch Geist? Auch damit kennt Karoline sich besser aus. Bildungsgeschütze auffahren, um zu beeindrucken? Könnte die Ältere, Lotte aber nicht, denn ihr sind die Romane von Richardson lieber als antike Klassiker. Ungeniert gibt sie zu, Lernen habe sie nie besonders erfreut. Dass ihre Schwester nicht dabei ist, macht

Erinnerung an den ersten Liebeskummer: Schattenriss von
unbekannter Hand, auf dem, neben Luise von Imhoff, Knebel und
seiner Schwester, stehend Captain Heron zu sehen ist.

Lotte unsicherer, aber auch freier. Sie hofft vor allem, dass Henry Heron den alten Knebel abschreckt. Doch Heron spürt, wie
schwierig es ist, mit dem Mädchen auch nur ins Gespräch zu
kommen. Er sucht nach einem Thema, das Lotte sich zutraut.
Und stößt auf Richardson. Intellektuelle und solche, die es wie
Knebel gern wären, finden den englischen Bestsellerautor sentimental, aber seinem Erfolg hat das nicht geschadet, denn sein Rezept ist unschlagbar: ein Mädchen, keusch, arm und moralisch,
ein Mann, draufgängerisch, reich und unmoralisch. Das Mädchen weigert sich, aber vergeblich. Doch die Reinheit des Mädchens bekehrt den bösen Buben und die Ehe ist perfekt. Die sexuellen Szenen sind zwar bemäntelt mit Moral, aber der Mantel ist
so dünn, dass er beim Zuschauen nicht stört.

Sie reden also über Richardson. Und es erotisiert, von Erotik
zu reden. Henry Heron spürt, dass Lottes Widerstand sich aufzulösen beginnt. Sie sieht nur noch ihren schottischen Helden.
Aber was erwartet sie von ihm? Bestimmt nicht, dass er ein Vermögen zu bieten hat. Am Beispiel ihrer Schwester Karoline hat
sie ja erlebt, dass Geld nicht befreit, geschweige denn beglückt.
Denn Geld hat ihr Schwager, der Prinzenerzieher Wilhelm von

Beulwitz. Doch auf jener Reise an den Genfer See, in der Begleitung des zukünftigen Gatten, merkte Karoline, dass er zwar Umgangsformen hat, die einer Schwiegermutter imponieren, aber nicht die geringste Phantasie und Begeisterungsfähigkeit. So jedenfalls stellt Karoline ihren Ehemann dar: als einen Mann in einem Panzer aus Überzeugungen und Sicherheiten, den die Schönheiten der Außenwelt nicht durchdringen können.

Während Karoline und Lotte beim Anblick des Rheinfalls in Schaffhausen oder des Genfer Sees außer sich gerieten, hakte er das nur als Punkt auf der Besichtigungsliste ab. Mit einundzwanzig war sich Karoline dann völlig sicher, dass sie Herrn von Beulwitz nicht heiraten wollte und heiratete ihn, wie es die Mutter, das heißt die rechnende Vernunft, befahl. Seither bewegen sich alle vier, ohne darüber zu reden, in dem geräumigen Haus nach einer Choreographie, die Berührungen von Karoline und Beulwitz so weit wie möglich vermeidet. Dass Karoline seit dieser Exkursion unter Gesichtszuckungen und Krämpfen leidet, erklären sich die Mutter und Herr von Beulwitz mit einem zu kalten Bad im Genfer See. Dass es ein Zurückzucken vor dem Ehemann ist, eine Grimasse, die abschreckend wirken soll wie die von geisterabwehrenden Masken, wollen sie nicht denken.

Lotte wartet also nicht auf einen Finanzier, sondern auf einen Helden und Captain Heron sieht aus wie einer. Sie hat sich von diesem Ausflug nach Schloss Kochberg Material für ihre Winterträume erhofft. Und es erhalten.

Dieser Ausflug scheint belanglos, doch Lotte kehrt als eine andere von dort in das stille Haus in Rudolstadt zurück. Sie, nicht Karoline, ist begehrt und umworben worden. Allerdings, das wird sie sich eingestehen, nur in Abwesenheit der Schwester. Auch wenn es vermutlich nicht zum intimen Erlebnis gekommen ist, fühlt sich Lotte nun als Frau; trotzdem wird sie weiterhin ihre Schwester in sämtlichen Briefen und Berichten als »die Frau« bezeichnen. Lotte weiß jetzt, dass ihr Lebensroman sich nicht nur in der Phantasie abspielt, denn der Hauptdarsteller hat nun ein Gesicht, einen Namen, eine Stimme, einen Geruch. Und Karoline und Lotte haben reichlich Gelegenheit, darüber zu reden, denn beide haben keine Lust, sich mit Hausarbeiten zu beschäftigen. Karoline heißt zu Hause »die Bequemlichkeit« und Lotte selber gibt später zu: »Ich arbeitete nicht gern in früherer Zeit.«

Was bedeutet, dass bei den hausfraulichen Aktivitäten, beim Einwecken für den Winter, beim Ansetzen von Schlüsselblumen-, Himbeer-, Kirsch- oder Melissenwein, beim Backen und Brutzeln, Tischdecken und Kressepflücken die »chère mère«, die Mutter, allein gelassen ist. Sie beschwert sich nicht, denn ihr Ziel ist erreicht: Die Töchter sollten etwas Besonderes werden und das sind sie. »Meine superklugen Cousinen«, nennt sie ihr Vetter, Wilhelm von Wolzogen. Wobei die Klugheit nur der älteren Schwester anzumerken ist. Die jüngere hört zu, schaut, lächelt, redet wenig und behauptet, sie sei eben dezent. »Dezenz« ist ihr Spitzname, den die Mutter passend findet; schließlich soll Lotte dieselbe fade Karriere machen wie sie selbst und Hofdame werden. Denn Hofdamen haben Zugang zum Heiratsmarkt der oberen Etagen.

Den Charme der »Dezenz« machen ihre Unverdorbenheit, ihre Offenheit und ihre Vertrauensseligkeit aus. Sie vertraut der herrschenden Obrigkeit, ihrer Mutter, ihrer Schwester und natürlich erst recht der Patin Charlotte von Stein.

Doch Mutter Lengefeld zieht mit Sicherheit heimlich Informationen ein über die finanziellen Verhältnisse von Lottes Verehrer. Und wahrscheinlich ist sie sich mit ihrer Freundin Charlotte von Stein sofort einig, dass Captain Heron keinesfalls in Frage kommt. Warum lässt die Mutter es dann aber zu, dass Lotte im Winter, zu den Karnevalsbällen, nach Weimar fährt, wo sie natürlich wieder auf diesen Heron trifft? Sie erfährt doch selbstverständlich, dass bei Hof darüber geklatscht wird, wie intensiv die Rendezvous der beiden sind: Die schüchterne kleine Lengefeld hat einen Liebhaber.

Es ist nicht bekannt, ob Mutter Lengefeld sich aufgeregt hat, als Lotte dann vom Herzog einen ausgestopften Reiher – der auf Englisch »heron« heißt – in Kapitänsuniform geschenkt bekommt. Wahrscheinlich sieht ihre Strategie so aus: Lass dem

Mädchen seinen Traum, wir sorgen schon dafür, dass er nicht Wirklichkeit wird. Und Lottes Marktwert steigt schließlich, wenn in Weimar jeder sieht, das sie einen so gut aussehenden Anbeter mit geschliffenen Manieren hat.

Mutter Lengefeld lässt auch zu, dass Heron an Ostern nach Rudolstadt kommt, und kann sich denken, dass er auf den einsamen Spaziergängen mit Lotte nicht nur über Richardson redet. Vielleicht hat sie einen Plan gehabt, wann und wie die Fäden zu kappen sind. Aber der Zufall hilft ihr; Heron erfährt, dass er nach Ostindien abkommandiert wird. Und Louise Lengefeld weiß, jetzt braucht sie nur noch etwas Geduld.

Es landen noch ein paar Liebesbriefe bei Lotte, doch der vom August 1787, abgeschickt aus Rotterdam, soll der letzte sein. Dann geben die beiden Liebenden kommentarlos auf. Und Lotte hat Karoline endlich etwas voraus: echten Liebeskummer.

Aber was geht in Lotte vor? Wie erklärt sie sich, dass Herons Liebesschwüre sang- und klanglos verhallt sind? Dass die große Leidenschaft, zu der er sich bekannte, erloschen ist? Denkt sie darüber nach, dass die rechnerische Vernunft ihrer Mutter, ihrer Patin und von Herons Bruder Lord Inverary vereint und kühlen Herzens die Liebesglut erstickt haben könnte?

Warum begehrt Lotte nicht auf? War ihr Gefühl für Heron zu schwach oder vielmehr ihr Kampfgeist? Ist die »Dezenz« ein schwärmerisches Mädchen, das sich zufrieden gibt mit romantischem Gesäusel?

Was immer der Grund dafür ist, dass Lotte sich nicht wehrt: Es sieht so aus, als habe sie, ohne darüber zu reden, aus dieser Niederlage gelernt, dass Liebe nicht den Weg des geringsten Widerstandes geht.

Knebel, dem Heron noch schreibt, erfährt davon, dass der Captain die Hoffnung auf Lotte begraben hat. Prompt wittert der erneut seine Chance. Aber direkt und aufrichtig ist in seinen Kreisen kaum einer. Er versucht es also indirekt und setzt in Lottes Namen eine um Ironie bemühte Beichte auf, die er ihr zur Unterschrift zusendet. Sie enthält vor allem Seitenhiebe gegen den Schotten Heron, den ausländischen Nebenbuhler. »Gegen meine Nebenmenschen habe ich mich aber hauptsächlich darin vergangen, dass ich sie nicht zu allen Zeiten so lieb hatte, wie ich sie hätte haben sollen«, legt er Lotte in den Mund, »… solchen jedoch am Ende Fremde und Ausländer vorgezogen, deren Beifall ich mir vorzüglich zu erwerben suchte; ja, dass ich sogar ihre Vögelsprache erlernte, solche in Briefen mit ihnen gewechselt habe, und noch auf andere Weise ihr und hauptsächlich mein eigenes Herz in Gefahr gesetzt, so, dass mich auch das Schicksal bestraft und mir einen verwandelten Reiher statt eines lebendigen Menschen auf die Stube gesetzt, davon der lächerliche Anblick mich noch erschrecket und mir zeiget, wie ungerecht es gewesen, den lebendigen Vogel in ferne Lande zu schicken.«

Doch Knebel hat sich verrechnet, wie es noch vielen passieren wird, die Lottes Zurückhaltung mit Feigheit verwechseln. Mutter Lengefeld hat sie zwar so erzogen, dass sie hofgeeignet ist, also bereit, sich anzupassen und andere zu bestätigen, doch zum Jasager hat sie die Tochter nicht machen können. Lotte wird deutlich: Auf diese Tour braucht es der unerwünschte Verehrer nicht zu versuchen. »Sie haben sich recht viel Mühe gegeben, meine Sünden aufzusuchen und sie mir vorzuhalten und dass ich in mich selbst zurückgehen soll und mein Gemüt bessern. Darum haben Sie mir wohl auch so lange nicht geschrieben, weil es Ihnen zu schwer fiel, meine Vergehungen herauszusetzen und Sie mir nichts aufbürden konnten. Habe ich nicht Recht?«

Knebel verstoßen, Heron aus den Augen verloren – wo und wie er wenige Jahre später stirbt, erfährt Lotte nicht mehr genau. Doch da ist noch ein Bewerber, Friedrich Wilhelm von Ketelhodt, der eine konkrete Gefahr darstellt. Er hat Geld, ist jung – so alt wie Lotte –, Sohn eines Ministers am Hof der Fürsten von Schwarzburg-Rudolstadt, selbst Kammerjunker und Regierungsassessor. Das Bedrohliche an ihm: Ihn heiraten heißt, in Rudolstadt bleiben.

Ob Lotte oder Karoline ihm den Beinamen »der spanische Molch« verpasst hat, ist unklar. Sicher ist, dass die Schwestern in zoologischen Lehrbüchern schmökern, wie sonst kämen sie auf den Vergleich mit diesem Tier, einem Schwanzlurch, dessen

Erfolgloser Bewerber: Karl Ludwig Knebel in einer Zeichnung von Johann Wolfgang von Goethe.

Kennzeichen ein großer, kräftiger, plumper Körper, ein flacher Kopf, kleine Augen und eine raue, warzige Haut sind?

Es scheint so, als habe Mutter Lengefeld mit Vater Ketelhodt die Verbindung schon so gut wie perfekt gemacht. Dennoch schafft Lotte es, ihr zu entkommen. Was den Rückschluss erlaubt: Wenn es ums Heiraten ging, gab Lotte von Anfang an ihre belächelte Dezenz auf und wurde energisch. Ihr Widerstand gegen den Molch muss beachtlich gewesen sein, denn sie hatte sich gegen die Überzeugungskraft des Geldes durchzusetzen.

Was bleibt, sind die verwünschten Prinzessinnen, die gelangweilten Schwestern, die trotz aller Intelligenz an das Wunder glauben, der Befreier komme demnächst vorbei. Ihre Bereitschaft, im nächstbesten, halbwegs geeigneten Kandidaten den richtigen zu erkennen, ist groß. Und der wie üblich trostlose Winter 1787/88 lässt sie noch wachsen. Lotte ist mit ihren einundzwanzig Jahren ausgehungert nach dem, worüber sie dauernd liest, nach Liebe. Nicht irgendeiner, sondern einer unsterblichen. Größer als die Liebenden selbst.

II.

Auftritt des Helden

Wie zwei junge Frauen
einen mittellosen Schwaben erleben

Ist es Lüsternheit, was sie ans Fenster treibt? Lust auf irgendetwas Erregendes, das den Tag aus seiner Apathie herausreißt?

Dieses Fenster ist das Fenster zur Welt. Von da aus lässt sich die ganze lange Straße überblicken, auf der das Neue nahen könnte. Leider naht im Winter so gut wie nichts. Lotte lebt mit ihrer Schwester im Mief der Häuslichkeit. Die Natur, für Lotte ein unterhaltendes und anregendes Programm, ist tot. Und sie, die vom Wetter abhängig ist wie die Blume vom Wasser, wird trübe wie der Himmel in diesen Monaten.

Ihren Liebeskummer um Heron ist sie noch immer nicht los, sie schreibt in ihrem Tagebuch: »Sei ruhig Herz, bei den Leiden, die Dich drücken. ... Wohl uns, dass die Seele über Berge, Täler, Länder und Meere sich heben kann.«

Kann sie theoretisch, schafft sie aber nicht. Lotte ist ihren eigenen Eintragungen zufolge passiv und depressiv und ihre Lektüre ist auch nicht erheiternd: Sie liest die schwermütigen Gesänge des sagenhaften Ossian und die Werke von Alexander Pope, eines zynischen barocken Moralisten. »Menschen sind in eben dem Maß dankbar, in dem sie rachgierig sind«, steht da. Oder: »Ich habe in meinem Leben keinen Menschen gekannt, der nicht das Unglück eines anderen mit der vollendeten Fassung eines Christen ertragen hätte.«

Lotte liest das alles, Ossian wie Pope, den auch noch auf Englisch, was ihr nicht ganz leicht fällt. Den Grund dafür, dass sie sich diese wenig stimmungsaufhellenden Bücher antut, verrät eine Notiz auf den ersten Seiten in Popes Werken: »To Miss

Charlotte Lengefeld as a small proof of sincere regard and Esteem of Henry Heron.« Doch sie wartet natürlich darauf, dass jemand sie erlöst von dieser selbst verordneten Pflichtlektüre, von diesem ewigen Kreisen um das Gestrige.

Am 6. Dezember 1787 scheint der Ritterroman in ihrem Kopf wahr zu werden: Durch ebenjenes Fenster sehen Lotte und Karoline zwei Reiter in weiten Mänteln die Straße entlanggaloppieren, auf das Lengefeld'sche Haus zu. Das Gesicht verhüllt, stehen sie plötzlich in der Tür. Der eine entpuppt sich als Vetter Wilhelm von Wolzogen, Karolines Verehrer seit Jahren, der andere als dessen Schulfreund Friedrich Schiller. Die Schwestern haben ihn auf dem Weg an den Genfer See schon einmal gesehen, als Wilhelms Mutter sie mit den Schillers bekannt machte, auch mit dem Dichter. Aber das waren nur Minuten, die alle Beteiligten gleichgültig ließen. Lotte vor allem. Damals war der Genfer See Ziel ihrer Sehnsucht, jetzt ist es die Umsetzung eines Romans in die Wirklichkeit. Und der Ruf des Protagonisten Schiller ist hochromantisch; ein Arzt, der das Freiheitsdrama »Die Räuber« geschrieben hat, ein Widerspenstiger, der wegen einer unerlaubten Reise »mit zwei Weibsbildern« zur Uraufführung seines zweiten Stücks »Fiesco« eingesperrt wurde. Und der aus den Fängen seines Dienstherrn Herzog Karl Eugen geflohen ist, weil der ihm bei Androhung der Inhaftierung verboten hatte, etwas anderes als medizinische Abhandlungen zu verfassen.

Die Flucht mitten in der Nacht unter falschem Namen ist erst gut fünf Jahre her. Und so erbärmlich damals das Ganze war, im Nachhinein erzählt sich die Geschichte gut und ist den Lengefeld-Töchtern natürlich über ihre Verwandten, die Wolzogens, bekannt. Bei Henriette von Wolzogen nämlich, hier in der Nähe, in Bauerbach, war der Flüchtling untergekommen. Alles Stoff, der die jungen Frauen erregt.

Auch das Äußere dieses Friedrich Schiller ist angenehm. »Er ist groß und gut gewachsen«, hatte ihn kurz zuvor ein Zufallsbekannter in Leipzig beschrieben, »rot von Teint und Haar, und hat kleine Augen und eine wahre Künstlernase. Sein Umgang ist natürlich, frei, ungezwungen, jedoch etwas zurückweisendes und suffisantes glaube ich an ihm bemerkt zu haben.« Ein herber Heroe, der nicht jede an sich heranlässt? Noch besser. Als Frauenheld gilt er allerdings nicht. »Er scheint ein Misogyn zu sein, wenigstens denkt er vom schönen Geschlecht nicht sehr vorteilhaft«, verrät derselbe Beobachter.

Da steht er nun in den niedrigen Räumen, was ihn noch größer aussehen lässt. »Majestätisch«, nennt sein junger Freund Voß später Schillers Figur, und auch sein Profil, diese freie, hohe Stirn, diese markant geschwungene Nase mit schmalem Rücken, diese hohen Jochbeine geben ihm etwas Verwegenes, das ihn deutlich abhebt von den vielen biederen Knollennasen unter literarischen Kollegen.

Jens Sparschuh beschreibt 1997 in seiner Erzählung über die »Jagdgründe der Kindheit«, wie er, der »junge Weltreisende«, vor einem Marmorrelief Schillers stehen bleibt und sich fragt: »diese klassische Hakennase, dieser schwebende Adlerblick, diese indianische Frisur ... Woher kennt er das?« Und sofort zu dem Schluss gelangt, Schiller sei der Winnetou der deutschen Klassik gewesen. Da empfindet Jens Sparschuh, Jahrgang 1955, wie Lotte, Jahrgang 1766, die zwar Winnetou nicht kennen konnte, in Schiller jedoch das Gleiche sah: den edlen Wilden, ungestümer als die zivilisierten Langweiler ringsum, aber aufregend unverdorben.

Wie üblich wirkt Schiller schüchtern, gehemmt, steif in seinen Bewegungen. Das aber schadet bei zwei Frauen wie den Lengefeld-Schwestern keineswegs. Sie entschuldigen alles, was an Schiller stören könnte. Und was er als Liebhaber bereits hinter sich gebracht hat, wissen sie nicht, auch nicht, was über sein Verhältnis zu Frauen sonst noch verbreitet wird.

Julius Petersen, ein Jugendfreund, behauptet, Schiller habe überhaupt »keinen Sinn für körperliche Schönheit«. Beweis dafür: »seine Liebe mit der Vischerin, einem wie an Geist so an Gestalt gänzlich verwahrlos'ten Weibe, einer wahren Mumie«. Karoline und Lotte haben auch nichts gehört von Schillers verflossenen Liebschaften, von seinen vielen gescheiterten Versuchen, an eine solide Partie wie an Margarete Schwan, die Verlegerstochter, heranzukommen, an Sophie Albrecht, eine umschwärmte Schauspielerin, oder an Henriette von Arnim, eine laszive Schönheit. Gut, dass sie nicht gewarnt werden von früheren Freunden.

Im Haus Lengefeld dürfte es an diesem Dezembertag gut gerochen haben. Erst recht für zwei junge Männer, die einen mehrstündigen Ritt durch die Kälte hinter sich gebracht haben. Unter chère mères Rezepten finden sich für den Winter eine deftige Linsensuppe, Frikadellen aus Kalbfleisch und Ochsenmark, Punsch mit Arrak und Porstdörfer Äpfel, gefüllt mit Zimt, Zucker und Rosinen, in Butter und Rotwein geschmort.

Dem Gast ist nicht anzusehen, dass er keinen Ruf als Genießer hat. »Kratzende Weine, schlechter Schnupftabak, garstige Weiber waren Beweise für mangelndes Feingefühl im Sinnlichen«, urteilte Petersen. Die Ahnungslosigkeit bewahrt den beiden jungen Frauen ihre Illusionen. Schiller, deutlich über eins achtzig groß, erscheint ihnen mit seinem langen, im Nacken zusammengeschlungenen Haar wie ein Dichter aus dem Vorbilderbuch. Er muss auf sie wie die Fleischwerdung seiner eigenen nicht eben bescheidenen beruflichen Bedeutung wirken: »Der Vortrupp einer neuen besseren Menschheit sind die Dichter.«

Bereitwillig übersehen und überhören sie alles, was dieses Bild beeinträchtigen könnte: seine X-Beine — andere beschreiben unfreundlich Schillers Knie, die sich »zueinander neigen« —, seine hohle Stimme, seinen schweren schwäbischen Dialekt, seine ungeschickte Art, sich zu bewegen, und sein Talent, sich schlecht anzuziehen; dass er auf gepflegte Unterwäsche Wert legt, sehen sie bei dieser ersten Begegnung sicher nicht. Die Schwestern sind nicht streng im Urteil, Karoline ist gierig auf neues geistiges Futter und Lotte nach irgendetwas, das ihr hilft, ihren Heron zu vergessen.

Sie, die alles Extreme und Vulgäre ablehnt, hätte ihn aber auf keinen Fall eingeladen zu bleiben, wüsste sie, was Georg Scharffenstein, ein Freund aus Stuttgarter Zeiten, so ausplaudert über den Dichter: »Er kannte nur die Extreme: Exzentricität oder tierischen Genuß. ... Außer ein paar Sprüngen mit Sol-

Ein Revolutionär wie aus dem Bilderbuch: Friedrich Schiller (mit einer Szene aus den »Räubern«), porträtiert von G. F. Riedel.

datenweibern, auch en compagnie, weiß ich keine Debauche [Ausschweifung] von ihm.« Was das auch immer für Sprünge in Gesellschaft waren, Gruppensex in Soldatenkreisen – das hört sich nicht Vertrauen erweckend an, zumindest nicht in einem Haus, wo die Mutter Hofdame war und die Tochter Dezenz kultiviert.

Dass Schiller sich sofort wohl fühlt in diesem Haus, ist leicht zu verstehen: Zwei junge Frauen, eine etwas kleiner, mit dunkelblonden krausen Haaren, schlanker Taille, aber weiblichen Formen, und eine schmale, größere, mit braunschwarzen Locken, hängen an seinen Lippen, eine dritte sorgt für ihn. Was Mutter Lengefeld den Überraschungsgästen auftischt, wissen wir nicht. Doch mit Sicherheit wird im Lengefeld'schen Haushalt an diesem unwirtlichen Dezembertag Schillers Bedürfnis nach dem warmen Dunst der Häuslichkeit befriedigt.

Es passt zwar nicht zum hehren Genius, dass er bei Freunden wie den Körners im Dezember um Stollen bettelt und an den Weihnachtsfeiertagen durchhängt, wenn ihm keiner den Gänsebraten in den Mund schiebt, wie er es von zu Hause gewöhnt war, aber er mag diese Dinge. Der Jugendfreund Scharffenstein war fassungslos, »was für das Wundertier von Sohn, wenn er einmal ins elterliche Haus kam, alles gebacken und gebraten worden« sei. Doch Schiller kostet es aus, dass er hier beides bekommt: warme Bewunderung und warmes Essen von bester Qualität.

Wieder läuft, wie so oft in diesen empfindsamen Kreisen, alles nur deswegen glatt, weil keiner Bescheid weiß über den anderen.

Mutter Lengefeld merkt nicht, dass sich Karoline bereits an diesem Abend in Schiller verliebt.

Schiller weiß von Wilhelm von Wolzogen zwar, dass Karoline schon seit vier Jahren verheiratet ist, ahnt aber bestimmt nicht, wie sehr sie aus dieser Ehe herausbegehrt und wie wenig sie sich durch den Ehemann gebunden fühlt.

Lotte spürt nicht, wie sehr ihre Schwester dem Dichter verfällt, weil Karoline sich immer etwas exaltiert aufführt.

Wilhelm, der Karoline zu Füßen liegt, hat wohl kaum gedacht, dass er mit Schiller seinen eigenen Konkurrenten ins Haus gebracht hat.

Alle drei Lengefelds wissen so wenig wie Wolzogen, Sohn von Schillers Beschützerin und Gläubigerin Henriette, dass Schiller von einer Geldheirat träumt.

Und Lotte wie Karoline, die ganz auf ihren Feinsinn und ihre Bildung setzen, vermuten kaum, dass Schiller von etwas ganz anderem animiert wird.

Drei Wochen vor seinem Besuch hier bei den Lengefelds hat er, am 19. November 1787, seinem Freund Christian Gottfried Körner gestanden: »eine Kokette, jede Kokette kann mich fesseln. Jede hat eine unfehlbare Macht auf mich, durch meine Eitelkeit und Sinnlichkeit; entzünden kann mich keine, aber beunruhigen genug.« Vor diesem Freund hat Schiller auch zugegeben, dass er zwar gerne verwöhnt wird, aber nicht eingeengt werden will von einem eigenen Haushalt. »Ich habe Begriffe von häuslicher Freude, und doch nicht einmal soviel Sinn dafür, um mir sie zu wünschen. Ich werde ewig isoliert bleiben in der Welt, ich werde von allen Glückseligkeiten naschen, ohne sie zu genießen.« Karoline wie Lotte, die sich auf ihre Belesenheit etwas zugute halten, wären pikiert, trüge ihnen einer zu, Schiller habe die Tatsache, dass in ebendiesem Jahr Dorothea Schlözer als erste Frau in Deutschland einen Doktortitel bekommen hat, als eine »Farce« verurteilt.

Da sitzt er zusammen mit zwei Frauen, die von einer Liebesheirat träumen und von großen Leidenschaften, ohne zu ahnen, was ihr Held darüber denkt. »Bei einer ewigen Verbindung, die ich eingehen soll, darf *Leidenschaft* nicht sein.« So hat Schiller es Körner gerade erst geschrieben. Offenbar geht es an diesem Dezembertag eher harmlos zu, von außen betrachtet jedenfalls. Am nächsten Tag reist Schiller zusammen mit Wolzogen wieder ab.

Karoline wird ihre Eindrücke später retuschieren. Lotte wird sie verklären — sie macht aus dem meteorologisch trüben Tag einen leuchtend schönen. Aber zuerst einmal bleibt sie hängen in ihrer depressiven Stimmung. Ihre Tagebucheintragungen sind weiterhin trist. »Durch düstere Wolken brachen einige Strahlen der Sonne, doch sie schwanden, und ein undurchdringliches Dunkel hüllt die Gegend vor mir in Nacht«, stöhnt sie drei Wochen nach Schillers Besuch. Und ihre Patentante Stein, die ein Mädchen, das sich gehen lässt, schwer ver-

mitteln kann, befiehlt: »Verjagen Sie ja die trüben Wolken aus
Ihrer Seele.«

Wolzogen, ein Bewunderer von Schiller wie von den Cousinen, ist nach dem Gastspiel in Rudolstadt stolz, den Freund mit
seiner Verwandtschaft beeindruckt zu haben.

Und Schiller? Der berichtet seinem Freund Körner schon am
8. Dezember 1787 aus Weimar von seinem Erlebnis. »In Rudolstadt habe ich mich auch einen Tag aufgehalten, und wieder
eine recht liebenswürdige Familie kennen gelernt. Eine Frau
von Lengefeld lebt da mit einer verheirateten und einer noch
ledigen Tochter. Beide Geschöpfe sind (ohne schön zu sein) anziehend und gefallen mir sehr. Man findet hier viel Bekanntschaft mit der neuen Literatur, Feinheit, Empfindung und
Geist. Das Klavier spielen sie gut, was mir einen recht schönen
Abend machte.«

Das klingt freundlich, nicht begeistert. Es ist wieder mal eine
nette Familie und die Töchter sind wie viele Frauen in Schillers

Urteil nicht wirklich schön. Sein Urteil über die Klavierkünste der Schwestern, mit denen es nicht weit her war, erklärt sich dadurch, dass Schiller allen Zeitzeugen zufolge musikliebend, jedoch absolut unmusikalisch war. Anscheinend hat aber die Nestwärme bei den Lengefelds in ihm die Idee zu heiraten, mit der er seit Monaten seinen Freund Körner nervös macht, wieder aufblühen lassen. Nur denkt er dabei nicht an Lotte. Die Lengefeld-Tochter ist für ihn keine Kandidatin, denn in demselben Brief, in dem er sie Körner beschreibt, erklärt er: »Es ist möglich, dass ein interessantes Mädchen mir aufgehoben sein kann, aber das Schicksal lässt es mich vielleicht in sechs oder acht Jahren finden. Nach meinem dreißigsten Jahre heirate ich nicht mehr. Schon jetzt habe ich die Neigung dazu nicht mehr.« Da hat er seinen 28. Geburtstag bereits hinter sich, ist aber offenbar noch immer kein Mann klarer Entschlüsse.

Übersichtlich ist Schiller nicht, verstehbar schon: Er hat keine emotionale Neigung zu heiraten, wie es Lotte Lengefeld sich erträumt, sondern den rationalen Vorsatz; er spricht von »Gründen der Notwendigkeit«. Ausgerechnet der Held, der Ritter, stellt sich eine Vernunftheirat vor.

Vier Wochen nachdem er behauptet hat, keine Lust aufs Heiraten zu verspüren, schreibt er an den Freund: »... noch einmal mein Lieber, dabei bleibt es, dass ich heirate«. Und zwar aus egoistischen Motiven, aus Gründen der Selbsterhaltung. »Ich bedarf eines Mediums, durch das ich die anderen Freuden genieße. Freundschaft, Geschmack, Wahrheit und Schönheit werden mehr auf mich wirken, wenn eine ununterbrochene Reihe feiner wohltätiger häuslicher Empfindungen mich für die Freude stimmt und mein erstarrtes Wesen wieder durchwärmt.«

Die erwünschte Seelenheizerin soll auch für sein soziales Wohl sorgen, denn in Weimar, wo er seit dem letzten Sommer wohnt, ist er noch keineswegs zum Publikumsliebling geworden. Er verkehrt zwar im Club, wo auch die geistige Elite Weimars Karten spielt, aber mit Kontakten klappt es nicht. Ob es Schillers schwerer schwäbischer Dialekt ist oder sein Auftritt,

Schwärmerisch und hingegeben: Karoline von Beulwitz.

der an einen verklemmten Provinzler erinnert? »Ich bin bis jetzt ein isolierter fremder Mensch in der Natur herumgeirrt und habe nichts als Eigentum besessen«, beschwert sich Schiller jedenfalls. Dass ein Freigeist von einer Frau als Besitz träumt, irritiert. Aber Schiller scheint sich nicht wohl zu fühlen in seinem ungebundenen Poetendasein. »Alle Wesen, an die ich mich fesselte, haben etwas gehabt, das ihnen teurer war, als ich, und damit kann sich mein Herz nicht behelfen.«

Das heißt: Schiller will endlich der einzige Mann bei einer Frau sein, auch wenn die nicht unbedingt seine Einzige ist. Dass er zur Eifersucht neigt, ist bekannt. Der aufreizend schönen Henriette von Arnim, in die er sich auf einem Karnevalsball verliebt hatte, machte er Szenen, verlangte von ihr Beweise ihrer Unschuld, gönnte sich jedoch nebenher ungeniert und unübersehbar sein Verhältnis zu Charlotte von Kalb. Henriette bekam das mit. »Was Ihr Glaubensbekenntnis betrifft, so glaube ich doch nicht an alles so pünktlich wie an das Evangelium«, meldet sie ihr berechtigtes Misstrauen an, »es interessiert mich keine so wie die, so Sie mir als Freundin aufführen. Da mag es doch wohl nicht ganz richtig sein, denn Sie tun ganz entsetzlich geheimnisvoll mit ihr, und darum wünsche ich doch, diese liebe Freundin näher kennen zu lernen. Wollen oder können Sie das?«

Schiller konnte, wollte aber nicht. Die Kommunikation zwischen seinen Liebhaberinnen ist ihm zu Recht unheimlich. Doch auch wenn er sich selbst das Recht auf ein Doppelverhältnis zuspricht, hat er es satt, der Geliebte einer Ehefrau zu sein. Der Nebenmann zur Linken. Schließlich weiß jeder in Weimar, dass er der Liebhaber der Charlotte von Kalb ist, Ehefrau des Heinrich von Kalb, mit der zusammen er sogar bei Hof eingeladen wird, um sich bei ehrenhaften Empfängen und Spaziergängen zu langweilen. Und es ist bekannt, dass Charlotte von Kalb davon ausgeht, Schiller finde sich ebenso willig mit dieser Rolle ab wie es Goethe an der Seite der Charlotte von Stein tut. Minnesang nach Weimarer Modell.

Es kann an Schiller aber nicht vorbeigegangen sein, dass man in Weimar der Ansicht ist, Goethe hätte genau das alles zu lange mitgemacht. Zehn Jahre hat die Stein ihn hingehalten und nicht erhört; kein Wunder, sagen sich viele, dass er vor eineinhalb Jahren abgereist und noch immer nicht zurückgekehrt ist. Es ist nicht übereilt, mit achtunddreißig Jahren sexuelle Erfahrungen zu sammeln und Goethes Aufbruchsschrei »Gen Italien« ist von Psychologen nicht zufällig in einem Wort gelesen worden.

Schiller hat sich in dieser Hinsicht keineswegs kasteit. Doch ihm fehlt etwas, was Goethe nie vermisst hat: das Gefühl, zu einer Gemeinschaft zu gehören und gesellschaftlich anerkannt zu sein. Körner gegenüber gibt Schiller ungeniert zu, dass er in einer Beziehung der Einzige, der Wichtigste sein will; kein Tröster unbefriedigter Gattinnen. Vor allem will er zur Ruhe kommen und zu einem soliden Image, denn das neidet er anderen. »Ich sehne mich nach einer bürgerlichen und häuslichen Existenz, und das ist das Einzige, was ich jetzt noch hoffe.«

Unüberhörbar: Der Mann ist des Vagantenlebens überdrüssig. Ein Revoluzzer a. D., noch keine dreißig, aber schon müde.

In den nächsten Wochen tönt Schiller jedoch so, als wäre er ein Casanova, nach dem die Frauen lechzen, der aber keine Lust auf Bindung hat. »Glaube nicht, dass ich gewählt habe«, beschwört er seinen Freund Körner; er sei »noch ganz frei« und »das ganze Weibergeschlecht« stünde ihm offen. »Halte mich nicht im geringsten für gefesselt«, schreibt er und gibt gleichzeitig zu, er sei fest entschlossen, sich fesseln zu lassen. Mit Ehefesseln. Denn das erscheint ihm die letzte Möglichkeit zu sein, um aus seinen Depressionen herauszukommen. »Alle meine Triebe zu Leben und Tätigkeit sind in mir abgenutzt; diesen einzigen habe ich noch nicht versucht. Ich führe eine elende Existenz«, jammert er gleich zum Auftakt des neuen Jahres.

Schiller depressiv, Lotte depressiv, Karoline wahrscheinlich auch, beim Anblick ihrer maroden Ehe und ihrer geringen Chancen, aus diesem Gefängnis zu entkommen. Das ist keine hoffnungsfrohe Konstellation.

Erst mal bleibt alles beim Alten. Schiller, sich durchaus dessen bewusst, dass er, hochverschuldet und ohne feste Stelle, schlechte Aussichten hat, eine Frau zu finden, ist weiterhin der Liebhaber der schönen, aber überdrehten und hysterischen Charlotte von Kalb. Sie hat ja ihre Reize, sie ist »sehr klein, und reichte Schiller kaum an die Westentasche, sehr zart, wie von Wachs, blond« – so beschreibt sie Friedrich Götz, der das Paar noch aus Mannheimer Zeiten kennt, aber warnend hinzufügt, sie sei auch »unausstehlich empfindsam«.

Diese Frau, die Schiller nach Weimar gelockt hat, kostet ihn Kraft und Nerven mit ihrer »wandelbaren Laune« und ihren »konvulsivischen Spannungen«. Was ihn früher erregte, das regt ihn jetzt nur noch auf. Außerdem stört es ihn zunehmend, dass sie dauernd an ihm herumkrittelt und ihn erziehen will. Noch dazu gehört Charlotte von Kalb nicht ihm, zumindest

Lottes Konkurrentin oder Freundin? Nach einem Ölgemälde von J. H. Schmid: Charlotte von Kalb.

nicht ihm allein. Er aber will, wenn er schon sonst nichts hat, wenigstens eine Frau ganz besitzen. »Ich muss ein Geschöpf um mich haben, das *mir* gehört …, an dessen Dasein ich mein eigenes erfrischen kann.« Und bei aller Schönheit: Als Jungbrunnen taugt die dauernd kränkelnde Frau von Kalb, deren Seelenleben so konfus ist wie ihre Rechtschreibung, wirklich nicht. Sie selbst hat bei sich »lästigen Schwersinn, trübe Befangenheit« diagnostiziert und strahlt vieles aus, keinesfalls jedoch Optimismus. Den aber will Schiller sich verschaffen. »Wenn ich nicht *Hoffnung* in mein Dasein verflechte, Hoffnung, die fast ganz aus mir verschwunden ist; wenn ich die abgelaufenen Räder meines Denkens und Empfindens nicht von neuem aufwinden kann, so ist es um mich geschehen. Eine philosophische Hypochondrie verzehrt meine Seele ... Mein Wesen leidet durch diese Armut, und ich fürchte für die Kräfte meines Geistes.«

Einfach verlassen kann Schiller seine Charlotte aber schlecht, denn noch ist sie es, der er seine Kontakte in Weimar verdankt. Schließlich ist sie es auch gewesen, die Karl August, der in Mannheim zu Besuch war, überredet hat, unbedingt Schillers Lesung des »Fiesco« zu besuchen. Und sie hat es eingefädelt, dass der Herzog dem in Württemberg als aufsässig, ja als gefährlich geltenden Dichter den Titel eines Weimarer Hofrats verliehen hat, der für ihn einen gewissen Schutz bedeutet.

Doch Schiller will, nein, braucht aus Gründen der seelischen Hygiene dringend eine unverbrauchte und vor allem ungebundene Gefährtin. Fragt sich also, warum er Lotte Lengefeld als zukünftige Frau überhaupt nicht Betracht zieht. Hängen ihm die Trauben zu hoch? Will er nicht als Dummkopf dastehen, weil er sich um eine Adlige als Gattin bemüht, deren Nein ihm sicher ist? Oder interessiert ihn Lotte einfach zu wenig, sondern bestenfalls Karoline, die bereits vergeben ist?

Jedenfalls fährt Lotte ohne Karoline Ende Januar 1788 nach Weimar, wo Schiller seit ein paar Monaten in einem Haus nahe dem Frauenplan wohnt. Dass er in Weimar nicht gerade als Salonlöwe gilt, weiß sie von ihrer Patin. Kaum hatte die von Schillers Gastspiel in Rudolstadt erfahren, ließ sie Lotte wissen: »Ich glaube, er sieht nicht gar viele wirkliche Menschen um sich, um mit seinen erdichteten nicht irre zu werden, die ihm vielleicht wohler tun.« War das als Warnung an die geliebte Patentochter gedacht? Oder war das sogar ein Versuch, ihr den neuen Schwarm vorsichtshalber zu vermiesen, der überhaupt gar nicht als Mann in Frage kommen konnte? Wie schlecht seine Verfassung ist, kann Lotte Lengefeld jedenfalls nicht wissen.

Am 20. Januar gesteht Schiller seinem Freund Huber: »Was ist jetzt mein Zustand oder was war er, seitdem du mich kennst? Eine fatale fortgesetzte Kette von Spannung und Ermattung, von Opiumschlummer und Champagnerrausch.« Er gibt zu, er wolle endlich auch »dieses wohltätige Gleichgewicht« genießen, das Körner täglich erlebe. Und dazu wolle er »eine häusliche Existenz« gründen. Schiller hat sich genau überlegt, mit was für einer Frau diese brave Idylle zu verwirklichen wäre: mit einer möglichst unauffälligen, gern auch durchschnittlichen Lebensgefährtin; »eine Frau, die ein vorzügliches Wesen ist, macht mich nicht glücklich«, erklärt er. Die Kalb aber ist vorzüglich. Schön, intelligent, raffiniert. Schiller weiß, warum er so eine für eheuntauglich hält, denn er beobachtet in Weimar genau, welche Ehen funktionieren. Die von Wieland zum Beispiel, dessen Frau »häßlich wie die Nacht, aber brav wie Gold« ist. Wenn sie noch reich wäre, eine ideale Partie für jeden maroden Dichter.

Ob nun die Neugier, Schiller wiederzusehen, Lotte nach Weimar treibt oder einfach nur die Langeweile, ist nicht auszumachen. Der offizielle Anlass ihrer Reise jedenfalls ist unverfänglich: Sie will den Karneval mitmachen. Mutter Lengefeld wittert bestimmt nichts anderes dahinter, sonst ließe sie Lotte nicht ziehen. Die Tochter reist zwar in Gesellschaft ihrer Freundin Friederike von Holleben und steht in Weimar unter Aufsicht von Luise von Imhoff, der Schwester der Charlotte von Stein, in deren Haus an der Esplanade sie gratis wohnt. Doch müsste Louise von Lengefeld, die Hofdame, gewusst haben, dass man es in einem Kaff wie Weimar gar nicht vermeiden kann, einander zu begegnen.

III.

Doppeltes Spiel

Wie Schiller eine Entscheidung umgeht

Lotte glaubt, Weimar zu kennen. Sie weiß, wie sie sich hier bewegen muss, um nicht in die Kloake zu treten, um nicht auszurutschen. Sie weiß, wie man auf den Schrittsteinen sauberen Fußes über die Straßen kommt, die ab nachts um elf mit dem Inhalt der Nachttöpfe begossen und tagsüber mit den Fäkalien vom Vieh getränkt werden, denn die Landwirte sitzen mittendrin zwischen Dichtern, Fürsten und Gelehrten. Lotte meint, ausreichend Bescheid zu wissen über diese Stadt mit gut sechstausend Einwohnern, schäbigen Häusern, dem durchdringenden Gestank, lebhafter Kleinkriminalität und schamlosen Preisen, über diese Stadt, die auswärts als Musenhof verkauft wird, als »Athen des Nordens«, als ein Paradies für freie Geister. Lotte erlebt Weimar durchaus positiv, weil sie das Negative nicht sehen möchte. Sie hat das Talent, Unliebsames auszublenden, das ihre Schwester verachtet, ihr selbst aber ein Leben lang helfen wird.

Die Einheimischen finden das Getue um die angeblich geistdurchdrungene Stadt bizarr. »Zwei Dinge sind schändlich hier in Weimar«, beschimpft der Gymnasialdirektor Karl August Böttiger seine Wahlheimat. »Der falsch erborgte Schimmer, mit dem wir auswärts Gleisnerei betreiben und die jämmerliche Geistes- und Bücherarmut, in der wir hier schmachten.«

Angefangen hatte der Etikettenschwindel am 7. November 1775, als um fünf Uhr morgens der sechsundzwanzigjährige Frankfurter Jurist und Erfolgsautor namens Goethe hier einfuhr. Der achtzehnjährige Herzog Karl August von Sachsen-Weimar-

Eisenach und seine Frau Louise hatten den Verfasser des »Werther« hierher geholt. Wieland war schon da; den gefeierten Philosophieprofessor hatte Anna Amalia, die Mutter des Herzogs, die seit 1759 für den Sohn stellvertretend regierte, vor vier Jahren bereits aus Erfurt einbestellt – als Erzieher ihrer Söhne. Sie wollte diese Residenzstadt von Grund auf erneuern, geistig wie politisch. Wirtschaftlich aber blieb erst mal alles beim Alten und die Langeweile war ebenso wenig zu vertreiben wie die stickige Luft. Nur wer um Goethe kreiste, durfte etwas einatmen von dem Weltgeist, den er versprühte. Böttiger bezeichnet das Weimar dieser Zeit als »Ausdünstungspfütze«, daran konnten die importierten Intellektuellen nichts ändern. Sie halten es selbst kaum aus in dieser Stadt, die noch immer ein Dorf ist. Ein stinkendes Dorf. »Nichts wie raus«, war auch Goethes erster Gedanke gewesen, der sich sofort bei seinem Duzfreund, dem jungen Herzog, um ein Domizil im Grünen bemüht hatte – mit der Wortgewalt des Dichters: »Da sitze ich hier immer noch in der Scheisserei, der abscheulichen Scheisserei.«

Das ist nun dreizehn Jahre her, geändert hat sich wenig. Goethe hat zwar die geistige Prominenz Deutschlands, sogar Europas angezogen wie ein Magnet, hat durchgedrückt, dass sein Freund, der Theologe Herder, zum Oberhofprediger wurde, und hat Gäste nach Weimar gelockt, die den Ruf der Stadt polieren, doch der Apoll des Musenhofs, Karl August, neigt selbst eher zum Versumpfen als zum Aufstieg in olympische Höhen. »Der Herzog erstickte bald im Schmutz, wusch und kämmte sich nicht mehr und bekam endlich Ungeziefer«, behauptet das Lästermaul Böttiger. Und passend zu dem Morast aus Fäkalien in den Straßen verbreiten sich hier Klatsch, Intrigen und Gerüchte, Bestechungen und Korruption.

Goethe bekommt einen Ministerposten, ohne von dem Regierungsgeschäft eine Ahnung zu haben, und kassiert ein sattes Gehalt dafür, doch kaum einer regt sich darüber auf. Schlimmstenfalls Neulinge wie Schiller: »Während er in Italien malt, müssen die Vogts und Schmidts für ihn wie Lasttiere schwitzen. Er verzehrt in Italien für Nichtstun eine Besoldung von 180.000

Talern und sie müssen für die Hälfte des Geldes doppelte Lasten tragen«, hat er sich kurz nach seinem Eintreffen in Weimar bereits bei Körner beschwert. Es sind zwar nur 18000 Taler, die Goethe während seines Italienurlaubs nicht verdient, aber bekommt, trotzdem ist es gut, dass Schiller seinen Verdruss nicht laut ausposaunt, denn jeder witterte dahinter nur Missgunst. Wer sich in Weimar nicht genau auskennt, tritt daneben. Und wer sich mit Goethe anlegt, rutscht auch noch aus.

Lotte hat gelernt, in Weimar keinen falschen Schritt zu machen. Schon deshalb hat ihre Mutter keine Angst um sie. Nur Karoline erscheint es verdächtig, wie lange Lotte den Besuch ausdehnt. Dass sie eifersüchtig ist auf den neu entdeckten Hoffnungsträger Schiller, kann sie als brave Ehefrau von Beulwitz natürlich nicht zugeben, schon gar nicht ihrem Verehrer und Dauerbriefpartner Wilhelm von Wolzogen gegenüber. Da gibt sie sich lieber fürsorglich überlegen: »Lolochen sollte gestern kommen, es bleibt aber noch länger. Es ist mir lieb, dass es ein geselliges Leben führt, ich fürchte, es wird zu ernsthaft bei mir.«

Lotte stehen durch Charlotte von Stein in Weimar alle Türen offen, nicht nur zu den Ballsälen, auch zu den Salons, in denen die Gerüchte kreisen. So kann sie eigentlich nicht verschont worden sein von dem Geflüster um das intime Verhältnis Schillers zu Charlotte von Kalb. Denn die Affäre Schiller/von Kalb ist in Weimar ein offenes Geheimnis. Schon im letzten Sommer hatte Schiller aus Weimar an Körner geschrieben: »Mein Verhältnis mit Charlotten fängt an, hier ziemlich laut zu werden, und wird mit sehr viel Achtung für uns beide behandelt. Selbst die Herzogin hat die Galanterie, uns heute zusammen zu bitten ...«

Dass diese Liaison akzeptiert wird, ist typisch für die Doppelmoral in Weimar: Heinrich von Kalb, Major in der Garnison Landau, hatte die schöne reiche Erbin Charlotte Marschalk von Ostheim geheiratet und sein Bruder deren ebenso schöne reiche Schwester. Sie mussten ihre eigene verheerende wirtschaftliche Lage dringend sanieren. Das verstand jeder. Die Schwestern, Waisen mit untauglichen Vormündern, wurden ausgenommen, ihre Vermögen verschlissen. Dass sie sich auf anderem Weg revanchieren und trösten mussten, verstand nun ebenfalls jeder. Schiller war sich also vor einem halben Jahr schon sicher, dass nichts, vor allem nicht der Gatte, seiner Zweisamkeit mit Charlotte von Kalb im Wege stehen würde. Im Juli 1787, vor einem halben Jahr also, hatte er seinem Freund vorgeschwärmt: »Charlotte ist eine große sonderbare weibliche Seele, ein wirkliches Studium für mich, die einem größeren Geist, als der meinige ist, zu schaffen geben kann. Mit jedem Fortschritt unseres Umgangs entdecke ich neue Erscheinungen in ihr, die mich, wie schöne Partien in einer weiten Landschaft, überraschen und entzücken.« Und er war absolut sicher, als Sieger aus dem Kampf um Charlotte hervorzugehen, obwohl ihm selber der Kampfgeist ebenso abging wie eine klare Strategie – das war Charlottes Sache. »Herr von Kalb und sein Bruder werden im September eintreffen und Charlotte hat alle Hoffnung, dass unsere Vereinigung im October zu Stande kommen wird. Aus einer kleinen Bosheit vermeidet sie deswegen auch, in Weimar die geringste Einrichtung zur häuslichen Bequemlichkeit zu machen, dass ihn die Armseligkeit weg nach Dresden treiben soll.«

Der sonst so brave Körner hatte sich keineswegs an dieser boshaften Abschreckungsmaßnahme gestoßen, vielmehr Schiller Anfang August 1787 ermuntert, sein Verhältnis offen auszuleben. »Lasst Euch ja durch kleinstädtisches Geschwätz nicht im Genuß Eurer Freuden stören. Dass Ihr aus Eurem Verhältnis kein Geheimniß macht, ist der sicherste Weg, die Lästerung zu entwaffnen.«

Schiller verspürt keinerlei Gewissensbisse Herrn von Kalb gegenüber. »Seine Freundschaft für mich ist unverändert, welches zu bewundern ist, da er seine Frau liebt und mein Verhältnis mit ihr notwendig durchsehen muss. Aber seine Billigkeit und seine Stärke dürfte vielleicht durch Einmischung fremder Menschen und eine dienstfertige Ohrenbläserei auf eine große Probe gestellt werden, wenn er kommt, ... denn der Glaube an seine Frau wird bei ihm wanken.«

Körner gegenüber hatte er aufgeregt von einer »Zurüstung für die Zukunft« geschwärmt.

Kalb musste längst mitbekommen haben, dass seine Frau und ihr Liebhaber eine Ehe planten.

Nun, im Vorfrühling 1788, sitzt Schiller in Weimar zwischen zwei Charlotten. Zwischen der großen sonderbaren weiblichen Seele und einer ihm noch weitgehend unbekannten. Schiller, der Wahrheitsfanatiker, ist zu feige, offen zu sein; er spielt mit verdeckten Karten. Während er mit der jüngeren, wenn auch auf harmlose Art, flirtet, lässt er die ältere weiter daran arbeiten, die Scheidung von ihrem Ehemann zu erreichen, um für den Dichter frei zu sein.

Was denkt er sich bei diesem Manöver? Er muss doch damit rechnen, dass Lotte bei ihrem Weimarbesuch erfährt, wer hier als seine offizielle Begleiterin gilt. Möglicherweise hat Charlotte von Stein, die über alles in Weimar Bescheid weiß, ihre Lollo bereits informiert. Schiller muss sich auch darüber klar sein, wie groß die Wahrscheinlichkeit ist, dass Lotte ihre bei Hof beliebte Namensvetterin kennen lernt.

Der Dichter macht die Augen zu und hofft, alles möge glimpflich vorübergehen. Doch es passiert das Schlimmste: Lotte und Charlotte lernen sich nicht nur kennen, sie finden sich auch noch sympathisch.

Jetzt könnte es bereits brisant werden für Schiller, denn er hat offensichtlich Appetit bekommen auf die frische junge Frau aus Rudolstadt. Er bemüht sich möglichst unauffällig um Lotte, aber genauso, wie sie es von einem Dichter erwartet. Obwohl er sich über ihre Richardson-Verehrung lustig macht, geht er ein auf ihre Englandschwärmerei und schenkt ihr englische Bücher, William Robertsons Geschichte von Schottland und den Roman »Tom Jones« von Henry Fielding.

Für Rendezvous mit Lotte hat er allerdings weniger Zeit und Gelegenheit, als ihm lieb ist, noch ist ja die ältere Charlotte vor Ort. Es zieht ihn jedoch zu der jungen, ohne dass er sagen kann, warum. Sehnt er sich nur nach der Geborgenheit bei den Lengefelds? Ist Lotte für Schiller nicht mehr als ein Sinnbild jener ländlichen Langeweile, die Frieden und beste Arbeitsatmosphäre bedeutet, Symbolfigur einer Gemütlichkeit, nach der er sich als progressiver Geist doch gar nicht sehnen darf? Oder ist er Karolines Charme verfallen und benutzt Lotte als Trojanisches Pferd, um weiter zu der Schwester vorzudringen?

Am 12. Februar 1788 beendet er einen Brief an Körner: »Eine Frau habe ich noch nicht; aber bittet Gott, dass ich mich nicht ernsthaft verplempere.«

Karneval ist zwar nicht die Zeit, in der man an Treue, gar an lebenslängliche, denkt, Körner ist trotzdem beunruhigt. »Du scheinst uns Deine Heiratsideen nach und nach beibringen zu wollen. Aber sorge Dich nicht, dass wir uns zu sehr darüber erstaunen. Dass wir auf Entschlüsse dieser Art bei Dir ziemlich vorbereitet sind, habe ich vor Kurzem gesehen, da eine solche Nachricht, die wir aus guter Quelle erhalten, uns gar nicht befremdete.«

Schiller hat sich offenbar bereits daran gewöhnt, in einer dampfenden Gerüchteküche zu leben, die offiziell als Weihehalle gilt. Er recherchiert nicht, wer Intimitäten über ihn verbreitet hat. Aber er dementiert energisch. »Gleich anfangs muss ich Dich aus einer irrigen Vermutung reißen, die mir Dein vorletzter Brief zu erkennen gegeben hat. Du tust als ob du wüsstest, ich habe hier eine ernsthafte Geschichte, zu der ich Euch nach und nach vorbereiten wolle, und Du sagst, Du hättest eine gute Quelle. Glaube mir, Deine Quelle ist schlecht, und ich bin von etwas wirklichem dieser Art so weit entfernt ... Neuerdings ließ ich zwar ein Worth gegen Dich fallen, das Dich auf irgend eine Vermutung führen könnte – aber dieses schläft tief in meiner Seele, und Charlotte selbst, die mich durchsieht und bewacht, hat noch gar nichts davon geahnet. ... sei gewiss, dass Du, wie in allen ernsthaften Angelegenheiten meines Lebens, der Erste sein wirst, gegen den ich mich öffne.«

Nach Offenheit sieht es allerdings nicht aus, was Schiller da betreibt. Denn schon bevor er diesen Brief an Körner schreibt, hat er Lotte gestanden, dass er gern jedes Theater »für das größere Vergnügen versäume, um Sie zu sein«. Er versäumt sie wegen Charlottes Bewachung aber wohl doch ziemlich oft. Jedenfalls hat er längst beschlossen, die Sommermonate in der Nähe der Lengefelds zu verbringen. »Mein Aufenthalt in Rudolstadt (auf den ich mich freue, wie ich mich noch auf wenige Dinge gefreut habe) soll mich für das Versäumte schadlos halten.«

Was geht in Lotte vor? Wundert sie sich über diesen Mann, der ihr Avancen macht, aber nie Zeit hat? Vermutet sie das Richtige oder ist sie weiterhin arglos?

Mitte März räumt Charlotte von Kalb endlich für eine Weile das Feld. Sie kann einer gemeinsamen Reise mit ihrem Mann nicht entgehen. Jetzt hat Schiller beide Hände frei: Die Geliebte ist versorgt bis Ende März. Und Lottes Rückkehr nach Rudolstadt wird sich aufschieben lassen bis Anfang April. Zwei Wochen, in denen sich Schiller unbeaufsichtigt Lotte widmen kann; dass er es heimlich tut, beweist, dass er die Risiken des Klatschnestes Weimar mittlerweile kennt. »Die Abwesenheit von Charlotten macht mich jetzt manchmal zum Einsiedler, weil ich in den Abendstunden, d. h. nach acht Uhr, nicht zu jedermann kommen *mag* oder *kann*«, lügt er Körner an. Dass Lotte Lengefeld quasi um die Ecke wohnt und er ausreichend Gelegenheit hätte, sie zu sehen, erwähnt er mit keinem Wort. Im Theater trifft er sie oft wie zufällig, doch er ist auf der Hut, verhält sich vorsichtig, hält Lotte also auf Distanz. »Die Tage haben für mich einen schönen Schein, wo ich hoffen kann, Sie zu sehen, und schon die Aussicht darauf hilft mir einen traurigen ertragen«, himmelt er sie brieflich an, nicht mündlich. Es macht ihn nervös, dass Körner ihn immer lauter vor dem Heiraten warnt. Was weiß er? Und woher? Schiller beruhigt den Freund mit Argumenten, die an bewusste Irreführung grenzen: »Deine Sorge wegen einer Heirat von meiner Seite wirst Du nun wohl los sein. Gestern habe ich bei Wielands zu Mittag gegessen; seine beiden Schwiegersöhne waren da.« Das soll heißen: Die hübsche jüngste Tochter seines hinter vorgehaltener Hand belächelten väterlichen Freundes Wieland, an der er einmal interessiert war, ist unter der Haube und alles Gerede über seine Heiratsabsichten habe sich nur darauf bezogen und sei somit erledigt.

Um das Problem mit den beiden Lotten vor sich selber zu klären, stilisiert er die beiden als zwei völlig unterschiedliche Wesen, was sie eigentlich nicht sind. Beide sind belesene, gut aussehende Frauen aus adligem Haus, die vollendete Manieren haben und bei Hof gern gesehen werden. Doch Schiller beschließt: Nichts, absolut gar nichts sollen sie gemeinsam haben. Nur so hat er ein Argument dafür, dass er die eine loswerden will. Die Weimarer Charlotte soll die höfische, geltungsbedürftige und repräsentationssüchtige sein, die Rudolstädter aber eine Unschuld vom Lande. Obwohl er mittlerweile weiß, dass Lotte Hofdame werden soll und es wohl auch noch wird, schreibt er an sie:»Ich habe nie glauben wollen, dass Sie sich in der Hof- und Assemblée-Luft gefallen; ich hätte eine ganz andere Meinung von Ihnen haben müssen, wenn ich das geglaubt hätte.«

Am 3. April 1788 dichtet Schiller etwas für Lottes Stammbuch, eine Art Poesiealbum. Und in den Versen wirft er ihr vor, dass sie völlig wirklichkeitsfremd sei.

> Ein blühend Kind, von Grazien und von Scherzen
> Umhüpft – so, Lotte, spielt um Dich die Welt.
> Doch so, wie sie sich malt in Deinem Herzen,
> in Deiner Seele schönen Spiegel fällt,
> So ist sie nicht!

Aufschlussreich, was Schiller Lotte dennoch wünscht: dass sie die unerfreuliche Wahrheit nicht erkennen müsse.

> Sei glücklich in dem lieblichen Betruge,
> Nie stürze von des Traumes stolzem Fluge
> Ein trauriges Erwachen Dich herab.

Das soll klingen wie der abgeklärte Ratschlag eines reifen Mannes an ein unerfahrenes Kind. In Kenntnis der Sachlage aber ist Schillers Angst herauszuhören, Lotte könnte die Realität erkennen und ihn durchschauen. Es spricht für sich, dass er das Gedicht für die junge Charlotte auf die Rückseite einer nicht abgesandten Liebeserklärung an die ältere schreibt.

Nun dräut die Gefahr, dass jemand für Lottes jähes Erwachen

sorgt. Und zwar Frau von Kalb persönlich. Die beiden Charlotten wollen sich unbedingt noch einmal treffen, nachdem die eine wieder in Weimar ist und die andere noch nicht weg. Nur ganz knapp entgeht Schiller der Entdeckung seines Geheimnisses. Am 5. April teilt ihm Lotte mit, sie müsse auf Drängen von Mutter und Schwester eine Mitfahrgelegenheit heimwärts annehmen und verabschiede sich hiermit von Weimar, »aber mit einem schweren Herzen, da sich zumal die erfreuliche Aussicht, *meine* Charlotte Kalb wiederzusehn, mir zeigte«. Und weiter: »Sagen Sie der lieben Kalben, was Sie nur Schönes sich ausdenken können von mir.« In Schillers Ohren muss dieser Satz wie eine Drohung klingen.

Am 6. April kann er endlich aufatmen – Lotte reist nach Rudolstadt zurück. Was ihm anscheinend entgangen ist: Sie hat durchaus gespürt, dass er ein doppeltes Spiel spielt. Am 18. April 1788 schreibt sie in ihr Tagebuch: »Es ist nichts bleibend hinieden! Treue Freundschaft! auch Du nicht immer! ... Wir wähnen, jedes warme Gefühl bleibe ewig. Aber die Zeit streicht ihren Pinsel über das Gemälde, und die Farben fließen in unbestimmten Formen zusammen.« Unbestimmte Formen, besser lässt sich Schillers Herumlavieren kaum benennen.

Am selben Tag allerdings vermeldet sie Schillers Freund, ihrem Cousin Wilhelm von Wolzogen, durchaus befriedigt über ihren Weimaraufenthalt: »Schiller war oft mit uns und hat mich und Fr. von Imhoff (bei der ich wohnte) oft besucht.« Und dann gibt sie Wolzogen eine Auskunft, um die der offenbar gebeten hat: »Nun zu Madem. Schmidt, die die Ehre haben sollte als – Pagode in Ihrem Hause angestellt zu werden, ich sah sie zuweilen, sie ist verständig und angenehm im tête à tête, wenn sie einfach ist, und doch gar hübsch und reich wie Krösus. Aber hören Sie ... sie ist nichts für Sie ... Sie müssen suchen wo anders mit *Bequemlichkeit*, die Sie so lieben, anzukommen. Mehr darf ich von den Herzensangelegenheiten der Schmidt nicht sagen.«

Diese ironischen Bemerkungen, auch was die von Wolzogen angehimmelte Schwester Karoline, *Bequemlichkeit* genannt, angeht, klingen ganz so, als wüsste Lotte nicht, dass auch Schiller auf die steinreiche junge Schönheit ein Auge geworfen hat.

Gastliches Elternhaus zwischen Pappeln: Das berühmte Wohnhaus der Beulwitz und Lengefeld in Rudolstadt, heute leider zur Unkenntlichkeit entstellt, hier in einer zeitgenössischen Wiedergabe.

Und dass er neben den beiden Charlotten durchaus noch andere Eisen im Feuer zu haben glaubt.

Schiller hat wohl durch die prekären Situationen der letzten Wochen begriffen, wie durchlässig die Weimarer Oberschicht ist, wie schnell hier alles durchsickert. Daher beschließt er, Mutmaßungen seines Freundes über seine neuen Affären rechtzeitig vorzubeugen. Am 25. April 1788 erfährt Schiller, dass Lotte ein Quartier für ihn in Volkstädt gefunden hat, und teilt Körner umgehend mit, dass er den Sommer über in der Nähe von Rudolstadt leben und arbeiten wolle. »Das Lengefeldsche Haus, von dem ich Dir … geschrieben habe, wird mir den ganzen Mangel an Gesellschaft hinlänglich ersetzen. Es sind dort vier sehr schätzbare Menschen beisammen.« Indem Schiller Lottes viel geschmähten Schwager Beulwitz und die Mutter Lengefeld einbeziehst in das Kleeblatt der *schätzbaren Menschen*, suggeriert er dem Freund: Um Liebe geht es hier nicht. Das Ganze ist ein unerotisches familiäres Beisammensein. Und damit jeder Verdacht ausgeschlossen wird, räumt er in demselben Brief Charlotte von Kalb fast den Status einer Ehefrau ein, überbringt ihre Glückwünsche zu Körners neugeborener Tochter und kündigt einen Gratulationsbrief von ihr an.

Körner schöpft dennoch Verdacht: Anfang Mai, gut zwei Wochen bevor Schiller sich in Volkstädt bei Rudolstadt einquartiert, fühlt er ihm auf den Zahn: »In Deinem Sommeraufenthalt wird's Dir an Vergnügen nicht fehlen. Ist nicht auch ein Interesse des Herzens dabei?«

Schiller reagiert auf diese Frage nicht, schließlich hat er auch nicht verraten, dass es Karoline und Lotte waren, die ihm das Sommerdomizil beim Kantor Unbehaun verschafft haben, von wo aus er zu Fuß in höchstens dreißig Minuten bei den Lengefelds ist. Die beiden Schwestern wiederum haben das heimlich arrangiert, denn selbst Mutter Lengefeld, die von sich aus nicht auf die Idee verfallen wäre, dieser bankrotte bürgerliche Dichter machte sich Hoffnungen auf ihre adlige Tochter, könnte Verdacht schöpfen, wenn sie das wüsste. Teil der Vorsichtsmaßnahmen war es auch, Schiller nicht direkt in Rudolstadt einzuquartieren, sondern eine halbe Wegstunde entfernt.

Das doppelte Spiel wird bei den Beteiligten zur Methode, wie es sich für Weimar und Umgebung gehört. Lotte aber gibt vor, die Heimlichtuerei gehöre für sie zu ihrer Pflicht als Beschützerin des prominenten Gastes. Die Wahl der Unterkunft, erklärt sie, sei deswegen auf Volkstädt gefallen, weil Schiller dort besser bewahrt sei vor der Neugier des Provinzadels. Ihr und Karoline sei eingefallen, »dass die Langweile so oft die fürstlichen Menschen dahin treibt, dass sich dann alles, was nur ihre Nähe fühlt, auch davon ergriffen sieht, dass Sie keinen Schritt aus dem Haus tun könnten alsdann, ohne gesehen zu werden«. Und es sieht so aus, als glaubte sie selber dran. Denn Lügen ist Lotte höchst unangenehm. Was sie nicht für den Hofdienst geeignet macht. Und auch nicht dafür, jenes Spiel zu durchschauen, das Schiller und ihre Schwester nun vor ihren Augen beginnen.

IV.

Bloß keine Verpflichtungen

Warum Schiller die Nähe sucht
und die Bindung vermeidet

Sie duftet rein und unverdorben. Genauso, wie ein Mensch es sich wünscht, der dem Parfum der höflichen Lügen entkommen will. Sie riecht nach den Blüten von Linden und Holunder, nach frisch gemähtem Gras und Tannenhonig. Die Saalelandschaft zwischen Rudolstadt und Volkstädt ist das, was Schiller sucht und braucht.

Am 18. Mai 1788 kommt er abends um halb neun in Rudolstadt an und quartiert sich im Gasthof »Zur Güldenen Gabel« ein, einen Steinwurf von den Lengefelds entfernt. Er kennt die Adresse seiner Ferienwohnung ja noch nicht. Am Tag darauf dann zieht er hinaus nach Volkstädt und ist sich so sicher wie die Lengefeld-Schwestern, dass er dort gut versteckt ist. Außer Körner hat er niemandem gesagt, wohin er sich zurückzieht; wohl auch nicht seiner Geliebten, Charlotte von Kalb. Dieser Rückzug hat etwas von einer Flucht. Auch wenn die Fluchtburg deutlich näher an Weimar liegt als Venedig oder Rom, ähnelt Schillers Benehmen dem von Goethe, als der sich kommentarlos nach Italien absetzte. Und wie Goethe vor Charlotte von Stein floh, flieht Schiller nun vor seiner Charlotte. Hier glaubt er fern jeder Kontrolle zu sein.

Knebel jedoch, wachsam durch seine Eifersucht, hat offenbar von der heimlichen Aktion der Lengefeld-Schwestern Wind bekommen. Bereits am 21. Mai schreibt er aus Jena an Lotte. Scheinheilig besorgt teilt er ihr seine unerbetene Meinung über den Konkurrenten mit, den er schon seit Sommer 1787 kennt, als er sich als Hüter von Goethes Garten aufgespielt hatte: »unser Schiller ist gewiss ein herzensguter Mann; er schreibt mit Wärme, und es fehlt ihm nicht an Vorstellungsart und glücklichen Bildern. Aber mich dünkt, aus zu schneller Wärme tritt er zuweilen in eine Bahn, deren Ende er nicht absieht, und vertraut sich etwas auf geratewohl den Wogen der Imagination. ... Ich höre, Schiller zieht auf einige Zeit zu Ihnen nach Rudolstadt.«

Dass Knebel mit der Bemerkung über die zu schnelle Wärme und die Bahn, deren Ende er nicht absieht, weniger gegen Schillers Werk als gegen seinen Charakter stichelt, kann auch Lotte nicht überhören. Die Mutmaßung, Schiller suche ihre und Karolines Nähe, scheint sie allerdings nicht zu stören.

Schiller hingegen verwahrt sich sofort energisch dagegen. Am 26. Mai bereits schreibt er aus Volkstädt an Körner: »Seit acht Tagen bin ich nun hier in einer sehr angenehmen Gegend, eine kleine halbe Stunde von der Stadt und in einer sehr bequemen heitern und reinlichen Wohnung. ... In der Stadt selbst habe ich an der Lengefeldschen und Beulwitzschen Familie eine sehr angenehme Bekanntschaft, und bis jetzt noch die einzige, wie es vielleicht auch bleiben wird. Doch werde ich eine sehr *nahe* Anhänglichkeit an dieses Haus und eine *ausschließende*, an irgend eine einzelne Person aus demselben, sehr ernstlich zu vermeiden suchen. Es hätte mir etwas *der* Art begegnen können, wenn ich mich mir selbst ganz hätte überlassen wollen. Aber jetzt wäre es gerade der schlimmste Zeitpunkt, wenn ich das bisschen Ordnung, das ich mit Mühe in meinen Kopf, mein Herz und in meine Geschäfte gebracht habe, durch eine solche Distraktion wieder über den Haufen werfen wollte.«

Er hat offenbar panische Angst davor, ihm könnte ein Interesse an den beiden Schwestern nachgesagt werden. Als Knebel, den seine Neugier nicht in Ruhe lässt, kurz entschlossen bei den Lengefelds vorspricht, um den Verhältnissen dort auf den Grund zu gehen, drückt sich Schiller mit fadenscheinigen Ausreden vor einem Zusammentreffen. Am selben Tag, an dem er Körner beteuert hat, seine Beziehung zu den Schwestern sei alles andere als *sehr nahe*, sagt er Lotte und Karoline ab mit den

Worten: »Ich tauge heute gar nicht unter Menschen, und unter solche, die ich *liebe* noch weit weniger.« Schuld daran sei »diese Wandelbarkeit der Laune …, ein Fluch, der auf allen Musensöhnen ruht«.

Lotte, keineswegs naiv, durchschaut ihn natürlich, denn am Tag darauf vermeldet sie dem Musensohn: »Heute früh ist Knebel fort. … Leben Sie wohl bis auf den Abend.«

Die Luft ist nun in jeder Hinsicht rein, der Weg ist frei. Doch noch am Ende dieser Woche ist Schiller wie so oft unvorsichtig, zieht sich zu leicht an und holt sich auf dem Heimweg im Landregen eine Erkältung. »Ich hab einen heftigen Schnupfen seit gestern abend, und Frost und Hitze dabei. Mein Kopf ist ganz hin. Ein heilloser Zustand«, jammert er. Dabei wird er im Krankenstand nicht nur von den Lengefelds mit Obst, Blumen, Wein und Kuchen versorgt. Auch die Familie des Kantors kümmert sich um den Sonderling; sie schwärmen für ihn, obgleich seine Erscheinung die anderen im Ort irritiert: »Er hatte ein blasses, geisterhaftes Gesicht und seine Haare waren gelb und lang und nicht gepudert und zusammengedreht, wie es die Herren in der Stadt taten.«

Lotte hatte lange gesucht nach diesem Quartier und mit ihrer Gründlichkeit die für Schiller ideale Lösung gefunden: eine Wohnung, die geräumig ist und hell, in einem gut gebauten Haus, wo außer den Pfauenschreien und dem Muhen der Kühe — Schiller nennt es Blöken — nichts zu hören ist. Lotte sieht es von Anfang an als ihre Pflicht an, Schiller von allem freizuhalten, was seine Schaffenskraft behindern könnte. Dass dieser Mann dünne Nerven hat und eine schwache Gesundheit, dass er in praktischen Dingen völlig unbegabt ist, wehleidig, dabei aber leichtsinnig und außerdem eine Memme, die sich vor Spinnen panisch fürchtet, weiß sie mittlerweile. Aber es stört sie nicht. Im Gegenteil, es verstärkt offenbar ihr Bedürfnis, Schiller zu beschützen. Und die Vermieter in Volkstädt verhalten sich ganz in ihrem Sinn; der Kantor und seine Familie behandeln Schiller wie eine Mimose. »Jede störende Arbeit des Hauswesens und der Landwirtschaft verschoben sie bis zu Schiller's Ausgang oder gar bis zur Nacht.« Manches befremdet sie freilich. Zum Beispiel, dass der Schiller, der durchdreht, wenn er nur einen Weberknecht sieht, sich offenbar nicht vor Gewittern fürchtet, die in dieser Gegend gefährlich werden können. »Bei Gewittern litt es Schiller nicht in der Enge des Hauses. Er schweifte hinaus in Feld und Flur, von den Gipfeln der Berge diese großartigen Naturerscheinungen ... zu bewundern. In solchen Fällen, oder wenn er spät zur Nacht aus der Stadt zurückerwartet wurde, schickten die sorglichen Wirtsleute Boten mit Laternen ihm entgegen ... Am häufigsten, wenn nicht verhindert, begab sich der Hauswirt selbst auf den Weg. Solche Anteilnahme machte auf Schiller's Gemüt einen tiefen Eindruck ...«

Anteilnahme, das ist etwas, wonach Schiller süchtig ist – verständlich, wenn man an seine Jugend in der Akademie denkt, wo keinerlei Mitgefühl die kalte Atmosphäre erwärmte. Umso mehr genießt er nun die Wärme im Haus der Lengefelds. Das spricht sich in Weimar herum. Wieland schreibt an Schiller, zu Hause sei bereits die Rede von einer »schönen Rudolstädterin«, mit der er flirte – anscheinend schätzen nicht alle Lottes Reize so gering wie Schiller, der ausdrücklich beide Schwestern als nicht schön bezeichnet hatte.

Charlotte von Kalb, mit Knebel befreundet, wird das hinterbracht und sie reagiert erwartungsgemäß eifersüchtig und beleidigt. Davon allerdings erfährt Schiller nichts. Unbehelligt von ihr genießt er die friedlichen Tage. Bei jedem Besuch im Lengefeld'schen Haus und Garten gibt es alles, was seine Seele besänftigt: freundliche Gespräche, Kaffee und den gefürchteten mächtigen Kraftkuchen, waches Interesse, Thüringer Knödel und Kalbssuppe, einen Hund namens Grigri, eine Katze namens Toutou und zwei junge Frauen, für die er, der mittellose, stellungslose, oft depressive Dichter, eine Lichtgestalt ist. Ein Mann, der so außergewöhnlich ist, dass er jeden noch so trüben Alltag erhellt.

Abends bei den Lengefelds leitet Karoline die Unterhaltung wie ein Conférencier, Schiller ist der Stargast und liest aus eigenen und fremden Werken vor, Lotte und Louise spielen das Publikum, freitags verstärkt durch die Gäste ihres Jour fixe. Und die drei Frauen sind dankbare Zuhörer, obwohl, unvoreingenommen betrachtet, Schillers Vortragsstil unerträglich, fast abschreckend ist. Schließlich hatte ihn Margarete Schwan, die angebetete Tochter seines Mannheimer Verlegers, damals auch deswegen nicht näher an sich herangelassen.

»An der Saaltüre angekommen, hörten wir ein arges Geschrei, und was sahen wir! Schiller war allein und rannte in Hemdärmeln auf und ab, gestikulierte und krakeelte ganz barbarisch. Zwei brennende Lichter standen auf einem Tisch mit Papieren mitten im Saal, und alle Läden waren geschlossen. Mein Vater rief ihm zu: Aber, lieber Schiller, was treiben Sie denn, dass Sie hausen wie ein Türke und gestern erst das Fieber hatten.« So sah es aus, wenn Schiller aus seinen Texten rezitierte. Auch spätere Schiller-Freunde wie Ludwig Friedrich Göritz, Dekan und Hauslehrer in Jena, mussten zugeben, dass es eine Strafe war, Schiller beim Vorlesen zuzuhören; »ihn eines seiner Gedichte deklamieren zu hören, war nicht auszuhalten. Er hatte dabei einen widerlich singenden Schulton. Wer ihn nicht gekannt und ihn deklamieren gehört hätte, würde ihn für einen unverständigen Menschen gehalten haben, der nicht weiß, was er liest, und das Schöne verdirbt.«

Karoline und Lotte stoßen sich daran so wenig wie die Stammgäste der Familie – Friederike geborene von Holleben, Karolines Busenfreundin, samt ihrem Mann, dem Baron von Gleichen, aber auch der schon zweiundfünfzigjährige Herzog Friedrich Karl von Schwarzburg-Rudolstadt, mit Beulwitz durch dessen Hofdienst bekannt, der für seinen achtzigjährigen Vater die Regierungsgeschäfte führt, frustriert ist und ständig bei Lengefelds herumhockt. Sie alle hängen an Schillers Lippen. Langeweile macht dankbar, vielleicht auch unkritisch, auf jeden Fall großzügig. Niemand lässt es Schiller zum Beispiel spüren, dass er in dieser Gesellschaft der Einzige ohne Adel ist. Für Schiller durchaus etwas Neues. In den acht Jahren auf der Akademie hatte er die Demütigung erlebt, als Mensch zweiter Klasse behandelt zu werden. Die Adligen schliefen in besseren Schlafsälen, in besseren Betten, saßen am oberen Ende des Speisesaals an einem gesonderten Tisch, bekamen ein besseres Essen und gaben den Nichtadligen das Zeichen, sie dürften nun zu gabeln oder zu löffeln anfangen. Und in Weimar, wo ihn Charlotte von Kalb beim Adel vorstellte, musste er sich von ihr ständig sagen lassen, was er alles falsch mache und weshalb er bei irgendwelchen Prinzessinnen oder Herzoginnen so schlecht ankomme. Dass ausgerechnet sie ausfindig macht, mit wem er in seinem angeblichen Eremitendasein verkehrt, erfährt er von Lotte.

Am 22. Juni lässt sie ihn wissen: »Ich habe heute früh einige Zeilen von Frau von Kalb erhalten und diesen Einschluß für Sie.« Es macht Lotte anscheinend nicht misstrauisch, dass ihrem Brief einer an Schiller beiliegt. Und Schiller beeindruckt dieser Einbruchsversuch der Geliebten in seine Idylle nicht. Hier wird er sich von niemandem aufschrecken lassen, denn er wird gefüttert mit Bewunderung und bester Kost.

Billig, das wird auch Lotte nicht übersehen können, ist Schiller nicht als Gast. »Schiller liebte in seiner Jugend vorzüglich Schinken«, weiß ein Freund von früher, und die Abrechnung eines Hauswirts aus Stuttgart, bei dem Schiller als Jungarzt wohnte, verweist auf einen beachtlichen Konsum an Schinken und Wein. Auch die selbst gemachten Liköre der Mutter Lengefeld dürfte der Besucher immer wieder genossen haben, denn der Mediziner Schiller hat von gesunder Ernährung keine Ahnung und erklärt von jeher das für zuträglich, was ihm schmeckt. »Zu Hause hielt er sich meistens etwas vom Likör, aber mehr für seinen damals schon schwachen Magen; es kann sein, dass dieß ihn mehr verdarb«, sagt einer seiner Freunde.

Lotte und Karoline planen für Schiller die Freizeit, die Ausflüge, die Abendessen, die Treffpunkte. Und er überlässt sich willig ihrer Organisation. Dass Lotte, wie sie selbstkritisch sagt, »pedantisch« ist, empfindet der chaotische Dichter als wohltuend. Und dass die beiden Schwestern ihn verklären, ist ihm auch nicht unangenehm.

Schiller erholt sich nach jedem ausführlich thematisierten Schnupfen blendend. Hier geht er sogar täglich ausgiebig spazieren. Eine ungewohnte Erfahrung für ihn, der im Internat des Karl Eugen wie ein Gefängnisinsasse nur eine halbe Stunde am Tag unter Aufsicht ins Freie durfte, der später lieber seine Zeit schreibend im Zimmer nutzte – von einigen Gewaltmärschen durch den Solitudenwald abgesehen –, als sie in freier Natur zu verschwenden. »Eine dichterische Beschreibung einer Gegend machte mehr Eindruck auf ihn als der Anblick der Natur selbst«, behauptet ein früherer Freund.

Das Arrangement der gemeinsamen Spaziergänge ist romantisch und wahrscheinlich von Karoline entworfen, wie sie es später in ihren Erinnerungen beschreibt. »Wie wohl war uns, wenn wir nach einer langweiligen Kaffee-Visite unserm genialen Freunde unter den schönen Bäumen des Saaleufers entgegen gehen konnten! Ein Waldbach, der sich in die Saale ergießt und über den eine schmale Brücke führt, war das Ziel, wo wir ihn erwarteten. Wenn wir ihn im Schimmer der Abendröte auf uns zukommen erblickten, dann erschloss sich ein heiteres ideales Leben unserm innern Sinne.«

Schiller im Heiligenschein der Natur, in himmlischer Gloriole – Karolines Verzückung ist unüberhörbar. Auf diesen Wanderungen hängt sie an Schillers Seite, oft an ihn geschmiegt, und diskutiert mit ihm, während Lotte als stumme Zuhörerin hinterdrein tappt oder sich bestenfalls an Karolines Arm hält. Wer die drei beobachtet, könnte vermuten, Lotte wäre nur schüchtern. Biographen jedenfalls deuteten es gerne so: Die Jüngere wäre sofort in Liebe zu Schiller erglüht, aber zu gehemmt oder prüde gewesen, um ihre Gefühle zu zeigen. Doch Lottes eigene Aussagen verraten etwas ganz anderes: Der Mann zieht sie erotisch einfach nicht an. Schiller gelingt es keineswegs, die Erinnerung an den gut aussehenden Henry Heron mit seinem souveränen Auftritt so schnell aus ihrer Seele zu verdrängen.

Am 1. Juni 1788 schreibt Lotte in ihr Tagebuch: »O ihr vergangenen Freuden, bleibt denn nichts von euch als der Schmerz, dass ihr nicht mehr zurückkehrt? Dies dachte ich eben, als ich einige Briefe durchging. O warum ist doch unser Geist in so enge Schranken gebannt, warum können wir nicht die Winde durchschneiden, die Meere in einem Augenblick überfliegen, dass das Herz die Nähe einer freundschaftlichen Seele deutlich fühlen könnte. ... Wenn wir vergessen könnten!

Tis sure the hardest science to forget.

Nein, nicht vergessen sollen wir, sondern stark die notwendigen Übel der Trennung tragen, denn sie ist hoffentlich nicht ewig!«

Nach außen hin hat Lotte diese Romanze zwar begraben, doch der Ritter Henry Heron ist noch nicht verjagt aus ihrem Kopf.

Schiller merkt davon nichts; die Bewunderung Karolines benebelt seine Sinne offenbar so sehr, dass er von Lottes Problemen gar nichts wahrnimmt. Sie ist für ihn wohl nur der Appendix der großen, glühenden Verehrerin, die kleinere Ausgabe von ihr. Schiller denkt nur an sich, an seine Entspannung und seine Konzentration. Es geht ihm gut und er rafft sich schnell auf von der Erkältung, die ihn am 30. Mai überfallen hatte. Jedenfalls ist er am 4. Juni wieder auf den Beinen, am 5. bereits wieder Gast bei den Schwestern und durchaus reisefähig, als er erfährt, dass Henriette von Wolzogen, Wilhelms Mutter, schwer krank in Bauerbach liegt. Sie war an der Brust operiert worden. Und wenn irgendein Mensch auf der Welt seine Anteilnahme verdient hätte, dann wäre es diese Frau. Sie hatte dem Flüchtling Schiller damals Unterschlupf gewährt in ihrem abgelegenen Anwesen in Bauerbach, ohne sich im Geringsten Gedanken darüber zu machen, dass Schillers Dienstherr, Herzog Karl Eugen, ihr das verübeln könnte; sie hatte noch immer Söhne auf seiner Akademie, an denen er sich leicht hätte rächen können. Bei Henriette von Wolzogen hatte Schiller vom Dezember 1782 bis in den Sommer 1783 kostenlos gewohnt, gegessen, getrunken und an seiner »Luisa Millerin« (später »Kabale und Liebe« genannt) gearbeitet, sie hatte ihm in allen finanziellen Krisen beigestanden und Geld geliehen, das sie nie vollständig zurückbekam. Noch 1784 hatte Schiller sie angefleht, ihn ihrer Freundschaft zu versichern, denn damit mache sie »einen fröhlichen Mann aus Ihrem zärtlichsten«.

Nun geht es ihr schlecht, so schlecht, dass ihr Sohn Wilhelm,

Nicht genial, aber gutherzig: Wilhelm von Wolzogen,
von unbekannter Hand porträtiert. Aquarellminiatur.

den Schillers Erzfeind Karl Eugen zur Ausbildung als Architekt
nach Paris schicken will, Urlaub bekommen hat, damit er sich
um die Schwerkranke kümmern kann. Aber Schiller, der selbst
so gerne Anteilnahme erfährt, ist es offenbar zu mühsam, Mitgefühl zu zeigen. Ist ihm der Weg nach Bauerbach jetzt, im
Frühsommer, auf einmal zu weit, den er in anderer Richtung
damals so flott geritten ist, an diesem historischen 6. Dezember
des letzten Jahres, um früh genug bei den Lengefelds anzukommen? Jedenfalls verschwendet er keinen Gedanken an einen
letzten Besuch bei der gütigen Freundin. Er schreibt ihr einen
Brief, das muss reichen: »Könnte ich wenigstens nur einige Tage
um Sie sein und Ihnen fröhlichen Mut einflössen.« Könnte er,
will er aber offenbar nicht.

Dann scheint sich Henriettes Zustand zu bessern, was wohl
ihrer Selbstbeherrschung zuzuschreiben ist; sie will dem Sohn

nicht im Weg stehen bei seiner Karriere, sie will, dass er wie geplant nach Paris aufbricht.

Wilhelm von Wolzogen reitet also am 7. Juli nach Rudolstadt, um sich vom Freund und den Cousinen zu verabschieden – und spürt, was dort los ist. Es kann ihm nicht entgehen, dass seine Karoline dem Feriengast Schiller völlig verfallen ist. Wilhelm muss sich idiotisch vorkommen, denn er hat den Freund eingeschleust bei der Frau, die er vergöttert, seit er sie zum ersten Mal sah und erfuhr, dass sie schon an Beulwitz versprochen war.

Wolzogen, ein linear strukturierter Mann mit in jeder Hinsicht derbem Schädel, himmelt Schiller zwar an, als Dichter, doch hier geht es nicht um geistige, sondern um handgreifliche Nähe. Er muss sich fragen: Was hat der Freund mit den geröteten Augen, dem überlangen weißen Hals und den wenig schönen gelbroten Haaren eigentlich, dass seine angebetete Karoline derart verrückt ist nach ihm?

Hat Schiller Sex-Appeal?

Sicher hat er einige sexuelle Erfahrungen, was Goethe in diesem Alter noch nicht von sich behaupten konnte. Schiller hätte sich wohl von keiner Geliebten zur Enthaltsamkeit nötigen lassen wie sein zehn Jahre älterer Kollege. »Es handelt sich nicht mehr um eine Leidenschaft, sondern um eine Krankheit«, hatte Goethe seiner Charlotte 1784 vorgeworfen – da war er fünfunddreißig und hatte sich von ihr schon über acht Jahre hinhalten lassen. Schiller hingegen hatte sich genommen, was er bekommen konnte, und daraus kein Geheimnis gemacht. Sein Nachholbedarf sprengte jede einengende Regel: In der Akademie war er, wie die anderen auch, weggesperrt von jedem weiblichen Kontakt. »... die Tore dieses Instituts öffnen sich, wie man wissen wird, Frauenzimmern nur, ehe sie anfangen interessant zu werden, und wenn sie aufgehört haben, es zu sein«, sagte er selbst – also Müttern ab circa achtunddreißig, was damals als matronenhaft alt galt, und Töchtern vor der Geschlechtsreife.

Wer »Die Räuber« kennt, weiß, wie obszön der dreiste Spiegelberg darin die Vergewaltigung im Kloster beschreibt – Schillers unausgelebte Sexualphantasien finden auch hier ihren Ausdruck. Die Schwestern Lengefeld kennen »Die Räuber«. Unbekannt dürfte ihnen allerdings sein, was Schiller in der »Anthologie auf das Jahr 1782« veröffentlicht hat: ein Gedicht mit dem edlen Titel »Männerwürde« und dem Untertitel »Kastraten und Männer«. Und das ist prall von virilem Selbstbewusstsein, ein wahres Potenzgeprotze, sicher nicht zufällig in der Ich-Form verfasst.

Seine Manneskraft, behauptet Schiller darin, sei unwiderstehlich und er steche damit alle »Buben von Golde«, also Männer mit Geld, aus. Dieses Gedicht darf als Beweis dafür gelesen werden, dass Schiller keine Hemmungen hatte, sich mit allem zu versorgen, was er jahrelang versäumt hatte. Den Lengefeld-Schwestern wird er dieses Lendenstück dennoch kaum vorgetragen haben.

> Ich bin ein Mann! Wer ist es mehr?
> Wers sagen kann, der springe
> Frei unter Gottes Sonn einher
> Und hüpfe hoch und singe!
>
> Zu Gottes schönem Ebenbild
> Kann ich den Stempel zeigen.
> Zum Born woraus der Himmel quillt,
> Darf ich hinuntersteigen.
>
> ...
>
> Und röter wird das Mädchen dann,
> Unds Mieder wird ihr enge,
> Das Mädchen weiß, ich bin ein Mann,
> Drum wird ihrs Mieder enge.
>
> Wie wird sie erst um Gnade schrein,
> Ertapp ich sie im Bade?
> Ich bin ein Mann, das fällt ihr ein,
> Wie schrie sie sonst um Gnade?

Ich bin ein Mann, mit diesem Wort,
Begegn ich ihr alleine,
Jag ich des Kaisers Tochter fort,
So lumpicht ich erscheine.

Und dieses goldne Wörtchen macht
Mir manche Fürstin holde,
Mich ruft sie — habt indessen Wacht,
Ihr Buben dort von Golde!

Gerade Lotte, »die Dezenz«, wäre fassungslos, wüsste sie, welche Worte Schiller in den Mund nimmt. In seinem Gedicht »Der Venuswagen« ist die Rede von »geiler Brunst«, von »Metzen« und »Huren«. Der Dichter, den auch unterhalb der Gürtellinie die Wortgewalt nicht verlässt, greift zwar gerne zu Metaphern, doch zwischendrin bleibt an Deutlichkeit nichts zu wünschen übrig.

»Ja so heule — Metze, kein Erbarmen!«
Streift ihr keck das seidne Hemdchen auf.
Auf den Rücken mit den runden Armen!
Frisch! Und patschpatsch! mit der Geißel drauf.

Lotte gibt ihm sicher keine Gelegenheit, seinen Stempel zu zeigen und zum Born, woraus der Himmel quillt, herabzusteigen, geschweige denn, ihr die Arme auf den Rücken zu biegen.

Was Karoline angeht, ist das nicht so sicher, denn schließlich wird sie bis in die Zeit der Wechseljahre nebeneheliche Affären haben, großenteils sexuelle, auch mit unerwünschten Folgen. Und dass sie sich tief dekolletiert, mit laszivem Blick und sinnlich weichen Lippen porträtieren lässt, Lotte jedoch nur hochgeschlossen, mit fest verschlossenem Mund, lässt ebenfalls Folgerungen zu.

Bestimmt strahlt Schiller aber etwas von dem Mannesstolz aus, den er in Reimform ungeniert bekundet. Und Karoline, nach den Beschreibungen ihres Wesens, Benehmens und Auftritts zu schließen, für erotische Ausstrahlung empfänglicher als die kleine Schwester, spürt sicher, dass Schiller kein geschlechtsloser Ephebe ist.

Gerade im Vergleich mit Dichterkollegen, die entweder spießig altväterlich oder androgyn aussehen, wirkt er viril. Vieles an Schiller jedoch mag auf eine junge Frau nicht gerade anziehend gewirkt haben.

Nicht nur der schwere Dialekt, die ungelenken Bewegungen, die unmännlich zarte schneeweiße Haut, auch seine Angewohnheiten, die manchmal nicht nur ungezogen, sondern auch unappetitlich sind. »Ein Schnupfer wie Schiller war nicht leicht zu finden. Hatte er bisweilen gerade keinen Tabak, so kitzelte er seine Geruchsnerven mit Staub«, erklärte ein Schulfreund. Oft lümmelt er den ganzen Tag lang, was Mutter Lengefeld erstaunlicherweise hinnimmt, auf dem Kanapee herum, das im Wohnzimmer steht. Und seine Tischmanieren können vielleicht als genialisch entschuldigt werden, sind aber wenig geeignet, den Mann als Gast zu empfehlen.

Liest man den Bericht von Minna, Körners Frau, über Schillers Aufenthalt bei ihr nicht lange zuvor, brauchten seine Gastgeber starke Nerven, ausreichend Humor, eine gute Wäscherei und einen umfangreichen Bestand an Gläsern. »Als Schiller mit uns am ersten Morgen hier in Loschwitz unter dem Nußbaum an unserem Frühstückstische saß, brachte er eine Gesundheit auf ein frohes Zusammenleben aus; die Gläser klangen hell, aber Schiller stieß in seiner enthusiastischen Stimmung so heftig mit mir an, dass mein Glas in Stücke sprang. Der Rotwein floß über das, zum ersten Male aufgelegte Damasttuch zu meinem Schreck. Schiller rief: ›Eine Libation für die Götter! Gießen wir unsere Gläser aus!‹ Körner und Doris folgten Schiller's Beispiel; darauf nahm dieser die geleerten Gläser und warf sie, dass sie sämtlich in Stücke sprangen, über die Gartenmauer auf das Steinpflaster mit dem leidenschaftlichen Ausrufe: ›Keine Trennung! Keiner soll allein sein! Sei uns ein gemeinsamer Untergang beschieden!‹«

Um den Gartenpavillon der Lengefelds, wo den ganzen Sommer über meistens gegessen wird, liegt zwar kein Pflaster, möglicherweise reißt Schiller sich bei den neuen Bekannten auch zusammen, hoffähig aber dürfte er sich kaum aufgeführt haben.

Karoline und Lotte jedoch sind beide blind für Schillers Mängel. Der Nimbus des Künstlers, der Strahlenkranz des Freigeists erhellt jede Schwäche. Wolzogen, der das spürt, wird am 10. Juli beunruhigt zu seiner Mutter zurückgeritten sein. Und dort empfing ihn eine Todgeweihte. Während er aber an ihrem Bett wacht, hat Schiller Wichtigeres im Kopf als seine sterbenskranke Gönnerin.

Lotte und Karoline, beide zu Mitgefühl erzogen und ihr Leben lang willig, es zu beweisen, müsste Schillers Verhalten befremden. Beide aber sehen ihm das offenbar nach. Ihre Bereitschaft, den schwierigen Mann in allem zu verstehen, ist grenzenlos. Sind sie nun beide in Schiller verliebt?

Was Lotte im Hochsommer an Knebel schreibt, klingt zwar nicht mehr so, als trauere sie dem fernen Heron noch nach, aber auch nicht so, als fühle sie sich im Geringsten durch eine neue Liebe in der Heimat gebunden. Knebel hatte einen Brief von Heron an Lotte weitergeleitet, wohl weniger zur Kenntnisnahme, als zum Test, wie sie darauf reagieren würde, dass der Ex-Liebhaber ihm, nicht ihr berichtet. »Es freute mich, etwas von ihm zu lesen«, antwortet Lotte kühl. »Sein Deutsch scheint er ziemlich vergessen zu haben, aber es ist doch besser, er vergisst unsre Sprache als uns.« Der Brief des ehemaligen Liebhabers hat in ihr weniger Sehnsucht nach ihm als nach einer Reise geweckt. Er habe ihr, schreibt sie, »recht Lust gegeben, Madera [Madeira] auch zu sehen. Es muss ein sonderbares Gefühl sein, sich in einem ganz andern Weltteil zu sehn, und so weit von seinem Vaterland.« So redet keine frisch Verliebte.

Schiller tut inzwischen so, als halte er sich in einer Pension mit Familienanschluss auf. Am 27. Juli 1788 vermeldet er Körner: »Ich habe mich hier noch immer vortrefflich wohl. ... Wir sind einander hier notwendig geworden, und keine Freude wird mehr allein genossen.« Doch er will auf keinen Fall den Eindruck entstehen lassen, es sei Liebe im Spiel. »Die Trennung von diesem Haus wird schwer sein, und vielleicht desto schwerer, weil ich durch keine leidenschaftliche Heftigkeit, sondern durch eine ruhige Anhänglichkeit, die sich nach und nach so gemacht hat, daran gehalten werde. Mutter und Töchter sind mir gleich lieb und wert geworden, und ich bin es ihnen auch. Es war recht gut getan, dass ich mich gleich auf einen vernünftigen Fuß gesetzt habe, und einem *ausschließenden* Verhältnisse so glücklich ausgewichen bin. Beide Schwestern haben etwas Schwärmerei, was Deine Weiber [gemeint sind Körners Frau und Schwägerin] nicht haben, doch ist sie bei beiden dem Verstande subordiniert und durch Geisteskultur gemildert. Die jüngere ist nicht ganz frei von einer gewissen *Coquetterie d'esprit*, die aber durch Bescheidenheit und immer gleiche Lebhaftigkeit mehr Vergnügen gibt, als drückt.«

Was das »Verhältnis« angeht, ist der Brief verlogen, denn Schillers Briefe an die beiden Schwestern sind durchaus heftig: »Mir selbst … kommt es gar hart und sauer an, mich des Abends so bald von Ihnen loszureißen«, hat er schon nach drei Wochen geseufzt. Nur in einem sagt er die Wahrheit: dass er kein »ausschließendes« Verhältnis mit einer der beiden Schwestern anfängt. Er schreibt an beide, die er seine Teuersten nennt, oft sogar in einem Brief, immer in demselben verzückten Ton, er umarmt beide, küsst wohl auch beide und bedenkt beide mit seinem Interesse. Er liest Karolines Übersetzungen von Ovids »Metamorphosen« und Lottes Versuche, die Gesänge des Ossian ins Deutsche zu übertragen. Doch die immer gleiche Choreographie der Spaziergänge, die in Rudolstadt und Umgebung mit scharfem Blick beobachtet wird, verrät die eigentliche Konstellation: Lotte geht hinterdrein, Schiller und Karoline aber nebeneinander, sie sind das Paar. Lotte ist das Anhängsel, das Alibi.

Von Kind an hat die große Schwester der kleinen den Eindruck vermittelt, sie erfahre die Welt eigentlich nur durch sie. »Ich saß dabei und hörte alles an und war begierig, wie es enden würde«, hat Lotte die übliche Situation in ihrer Kindheit beschrieben, als sie beobachtete, wie Karoline und die Cousine Amalie mit Papierfiguren Romane aufführten. »Wie alle Romane und Theaterstücke endete auch dieses immer mit einer Heirat.« Nahe gekommen waren sich die beiden Schwestern erst durch eine Katastrophe: die erzwungene Ehe von Karoline mit Beulwitz. Von da an war Lotte das einzige Unterhaltungsprogramm für die Schwester, das wichtigste Argument dagegen, zu tun, was sie einige Zeit tun wollte: sich umbringen.

Das Machtverhältnis zwischen den beiden war jedoch immer ganz klar. Karoline tat alles für Lotte, bestand aber auch darauf, dass Lotte zugab, alles nur ihr zu verdanken. Selbst die Erinnerung an den Vater; »die drei Jahre jüngere Schwester«, behauptet Karoline, »nahm aus meinem reiferen Anschauungsvermögen die Züge des Bildes auf, das sich unmittelbar noch nicht hatte einprägen können.«

Das System ist einfach und hat jahrelang funktioniert: Karoline führt auf, Lotte hört zu, Karoline gibt, Lotte nimmt, Karoline agiert, Lotte reagiert.

Nun sprengt Schiller die Notgemeinschaft der Schwestern; Lotte wird als Mittel zur Ablenkung und als dankbarer Abnehmer für Karolines überquellenden Mitteilungsdrang überflüssig. Sie hat ja Schiller. Und weil Karoline sicher ist, sie allein habe den Dichter erobert − wie sollte ein schweigendes Wesen einen Mann begeistern? −, würdigt sie Lotte herab zur stillen Teilhaberin; sie tritt ihr generös ein kleines bisschen Schiller ab, so wie dereinst die Erinnerungen an den Vater.

Lotte gibt niemandem zu erkennen, dass sie das, was die beiden hier aufführen, deprimiert. Nur ihrem Tagebuch vertraut sie an, wie düster ihre Stimmungen in diesem meist leuchtenden Sommer sind. »Es gibt oft Momente, wo wir uns so kalt und leer fühlen; wo die Dinge des Lebens uns nichts scheinen«, steht da. Und sie gibt zu, auf etwas hereingefallen zu sein. Wobei es sich nur um die Illusion handeln kann, Schiller wäre zumindest auch ein wenig in sie verliebt, nach den Billetts und Treffen in Weimar eine durchaus berechtigte Hoffnung. »Was sind die Freuden des Lebens?«, schreibt sie nun enttäuscht. »Sie dünken uns ein Gaukelspiel der Phantasie, eine Lufterscheinung … Die Freundschaft, das seligste Gefühl, ist uns nichts, denn die Seele bindet sich an ein Wesen, das nicht fester, nicht wahrer ist, als wir selbst.«

Auch in den nächsten Tagen und Wochen klingt es nicht verliebt, sondern verzweifelt, was Lotte im Tagebuch zu ihrer Seelenlage notiert: »Vergangenheit, Zukunft! Wie steht ihr vor der Seele als ein weites, offenes Grab!« Eine glückliche Frau redet selten von Gräbern, eine mit Liebeskummer schon.

Schließlich zieht Lotte sich offensichtlich zurück von der Idee, geliebt zu werden von einem Mann, den auch sie liebt, und entscheidet sich für die risikoarme Liebe zur Schöpfung. Ihre Formulierungen im Tagebuch sind vage und von einem schwammigen Pathos, das ihre Briefe niemals haben. Und doch verraten sie deutlich, dass ihr Verzicht der Schwester und Schiller gilt. »Der wahrste Genuß unserer selbst, unseres Seins ist es, wenn wir die Verbindung zur Schöpfung fühlen und ein weites Wohlwollen unsere Seele erfüllt; wenn man gleichsam die ganze Welt an sein Herz drücken möchte und sagen: ich lebe nur für euch, nur in der Liebe für euch fühle ich meine Existenz; wenn unser Ich ganz weggewischt ist aus dem Herzen ...«

Unwahrscheinlich, dass eine verliebte Zweiundzwanzigjährige behauptet, ihr Ich sei »weggewischt ... aus dem Herzen«.

Schiller ist umso mehr *Ich*, er kostet es aus, nur an sich denken zu dürfen und an das, was ihm Spaß macht. Er ist von seiner Arbeit an der »Geschichte des Abfalls der Niederlande«, von seiner Homer-Lektüre, seinen Homer-Lesungen bei den Lengefelds und seinem Doppelflirt ganz und gar aufgesogen. Dass er sich auch um Lotte bemüht, ist aus seiner Sicht durchaus verständlich: nicht nur, weil er dankbar ist für ihre Fürsorglichkeit, auch weil er weiß, dass er sich ihre Zuneigung erhalten muss, um die zu Karoline leben zu können. Lotte ist als Anstandsalibi auf den Spaziergängen ebenso unverzichtbar wie bei Ausflügen oder Abenden.

Schiller geht es endlich richtig gut. Und er hat weder Lust noch Zeit, dieses Wohlgefühl durch irgendetwas zu beeinträchtigen.

Am 5. August stirbt in Wilhelms Armen Henriette von Wolzogen, erst dreiundvierzig Jahre alt. Eine Frau, der Schiller mehr verdankt als jedem anderen Menschen.

Eine halbe Stunde nach ihrem Tod, den er durchaus als Erlösung für die von Schmerzen gefolterte Mutter begreift, fleht Wilhelm in einem Brief Schiller an: »... ich brauche jetzt einen Freund, der die Leere ausfüllt, die ich denn doch in meinem Herzen fühle. ... Leben Sie wohl, mein Bester; erfüllen Sie meine Bitte, wenn Sie können – in Ihrem Namen drücke ich nochmals einen Kuss auf die kalten Lippen.«

Fünf Tage später – der Brief war angeblich fünf Tage unterwegs – antwortet Schiller, ohne auf diese Bitte mit einem einzigen Wort einzugehen. Er spricht vielmehr, als wäre er selber bereits Hausherr in Rudolstadt, eine Gegeneinladung aus: »Kommen Sie ja. Wir wollen suchen, Ihnen Ruhe und Heiterkeit zu geben.« Auch Karoline lädt Wilhelm ein, auf der Reise nach Paris einen Abstecher in Rudolstadt zu machen. Was Karoline an Wilhelm am 10. August sonst noch schreibt, ist der Versuch, für Schillers Benehmen eine Entschuldigung zu finden, es sogar zu rechtfertigen als das einzig Richtige: »Lieber, anstatt dass Schiller zu Dir käme, komme Du lieber selbst noch zu uns – ... Schiller selbst ist äußerst bewegt über den Verlust Deiner Mutter, er würde Dir ihn in Meiningen selbst nur lebhafter zurückrufen. Ein paar Tage des Lebens unter uns, ich hoffe es, lieber Freund, werden Deiner Seele eine andre Stimmung geben, und Du wirst Deine Reise mit mehr Ruhe antreten.«

Das wiederum lehnt Wilhelm ab aus Gründen des Selbstschutzes. »Ich wusste wohl, dass meine Karoline mir ihre ganze Teilnahme schenken würde, und dass es mir an keinem Orte in der Welt mehr wohl sein würde nach einem so heftigen Sturme als bei Dir, Liebste, Beste. ... ich sehe Dich nicht wieder, ich darf es um meiner Ruhe willen nicht.«

Am 12. August 1788 dann schreibt er mehr als deutlich, dass er sich von Karoline betrogen fühlt. »Lebe wohl – mit unbegreiflicher Wehmut sage ich Dir Lebwohl. – Du bist glücklich, denn dieses Lebwohl fühlst Du nicht. Ich bin gestört in der Laune, in die ich mich versetzt hatte, und die auch Du billigtest – jede Erinnerung, jeder Gedanke von entbehrtem, von verlornem Glück erscheint mir jetzt schrecklich, erschüttert mich, bringt mein Blut stärker in Wallung. Lebe wohl – Karoline – O dass Du mich hören könntest und aus dem Ton meiner Stimme schließen könntest, was ich Dir sagen will!«

Könnte es sein, dass er sagen will: Wenn du dir als verheiratete Frau schon einen Liebhaber nimmst, warum dann ihn und nicht mich, wo ich die älteren Rechte habe und die tieferen Gefühle?

Noch einmal dringt er in Karoline, sie solle Schiller doch noch überreden, ihn zu besuchen, weil er in seiner Gutgläubigkeit meint, Geldnot sei der Grund für Schillers Absage. Damit Schiller nicht in seiner Ehre gekränkt ist, lässt Wilhelm diskret über Karoline vermitteln, alle Spesen einer Reise nach Bauerbach wolle er tragen. »Ist es Schillern keine zu große Aufopferung, so mach, dass er sogleich herkomme. Er braucht nichts, ich werde für alles sorgen. Gib ihm, was er verlangt. Doch sage ihm nichts, er ist delikat.«

Doch auch dadurch lässt Schiller sich nicht bewegen, das Nest in Rudolstadt zu verlassen. Er ist nun ein Vierteljahr da und hat offenbar das Gefühl, Besitzansprüche zu haben, auch auf Lotte. Nachdem sie, der Knebel bereits vorwirft, vor lauter Schiller zum Gesellschaftsmuffel zu verkommen, endlich mal wieder einen Ball besucht, beschwert Schiller sich bei ihr: »Es ist mir ordentlich lieb, dass er vorbei ist. So sehr ich das Vergnügen meiner Freunde liebe, so wünsche ich Sie doch so selten als möglich auf Bällen. Ich weiß nicht warum – aber ich habe aus eigner Erfahrung, dass ein Vergnügen das Blut so unordentlich erhitzt und das die bessern Menschen den Armseligen so nahe bringt und mit ihnen vermischt, die feinen Gefühle und die edlern Genüsse des Geistes gern auf eine Zeitlang hinwegschwemmt.«

Die edleren Genüsse sind selbstverständlich diejenigen, die er den Schwestern bietet. Schiller will Lotte für sich haben, ohne sich an sie zu binden.

Selbst die harmlose Mutter Lengefeld, die von solchen, für ihre Begriffe dreisten Einmischungen nichts ahnt, schöpft nun allmählich Verdacht, es könnte sich da etwas anbahnen zwischen ihrer jüngeren Tochter und dem Feriengast. Zumal der Mitte August wegen des »üblen Wetters« von Volkstädt nach Rudolstadt umgezogen ist und jetzt nur noch ein paar Schritte entfernt wohnt, zuerst im Gasthof »Zur Güldenen Gabel«, dann im Roß'schen Haus am Schlossaufgang II, also ebenfalls nur um die Ecke. Sie will daher die Tochter nach Kochberg schicken zur trostbedürftigen Patentante. Noch steht der Termin nicht fest, wann sie abreisen soll, aber der Entschluss.

An Schiller scheint das alles abzulaufen, Wilhelms Kummer ebenso wie Körners Eifersucht, der am 11. August beleidigt giftet: »Dass es Dir in Volkstädt so gut gefällt, ist gut für *Dich*, aber nicht für *mich*. Doch einst schlägt vielleicht auch meine Stunde ...«

Schiller argumentiert mitleidheischend, ein Jammerlappen wie er sei für Körner bestimmt keine erfreuliche Gesellschaft: »Du glaubst, es würde gut sein, wenn wir wieder beisammen wären. Wenn ich mich nur im Geringsten überzeugen könnte, dass ich Dir jetzt etwas sein könnte, so sollte mich gewiss weder Weimar noch Rudolstadt halten, so wenig ich leugnen will, dass mir der Aufenthalt in Rudolstadt ungemein wohlgetan hat.«

Warum redet er in der Vergangenheitsform? Er ist noch immer dort und wird es noch fast drei Monate bleiben. Doch er gibt vor, es schade ihm mittlerweile, denn »es ist ein Gemütszustand nach und nach in mir aufgekommen, der gar nicht wohltätig auf Dich wirken würde ... Herz und Kopf jagen sich bei mir immer und ewig; ich kann keinen Moment sagen, dass ich glücklich bin, dass ich mich meines Lebens freue. Einsamkeit, Abgeschiedenheit von Menschen, äußere Ruhe um mich her und innere Beschäftigung sind der einzige Zustand, in dem ich noch gedeih.«

Dabei hatte er Lotte gegenüber gerade erst schriftlich behauptet: »Bin ich bei Ihnen, so fühle ich, dass mir wohl ist«, und mehrmals betont er, die beiden Schwestern seien seiner Schaffenskraft äußerst zuträglich. »Ich hatte … einige glückliche dichterische Augenblicke, wofür ich *Ihnen* danken muss, denn sie waren gewiss nur ein Nachhall des Vergnügens, das mir Ihr Umgang … gegeben hat.«

Körner gegenüber stellt er sich als der große Einsiedler dar, der nur in der Abgeschiedenheit kreativ sein kann. »Ich bin überzeugt, dass ich durchaus nicht für die Gesellschaft tauge … Alle meine Leiden sind bisher Folgen von Wünschen und Neigungen gewesen, die mir die Gesellschaft gegeben hat; die wenigsten meiner wenigen Freuden hab' ich von ihr empfangen. Mein Geist wirkt mehr im Stillen, im Umgange mit sich selbst.«

Warum nur macht es ihn dann nervös, dass Lotte auf unbestimmte Zeit abberufen wird, um einer seelisch kranken Freundin Beistand zu leisten, nicht einem schnupfenkranken Dichter?

V

Eines Dichters Frau zu sein

Wie Charlotte von Stein
ihr Patenkind beeinflusst

Es könnte so schön sein. Denn Anfang September sind die Tage auf Schloss Kochberg meistens klar und mild und das wirkt sich auch auf den Gemütszustand der Menschen aus. Doch was sich zu Beginn der zweiten Septemberwoche 1788 dort abspielt, passte besser auf eine Theaterbühne als in diese friedliche Abgeschiedenheit: Es ist der zweite Akt eines Ehedramas ohne Eheleute. Thema: Zerfleischungen ohne Waffe.

Der erste Akt liegt fast drei Monate zurück und hat romantisch begonnen. Am 18. Juni war Goethe bei aufgehendem Vollmond, wie sich das für einen Dichter gehört, von seiner Italienreise nach Weimar zurückgekommen. Doch dann wurde es schnell unromantisch, denn Charlotte von Stein, weder dumm noch blind, bemerkte sofort pikiert, dass er »sinnlich« geworden war. Für sie, streng und prüde erzogen, eine unsittliche Veränderung. Gereizt und beleidigt zog sie sich nach Kochberg zurück, verärgert darüber, nicht gleich gegangen zu sein. Sie hatte rasch gespürt, dass »der Kreis der Lieben zerrissen« war. Und sie ärgerte sich zudem, überhaupt noch irgendwelche Rücksichten auf Goethe genommen zu haben. »Ich habe sehr unrecht gehabt, Goethens wegen meine schöne Zeit auf Kochberg zu versäumen; denn um ihn schob ich die Abreise auf: aber [er] hat mich auf völlig freiem Fuß entlassen und ist nichts als Langeweile zwischen uns gewechselt worden«, beschwerte sie sich Anfang August schon bei ihrer Schwester.

Nun sitzt sie dort in übler Laune und braucht jemanden, bei dem sie ihre Wut auf Goethe loswerden kann. Dafür kommt hier nur die diskrete Patentochter in Frage. Frau von Lengefeld freut sich über die elegante Lösung und hofft vielleicht, Schiller auf diese Weise auszuhungern. Aber der hält aus und wartet. Schließlich ist ja Karoline da. Dass Schiller es primär auf Karoline, die ehrenwerte Frau von Beulwitz, abgesehen haben könnte, kommt der artigen Mutter immer noch nicht in den Sinn.

Schiller ist jedenfalls entschlossen, in Rudolstadt zu bleiben und wegen der toten Henriette von Wolzogen nicht die höchst lebendige Karoline von Beulwitz zu verlassen. Im September schreibt er endlich an den verwaisten Wilhelm: »Frau von Beulwitz sagte mir, dass sie an Dich schreibt, ich schließe nur einige Zeilen an Dich bei, weil ich eben eine Störung auf den Hals bekomme. Danke Dir, Lieber, für die Einrichtung, die Du wegen dem Gelde gemacht hast; sie ist so, dass ich in höchstem Grade damit zufrieden sein kann.« Dann folgt statt eines Kondolenzbriefs nur banale Rechnerei. »Vor 3 oder 4 Jahren berechnete mir Deine sel. Mutter die Summe von 540 rhein. Gulden, welche Summe um die Zinsen zu 5 pro Cent, die sie dabei verloren, ich ihr also gut machen muss, erhöht wäre. Mich wird es am wenigsten drücken, wenn ich das Geld in Terminen und zwar in den Büchermessen nach und nach abtrage.«

Lotte ist verärgert, weil sie auf Kochberg weggesperrt ist und so nicht mitbekommt, was sich zu Hause tut. »Ich wäre wohl hier und stille ruhig in der Einsamkeit«, schreibt sie von Kochberg aus an Schiller, »wenn ich nicht das Gefühl, dass Sie eben in R. sind, hätte und dass ich manch schöne Stunde versäume.« Aber im Schloss der Steins gibt es Arbeit: Goethe kommt angereist mit Charlotte von Steins Schwester, Frau von Schardt und der klatschsüchtigen Frau Herder, außerdem hat er Charlottes Jüngsten, seinen Ziehsohn Fritz, aus Weimar kommen lassen, um zu zeigen: Alles ist beim Alten. Aber das hilft wenig. Frau Herder berichtet ihrem Mann, der auf einer Italienreise ist, über die gemeinsame Reise nach Kochberg: »Den 5. früh fuhren wir ab, Goethe, die kleine Schardt, ich und Fritz. Der schönste Himmel war's, kein Wölkchen den ganzen Tag; wir waren alle gleich heiter gestimmt ... Lotte Lengefeld kam zuerst, uns zu empfangen, dann die Frau von Stein, die uns alle freundlich empfing, doch ihn ohne Herz. Das verstimmte ihn den ganzen Tag.«

»Er« ist natürlich Goethe.

Ähnlich verstimmt ist in Weimar Charlotte von Kalb. Schiller äußert sich über seine Ex-Geliebte nur noch wie über eine weitläufige Bekannte. Kühl gibt er ihren Wunsch an Körner weiter, er möge wenigstens bei gemeinsamen Freunden nicht so tun, als gäbe es sie nicht mehr: »Auch schreibt sie mir, dass ich ihr Andenken bei Euch auffrischen soll. Ich habe sie jetzt über vier Monate nicht gesehen, wie ich aber höre, ist sie wohl, und die Zerstreuung hat ihr gut getan.«

Doch Charlotte zerstreut sich keineswegs, sie arbeitet an ihren Scheidungsplänen, was ihr aus Rudolstadt zu Ohren kommt, treibt sie zur Eile. Sie redet sich wohl ein, wenn sie nur frei wäre, würde Schillers Interesse an allen anderen Frauen erlöschen. Die Bemühungen, den ungeliebten Gatten loszuwerden, betreibt sie nun so intensiv, dass Frau Herder ihrem Mann bereits über den Fall Frau von Kalb berichtet: »Ihr Verhältnis wird sich auch über kurz oder lang ändern.«

Auch Charlotte von Stein hat mit der Zerstreuung Probleme. Die Atmosphäre in Kochberg ist eisig; sie will Goethe samt den übrigen Gästen nur noch loswerden. Und Lotte, diplomatisch versiert, nutzt die Situation dazu, Goethe endlich dahin zu bringen, wo sie ihn unbedingt haben will: ins Gespräch mit Schiller. Das hätten die beiden zwar längst haben können, denn Goethe wohnt seit seiner Rückkehr, wo er zuvor gewohnt hat, direkt am Frauenplan, und Schiller nach wie vor im Haus des Kaufmanns Keil neben dem »Gasthof zum Schwan«, vielleicht drei Minuten zu Fuß voneinander entfernt. Doch der Italienreisende war wohl mehr an Erotik interessiert als an Talentförderung.

Am 7. September trifft die Kochberger Gesellschaft bei den Lengefelds ein. Das Mittagessen findet im Haus, das Zusammensein danach im Garten statt. Die Atmosphäre wäre ideal: weiches

Licht, der Duft von Lilien und Levkojen, reifes Obst an den Bäumen, das Geraschel der Pappeln um den Pavillon, der Geruch von Louises Kuchen und Torten ... Dass es mit dem Gespräch trotzdem nicht einfach werden wird, ist Lotte klar, denn die Schwestern haben wohl erfahren, wie der jüngere über den älteren und berühmteren Kollegen denkt. »Goethes Geist hat alle Menschen, die sich zu seinem Zirkel zählen, gemodelt«, hat er früher einmal über all die Gefolgstreuen Goethes gelästert.

Doch Lotte und Karoline sind sich bewusst, dass nur Goethe ihrem Hausfreund weiter nach oben helfen kann im mit Missgunst erfüllten Weimar. Nach wie vor hat Goethe das Ohr des Herzogs, daran haben die beinahe zwei Jahre bezahlten Urlaubs nichts geändert. Nur er kann dem württembergischen Deserteur helfen, in Weimar eine bezahlte Stelle zu bekommen. Und beide Schwestern beherrschen eine Anstandsregel der besseren Kreise perfekt: sich ihre Absichten nicht anmerken zu lassen. Deswegen haben sie um die beiden Geistesgrößen herum eine große Gesellschaft arrangiert – eine zu große. Aber Goethe ist ohnehin nicht in der Verfassung, sich auf anderer Leute Interessen einzulassen, er ist genügend beschäftigt mit seinen eigenen Problemen. Er hat nämlich, was hier noch niemand wissen kann, ein intimes Verhältnis in Weimar angefangen, mit einer Frau, die eine Tochter der Stein sein könnte, dreiundzwanzig Jahre jünger. Schon seit dem 12. Juli verkehrt er mit ihr. Die Neue ist das Gegenteil der sich verweigernden Erzieherin von Stein und hat sich ihm ohne Hemmungen sofort in die Arme geworfen. Ihm liegt nun viel daran, ihr jedes schlechte Gewissen auszureden.

> Lass Dich, Geliebte, nicht reun, dass Du mir so
>   schnell Dich ergeben!
> Glaub es, ich denke nicht frech, nicht niedrig von dir.
> ...
> In der heroischen Zeit, da Götter und Göttinnen liebten,
> Folgte Begierde dem Blick, folgte Genuss der Begier.

Aber auch wenn das alles noch sein Geheimnis ist: Dass es mit der Stein zu Ende ist, kann keinem verborgen bleiben. Jeder spürt, dass der noch mühsam unterdrückte Krieg mit Charlotte von Stein früher oder später offen ausbrechen wird. Goethe ist es wahrscheinlich recht, dass er der Ehemaligen hier im Lengefeld'schen Garten aus dem Weg gehen kann. Er benimmt sich unter den vielen Menschen, die ihm größtenteils nichts sagen, möglichst unpersönlich und absolviert routiniert, was von ihm als Ehrengast des Abends erwartet wird. Er erzählt von Italien, von sich, seinen Erlebnissen, hat aber weder Zeit noch Lust, zuzuhören. Lotte bemerkt sicher, dass der sorgfältig ausgeklügelte Plan in die Binsen geht. Sie weiß ja besser als jeder andere, was zwischen ihrer Patin und Goethe los ist, sie weiß, wie unerträglich die Atmosphäre in Kochberg gewesen ist.

Doch was tut Goethe am Ende dieses Abends? Er fährt zurück mit Charlotte von Stein, zu ihr, nach Kochberg. Lotte kann wohl nicht anders, als darüber nachzudenken, ob es in dieser Nacht noch die große Auseinandersetzung gibt, jetzt wo die beiden sich endlich einmal klipp und klar die Meinung sagen?

Offenbar nicht. Denn die angestaute Bitterkeit lassen beide erst nach und nach, über Wochen und Monate, in ihre Briefe einfließen. Aber als Goethe am folgenden Tag von Kochberg aufbricht, ahnt er, dass dies wohl sein letzter Besuch auf dem Zauberschloss gewesen ist. Er hat gespürt, dass Charlotte von Stein stur ist, unbeweglich und unfähig zu vergeben und zu vergessen; »bei mir verharscht keine Wunde«, hat sie selber gesagt.

Kaum ist Goethe weg, verliert sie die mühsam aufrechterhaltene Fassung. Und beordert am 8. September Louise Lengefeld samt Lotte wieder auf Schloss Kochberg. Ohne darüber zu reden, lernt Lotte bei diesem wenig lustigen Aufenthalt, was sich zwischen Goethe und Frau von Stein abspielt. Sie lernt, dass eine Prinzipienreiterin, die sich einen Dichter als Steckenpferd hält, von dem abgeworfen wird, sobald er sich in einen Hengst verwandelt. Denn sie kann bei aller Liebe zu ihrer Patin nicht übersehen, wie starr und unnachgiebig die sich verhält.

Und sie kann nicht überhören, dass in dem, was Goethe aus Italien erzählt, die Erfahrung von Hingabe, auch von sexueller, eine wichtige Rolle spielt. Lotte versteht, dass eine Frau wie Charlotte von Stein, der ihre Prinzipien wichtiger sind als ihre Gefühle, einen Dichter, dessen Lebenslust erwacht ist, nicht halten kann. Und weil für Lotte Goethes Position vollkommen unangefochten ist, muss sie sich Gedanken darüber machen, wie man mit Dichtern dieser Kategorie umzugehen hat, will man sie nicht verprellen. Lotte trainiert, bewusst oder unbewusst, für Schiller.

Ob sie ahnt, was Schillers Eindruck von Goethe war? »Sein erster Anblick stimmte die hohe Meinung ziemlich tief herunter, die man mir von dieser anziehenden und schönen Figur beigebracht hatte. Er ist von mittlerer Größe, trägt sich steif und geht auch so; sein Gesicht ist verschlossen, aber sein Auge sehr ausdrucksvoll, lebhaft, und man hängt mit Vergnügen an seinem Blicke. ... Er ist brünett und schien mir älter auszusehen, als er meiner Berechnung nach wirklich sein kann. Seine Stimme ist überaus angenehm, seine Erzählung fließend, geistvoll und belebt; man hört ihn mit überaus vielem Vergnügen.«

Mit besonderem Vergnügen hörte Schiller, was Goethe aus Rom zu berichten hatte: Dort sei ein sexuelles Verhältnis »mit ledigen Frauenzimmern« zwar unmöglich, »aber umso hergebrachter mit verheirateten«. Interessiert gibt er all das an Körner weiter, doch näher gekommen ist er Goethe durch solche praktischen Auskünfte – Schiller will schließlich auch mal nach Italien reisen – wohl nicht. »Unsere Bekanntschaft war bald gemacht und ohne den mindesten Zwang; ... aber ich bezweifle, ob wir einander je näher rücken werden.«

Das allerdings kann Lottes Eifer nicht erlahmen lassen. Ob aus Liebe, schwärmerischer Verehrung oder mütterlicher Fürsorge für Schiller, bleibt dahingestellt. Frau von Stein hatte schließlich am Anfang auch behauptet: »Goethe und ich werden niemals Freunde.«

Und wirklich kümmert sich Goethe in den nächsten Wochen bereits darum, dem jungen Kollegen in Jena eine Professur zu verschaffen, allerdings eine undotierte – in Schillers Augen ein sehr fragwürdiges Verdienst. Warum schert sich Goethe überhaupt um den schwäbischen Zugereisten, der ihm keineswegs die Bewunderung vergönnt, die er gewohnt ist? Vielleicht der jungen Lotte Lengefeld zuliebe, die er »von ihrer Kindheit auf zu lieben und zu schätzen gewohnt war«. Sie war zehn oder elf gewesen, als er ihr bei Charlotte von Stein begegnet war. Und offenbar hat ihn an dem Mädchen etwas gefallen. Ihm, dem überlegenen Goethe, um dessen Gunst große Geister buhlen.

Während Mutter und Tochter Lengefeld noch auf Schloss Kochberg Gesellschaft leisten, ist Karoline mit Schiller wieder allein, denn Beulwitz, der im anderen Teil des großen Hauses herumgeistert, zählt nicht. Und als sie am 11. September nach Kochberg fährt, um Mutter und Schwester zu einem Ausflug nach Weimar abzuholen, reitet Schiller neben Karolines Wagen her. Lotte hat kaum Zeit für ihn, denn die chère mère hat ein straffes Freizeitprogramm organisiert, und zwar ein schillerfreies. Und zurück in Kochberg bricht sie dann gleich mit beiden Töchtern nach Jena auf, wo sie von Knebel eingeladen sind auf ein Gartenfest beim Kirchenrat Griesbach. Aber so schnell ist Schiller nicht abzuschütteln: Auf ihrer Rückreise werden die drei Damen in Uhlstädt von Beulwitz und Schiller erwartet, die den Tisch im Dorfgasthof mit Blumen und Obst üppig dekoriert haben; Beulwitz kocht einen »sublimen Kaffee« und Schiller tritt auf wie ein weiterer Ehemann – aber von wem?

Louise ist nun wachsam. Lotte wird im September und Oktober sicherheitshalber mehrmals zu Frau von Stein nach Kochberg verbannt. Und sie hat Schiller offenbar begreiflich gemacht, dass auch ihre Patentante etwas für ihn tun könne, denn Schiller, der kurz zuvor noch erklärt hatte, »Die Frau von Stein ist mir gar nichts«, schreibt nun an Lotte ins nahe Exil: »Sie sind in sehr guten Händen. Ich habe die Stein sehr lieb gewonnen, seitdem ich ihrem Gesicht mehr zugesehen habe. ... sie hat Interesse für das, was sie für wahr hält ...«

Bezaubernd und
verlogen: Caroline von
Dacheröden, genannt Li,
spätere Frau Wilhelm
von Humboldts.

In solchen Umschwüngen zeigt sich, dass Schiller zwar nicht
diplomatisch begabt ist, aber durchaus ein Realist, der nüchtern
abwägt, wer ihm nützen könnte. Und wer nicht. Wenig Interesse hat er an einem neuen Besucher der Lengefelds: Karl von
Laroche, der, aus England kommend, im Oktober ein paar Tage
bei den Lengefelds gastiert. Ein Mann, auf den Schiller sehr
wohl eifersüchtig werden könnte: Er ist schön, vornehm, aus-
geglichen. Er ist literarisch interessiert als Sohn der Schriftstellerin Sophie Laroche und gesellschaftlich anerkannt. Und er hat
bereits einen gut dotierten Staatsposten vorzuweisen als Beamter im preußischen Berg- und Salinenwesen.

Dass der potenzielle Konkurrent Schiller nicht beunruhigt
und er nicht unbedingt dabei sein muss, wenn Laroche bei den
Schwestern brilliert, hat einen simplen Grund. Er weiß, dass Laroche bereits als Zukünftiger von Karolines Freundin Caroline
von Dacheröden, genannt Li, gilt. Was er nicht weiß ist, in welchem Auftrag Laroche anreist: Er soll Karoline für einen Privat-
club anwerben, der sich Tugendbund nennt.

Die Mitglieder sind: Brendel Veit, die sich später Dorothea nennen wird, die Lieblingstochter von Moses Mendelssohn und Frau des Kaufmanns Simon Veit, Henriette Mendelssohn, ihre jüngere Schwester, Henriette Herz, Jette genannt, die berühmte schöne Ehefrau des Bankiers Marcus Herz, Brenna, deren Schwester, Wilhelm von Humboldt, der Sprachgelehrte und angehende Politiker, Alexander von Humboldt, sein Bruder, später berühmt als Naturforscher und Geograph, Therese Forster, die Frau von Georg Forster, der mit Captain Cook in die Südsee gereist war, Li von Dacheröden, charismatische und belesene Tochter des Erfurter Kammerpräsidenten von Dacheröden.

Gemeinsam ist den Clubmitgliedern Jugend – alle sind erst Anfang bis Mitte zwanzig –, die geistige Freiheit – dass vier der Frauen Jüdinnen sind, ist quasi Teil des Konzepts – und eine überragende Intelligenz. Henriette Herz zum Beispiel, die Tochter eines aus Portugal stammenden Arztes, war bereits mit sechs Jahren auf die jüdische Schule gekommen und zu Hause zusätzlich in Sprachen, Arithmetik und Geographie unterrichtet worden. Mit acht Jahren hatte sie ihr erstes öffentliches Klavierkonzert gegeben und mit zehn eine Bibelübersetzung begonnen. Daran gemessen ist Lotte von Lengefeld natürlich nicht mehr als eine höhere Tochter.

Der Grundgedanke des Geheimbunds, in einer Gesellschaft, die mit großem Aufwand Verlogenheiten kultiviert, ist progressiv: Der Tugendbund fordert von seinen Mitgliedern den rückhaltlos offenen Austausch aller Gefühle und Gedanken. Keiner darf vor dem anderen Geheimnisse haben. Was Riten und Embleme des Clubs angeht lassen sie sich von den Freimaurern inspirieren. Dass die Mitglieder sich duzen, küssen und umarmen, ist heute nicht befremdlich, dass sie aber ihre Ergüsse in einer Geheimschrift miteinander austauschen, wirkt postpubertär-überschwänglich. Grund genug für Rahel Levin, Busenfreundin der Henriette Herz, dem Verein nicht beizutreten.

Bezeichnend ist jedenfalls, dass Laroche Karoline anwerben soll, nicht aber Lotte. Unglückliche Ehefrauen passen dort wohl hin – Therese Forster wie Brendel Veit sind mit ihren Männern ebenso unzufrieden wie Karoline von Beulwitz. Auf die Idee, Schiller in den Club zu holen, scheint auch keiner verfallen zu sein. Ahnen sie oder wissen sie, dass ihm ebenso wie Lotte dieser gefühlsbetonte Ton nicht liegt? Oder hat es sich herumgesprochen, dass Schiller an jener rückhaltlosen Offenheit kein Interesse hat? Zumindest praktiziert er das Gegenteil.

Während Lotte auf Schloss Kochberg festsitzt und Schiller ihr schreibt, wie sehr er sie herbeisehne, wird sein Kontakt mit Karoline noch enger. »Kommen Sie einen Augenblick in den Garten oder in meine Stube, ... da will ich Ihnen alles erzählen«, ruft sie ihn fiebrig zu sich. Und kurz darauf zeigt sie, dass bereits die kleinste Störung in diesem intimen Einverständnis sie ausrasten lässt. »Sagen Sie mir, was ist zwischen uns? Dass etwas ist, fühle ich. Ein böser Genius faßt die Laute unsrer Seelen auf und gibt sie unrein zurück, so dass die Harmonie, die sie sonst gaben, nicht mehr vernehmbar ist. ... − ich kann es nicht dulden, dass sich Wolken zwischen uns zusammenziehen, ich wünsche zu sehr, dass ewige Klarheit zwischen uns sei. Fanden Sie mich einen Moment von Laune verspannt und misstönend? ... Ich habe trübe Stunden ...« Den Rest des Briefes vernichtet sie. So offen kann eine verheiratete Frau nur mit einem Mann reden, wenn sie ihm höchst vertraut ist.

Doch Schiller erweckt weiterhin den Anschein, als wäre er in Rudolstadt keine wichtige Verbindung eingegangen und hätte sich außerdem losgelöst von Charlotte von Kalb. »Ich habe ihr diesen Sommer gar wenig geschrieben, es ist eine Verstimmung unter uns, worüber ich Dir einmal mündlich mehr sagen will«, vermeldet er Körner. Von dem Verhältnis zu ihr redet er bereits in der Vergangenheitsform: »ihr Einfluss auf mich ist nicht wohltätig gewesen«.

Der 10. November, Schillers Geburtstag und quasi das Abschiedsfest seines Gastspiels, wird bei den Lengefelds groß gefeiert. Sie bekommen als erste Schillers Gedicht »Die Künstler« zu hören. Als Dank für monatelange Gastfreundschaft dürfen sie bei einer Uraufführung dabei sein. Karolines Biographin Kahn-Wallerstein schreibt über diese Feier und behauptet, nur Karoline habe das Gedicht verstanden, Lollo sei nur von Schiller berauscht gewesen wie ein Teenager von seinem Idol.

»Karoline von Beulwitz vernimmt diese Worte, die von Ursprung, Heimat und Menschenwürde der Seele künden … Als verstünde sie sich selbst wie nie zuvor, spürt sie erschüttert, dass sie auf geheimnisvolle Weise gleichen Herkommens ist mit diesem großen Mann, geringer, schwächer und doch wesensverwandt. Was sie dumpf ahnte, weiß er … Die Wirkung auf Lollo war eine völlig andere. Das Gedicht des Freundes erfüllte sie mit Stolz, aber ihr Verständnis reichte nicht weiter als ihr Gefühl für das Sittliche und Schöne. Sie hegte nicht den Wunsch, dem Ewigen entgegenzufliegen.«

Was bringt Kahn-Wallerstein zu dieser Interpretation?

Schiller selbst nämlich schreibt am 11. November, also dem Tag nach der Feier, nicht an Karoline, sondern an Lotte, es freue ihn sehr, dass ihr das neue Gedicht gefallen habe. »… es beweist mir, dass Ihre Seele Empfindungen und Vorstellungsarten zugänglich und offen ist, die aus dem Innersten meines Wesens gegriffen sind. Dies ist eine starke Gewährleistung unserer wechselseitigen Harmonie – und jede Erfahrung, die ich über diesen Punkt mache, ist mir heilig und wert.«

Solche Interpretationen sind kennzeichnend für den Umgang mit der kleinen Lengefeld. Es gibt keinerlei Quellen, auf die sich Behauptungen wie ihre berufen könnten. Möglicherweise sind sie ein später Erfolg der Charlotte von Kalb, die damals bereits den Klatsch in Weimar in jene Richtung dirigierte.

Warum? Weil ihr Lotte keine Rivalin auf angemessenem geistigem Niveau zu sein schien. Sie jedenfalls verbreitet früh das Gerücht, Schiller sei eigentlich nur an Karoline interessiert und tarne dieses Interesse, indem er auch mit Lotte herumflirte. Doch was da kolportiert wird, ist Schiller gleichgültig. Für ihn war das Wesentliche an diesem Urlaub: Ihm geht es besser. Schon weil er sich an nichts und niemanden gebunden fühlt. Dass andere da anders denken, kümmert ihn offenbar nicht.

Er reist nun in diesen Sumpf aus Interessen und Intrigen zurück.Und er hat nicht die Absicht, diesen Sumpf trockenzulegen.

VI.

Strategie und Leidenschaft

Wozu Lotte Lengefeld gebraucht wird

Lotte leidet. Sie leidet an chronischer Langeweile. Sie sitzt in einem Gefängnis, das nach Mandeln, Zimt und Rotkraut mit Ingwer riecht. Die Wege nach Rudolstadt sind matschig, die Stadt selber wirkt schäbig und grau ohne tröstliches Grün. Der Blick aus ihrem Zimmer im ersten Stock des Hinterhauses, der frei hinausgeht auf die Saalelandschaft, macht sie im Sommer unternehmungslustig, jetzt nur schlecht gelaunt. »Hier kommt den Winter nichts her, was sich des Verstandes sehr rühmen könnte«, beklagt sie sich bei Fritz Stein. Sie beneidet Schiller, der mitten in Weimar unter Menschen sitzt, die sich durchaus rühmen können, ihren Verstand zu benutzen.

Schiller selbst findet das gar nicht beneidenswert. Hier, wo Fleisch und Wurst nur geräuchert werden, um den Hautgout zu überdecken, und schlechtes Brot teuer ist, vermisst er das gute Essen bei den Lengefelds. Außerdem verspürt er keine Lust auf Leute, denn er hat beschlossen, nicht mehr teilzunehmen an diesem Gesellschaftsspiel, das Kraft, Geld und Zeit kostet und bei dem er nie eine gute Figur macht. Es fehlt ihm an Menschen, mit denen er reden könnte und wollte. Goethe, der nur ein paar Häuser weiter wohnt, ebenfalls am Frauenplan, denkt nach wie vor nicht daran, den Kollegen einzuladen. Unter den Einwohnern, stellt ein Reisender fest, »ist bei weitem die größere Zahl eine Rasse von kleinstädtischen Spießbürgern«. Was soll Schiller nur mit denen anfangen?

Die knapp sechs Monate auf dem Land haben ihn für Weimar verdorben. Und hier ist es jetzt, wo es draußen kalt und zugig ist, sehr eng, bedrängend eng. Kein Auslauf, aber viele Veranstaltungen, bei denen sich immer wieder die gleichen vielleicht zweihundert interessanten Leuten unter den sechstausend Einwohnern treffen.

Schlau von Schiller, sich nicht in diese Schlangengruben zu begeben, denn er möchte ja eines nicht: umgarnt, also verwickelt werden. Ein Bedürfnis, das bei einem Mann von gerade achtundzwanzig Jahren, der endlich zu sich und seiner Arbeit kommen will, durchaus verständlich ist. Schiller will niemandem gehören und niemandem verpflichtet sein. Am 14. November 1788 resümiert er zufrieden den Erfolg seines langen Aufenthaltes bei Karoline und Lotte an Körner: »Mein Herz ist ganz frei, Dir zum Troste. Ich habe es redlich gehalten, was ich mir zum Gesetz machte und Dir anlobte: ich habe meine Empfindungen durch Verteilung geschwächt, und so ist denn das Verhältnis innerhalb der Grenzen einer herzlichen vernünftigen Freundschaft.«

Das mit der Verteilung stimmt: Nach wie vor verteilt er Gunst und Zeit, zumindest was die Briefe angeht, gleichmäßig auf beide Schwestern. Zurück in Weimar, schreibt Schiller an sie. »Dies ist der erste Tag, den ich ohne Sie lebe. Gestern habe ich noch Ihr Haus gesehen und eine Luft mit Ihnen geatmet. ... Nein, ich kann und darf es nicht denken, dass Meilen zwischen uns sind. Alles ist mir hier fremd geworden; um Interesse an den Dingen zu schöpfen, muss man das Herz dazu mitbringen und mein Herz lebt unter Ihnen. – Ich schien mir hier wie ein abgerissenes Wesen ...«

Zumindest seine alten Kontakte sind nicht abgerissen: An demselben Tag ist er schon wieder im Haus von Charlotte von Kalb. Die hält zu Schillers vermeintlich neuer Flamme offensichtlich Distanz, denn Lotte erkundigt sich beunruhigt, warum sie von der Kalb nichts höre – »ich liebe sie recht herzlich«. Das beruht kaum auf Gegenseitigkeit, denn Frau von Kalb meint wohl, Lotte erhebe Ansprüche auf Schiller. Dabei erkundigt die sich, in Erinnerung an den regen Gedankenaustausch in den letzten sechs Monaten, nur zaghaft bei Schiller: »... und so wird es bleiben, nicht wahr?«

Eher zu fürchten, da hat die Kalb instinktsicher Recht, ist Karoline. Die nämlich macht Schiller deutlich: *Du brauchst mich und ich dich und ich habe keine Lust, auf dich zu verzichten.* Unmissverständlich erklärt sie ihm mit einer verräterischen Fülle von Ausrufezeichen: »ich kenne keinen Ersatz für das, was Sie meinem Leben gegeben haben! So frei und lebendig existierte mein Geist vor Ihnen! So wie Sie hat es noch niemand verstanden, die Saiten meines innersten Wesens zu rühren – bis zu Tränen hat es mich oft bewegt, mit welcher Zartheit Sie meine Seele in trüben Momenten gepflegt, getragen haben. – Wie nötig ist es mir in der Hoffnung zu leben! Erinnerung allein würde mein Herz zerreißen, aber so schöpfe ich aus ihr Ahnungen künftiger Glückseligkeit.«

Karoline schmiedet Zukunftspläne. Und Schiller geht darauf ein. Die Ankündigung, Karolines Mann müsse vermutlich demnächst mit den Prinzen auf Reisen gehen, begrüßt er unverhohlen: »Das wäre etwas Vortreffliches, wenn die Reise der Prinzen zustande käme und Sie dadurch die Freiheit erhielten, Ihren Aufenthalt selbst zu wählen! Auch wenn ich nicht in der Welt wäre, so würde Ihre Wahl gewiss auf Jena gefallen sein …«

Und was denkt Lotte? Keineswegs an eine schnelle Ehe mit dem jungen Dichter! Eher scheint Flucht ihr heimlicher Wunsch zu sein. Schiller ist erst zwei Wochen weg, da warnt sie Fritz von Stein: »Ich denke, Sie werden noch einmal hören, dass ich mit einem Schiff abgehe, um die Welt zu umsegeln.« Und fügt sehnsüchtig hinzu: »Wäre ich von Ihrem Geschlecht und fände nicht was ich suchte in unserem Weltteil, ich bedächte mich nicht einen Augenblick.«

Von solchen Gelüsten Lottes bemerkt Schiller sicher nichts, aber er spürt: Er muss sich die Schwestern zusammen erhalten. Denn mit einer allein wird es, was er unter allen Umständen vermeiden will – ein eindeutiges, wie er es nennt: »ein ausschließendes Verhältnis«. Und so etwas bindet und engt ein.

Im Dezember 1788 erklärt er daher: »Dass Sie und Karoline so gut zusammenstimmen, freut mich sehr; es ist überhaupt selten, dass Schwestern, die von früher Kindheit an in so viele Kollisionen kamen, bei entwickeltem Charakter einander etwas sind. Ihre beiderseitige gute Harmonie ist ein schöner Genuß für mich, weil ich sie in meinem Herzen vereinige, wie Sie sich selbst vereinigt haben. Möchten Sie – oder vielmehr möchte das Schicksal Sie beide nie weit auseinanderführen ... Es ist gar niederschlagend für mich, wenn ich Sie mir getrennt denke, weil ich dann immer eine, wo nicht beide, entbehren müsste ...!«

Im Moment kommt er aber ganz gut ohne die beiden aus. Lotte und Karoline hingegen vermissen die sommerlich leichten Unterhaltungen mit Schiller schmerzlich. Beide Schwestern geben zu, dass sie es den Leuten in Weimar neiden, jetzt ihren Schiller zu haben, der allerdings behauptet, ganz in Arbeit zu versinken. Lotte findet das gut: »Dass Sie einsam leben, freut mich; denn eigentlich möchte ich gern allen Menschen Ihre Gesellschaft nicht gönnen.« Und Karoline äußert fast gleichlautend: »Es ist mir eigentlich lieb, dass die Menschen in Weimar Sie auch nicht haben, da wir Sie nicht haben.« Die Trostlosigkeit ist unüberhörbar. Selbst zwei Schwestern, die »so gut zusammenstimmen«, fallen einander im Einerlei des Vertrautseins und der Muffigkeit des Alltags auf die Nerven. Aus lauter Verzweiflung liest Lotte neben Sophokles und dem Agamemnon von Aischylos alles, was irgendeine Abwechslung verspricht: »Ich lese auch ein medizinisches Buch und könnte Ihnen viel schöne Sachen erzählen von den Därmen, der Galle u.s.f.«, berichtet sie Fritz von Stein.

Ansonsten lesen die Schwestern Briefe. Die von Wolzogen aus Paris und die von Schiller aus Weimar. Die Berichte aus dem Paris zum Jahresbeginn 1789, wo sich die Revolution zusammenbraut, sind eigentlich spannender, aber wichtiger ist den beiden Schillers Post, denn Wolzogen schreibt, so Karoline, immer »kurz und pressiert«.

Der Briefwechsel mit Schiller dagegen ist lang und alles andere als eilig hingesudelt, aber eintönig und brav.

Lotte schreibt wohlerzogen und wohltemperiert. Nur einmal erregt sie sich, als Schiller die beiden Schwestern um Rat fragt, wie sie sich denn seine »schöne Griechin« in seinem »Geis-

terseher« vorstellen, an dem er arbeitet; eine Frau, die verfüh-
rerisch, aber unmoralisch sein soll, bezaubernd, aber betrüge-
risch. Da erklärt sie klipp und klar, eine Frau ohne Moral könne
einfach nicht schön sein – basta. Karoline äußert sich etwas vorsichtiger, verständnisvoller, auch nachsichtiger mit Schiller, der,
wie sie sich vorstellen kann, selber schon auf manche Schönheit
von eher zweifelhaftem Charakter hereingefallen ist.

Und Schiller reagiert wie ein ganz normaler Mann: Er gibt
zu, dass die Frage eine Fangfrage war, weil er auf diese Weise etwas über die beiden erfahren wollte. »Ich wollte Ihnen gern
einige Geständnisse bei dieser Gelegenheit ablocken, welche
Sie aber gar verständig … umgangen sind. Doch hat mich Karoline räsonabler behandelt als Lottchen. Karoline hat mir
doch eine Hintertüre gelassen … Lottchen aber fertigte mich
trocken und kurz ab.« Kein Wunder, dass er sich auch in anderen Belangen sehr viel vertrauensvoller an die milde Karoline
wendet als an Lotte. Seine Meinung über Goethe zum Beispiel
teilt er nur Karoline unverblümt mit, denn er vermutet wohl
zu Recht, dass er mit Lotte Ärger bekäme bei derart harscher
Kritik.

Schiller hält Goethe für einen Egozentriker, der nur nimmt,
aber nicht gibt; »er hat sich durch seinen Geist und tausend Ver-
bindlichkeiten Freunde, Verehrer und Vergötterung erworben,
aber sich selbst hat er immer behalten, sich selbst hat er nie gegeben. Ich fürchte, er hat sich aus dem höchsten Genuss der
Eigenliebe ein Ideal von Glück geschaffen, bei dem er nicht
glücklich ist. Dieser Charakter gefällt mir nicht – ich würde ihn
mir nicht wünschen, und in der Nähe eines solchen Menschen
wäre mir nicht wohl.« Und er verkündet, keinerlei Interesse zu
haben, diesen ihm unsympathischen Charakter zu ergründen,
weil ihm das zu mühsam und zeitraubend erscheine. »Wenn ich
auf einer wüsten Insel oder einem Schiff mit ihm allein wäre, so
würde ich allerdings weder Zeit noch Mühe scheuen, diesen
verworrenen Charakter aufzulösen. Aber da ich nicht an dieses
einzige Wesen gebunden bin, da jeder in der Welt, wie Hamlet
sagt, seine Geschäfte hat, so habe auch ich die meinigen; und

man hat wahrlich zu wenig bares Leben, um Zeit und Mühe daran zu wenden, Menschen zu entziffern, die schwer zu entziffern sind.« Sollte Goethe im Verborgenen doch liebenswert sein, höhnt er, »so werde ich das einmal in jener Welt erfahren, wo wir alle Engel sind«.

Da sitzt er in seiner engen Wohnung, ernährt sich billig und schlecht. Goethe residiert ein paar Häuser weiter in hellen, schönen Räumen voll kostbarer Souvenirs aus Italien und lässt sich, das kann Schiller sich denken, in jeder Hinsicht verwöhnen. Verständlich, dass in diesem Klima Abneigung gedeiht.

Körner gegenüber wird er allerdings noch deutlicher, was seine Meinung über Weimars heimlichen König angeht, mit dem ihn Lotte nach wie vor unbedingt zusammenbringen will. »... ich glaube in der Tat, er ist ein Egoist in ungewöhnlichem Grade. Er besitzt das Talent, die Menschen zu fesseln ...; aber sich selbst weiß er immer frei zu behalten. Er macht seine Existenz wohltätig kund, aber nur wie ein Gott, ohne sich selbst zu geben – dies scheint mir eine konsequente und planmäßige Handlungsart, die ganz auf dem höchsten Genuss der Eigenliebe kalkuliert ist. Ein solches Wesen sollten die Menschen nicht um sich herum aufkommen lassen. Mir ist er dadurch verhasst, ob ich gleich seinen Geist von ganzem Herzen liebe und groß von ihm denke.« Und dann wird er noch deutlicher. »Ich betrachte ihn wie eine stolze Prude [Prüde], der man ein Kind machen muss, um sie vor der Welt zu demütigen, und an meinem guten Willen liegt es nicht, wenn ich nicht einmal mit der ganzen Kraft, die ich in mir aufbieten kann, einen Streich auf ihn führe, und in einer Stelle, die ich bei ihm für die tödlichste halte. Eine ganz sonderbare Mischung von Hass und Liebe ist es, die er in mir erweckt hat, eine Empfindung, die derjenigen nicht ganz unähnlich ist, die Brutus und Cassius gegen Caesar gehabt haben müssen; ich könnte seinen Geist umbringen und ihn wieder von Herzen lieben.«

Schiller macht Goethe zwar wortgewaltig schlecht, doch er gibt zu, an seinem Urteil liege ihm »überaus viel«, weil das »eher *gegen* mich als *für* mich parteiisch« sei, das heißt: weil er von Goethe nichts einschmeichelnd Nettes über seine Arbeit zu hören bekäme, dafür etwas brauchbar Kritisches. Doch Schillers Methode, dieses Urteil zu erfahren, ist feige und gar nicht im Stil des stolzen Aufrechten, als den ihn die Schwestern sehen: »Ich will ihn ... mit Lauschern umgeben, denn ich selbst werde ihn nie über mich befragen.« Kein Wunder, dass Schiller in Weimar nicht gerade ein geselliges Leben führt, denn einen, der mit solchen Worten über den Liebling der oberen Zweihundert herzieht, holt sich keiner gern ins Haus.

Schiller tut allerdings so, als wäre es allein seine Entscheidung, derart einsam zu leben. »Ich habe sehr wenig Umgang. Die Leute wunderten sich anfangs, wie ich von Rudolstadt zurückkam, über meine Unsichtbarkeit; endlich gewöhnte man sich daran, und jetzt wundert man sich nicht mehr. Wie es eben geht: ich habe einige Diners und Soupers ausgeschlagen, und dann sind die Einladungen unterblieben.«

Es ist anzunehmen, dass aufmerksame Beobachter Schillers anmerken, wie wenig er Goethe mag, und die meisten werden diese Abneigung als Neid des weniger Erfolgreichen deuten. Und wenn Schiller erklärt, dass ihn die Schleimer und Speichellecker anwidern, die Weimars prominentesten Mann umbuhlen, ist die Missgunst wirklich unüberhörbar. So beschimpft er auch den von ihm ansonsten wegen seiner Scharfsinnigkeit bewunderten Moritz: »Die Abgötterei, die er mit Goethe treibt und die sich soweit erstreckt, dass er seine mittelmäßigen Produkte zu Kanons macht und auf Unkosten aller anderen Geisteswerke herausstreicht, hat mich von seinem näheren Umgang zurückgehalten.« Zu den anderen Geisteswerken zählen selbstverständlich auch seine. Schiller, aus kleinen Verhältnissen, mit bald dreißig noch immer verschuldet und ohne jede Aussicht auf einen sicheren Job, findet, dass Goethe, der Sohn aus großbürgerlichem Haus, über unverdiente Vorteile verfügt.

»Dieser Mensch, dieser Goethe, ist mir einmal im Wege, und er erinnert mich so oft, dass das Schicksal mich hart behandelt hat. Wie leicht ward *sein* Genie von *seinem* Schicksal getragen, und wie muss *ich* auf diese Minute noch kämpfen!« Offenbar sieht er jedoch auch, dass viele Beziehungen, die Goethe hat, auch seinem wesentlich umgänglicheren Wesen zuzuschreiben sind: »Einholen lässt sich das Verlorene für mich nun nicht mehr – nach dem dreißigsten bildet man sich nicht mehr um – und ich könnte ja selbst diese Umbildung vor den nächsten drei oder vier Jahren nicht mit mir anfangen, weil ich vier Jahre wenigstens meinem Schicksale noch opfern muss. Aber ich habe noch guten Mut, und glaube an eine glückliche Revolution für die Zukunft.«

Wie soll diese glückliche Revolution aussehen? Für alle, die den Dichter der »Räuber« in ihm sehen, ist es kaum fassbar: völlig ohne Umsturz. Schiller will nämlich nichts als Sicherheit. Sicherheit aber in jeder Hinsicht, in privater, beruflicher und finanzieller.

Für den grundsoliden Körner stellt er ausführliche Rechnungen auf, wie er wann was abzahlen will, aber diese Rechenspiele sind entmutigend. Schillers Zukunft ist am Jahresbeginn 1789 völlig unklar. Was also hat er vor mit den beiden Schwestern? Was will er von ihnen? Ist er sich bewusst, welche Hoffnungen er bei Karoline geweckt hat?

Da sitzt er zwischen Bücherstapeln in seiner dunklen, schäbigen Bude, in die vom »Gasthof Schwan« nebenan die Gerüche der Küche aufsteigen, und verfasst regelmäßig Briefe an zwei Frauen, mit denen ihn angeblich nichts Ernsthaftes verbindet und vor allem nichts verbinden soll. Gleichzeitig bettelt er jedoch darum, dass sie ihm schreiben. Wozu? Weil sie Symbolfiguren jener friedlichen Geborgenheit für ihn sind, die zu seinem Sicherheitskonzept gehören?

»Sie leben in Frieden mit sich selbst und mit der ganzen Welt«, hat er Karoline geschrieben. »Warum kann ich nicht gleich unter Ihnen sein? ... Die Natur gibt mir nichts und die Menschen suche ich nicht auf. Wenn ich glücklich sein soll, so muss ein geschlossener Zirkel um mich herum sein, der ohne mein Zutun da ist ...«

Dass in Rudolstadt auch alles andere vom gedeckten Tisch bis zur grenzenlosen Aufmerksamkeit ohne sein Zutun für ihn da ist, gefällt Schiller. Er suggeriert den Schwestern, auch er träume von einer gemeinsamen Zukunft mit beiden, und jammert: »Warum trennt uns das Schicksal? Ich bin gewiss, wie ich es von wenigen Dingen bin, dass wir einander das Leben recht schön und heiter machen könnten ... Wenn ich mir denke, wie schön sich jeder Tag für mich beschließen würde, wenn ich nach Endigung meines Tagewerks immer zu Ihnen flüchten ... könnte.«

Wie aber sollte er Teil dieser täglichen Zuflucht werden können, wenn nicht durch eine Ehe, mit welcher der beiden auch immer?

Aber Schiller belässt es bei vagen Bemerkungen. Entscheidende Schritte zu unternehmen, vermeidet er konsequent. Was Charlotte von Kalb angeht – die einzige Frau, die er in den Briefen an Körner regelmäßig erwähnt –, bleibt er ebenfalls vage, wohl wissend, dass sie emsiger denn je an ihrer Scheidung arbeitet, deren Ziel eine Heirat mit ihm ist. »Mit der Kalb wird es wahrscheinlich zur Scheidung kommen«, stellt er ungerührt fest. Und schreibt an Körner: »Charlotte besuch' ich noch am meisten; sie ist in diesem Winter gesunder und im Ganzen auch heiterer als im vorigen; wir stehen recht gut zusammen, aber ich habe, seitdem ich wieder hier bin, einige Prinzipien von Freiheit und Unabhängigkeit im Handeln und Wandeln in mir aufkommen lassen, denen sich mein Verhältnis zu ihr, wie zu allen übrigen Menschen, bedingungslos unterwerfen muss.«

Sind es nicht viel eher die beteiligten Frauen, die sich zu unterwerfen haben? Sie dürfen ihn zwar verwöhnen und bewundern, gerne auch bemuttern, aber keine Ansprüche auf ihn erheben. »Alle romantische Luftschlösser fallen ein, und nur, was wahr und natürlich ist, bleibt stehen«, erklärt er, doch gute Laune beschert ihm diese Einstellung nicht. »Du glaubst nicht, wie viel Misanthropie sich in meine Denkart gemischt hat. Leiden, Fehlschlüsse über Menschen, hintergangene Erwartungen haben mich in ihrem Umgange schüchtern und misstrauisch gemacht. Ich habe den leichtsinnigen, frohen Glauben an sie verloren; darum braucht es sehr wenig, um meine Zuversicht zu eines Menschen Freundschaft für mich wankend zu machen, besonders wenn ich Ursache habe, zu glauben, dass ein eigenes Gedankensystem, seine Neigungen noch nicht fest sind.«

Ist mit dem unsicheren, ungefestigten Wesen etwa Lotte gemeint? Und gegen wen richtet sich der Vorwurf, Schiller in seinen Erwartungen betrogen zu haben?

Charlotte von Kalb kann er das nicht ankreiden; im Gegenteil: Sie selbst könnte ihn genau dessen bezichtigen. Ob er sich auf Wielands Tochter doch mehr Hoffnungen gemacht hat, als er Körner und sich selber eingestehen wollte? Oder hat er sich in Weimar um weitere Damen bemüht, die ihn abblitzen ließen – zum Beispiel die zitierte Mademoiselle Schmidt? Seinem Freund erklärt Schiller jedenfalls ungeniert, was er wirklich braucht, um glücklich zu sein. Nicht etwa Frieden und einen geschlossenen Zirkel oder eine Frau mit Charakter, sondern eine mit Geld.

»Könntest Du mir innerhalb eines Jahres eine Frau von zwölftausend Talern verschaffen, mit der ich leben, an die ich mich attachieren könnte, so wollte ich Dir in fünf Jahren – eine Fridericiade, eine klassische Tragödie und, weil Du doch so darauf versessen bist, ein halb Dutzend schöner Oden liefern – und die Akademie in Jena möchte mich dann im Asch lecken.«

Von solchen Absichten ahnen die Schwestern in ihrem trostlosen Rudolstadt nichts. Beide klammern sich weiter an Schiller, weil sie in ihm den Fluchthelfer sehen, der sie aus der Isolation befreit – ohne zu wissen, wohin sie überhaupt fliehen wollen. Sie sind aber erst einmal froh, dass Schiller, nun als Professor in Jena, näher bei ihnen ist. Er selbst merkt wohl nicht, dass ihm andere die neue Position neiden, vermeintliche Freunde wie Wieland, zum Beispiel, der Reinhold erklärt, er wisse nicht, »durch welche Kanäle er seine Professur (ohne Gehalt) bekommen hat«. Wobei die Tatsache, dass er kein Geld bekommt, für das hochverschuldete Jena durchaus kennzeichnend ist: Ein Jahr, nachdem Schiller seine unbezahlte Professur angetreten hat, stirbt Bürgermeister Paulßen, der sich sehr verdient gemacht hat um die Stadt und es wird bekannt, dass er seit 1787 nichts verdient hat; kein Pfennig von seinem Gehalt wurde ausgezahlt.

Schiller äußert sich sehr skeptisch über die Ehre, die ihn erst einmal nur Geld kostet für diverse Formulare, Diplome, Stempel und den »Magisterquark«. »Diese Professur soll der Teufel holen«, flucht er und zweifelt: »Ob es mich glücklich macht, wird sich erst in ein paar Jahren ausweisen.«

Doch Karoline ist euphorisch. »Innigst freue ich mich der Nachricht von Ihrem künftigen Aufenthalt in Jena, liebster Freund. Sie wissen, wie lieb mir dieser Plan immer war. Es gibt mir eine so lieblich lichte Aussicht ins Leben, Sie mir in unserer Nähe fixiert zu denken.« Auch wenn sie anstandshalber noch Lotte einbezieht – »Süß und teuer ist mir das Gefühl, dass wir in Ihre Herzenswelt gehören« –, wird deutlich, wer hier die Aktive ist und auch vor düsteren Wünschen nicht zurückschreckt, um in Schillers Nähe zu sein. »Wenn doch der Himmel einem von uns ein anhaltendes, aber unschädliches Übel bescherte ... Dies wäre ein guter Vorwand, um eine geraume Zeit des Sommers in Jena zu leben.« Denn der frisch gebackene Professor wird sich ja im neuen Jahr nicht gleich monatelang absetzen können.

Davon, was in Rudolstadt vor sich geht, will Schiller zwar gewissenhaft unterrichtet werden, er will alles unter Kontrolle haben, aber als Lotte ankündigt: »Sie werden bald eine Neuigkeit hören, die Sie wundern wird«, reagiert er äußerst nervös. Das klingt verdächtig nach einer Heirat. »Mit der Neuigkeit, die Sie mir nächstens ankündigen, haben Sie mich fast erschreckt«, antwortet er umgehend. »Es gibt allerlei Dinge, die ich nicht wünsche, dass sie geschähen ...« Ein anmaßender Ton für jemanden, der auf Wünsche persönlicher Art an Lotte von Lengefeld keinerlei Anrecht hat.

Schiller ist dann sehr beruhigt, als er erfährt, die Neuigkeit bestehe nur darin, dass die chère mère aufs Schloss, auf die Heidecksburg hinaufziehe, wo sie eine Stelle als Hofmeisterin angenommen habe. Denn, so Lotte: »Endlich hat der Herzog eingesehn, wie schlecht seine Töchter erzogen sind ... und meine Mutter gebeten, sich einige Jahre ihrer Erziehung anzunehmen.«

Schiller braucht Rudolstadt als sichere Reserve, aber über die Ursachen für das, was sich dort abspielt, möchte er sich nicht zu viele Gedanken machen. Es interessiert ihn offenbar nicht, dass Mutter Lengefeld diese unerfreuliche Stelle nur antritt, weil sie dringend Geld braucht und ihre Altersversorgung sichern muss; sie ist ja noch nicht einmal sechsundvierzig Jahre alt. Aber zu Hause sitzen ihre zwei Töchter ohne jedes Einkommen herum und wollen sich ungern die Hände schmutzig machen. »Der arme Garten wird nun auch wieder in Verwilderung sinken, da seine Gebieterin die Hand von ihm abzieht«, ist alles, was Schiller sofort befürchtet, als er vom neuen Posten der Mutter Lengefeld hört. Dabei kennt er die Verhältnisse dort aus eigener Anschauung. Karoline lebt vom überschaubaren Vermögen ihres geschmähten Mannes, der erst dann erben wird, wenn er einen Erben hat – Mannlehen nennt sich dieses Modell. Aber den Erben zu gebären würde eine Annäherung nötig machen, die Karoline dem Mann offenbar verweigert. In seinem Haus wohnen zwar Louise, Lotte und Karoline gratis, aber Gäste, die sich hier monatelang durchfressen, gehen gewaltig ins Geld. Dass Schiller die finanziellen Probleme der Lengefelds gleichgültig sind, lässt nicht vermuten, dass er an eine Heirat mit Lotte denkt.

Auch sonstige Gäste im Hause Lengefeld beschäftigen ihn nicht. Er kann ja so wenig wie Lotte ahnen, dass einer der ersten Besucher, die sich zu Jahresbeginn bei den Schwestern gezeigt haben, für seine Zukunft wichtig werden wird.

Wilhelm von Humboldt reist an. Er ist auf Mitgliederfang und soll Karoline endlich für den »Tugendbund« erobern, denn Karl von Laroche hat es sich zwar gut gehen lassen bei den Lengefelds, jedoch nichts erreicht. Doch für Humboldt gibt es gute Gründe, hier unbedingt einen Erfolg verbuchen zu wollen: Er möchte Li von Dacheröden imponieren, die mittlerweile Clubmitglied Humboldt wesentlich interessanter findet als Clubmitglied Laroche. Zum Partnerwechsel allerdings muss sie noch ein wenig animiert werden. Dass es heikel werden wird, ihrem Vater ausgerechnet Humboldt als potenziellen Schwiegersohn schmackhaft zu machen, weiß sie: keine Position und kein Geld, und geistiger Reichtum reicht dem Kammerpräsidenten von Dacheröden nicht. Li müsste sich also auf eine quälend lange Verlobungszeit einstellen, und die könnte Humboldt ihr versüßen, indem er ihre Busenfreundin Karoline überzeugt, ins Boot holt und so seiner Liebsten einen noch intimeren Kontakt ermöglicht. Er geht gründlicher vor als sein Bundesgenosse. Er erkundigt sich nach den Vorlieben dieser Frau von Beulwitz und drängt seine Li, ihn perfekt über Karoline, über ihre »häuslichen Verhältnisse«, ihre Ehe, ihren Mann zu informieren, damit er leichteres Spiel habe.

Schon am Tag darauf beliefert ihn Li mit Insiderwissen: »Karolines Lage ist ziemlich frei, ihr Mann ist ein gutes Wesen, der sie nicht geniert« und der »unbeschränktes Vertrauen auf sie setzt«. Sie schickt ihm die Regeln des Bundes mit und Briefe von Karoline an sie. »Du wirst sehen, dass sie zur Vereinigung wenig oder nicht vorbereitet ist. Karl hat es übernommen und hat's nicht getan ... Dies Geschäft bleibt also Dir. Suche so schmucklos, so simpel wie möglich es vorzutragen – es wird am ehesten ihre Seele anziehen und ergreifen.«

Trotz der perfekten Vorbereitung Humboldts ist Karoline von Beulwitz anfangs nicht zu begeistern. Im Gegensatz zu Li findet sie keineswegs, dass sie »ziemlich frei« wäre, und befürchtet, durch die Vorschriften des Bundes weitere Freiheiten einzubüßen. Für den Geheimbund gilt nämlich: Völlige Offenheit ist Grundvoraussetzung. Jeder tauscht sich dort mit jedem über das aus, was der andere soeben an Intimitäten gebeichtet hat. Kurz: Karoline müsste über ihre Gefühle für Schiller reden, und das kann ihr gar nicht recht sein. Sie will also nur beitreten, wenn die Konditionen in ihrem Sinn geändert werden.

Anscheinend wird das akzeptiert, denn Li meldet an Humboldt: »Karoline, die ihre Gedanken über die Vorschriften hingeschrieben hat, wird eine große Revolution in das bekannte System bringen, von der ich mir viel verspreche.«

Lotte bekommt von alldem nichts mit, und das soll sie auch gar nicht, denn Humboldt und Li halten sie für völlig ungeeignet, dem Club beizutreten. Karoline wiederum setzt Lotte gezielt ein, um Humboldt etwas auf Abstand zu halten. Völlig ahnungslos berichtet Lotte ihrem Freund Schiller, wie ein Kind in der dritten Person über sich redend: »Lolochen musste gestern einmal Fremde unterhalten helfen (meine Schwester gibt mir immer schuld, ich redete so wenig), es ist ein junger Herr von Humboldt, ein guter Freund des Laroche und der Dacheröden. Er studiert in Göttingen, es scheint ein guter Mensch ...«

Was Lotte angeht, trügt dieser Schein; er wird über sie herziehen, ihr in den Rücken fallen und sie abschätzig beurteilen.

Und auf Karoline wirkt der überragend gescheite Humboldt offenbar auch nicht positiv, jedenfalls nicht aufmunternd. Sie wird wieder depressiv in diesem Winter, und ihr Ehemann strapaziert zunehmend ihre Nerven. Sehnsüchtig wartet sie darauf, dass Beulwitz endlich wie vorgesehen mit den Prinzen zu der längeren Reise aufbricht.

»Wohl hätte *uns*«, schreibt sie an Schiller und meint damit ihn und sich selbst, »das Schicksal auf der allernährenden Erde auch der allerwärmenden Sonne näher bringen sollen. Aber es ist stumm und antwortet kein Wort auf unsere Warums? ... ich habe schrecklich an Heiterkeit und Lebensmut diesen Winter verloren, und wenn die Frühlingsluft meinen Nerven keine neue Elastizität gibt, so weiß ich nicht, wie mir das Leben hingehen soll.«

Lotte ist zwar nicht depressiv, aber gelangweilt. So sehr, dass sie sogar an Knebel schreibt, über dessen kitschigen Briefstil sie Schiller gegenüber ausgiebig lästert. Fragt sich nur, warum sie dem abservierten Bewerber dann in so unterwürfigem Ton berichtet, dass sie beim Lesen philosophischer und geschichtlicher Bücher brav daran denke, »den Strickstrumpf nicht darüber zu vergessen, der immer meine Hände mit beschäftigt. Ich las sonst, ohne zu arbeiten, aber da ich sah, dass Beides zusammen geht, denke ich, es ist besser, weil wir doch auch für uns selbst sorgen müssen und unsere Weiblichkeit nicht vergessen sollen.«

Ironisch klingt das nicht. Befürchtet Lotte ernsthaft, sie könnte als Blaustrumpf schlechte Chancen auf dem Heiratsmarkt haben? Erzählt sie Knebel diese Handarbeitsgeschichte mit der Absicht, er möge wie üblich alles weiterverbreiten und damit etwas für ihren Ruf als werdende Hausfrau tun? Dass ihre Gedanken keineswegs dem Strickmuster höherer Töchter folgen, verrät sie in ebendiesem Brief jedoch auch. Sie lese gerade »Die Geschichte der Abiponer« und stelle dabei fest, »blinder Religionseifer« sei ihr zuwider. Sie wettert gegen »Geldgeiz der sich als Menschenliebe ausgibt«. Und entrüstet sich: »Die Bekehrungsgeschichten habe ich gar ungern. Ich dulde jede Meinung und lasse die Menschen über diese Sache denken, wie sie wollen. Daher ist mir die Einschränkung der Seele so ängstlich, die daraus folgt, wenn alle allerlei glauben sollen.«

Ein eigentümliches Wesen offenbart sich hier: introvertiert, aber entschieden in seinen Meinungen, angepasst und doch bereit zum Widerspruch, arglos, aber keineswegs einfältig, stolz auf den eigenen, fast unstillbaren Wissensdurst, aber voller Zweifel, daraus etwas machen zu können. Im Gegensatz zu ihrer Schwester, die davon überzeugt ist, schriftstellerisches Talent zu besitzen, erklärt Lotte Schiller, solche Ambitionen habe sie verworfen. »Wie ich jünger war und mehr Eitelkeit noch hatte, glaubte ich vielleicht einige Anlage zur Poesie zu haben, aber diese Ideen sind nach und nach verschwunden ... und ich finde, dass ich gar keine Anlagen habe ...«

Gleichzeitig übt sie durchaus scharfe Kritik an vielem, was ihr an Lektüre in die Finger kommt. Bei Herders Werken scheint es ihr zu mühsam, »lange unter den blumigten Worten zu suchen und am Ende findet man vielleicht weniger, als man suchte«. Dem heute zu Recht vergessenen Göcking wirft sie »kleinliche Eitelkeit« vor, bei Mirabeau findet sie seinen »Nationalstolz ... kindisch und ärgerlich«. Verblüffend an der vordergründig so netten Lotte, die ja immer noch als Hofdame vorgesehen ist: Sosehr sie über mangelnde Besucher in Rudolstadt klagt, so wenig gesellig ist sie, für eine junge, gut aussehende Frau ist sie sogar befremdlich menschenscheu. Bloß um nicht allein zu sein, setzt sie sich zu niemandem an den Tisch. »Ich habe eigentlich die Menschen nie lieber, als wenn ich allein bin und nicht unter ihnen sein muss«, berichtet sie. »Ich werde mir noch eine Einsiedelei bauen.« Und vor allem will sie von den Adligen am Hof verschont werden; »... immer mit den Prinzessinnen zu sein ist wirklich peinigend«. Dankbar atmet sie auf, wenn sie erst nach dem Essen aufs Schloss zitiert werden. »So wird uns doch der schöne Nachmittag nicht verdorben. Ich könnte es wirklich auch nicht aushalten.«

Lotte ist keineswegs eine gefällige und schon gar nicht eine gefallsüchtige Person, sondern eine kritische und selbstkritische Eigenbrötlerin. Doch bei allem Scharfblick, was Literatur angeht, den Charakter Schillers und sein Verhalten durchschaut sie in keiner Weise. Sie ist glücklich, als er am 13. März eine Stippvisite in Rudolstadt macht, weil er auf dem Weg nach Jena ist, um eine Wohnung zu suchen. Und ahnt nicht, dass er nur eine gute Woche später seinem Freund Körner, in einem ersten Bericht zur Lage in Jena, gesteht, was ihm an dem neuen Wohnort besonders abgeht: eine zufrieden stellende Auswahl an verfügbaren Frauen. »Für feineren Umgang, wozu Weiber konkurrieren könnten, ist schlechterdings nicht zu hoffen. Das Griesbachsche Haus ist hier eins der ausgesuchtesten. Aber von dieser Seite ist es ganz und gar nichts.«

Was Schiller auf die Idee bringt, ausgerechnet das Haus des Kirchenrats Griesbach könnte ein Heiratsmarkt sein, fragt sich natürlich. Vielleicht weil Frau Griesbach berüchtigt neugierig ist, wenn es um Liebesaffären geht, und auch ganz gerne verkuppelt?

In Jena ist Schiller, schon bevor er hinzieht, so intensiv mit anderen Dingen beschäftigt, dass für Korrespondenz mit Lotte und Karoline keine Zeit mehr bleibt. Ganze vier Wochen lässt er nichts von sich hören und beantwortet keinen der Briefe. Erst am 30. Mai rührt er sich: »Es ist lange, dass ich Ihnen keine Nachricht von mir gegeben habe, aber die Zerstreuung und Geschäfte, womit ich mich bis jetzt überladen sah, machten mir alles ruhige Schreiben unmöglich.«

Körner könnte den Freund sofort der Lüge überführen, denn er hat in diesen Tagen durchaus Post bekommen, ausführliche sogar, und außerdem Nachrichten über Schillers Chancen bei den heiratswilligen Damen in Jena, denn bei den Geschäften handelt es sich zu einem nicht unwesentlichen Teil um Brautschau. Sonst muss er wenig geschäftig sein; die Wohnung in der so genannten Schrammei, einer Art Wohnheim für Studenten und Jungprofessoren, geführt von zwei ledigen, nicht mehr jungen Schwestern – Schiller nennt sie »alte Jungfern« – namens Anna und Christine Schramm, ist großenteils möbliert und er muss sich weder ums Putzen noch um die Wäsche oder den Einkauf kümmern. Die Schwestern sorgen für alles und kochen für alle. Beglückt beschreibt er seine Dreizimmerwohnung als »ziemlich hoch, mit hellen Tapeten, vielen Fenstern und alles entweder ganz neu oder gut konserviert. Meubles habe ich reichlich und schön: zwei Sofas, Spieltisch, Kommoden und anderthalb Dutzend Sessel mit rotem Plüsch ausgeschlagen.«

Was will ein Junggeselle mit achtzehn Sesseln und zwei Sofas? Schiller hat daran seine Freude und offenbart wieder einmal seine Sehnsucht nach dem Bürgerlichen, nach Ordnung und Struktur. Sein Alltag sieht allerdings weniger bieder aus: Schiller ist unterwegs. Er sieht sich um, und man spricht darüber. Neugierig bohrt Körner: »Ich höre von verschiedenen Seiten, dass Du vielleicht jetzt die Mamsell S. holen könntest. Du sollst sehr gut bei ihr stehen, und nun hast Du ja auch ein Amt und bestimmte Aussichten. Ist sie nur leidlich, so ist ihr Reichtum doch ein Vorteil, der bei Dir doppelt in Anschlag kommt. Ich zweifle, ob Du Talent zur häuslichen Glückseligkeit hast: und in diesem Falle würde ich ein liebenswürdiges Geschöpf bedauern, das Dich durch inneren Wert reizte, aber doch nicht auf immer fesseln könnte. Die S. ist reich, hübsch und hat eine gewisse Kultur. Wäre es nicht der Mühe wert, zu untersuchen, was Dich von ihr *entfernt*, wenn sie Dich nicht gleich unwiderstehlich *anzieht*?«

Bei Mamsell S. handelt es sich um Karoline Schmidt, die Tochter des Geheimrats Schmidt, die Schiller von der Mittwochsgesellschaft im Weimarer »Klub« kennt; dort wird nicht nur gespielt und gegessen, sondern auch getanzt. Und Karoline Schmidt gehört zu der »Whistpartie«, die Schiller im Klub aufgemacht hat.

Auf Körners penetrante Fragen geht Schiller erst ein paar Wochen später ein, nachdem er sich enttäuscht über das lausige Jenaer Angebot geäußert hat: »Von dem hiesigen Frauenzimmer kann ich schlechterdings noch nichts schreiben. Eine ziemliche Auswahl habe ich zwar gesehen, worunter aber nichts Auszeichnendes war. Ich wohnte einem Balle bei, wo ich sie größtenteils beisammen sah.« Schiller auf einem Ball? Noch ein halbes Jahr zuvor hatte er versucht, Lotte den Besuch von Bällen auszureden. Jetzt aber will er sich wohl darum kümmern, in Jena Beziehungen aufzubauen. Er hat ja mitbekommen, dass Goethe ihm da einiges voraus hat. Aber opfern will er diesen Beziehungen nichts – vor allem nicht seine Freiheit. Da zeigt sich Schiller ganz als der Unbestechliche, als der Dichter von »Die Räuber« oder »Kabale und Liebe«. Der Kontakt zu einem Geheimen Hofrat namens Eccardt, der, wie Schiller anmerkt, sehr viel Einfluss an der Akademie besitzt, interessiert ihn überhaupt nicht. »Er hat eine unverheiratete Tochter, mit der mich einige gedacht haben mögen zusammenzukuppeln; aber ich mag weder sie noch die Familie.«

So leicht ist er nicht zu bestechen. Und er weiß ziemlich genau, was er braucht.

»Weißt Du nun übrigens eine reiche Partie, so schreib mir immer«, hakt er bei Körner noch mal nach; »entweder sehr viel Geld oder lieber gar keins, und desto mehr Vergnügen im Umgang.«

Mit diesem Satz disqualifiziert er Lotte nun erbarmungslos. Sie kann zwar *gar kein Geld* bieten, jedoch in Schillers Augen auch nicht zum Ausgleich genügend *Vergnügen im Umgang*. Dass er sich wahrscheinlich auf diese Mitgift beschränken muss, wird ihm aber allmählich klar. Denn er erkennt sehr genau, warum er bei der erwähnten Mamsell S. keinerlei Chancen hat. »... an sie zu denken ist keine Möglichkeit, weil Vater und Mutter und Tochter auf's Geld vorzüglich sehen. Die Tochter zwar, die

Eitelkeit hat, würde nicht ungeneigt sein, wenn sich noch etwas anderes mit dem Gelde verbinden ließe; ich glaube auch, dass sie mir Vermögen und Rang herzlich wünschen würde, um Ansprüche an sie machen zu können: aber die Elasticität hat ihr Charakter nicht, nach ihrem Geschmack sich zu bestimmen. ... Überdem scheint sie bereits so gut als verkuppelt mit einem reichen Frankfurter.«

Frauen ohne Geld gibt es viele, die meisten bieten aber zu wenig andere Anreize. »Ich hätte sonst, wenn ich gewollt hätte, auch in Weimar noch eine Partie finden können, und zwar auch eine Geheimrats-Tochter, die aber kein Vermögen hat. ... Es ist also noch dürres Land um mich her.«

Und über eine andere schreibt er: »Ein einziges Mädchen ist hier, das mir nicht übel gefällt ... Es ist die jüngste Schwester der Reichardt und Ettlinger in Gotha, eine Seidler. Ohne viel Geist hat sie viel Gefälliges und viel Güte des Charakters, und ohne gerade hübsch zu sein, gefällt mir ihr Äußerliches auch nicht übel. ... Sie hat eine gute Erziehung und auch einige Feinheit im Umgang, die man hier selten findet.«

Was aber fehlt denn Lotte, um im Vergleich mit dieser Frau zu bestehen? Erziehung, Feinheit im Umgang und Güte des Charakters besitzt sie und äußerlich ist sie ähnlich harmlos. Schiller selbst hat von Lotte behauptet, sie sei »ohne schön zu sein anziehend«. Steht ihr der Geist im Wege? Jedenfalls beweisen all diese Äußerungen: Schiller zieht Lotte nach wie vor als künftige Gattin für sich nicht in Betracht.

Dass er sich nun mit neu erwachtem Selbstbewusstsein, siegessicher fast, nach einer Frau umsieht, hat Gründe: Er ist in Jena mit einem Schlag zum Liebling der Gesellschaft geworden. Am 26. Mai hat er seine Antrittsvorlesung gehalten über den Unterschied zwischen einem Brotgelehrten und einem wahrhaft philosophischen Kopf — später wird sie unter dem Titel »Wozu und zu welchem Ende studiert man Universalgeschichte?« gedruckt.

Der Vorlesungssaal ist für die Flut der andrängenden Studenten zu klein, der Umzug in das größere Griesbach'sche Auditorium artet in einen Tumult aus. Die Bürger reißen panisch ihre Fenster auf und schreien: »Wo brennt's?« Und am Schluss bejubeln die 500 Studenten den auffallend großen und aufregend unkonventionellen Jungprofessor, der Geschichte ganz anders behandelt, weil er kein Historiker ist, mit »Vivat«-Geschrei und feiern ihn mit einem Nachtkonzert. Schiller hat zwar noch immer keine feste Stelle und feste Einkünfte, aber er ist nun plötzlich in Jena das, was Goethe in Weimar schon lange ist: eine Berühmtheit. Eine Attraktion in jenem Ort, der für Schiller zwar »ansehnlicher als Weimar« ist, »längere Gassen und höhere Häuser erinnern einen, dass man doch wenigstens in einer Stadt ist«, den August Wilhelm Schlegel dennoch ein »Lumpennest« nennt.

Zu Recht, denn auf den Straßen lungern hier Bettler und auch Gelegenheitsdiebe herum. Die Zahl der völlig Mittellosen steigt von Jahr zu Jahr, und diejenigen, die Arbeit haben, vegetieren ebenfalls an der Armutsgrenze dahin, schicken ihre Kinder in die Webereien, wo Zehn- bis Zwölfjährige 16 Pfennig in der Woche verdienen.

Der Theologe und Kirchenrat Griesbach soll einen Plan entwickeln zur Rettung der maroden Stadt und bilanziert: »mehrere Häuser sind eingefallen oder demoliert«, viele stehen leer. Er soll das ruinöse Handwerk in Jena aufbauen helfen und auch für geistigen Reichtum sorgen. Das zumindest lässt sich gut an, mit Goethes Unterstützung, der als Minister auch für diese Stadt verantwortlich ist. Nun aber ist Schiller der Grund, dessentwegen begabte und belesene Menschen von weit her anreisen. Und er ist davon überzeugt, hier »als der Überlegene anerkannt zu werden«.

So viel Bestätigung baut sein Selbstbewusstsein derart auf, dass er, was seine Zukunft angeht, kühnere Träume hat als noch in Rudolstadt. »Der Bekanntschaften habe ich noch nicht sehr viele gemacht, aber durch abgegebene Karten mich doch wenigstens in eine Höflichkeitsverbindung mit einigen dreißig Häusern gesetzt.« Er spürt zwar, dass die unerwartete Popularität ihm Feinde beschert, geht damit jedoch souverän um. »Es ist hier ein solcher Geist des Neides, dass dieses kleine Geräusch, das mein erster Auftritt machte, die Zahl meiner Freunde schwerlich vermehrt hat. Indessen kann ich von meiner hiesigen Existenz nichts anderes als Gutes schreiben; es war mir kaum irgendwo so wohl als hier, weil ich hier zu Hause bin. Meine Freunde tragen mich auf Händen, mein Humor ist gut; auch bin ich geselliger, und mein ganzes Sein hat einen gefälligeren Anstrich.«

VII.

Der Schandfleck von Weimar

Wie Goethes Liebschaft
sich auf die Gesellschaft auswirkt

Seit dem Vorfrühling 1789 zerreißen sich die Leute in Weimar das Maul über Goethe. Hämisch oder mitleidig, moralisch empört oder schlüpfrig redet jeder über den größten Skandal seit Jahrzehnten. Frau Herder, immer über die aktuelle Gerüchtebörse im Bilde, hat bereits am 8. März ihren Mann informiert: »Ich habe nun das Geheimnis von der Stein selbst, warum sie mit Goethe nicht mehr recht gut sein will. Er hat die junge Vulpius zu seinem Klärchen und lässt sie recht oft zu sich kommen. Sie verdenkt ihm dies sehr.«

Ausgerechnet Fritz, Goethes Ziehsohn und Lieblingssohn der Frau von Stein, war der erste Augenzeuge von Goethes Liebschaft: Er hat Christiane Vulpius, Arbeiterin in einer Werkstatt für künstliche Blumen, die Frau Bertuch gehört, in eindeutiger Situation bei Goethe im Gartenhaus getroffen.

Während für die meisten diese Affäre nur ein interessantes Gesprächsthema ist, wird sie für Lotte als engste Vertraute der Charlotte von Stein zu einer Lektion in Menschen-, besser gesagt Männerkenntnis. Denn sie bekommt nur zu genau mit, was Goethe und seine Charlotte sich nun alles an den Kopf werfen. Beide legen jede Höflichkeit ab.

Am 1. Juni 1789 und dann noch einmal eine Woche später beschwert sich Goethe schriftlich bei seiner langjährigen Gefährtin über ihre Reaktion auf alles, was er seit seiner Rückkehr sagt und tut. Seine Berichte über Italien hat sie offenbar mit Säuerlichkeit über sich ergehen lassen, jedenfalls empfindet er es so: »Was ich in Italien verlassen habe, mag ich nicht wiederholen,

Du hast mein Vertrauen darüber unfreundlich genug aufgenommen.«

Dass Charlotte von Stein jetzt, wo sie von seiner Liebschaft mit Christiane weiß, entrüstet ist, wird er verstehen, war sie auch schon abweisend zu ihm,»eh von einem Verhältnis die Rede sein konnte, das Dich so sehr zu kränken scheint«. Vergeblich versucht er, ihr klar zu machen, dass sie doch nichts verliere, wenn er mit Christiane ins Bett gehe. »... welch ein Verhältnis ist es? Wer wird dadurch verkürzt? Wer macht Anspruch an die Empfindungen die ich dem armen Geschöpf gönne?«

Doch Goethe erklärt und verteidigt sich nicht nur, er geht auch zum Angriff über und nutzt die Gelegenheit zu einer Generalabrechnung über alles, was ihn an Charlotte in den vielen Jahren gestört hat; »die Art, wie Du mich bisher behandelt hast, kann ich nicht erdulden. Wenn ich gesprächig war, hast Du mir die Lippen verschlossen, wenn ich mitteilend war, hast Du mich der Gleichgültigkeit, wenn ich für Freunde tätig war, der Kälte und Nachlässigkeit beschuldigt. Jede meiner Mienen hast Du kontrolliert, meine Bewegungen, meine Art zu sein getadelt und mich immer mal à mon aise gesetzt« – das heißt, sie hat ihn sich unbehaglich und fehl am Platze fühlen lassen.

Bestimmt ist Lotte von Frau von Stein um ihre Meinung zu der Auseinandersetzung gefragt worden. Dass die Patentante ihr Einblick in den Briefwechsel mit Goethe gewährt, ist belegt. »Aus Rom habe ich viele hübsche Briefe von Goethe, die ich Ihnen, wenn Sie zu uns kommen, will zu lesen geben«, hatte sie Lotte angekündigt, als der weitere Fortgang der Beziehung noch im Unklaren und Goethe noch in Italien war. Ob diese Offenheit auch für weniger hübsche Briefe gilt, wie sie jetzt unterwegs sind, ist nicht sicher, aber vermutlich hört Lotte als intime Vertraute vieles.

Falls sie zu diesem Zeitpunkt noch oder schon darüber nachdenken sollte, Schillers Frau zu werden, ist für sie die Streiterei zwischen Charlotte von Stein und Goethe eine ausgezeichnete Gelegenheit, etwas über den Umgang mit begabten Männern im Allgemeinen und mit Dichtern im Besonderen zu lernen.

Und auch wenn Lotte sieben Jahre jünger ist als Schiller, Charlotte von Stein hingegen sieben Jahre älter als Goethe, ist vieles in der Konstellation vergleichbar.

Lotte ist wie Charlotte eine Adlige, nicht aus dem Hochadel, aber aus alter Familie. Beide sind sie von Jugend auf für den Hofdienst erzogen worden – Charlotte wurde bereits mit achtzehn Hofdame, Lotte sollte es werden. Beide verfügen über perfekte Umgangsformen, kennen die gesellschaftlichen Regeln der obersten Kreise, die Gesetze der Etikette, die Formeln und Formalia. Sie beherrschen die Kunst des wohldosierten Klatsches, das Geplauder und andere Arten der höflichen Geschmeidigkeit. Vor allem aber wissen sie, dass ohne ein Mindestmaß an Anpassung und Unterwerfung auch am freiheitlichen Musenhof selbst ein Genie nicht weiterkommt.

Charlotte war es, die dem auffälligen, lauten und absolut nicht hoffähigen Goethe die nötigen Manieren beigebracht hat. Charlotte war es, die ihn Stil gelehrt hat, was die Kleidung und was den Auftritt angeht.

Schiller hat so eine Ausbildung genauso nötig. Das ist Lotte bewusst, denn sie hatte ausreichend Gelegenheit, ihn in Gesellschaft zu beobachten – und die Reaktionen auf ihn. Die Gefahr, dass sie ihn wie Frau von Stein gemaßregelt hätte, wäre groß gewesen. Und sie hätte damit auch noch unliebsame Erinnerungen an Charlotte von Kalb heraufbeschworen, die es mit Schillers Erziehung versucht hatte. Nun erlebt sie mit, wie die legendäre Beziehung des Genies mit der feinen Dame scheitert.

Sicher hat Lotte auch gehört, wie über die Konkurrentin ihrer Patin geredet wird, jene Frau, die aus Weimars Helden, aus Deutschlands Vorzeige-Geist, einen ganz normalen Mann gemacht hat. Wieland nennt sie »Goethes Magd«, Frau Herder nennt sie geradeaus »eine allgemeine Hure«, andere bezeichnen sie als »sein Mensch«, was dasselbe bedeutet, einige als eine »Füchsin«, womit sie deutlich machen, dass in ihren Augen die Vulpius sich listig eine fette Beute geholt hat und dafür abgeschossen werden sollte. Die meisten teilen die Meinung von Frau Herder: »Da er ein so vorzüglicher Mann ist und auch schon 40 Jahr alt ist, so sollte er nichts tun, wodurch er sich zu den andern so herabwürdigt.«

Lotte, der später vorgeworfen wird, sich beteiligt zu haben an der Ächtung von Christiane Vulpius als »rundes Nichts«, nimmt verständlicherweise die Position ihrer Patin ein. Und doch muss sie sich eingestehen, dass Frau von Stein einige Schwächen hat, vielleicht nicht als Patin, aber als Partnerin. Christianes hausfrauliche Qualitäten, ihr Pragmatismus, ihre zupackende Art, ihre sinnliche Vitalität und vor allem ihre erotische Ausstrahlung bleiben den Leuten hier ja nicht verborgen. Und das alles fehlt Charlotte von Stein und hat ihr immer gefehlt. Dass sie ihren eigenen Anblick als Schwangere immer widerwärtig, sogar als anstößig empfand, spricht Bände. Lotte wird sich notieren: »Dichter mögen Frauen, die es ihnen bequem machen.«

Lotte Lengefeld jedenfalls wird durch Frau von Steins Leidensgeschichte klüger. Misstrauischer oder auch nur vorsichtiger wird sie aber wohl nicht, denn sie glaubt Schiller immer noch aufs Wort.

Der prüft in Jena weiterhin, wer für ihn als Frau in Frage käme, und wird von Körner abgemahnt: »Über Deine Heiratspläne werden wir mündlich unsere Ideen einander mitteilen. Bis dahin wirst Du Dich doch nicht verplempern.« Den Schwestern aber schreibt Schiller Mitte Juni wie ein ausgehungerter Jüngling, der bei den Damen in der Stadt nicht recht ankommt: »Wie sehnlich verlangt mich, Sie wiederzusehen.« Fragt sich nur, warum er sich dann den ganzen Mai über in Schweigen hüllt. Jetzt wäre die Gelegenheit günstig, das Wiedersehen etwas ungezwungener zu gestalten, denn Mutter Louise ist bei Hofe und Ehemann Beulwitz auf Prinzentour durch Süddeutschland und die Schweiz. Selbst die Kontrolle durch den Tugendbund ist abgebogen, denn Humboldt hatte nahezu gottergeben an seine Li geschrieben: »Erst lass uns die Regeln aufheben. Dann – doch beschließe das selbst mit Deiner Karoline. Ich kenne Euch und Eure Ideen. Ohne weitere Prüfung willige ich in alles im voraus.«

Schillers Besuch soll aber nur kurz sein. Verständlich, dass er sich wundert: »... und nun soll ich mich mit zwei Tagen begnügen. Was kann man einander in zwei Tagen sein?« Er nimmt das Angebot der Schwestern trotzdem an und reist am 18. Juni nach Rudolstadt, wovon er aber niemandem etwas verrät. Körner jedenfalls hält er in dem Irrglauben, außer der zur Seite geschobenen Charlotte von Kalb existiere keine Frau in seinem Dasein. Und aus Rudolstadt zurück, erzählt er kein Wort über das, was er dort erlebt hat.

Auch von Lotte gibt es nichts, was auf ein einschneidendes Erlebnis hindeutet. Noch wenige Tage vor Schillers Besuch hat sie an Knebel geschrieben: »Meine Schwester und ich führen ein herrliches Leben, so ganz nach unserm Willen, und brauchen nichts mehr im Leben, um glücklich zu sein. ... Es ist eben kein guter Beweis für das männliche Geschlecht und für den männlichen Charakter, dass man finden muss, es wäre vielleicht friedlicher, nur unter Frauen zu leben. ... Da ich immer mein Geschlecht verteidigen möchte, so hätte ich große Beweise, dass wir einen Grad von Festigkeit haben, der den Männern nicht immer eigen ist.« Eine junge Frau, die dem Geliebten entgegenfiebert, hört sich anders an.

Karoline hingegen wird nach Schillers Stippvisite deutlich, sie beschwert sich über ihr »enggebundenes Frauendasein« und erklärt: »Wär' ich ein Mann, so sollten Sie meinen Umgang nicht vergebens wünschen.«

Sicher ist, dass in Rudolstadt das nächste Rendezvous zu dritt ausgemacht worden ist: Auf dem Weg nach Lauchstädt wollen Karoline und Lotte in Jena Station machen und Schiller treffen – ganz unauffällig, das heißt, ohne dass ihre Mutter etwas davon erfährt.

Das Problem ist der Ort des Gipfeltreffens: Haus und Garten der Griesbachs. Schiller war zuerst stolz darauf gewesen, den Kontakt mit diesen in Jena absolut unumgänglichen Honoratioren schnell geknüpft zu haben. Aber Karoline hatte ihn vor dem Ehepaar sofort gewarnt: »an sich sind's auch gutartige

Menschen, ganz in ihre Gewalt zu geraten, davor können wir uns doch hüten«.

Kaum ist Schiller aus Rudolstadt zurück, muss er einsehen, dass Karoline Recht hat. »... eben komme ich von einem gewaltigen Traktement, das die Frau mit dem Lorbeerkranz [Frau Griesbach] und der schwarzen Wäsche einer Gesellschaft von 24 Personen heut gegeben hat«. Ihm schwant bereits, dass das romantische Treffen ein Misserfolg werden wird, denn er warnt im Voraus vor dem Ehepaar Griesbach: »... wenn diese Sie erst in ihrer Gewalt haben, so ist es um meine beste Freude getan«. Dass die drei sich trotzdem dort verabreden, hat Gründe: Der Lorbeerkranz soll die nackten Absichten Karolines tarnen.

Lotte ist in jeder Hinsicht ahnungslos. Sie kündigt Schiller an, »dass wir Freitag nach Lauchstädt kommen und ich mich herzlich freue, Sie zu sehen. Wir konnten's nicht abwenden, das angebotene Logis anzunehmen.«

Frau Griesbach liefert schließlich in jeder Hinsicht das Alibi: Sie plant in ihrem Garten ein Fest mit vielen Leuten. Und weil sie, von anderen als Kupplerin verschrien, sich als Glücksfee, als Liebesgöttin betrachtet, fühlt sie sich berufen, die richtige Frau für Schiller zu finden. Offenbar erscheint Lotte ihr eine denkbare Kandidatin, denn sie lässt die beiden Schwestern im Gartenhaus übernachten – damit Mutter Lengefeld nicht mitbekommt, welche Zusammenkunft hier arrangiert worden ist; offiziell sind die beiden ja nur auf der Durchreise hier.

Karoline, die das Ganze eingefädelt hat, redet mit Schiller in einem Ton, den sich nur eine Frau anmaßen kann, die auf ihn gewisse Ansprüche erheben darf. Sie verlangt, er solle sie bereits vor Jena an den hohen Erlen an der Saale erwarten und er solle den Aufenthalt in ihrem Sinn organisieren. »Richten Sie's ja so ein, dass wir uns viel sehen, es wird uns sonst eine sehr üble Laune in Jena anwandeln.«

Aber alles kommt anders als geplant. Schiller, angeblich durch Geschäfte abgehalten, taucht nicht auf. Knebel ist da, Goethe kommt vorbei, und als alle zum Abendessen in die »Rose« gehen, fehlt Schiller noch immer. »Wie ein böser Geist« huscht

Lotte auf der Suche nach ihm im Saal herum. Schließlich kommt er, sehr spät, aber Goethe und Knebel belagern die Schwestern – da will er sich nicht verraten.

Am nächsten Tag brechen die Schwestern schon nach Burgörner auf, wo sie, wie verabredet, eine Patientin einpacken: Li von Dacheröden, die eine Nervenkrise hat, weil sie nicht weiß, wie sie Laroche loswerden soll, um für Humboldt frei zu sein. Die so genannte Kur in Lauchstädt, wohin die Schwestern sie bringen, dient nur dazu, die Lage in Ruhe zu beraten.

Kurz darauf reist Schiller dort an, nicht etwa aus freien Stücken, im Gegenteil: Er hat versucht, sich mit allen möglichen Verpflichtungen herauszureden. Nein, er wird gedrängt zu diesem Besuch. In sachlichem Ton fragt Karoline nach: »Den ersten oder zweiten darf ich Sie also erwarten?« Sie will die Situation in Lauchstädt aber noch für einen anderen Plan nutzen: Schiller mit Lotte zu verkuppeln.

Und das hat einen simplen Grund: Mutter Lengefeld ist entschlossen, Lotte unter die Haube zu bringen. An Kandidaten fehlt es nicht. Nach wie vor lauert nicht nur der spanische Molch Ketelhodt vor der Tür, sondern es scharrt auch ein reicher Schweizer in den Startlöchern – eine »brillante Partie. Worüber auch die chère mère nicht unglücklich gewesen wäre«. »Lottens Liebenswürdigkeit fesselte den jungen Mann«, berichtet später Karoline. Sie betont jedoch, »Lotte liebte ihn aber nie«.

Jetzt eilt es. Denn wenn Lotte erst mal weg ist, fehlt Karoline jedes Alibi, mit Schiller nah zusammen zu sein. Ohne die Schwester ist es vorbei mit den Spaziergängen, den Ausflügen, den intimen Abenden.

Also beschließt sie eine Notlösung. Sie wird Schiller zu ihrem Schwager machen. Die Doppelliebe in eine Doppelehe verwandeln.

Am 2. August steigt Schiller auf dem Weg nach Leipzig in Lauchstädt ab. Lauchstädt ist ein biederes Bad, billiger als Karlsbad, dafür ohne jene Promenaden der Eitelkeit. Wer dorthin reist, will nicht sich oder seine Garderobe vorführen, sondern für wenig

Geld gesünder werden oder etwas ganz anderes diskret erledigen. Dass Schiller diesen Abstecher vor Körner, den er in Leipzig besuchen wird, verschweigt und erst hinterdrein offenbart, zeigt, dass er in Lauchstädt vielleicht ein paar Küsse und Umarmungen, aber keinen Heiratsantrag erwartet. Karoline aber weiß, was sie will.

Sie wird Schiller an diesem 2. August klar gemacht haben, warum er Lotte heiraten müsse. Nur so könne es mit ihnen beiden weitergehen. Und das muss sie ihm unter vier, nicht unter sechs Augen erklärt haben. Lotte hatte dabei nichts zu suchen.

Schriftlich erst erkundet Schiller, ob Karolines Behauptung, Lotte mache bei allem mit, zutrifft. »Ist es wahr, teuerste Lotte, darf ich hoffen, dass Karoline in Ihrer Seele gelesen hat und aus Ihrem Herzen mir beantwortet hat, was ich mir nicht getraute, zu gestehen? ... Bestätigen *Sie*, was Karoline mich hoffen ließ. Sagen *Sie* mir, daß Sie mein sein wollen ...« Das heißt: *Sie* hat es ihm bisher noch nicht gesagt. Schillers Brief klingt aufgeregt und verstört, nicht so, als hätte der Schreiber sein lang angesteuertes Ziel erreicht. Ein Mann, der sich genau überlegt, wann und wie er einer Frau einen Heiratsantrag macht und dafür eigens anreist, würde wohl anders formulieren.

Warum Lotte nicht dagegen protestiert, dass ihre Schwester für sie den Heiratsantrag stellt, ist aus den Charakteren der beiden verständlich: Immer war und ist Karoline die Aktive und Lotte die Passive; »ich könnt mein Herz ganz auf sie lehnen«, sagt Lotte.

Damit aber nicht der Eindruck entstünde, er gäbe sich nun mit Lotte allein zufrieden, schreibt Schiller am selben Tag abends einen zweiten Brief – wie üblich an Karoline *und* Lotte. Und macht darin seinen Anspruch auf beide geltend. Er hoffe, von den Schwestern »unzertrennlich zu bleiben. ... Ihre Seele ist mein – und die meinige ist Ihnen.« Das ist wohlgemerkt ein Plural. »Wie reich werden wir durch einander sein.« Und dann, der Dichter ringt noch immer um Worte, wohl, weil er überrumpelt worden ist: »Es schmerzt mich, dass ich Ihnen so gar nicht schildern kann wie mir ist.«

Dass Lotte noch betroffener ist, verwundert nicht. Warum, so muss es ihr durch den Kopf gehen, hat er sie nicht selbst gefragt? »Schon zweimal habe ich angefangen, Ihnen zu schreiben, aber ich fand immer, dass ich *zu viel fühle*, um es ausdrücken zu können.«

Karoline hat mit ihrem genialen Schachzug zwei Menschen übertölpelt. Sie hat ihnen eine Lösung auf den Tisch gelegt, auf die sie beide nicht verfallen wären. Weder Schiller, der nicht wusste, was eigentlich werden sollte aus seiner Liebe zu Karoline, noch Lotte, die sich über ihre Gefühle nicht klar werden konnte. Indem Karoline der kleinen Schwester erzählt, Schiller sei in sie verliebt, aber zu schüchtern, es zu sagen, liefert sie eine Erklärung dafür, dass er nicht selbst um ihre Hand anhält. Und bringt zugleich die Kleine in Zugzwang.

Schiller aber ist froh, dass Karoline einen Vorschlag macht, den er nie zu machen gewagt hätte. Er ist kein Mann der Entscheidungen, er hofft immer, alles werde sich von selber regeln, und sei's durch Liegenlassen, wie die Sache mit Charlotte von Kalb.

Karoline ist sich bewusst, dass sie auf die Mutter, die von alldem nichts ahnt, noch viel diplomatisches Geschick wird verwenden müssen. Doch die Schwester wird ein Risiko in ihrem Spiel bleiben. Lotte ist so geradlinig, dass ihr nie in den Sinn käme, was Karoline plant. Karoline wiederum geht davon aus, die beglückte Braut würde ihr zum Dank einen Freibrief ausstellen für die eigenen Wünsche.

Am 7. August fahren die Schwestern nach Leipzig, wo Schiller sie bereits bei Körners erwartet. Allerdings finden sie Körners »Weiber«, also Minna, seine Frau, und Dora Stock, seine Schwägerin, entschieden zu hausbacken und bieder. Außerdem ist Körner ärgerlich, weil er sich von Schiller genarrt vorkommt. Es ist schließlich erst ein paar Monate her, dass der Freund ihn ausdrücklich gebeten hat, er möge ihm doch eine Frau beschaffen, und zwar eine reiche. Und nun führt er ihm eine Braut vor, die als solche nie im Gespräch war und auch nicht vermögend ist. Die Stimmung ist entsprechend frostig.

Schon am Tag darauf reist das Verlobungstrio ab, kehrt wieder nach Lauchstädt zurück, von wo aus Schiller am 10. August nach Jena aufbricht.

Bei allem, was von nun an geschieht, hat nicht er, hat nicht Lotte, sondern hat ausschließlich Karoline das Sagen. Am 12. August schreibt Lotte aus Lauchstädt an ihren Verlobten: »Nun ist alles ausgedacht, und Karoline wird es ausführlich geschrieben haben, ich habe es ihr überlassen, denn es geht mir oft so, dass ich mich nicht recht ausdrücke, und daher ein Wirrwarr entsteht.« Und: »Der Gedanke, unsere Karoline nun bald zu verlassen, tut mir weh, sie ist so gut, so lieb, ich kann mir fast mein Wesen nicht ohne sie denken. Trennung hebt dies nicht auf, aber der Gedanke ist mir doch traurig, dass sie nicht jedes augenblickliche Gefühl mit mir teilen kann.« Immer noch hat sie nicht durchschaut, welche Pläne hinter ihrem Rücken gemacht worden sind, denn Trennung ist ja weder von Schiller noch von Karoline vorgesehen.

Lotte ist vertrauensselig im wahren Sinn des Wortes — selig, zu vertrauen. Schiller und ihrer Schwester gleichermaßen. »Es ist so ein wohltätiges Gefühl, einen Menschen auf der Welt zu wissen, auf den man sich so ganz verlassen kann, und der alles für einen tun könnte. Dies habe ich oft, wenn ich an die Verbindung mit meiner Schwester denke ...«

Berauscht von dem Gedanken, plötzlich von Schiller auserwählt zu sein, vertraut sie jedoch in zunehmendem Maß auch Li von Dacheröden. Ausgerechnet Lotte, die dem Tugendbund nicht angehört, befolgt als Einzige dessen Gesetze und öffnet sich Li rückhaltlos, bedenkenlos, frei von jedem Misstrauen.

Am 20. August reisen auch die Schwestern von Lauchstädt ab, zurück nach Rudolstadt, mit Zwischenstopp in Jena. Alle drei kosten es wohl aus, vor dem neugierigen Lorbeerkranz so zu tun, als wäre nichts passiert. Aber Schiller und Lotte sind gleich zum Du übergegangen — im ersten Brief danach duzt sie ihn bereits. Und Karoline wird in dieses Du eingebunden, als wäre das selbstverständlich. Dabei wird Lotte ihre Schwägerinnen, Schillers Schwestern, noch viele Jahre nach der Verheiratung siezen, und ihren Schwager, Karolines ersten Mann, den sie seit Kindheit kennt, siezt sie auch.

Außer Körner weiß also Li von Dacheröden Bescheid. Deren Reaktion beweist: Sie geht wie Karoline davon aus, mit der Heirat würde nur die Dreierbeziehung stabilisiert, wenn schon nicht legalisiert. »Mein Gott! jeder Moment in Euren Armen ist so reich an Wonne; es wäre eine Sünde, wenn ich ein Herz, das diese Wonne ebenso tief fühlt wie ich, um einen einzigen bringen könnte, und ich liebe Sr. [Schiller] wie einen Bruder«, schreibt sie am 20. August – nicht an Lotte, sondern an Karoline.

Körner hingegen ist nicht ruhig gestellt durch Schillers Vertrauen. Er wundert sich, dass der Freund im Nachhinein so begeistert ist über die gemeinsame Zeit. »Dass Du Dich unseres letzten Beisammenseins mit Vergnügen erinnerst, war mir desto lieber zu lesen, da ich wirklich schon auf den Gedanken gekommen war, als ob diese Zusammenkunft uns mehr entfernt, als genähert hätte. ... Ich war mir keiner Schuld bewusst, glaubte keiner Rechtfertigung zu bedürfen, und eben deswegen ärgerte es mich, dass Du mich missverstehen konntest.« Körner verübelt es Schiller, dass er ihm nicht früher etwas von den Heiratsplänen gesagt hat, ohne zu ahnen, dass Schiller das genauso wenig wusste. Schiller wählt als Antwort seine bewährte Methode: Er schweigt sich Körner gegenüber fast einen Monat lang aus.

Lotte schweigt ebenfalls, um zu verhindern, dass die Mutter in dem geschwätzigen Rudolstadt von anderen erfährt, was die Töchter ihr verheimlichen. »Die erste Person, die wir hier wieder sahen, war eine gewisse Dame, die sich durch ihre Fragen berühmt macht, sie stürmte mit einem Schwall von überlästigen Fragen heraus, dass mir die Geduld, sie zu hören, verging, und ich nur mit Grigri und Toutou sprechen musste, die können nicht so fragen.«

Oder: »Ich drehe mich wieder in der gewöhnlichen Gesellschaft herum, ... doch rede ich so wenig wie es nur sein kann.«

Ihre Briefe an Schiller werden jetzt intimer, vertraulicher, gefühlvoller; Lotte ist eindeutig darum bemüht, mit ihm allein etwas aufzubauen. Schiller aber betont weiterhin, dass er sich beiden Schwestern gleich nahe fühle und auch mit beiden zu leben gedenke.«... eben dacht' ich, wie schön es wäre, wenn ich nur von einem Zimmer ins andere zu gehen brauchte, um bei Euch zu sein. Ach, wenn es erst so weit sein wird!... ich drücke Euch an mein Herz.« Er beschwört »unsere immerwährende Vereinigung« – zu dritt natürlich – und schwärmt: »In einer neuen, schöneren Welt schwebt meine Seele, seitdem ich weiß, dass Ihr mein seid.« Das steht, wohlgemerkt, in einem Brief an Lotte.

Am selben Tag schreibt Schiller an Karoline: »... vor meiner Seele steht es verklärt und helle, welcher Himmel in der Deinigen mir bereitet liegt. ... wir haben einander gefunden, wie wir füreinander geschaffen gewesen sind. In mir lebt kein Wunsch, den meine Karoline und Lotte nicht unerschöpflich befriedigen können. Und wohl mir, Teuerstes meiner Seele, wenn Ihr in mir findet, was Euch glücklich machen kann. ... meine Empfindung für Euch ist keinem Wandel mehr unterworfen.«

Schiller denkt also gar nicht daran, sich und seine Vorstellungen zu wandeln, obwohl Lotte immer deutlicher macht, dass sie sich mit ihm in einer Zweierbeziehung sieht. In ihren Briefen weicht das geschwisterliche *wir* dem sich abgrenzenden *ich*. »Ich konnte mir mein Glück nicht ohne Dich denken.« Allerdings gibt sie zu, dass die Gefahr, von Mutter Lengefeld an einen anderen verkuppelt zu werden, nur knapp an ihr vorüberging. »Meine Hand hätte ich vielleicht hingeben können und müssen, nicht durch Zwang, sondern durch meiner Mutter Wünsche, aber nicht mein Herz voll warmer treuer Liebe zu Dir.« Das bestätigt, dass die Mutter in den letzten Wochen und Monaten entschlossen gewesen war, Lotte zu verheiraten, und heißt gleichzeitig, dass die Zeit drängt, ihr reinen Wein einzuschenken.

Karoline bleibt realistisch: Es muss ein fixes Honorar für Schiller her.

Lotte dagegen wird durch die Situation hoffnungslos romantisch und verspürt, obwohl sie sich Fremden gegenüber bedeckt hält, den für Verliebte typischen Mitteilungsdrang. Sie genießt es, auch Karolines kluger Freundin Li von Dacheröden alles sagen zu können, und zerfließt in Begeisterung für sie: »… sie hat so etwas Edles, so etwas Erhabenes, dass es mir oft ist, wenn ich bei ihr bin, als müsste ich vor ihr niederknien, als wäre sie ein höheres Wesen«, schwärmt sie Schiller vor. Dass Li ein doppeltes Spiel betreibt, erkennt sie immer noch nicht.

Li gibt Lotte gegenüber vor, in ihr und Schiller nun das Paar zu sehen, die beiden, die füreinander bestimmt sind. »Schillers Wesen muss sich nun, da er einer Sorge entledigt ist, die es notwendig einengen musste, immer schöner und schöner vor dir entfalten.« Gleichzeitig aber tauscht sie sich mit ihrem Bräutigam Wilhelm darüber aus, dass eigentlich Karoline und Schiller zueinander gehören.

Lotte durchschaut solche Strategiespiele nicht und ist auch außerstande, sie selbst zu betreiben. Mitspielen muss sie aber, wenn es um ihre Mutter geht. Die soll nämlich erst eingeweiht werden, wenn Schillers Zukunft finanziell abgesichert ist. Wenn er irgendetwas vorweisen kann, das die mütterliche Sorge, ihre Tochter an einen Bankrotteur zu verheiraten, beschwichtigen kann.

Also muss vorerst so getan werden, als habe Schiller nichts als das alte Verhältnis zu den Schwestern. Deshalb siezt er sie auch in den Briefen, die dafür gedacht sind, der chère mère gezeigt zu werden; »sehbare Briefe« nennen die drei diese Betrugsmanöver.

»Ich will nicht hoffen, dass Sie es für Scherz aufgenommen haben, als ich Ihnen sagte, ich wollte mich während meiner Ferien wieder in Volkstädt einquartieren.« Am selben Tag abends schreibt er nochmals an beide, um Missverständnissen vorzubeugen: »Wie bin ich froh, dass der sehbare Brief geschrieben ist. Es gibt einem ein so unaussprechlich heilloses Gefühl, doppelt zu sein, seine Gedanken an einen Menschen zu richten und einen anderen zu meinen.« Und er endet: »Diesen Kuss bringe Euch der gute Engel unserer Liebe.«

Dass Mutter Lengefeld den Großteil ihrer Zeit auf dem Schloss mit der Erziehung der ungeratenen Gören verbringt, passt gut ins Programm. »Alle Tage kommt meine Mutter nicht zu uns, also werden wir uns oft ungestört sehen können«, beruhigt nicht etwa Lotte, sondern Karoline den Gast schon im Voraus.

Schillers Aufenthalt für gut vier Wochen ist im September und Oktober geplant. Er soll wieder beim Kantor Unbehaun in Volkstädt wohnen und am 18. von Jena aus dorthin aufbrechen. Alles scheint perfekt geregelt, da erfährt Schiller, neun Tage vor seiner Abreise, von Lotte, dass sie im Herbst nach Kochberg einberufen wird. Sie hat zwar Angst, von ihrer Patin vereinnahmt zu werden, lässt ihn aber wissen: »Es ist mir gar lieb, dass die Imhof mit dort ist, die Stein braucht mich da weniger, und es ist ihr nicht auffallend, dass ich nicht lang bleibe, allein bleibe ich diesen Herbst auf allen Fall nicht bei ihr, denn meine Schwester dürfte ich doch nicht so alleine lassen. Ich muss ihr ihre Einsamkeit erträglich machen, denken die Menschen hier.«

Inzwischen merkt sie auch, dass die Heimlichtuerei vor ihrer Mutter nicht mehr ganz hält; irgendetwas scheint durchgesickert zu sein. »So ganz gegen Dein Kommen ist die chère mère nicht, sie wird sich schon freuen, Dich zu sehen, wenn sie kommt, denke ich; sie hat uns eigentlich so lieb, dass sie doch uns gern Freuden gönnt.« Und mutig gemacht durch ihre Liebe zu Schiller, übt sie auf einmal Kritik an der Mutter: »Es ist ein Unglück für sie, dass sie zu romanhafte Ideen von dem Verhältnis der Kinder gegen Eltern hat und daher zuweilen Ansprüche auf uns macht, die gar nicht in der Natur liegen. ... Ich möchte ihr das, was Diderot über die Freundschaft der Kinder gegen die Eltern sagt, recht zu lesen empfehlen ...«

Hofft sie, mit solchen Äußerungen Schiller ihre Entschlossenheit zu einem Leben mit ihm, und zwar zu zweit, deutlich zu machen? Nötig ist das durchaus, denn der Verlobte träumt fröhlich weiter von beiden Schwestern. Und schreibt vor dem Urlaub sicherheitshalber nochmals, wie seine Zukunftspläne ausschauen: »O meine teure Karoline, meine teure Lotte! ... Meine Seele ist jetzt gar oft mit den Szenen der Zukunft beschäftigt; unser Leben hat angefangen, ich schreibe vielleicht auch, wie jetzt, aber ich weiss *Euch* in meinem Zimmer. Du, Karoline, bist am Klavier und Lottchen arbeitet neben Dir und aus dem Spiegel, der mir gegenüber hängt, seh ich euch beide. Ich lege die Feder weg, um mich an Eurem schlagenden Herzen lebendig zu überzeugen, dass ich Euch habe, dass nichts, nichts Euch mir entreissen kann.«

Ihm ist es nicht recht, dass Lotte vor seiner Ankunft noch nach Kochberg reisen wird, denn er befürchtet, Frau von Stein könnte eingeweiht werden. Und die hält er nicht gerade für verschwiegen, auch was seine Ehemalige angeht. Charlotte von Kalb hat nämlich einen Besuch auf Schloss Kochberg geplant − rein zufällig in Schillers Urlaubszeit − und möchte danach noch in Rudolstadt vorbeischauen; alle können sich denken, wozu. Zu Schillers Glück ändert sie ihre Absicht allerdings: »Jetzt hat es sich zerschlagen«, atmet er auf. »Mir ist es lieb, dass sie nun nicht mehr kommen kann, wenn ich schon bei Euch bin. … ich bin jetzt in einem recht guten Verhältnis mit ihr, so wie ich wünschte, dass es bleiben möchte.« Er weiß jedoch, dass es nicht so bleiben kann, denn *recht gut* ist das Verhältnis nur, solange Charlotte sich noch Hoffnungen auf ihn macht und nichts weiß von seiner Verlobung. »Sie ahndet nichts von unserem Verhältnis; … aber sie ist misstrauisch … Ihr begreift also wohl, wie wenig ich wünschen kann, sie in unserem Kreise zu sehen, und insofern müssen wir uns auch vor der Stein verwahren, die dem Beobachtungsgeist der Kalb nachhelfen könnte.«

Schiller bildet sich also ein, man müsse die redseligen Frauen nur so weit wie möglich voneinander entfernt halten und Charlotte alles verschweigen, dann könnte das alles so weitertröpfeln. Bloß keine Diskussionen mit Charlotte! Klare Auseinandersetzungen sind seine Sache nicht.

Doch das Scheidungsvorhaben der Frau von Kalb ist weit gediehen und sie will mit dem, für den sie das durchficht, in Weimar die gemeinsame Zukunft durchsprechen. Schiller indessen möchte jeder Konfrontation aus dem Weg gehen. »Hört sie aber nun, dass ich vier Wochen in Volkstädt gewesen, und ihr einen einzigen Tag in Weimar abschlug, so muss es ihr, da sie von einem genaueren Verhältnis zwischen uns nichts weiß, sehr empfindlich auffallen.«

Lottes Vertrauensseligkeit erhöht natürlich das Risiko, dass die Kalb etwas erfährt. »Ich hätte wohl gewünscht, die Kalb hier zu sehen«, schreibt sie enttäuscht aus Kochberg. »Ihr Verstand ist mir sehr interessant. Was Du über sie und ihre Beobachtungen und die der St[ein] sagst, könnte wahr sein, aber ich habe auch gemerkt, dass sie sich nicht so nahe mehr sind, als sie es waren. Und solche Bemerkungen teilt die Stein ihr gewiss nicht mit, denn sie ist selbst zu diskret dazu, wenn sie sie auch machte. Es werden wenige Menschen unser Verhältnis so ahnden können wie es ist, und zumal, *was Du mir bist* ...«

Wieder diese Betonung von Du und Ich. *Was Du mir bist*, nicht *Was Du uns bist*.

Schiller geht darauf geflissentlich nicht ein und erklärt auf diesen Brief hin nur: »Die chère mère müsst Ihr bei ihrer Zurückkunft, und wenn ich da bin, eher fleißiger als nachlässiger besuchen, sonst gewöhnt Ihr sie, mich und eine unangenehme Erfahrung in ihrem Gemüt zusammenzudenken. Ich will wohl glauben, dass ihre Ansprüche an Euch übertrieben sein können, ... aber sie verdienen von Eurer Seite, soweit es nur möglich ist, erfüllt zu werden, da sie so wenig Despotisches haben und nur in Wünschen bestehen.«

Er ist stur, was seine Ansprüche auf beide Schwestern betrifft, aber zugleich zeigt er eine erstaunliche diplomatische Beweglichkeit der chère mère gegenüber. Sie soll nichts ahnen, so wenig wie die Kalb oder Frau von Stein.

Doch Lotte wird wohl geplaudert haben. Schon um die Patin abzulenken von der Sensation, um die deren Gedanken kreisen: Goethes Geliebte ist hochschwanger.

Dass Weimars größtes Genie seiner Wahlheimat diese Peinlichkeit, diese Schande zumutet, empört nicht nur Charlotte von Stein. Es wird also höchste Zeit für eine Musterehe. Eine vorbildliche Verbindung, mit der Goethe gezeigt wird: So geht's. Schiller und Lotte als Paradebeispiel für eine Liebesheirat? Für das Angemessene? Es ist fraglich, ob die Stein das so sieht, weiß sie doch, dass Schiller keine der Bedingungen erfüllt, die laut chère mère für Lottes Ehemann gelten sollen: Geld, Position, Adel. Aber sie kann sich denken, dass im Urlaub Schillers, unbeaufsichtigt von der chère mère, die Beziehungen enger werden.

Am 22. Oktober reist Schiller wieder nach Jena zurück. Im Vollgefühl, nun auch privat als »der Überlegene« anerkannt zu werden. Er bildet sich ein, alles wäre geregelt bis auf seine finanzielle Absicherung und die Zusage der Schwiegermutter in spe. Er ist überzeugt, Karoline und Lotte wären rundum zufrieden und glücklich und sein Liebesverhältnis zu beiden völlig geheim. Er bemerkt nicht, welcher Morast aus Lügen, Anfeindungen und Hinterlist sich bereits auftut. Und er sieht nicht, dass Lotte verzweifelt ist – er will es nicht sehen.

VIII.

Eifersucht macht blind

Warum Lotte das Spiel
ihrer Schwester nicht durchschaut

Kaum ist Schiller fort, ähnelt das Haus in Rudolstadt einer geschlossenen Abteilung. Beide Schwestern sind einem Nerven-
zusammenbruch nahe, aber keine sagt der anderen ein Wort
über ihren Zustand.

Schiller sitzt in Jena und für ihn ist die Welt in Ordnung; »ich
fühle, ich bin noch immer unter Euch. Euer Bild in meinem
Herzen hat ein Leben und eine Wirklichkeit, wie keins von all
den Dingen, die mich so nah umgeben.« Nichts soll seine Stimmung jetzt trüben, und so kauft er auch Lotte ab, dass die düstere Jahreszeit schuld sei an ihrer Melancholie: »es ist so finster
um mich, dunkle Wolken bedecken den Himmel, mir ist so
bang!«, klagt sie.

Doch was sie wirklich bedrängt, ist Eifersucht. Während der
vier Wochen, in denen er täglich mit den beiden Schwestern zusammen war, hat Lotte auf einmal begriffen, wie es um seine
Gefühle steht: Schiller liebt Karoline mehr als sie.

Der aber möchte begreiflicherweise nicht daran denken, dass
diese Vorstellung Lotte foltert. Und Lotte will begreiflicherweise nicht darüber reden. Doch ihre Patin merkt trotzdem,
dass da etwas in ihr rumort. Schließlich ist Frau von Steins Sen-
sibilität für die Gefühle einer Frau, die sich hintergangen fühlt,
aufs Höchste geschärft. Sie fragt Lotte einfach aus, erfährt alles
und treibt Lotte die Hoffnung auf eine Änderung dieses Zustands energisch aus. Sie ist eine Freundin klarer Verhältnisse
und macht ihrem Schützling klar, wer dieser Schiller ist: ein
Mann, der sich nicht entscheiden kann und der sich das Recht

zuspricht, zwei Frauen zu haben. Vielleicht sieht sie darin noch eine Möglichkeit, Lotte den mittellosen Liebhaber zu vermiesen.

Wäre Mutter Lengefeld vor Ort, witterte sie spätestens jetzt Unheil.

Im Rudolstädter Winterexil muss eine bedrängende Situation entstanden sein. Doch Lotte ist, wie die meisten vertrauensseligen Menschen, auch harmoniesüchtig; zwei Eigenschaften, die eng miteinander zusammenhängen und dazu verführen, die Augen vor unangenehmen Wahrheiten zu verschließen. Auch jetzt, wo sie geradezu darauf gestoßen worden ist, dass Schiller und Karoline mehr miteinander verbindet, als ihr recht sein kann, ist sie nicht böse auf die Schwester. Zumal es Karoline nicht wesentlich besser geht als ihr. Ihre nervlichen Belastungen, die sich in Zuckungen äußern, haben nach Schillers Abschied dramatisch zugenommen. Sie muss sich nicht nur mit der Rückkehr ihres Ehemanns auseinander setzen, sondern auch begreifen, dass sie aus taktischen Gründen Schiller ein für alle Mal als Mann für sich selbst verloren hat. Die Chance, seine Frau zu werden, ist vertan. Und mit Lotte kann sie darüber beim besten Willen nicht reden.

Lotte hingegen, von Frau von Stein so weit gebracht, sucht dringend jemanden, der ihr hilft, eine Entscheidung zu treffen. Und weil die große Schwester ausfällt, gesteht sie Li von Dacheröden, was sie quält: Friedrich mit Karoline zu teilen würde sie »kaputt machen«. Li gibt sich verständnisinnig und nutzt die Gelegenheit, an intime Informationen heranzukommen.

»Dein letzter Brief hat mich gefreut und gerührt; es hätte mir sehr weh getan, wenn Du mir Deine Gefühle hättest verbergen können. Ich hatte schon aus Deinen andern Briefen empfunden, dass etwas Disharmonisches in Dir war, dass Du nicht *eins* in Dir seist, und ich warte nur auf mehr Kräfte und Gesundheit, um Dich selbst um eine Erklärung zu bitten.

Ich habe in diesen Tagen viel über Euer Verhältnis mit = [Schiller] nachgedacht. – Wenn es dauern sollte, meine Lotte, und Du fühlest, dass Du die Idee, = [Schiller] liebe L. [Lina, also

Karoline] mehr als Dich, nicht als eine kranke Vorstellung hinwegräumen könntest, so wäre mein Rat, Dich mit = [Schiller] darüber zu erklären. An der heiligen Wahrheit seines Herzens kannst Du nicht zweifeln.«

Von Schiller aber bekommt Lotte in ebendiesen Tagen in einem Brief, den er notorisch wieder an beide Schwestern adressiert, zu lesen, was er von Karoline erwartet:»Sei ... wachsam über Deine Gesundheit! Meine Glückseligkeit hängt an Deiner Liebe, Du musst gesund sein, wenn Du liebst ...« Li rät, dass man das Problem»ihm in die Länge doch nicht verbergen könnte«, und erklärt Lottes Idee, für Karoline auf Schiller zu verzichten, für Unsinn.»Ich glaube, Du könntest es vollbringen, ebenso gewiss aber bin ich auch, dass Du in dieser Handlung alle Kräfte Deines Wesens erschöpftest, die Kräfte, meine Teure, die Dir auf Dein ganzes Leben gegeben; Du würdest Dich aufreiben, ohne es Dir vielleicht selbst gestehen zu wollen.«

Wäre Lotte nicht so vertrauensselig, dann dächte sie daran, dass Li vorrangig Karolines Freundin ist und deren Interessen vertritt, wenn sie behauptet, es gehe hier nicht um etwas mehr oder etwas weniger Liebe, sondern um zweierlei Arten von Liebe.»Du liebst = [Schiller] mit allen Kräften deines Wesens, ihre [Karolines] Seele ist in ihm versunken, kann es anders sein? = [Schiller] kann in der stillen Anhänglichkeit Deines Wesens, in Deinem sanften Hingeben keine Leere fühlen.«

Das kann er wirklich nicht, denn allein das, was Lotte an Büchern liest, sorgt für eine Fülle von Anregungen und Gesprächsstoff. Sie kennt Biographien, Tagebücher, Briefsammlungen, Epen, Dramen und Anthologien, die Naturgeschichte von Buffon, Texte über Kosmologie, Anatomie und Physiognomie. Und Schiller hat ihr ausdrücklich bekundet, wie sehr er ihr Verständnis schätzt. Trotzdem wird jene Behauptung, zwischen Lotte und Schiller habe»Leere«, also gähnende Langeweile geherrscht, genüsslich kolportiert und von seriösen Biographen genutzt. Selbst Sigrid Damm, die verdienstvolle Apologetin von Goethes Christiane, betreibt auf Kosten von Schillers Lotte Geschichtsklitterung.»Schiller verliebte sich in

Koketter Blick, süffisantes Lächeln, verlockendes Dekolleté: Karoline von Beulwitz in einem Pastell von Ambron.

Karoline«, schreibt sie über diese Phase. »Eine schwebende Sache, wiederum zu dritt, entsteht. Lotte erscheint ihm ›innig gut‹, aber: ›so ists doch ein toter Umgang‹. Er neigt immer stärker zu Karoline.«

Was Damm dem Schiller als voreheliche Resignation in den Mund legt, womit sie sogar erklärt, dass er sich »immer stärker zu Karoline« neigt, ist keine Äußerung Schillers. Es ist eine der

Unterstellungen, mit denen Karoline *nach* der Hochzeit von Lotte und Schiller versucht, deren Ehe schlecht zu machen. Nicht Schiller, sondern Karoline behauptet Li gegenüber, und zwar erst im Oktober 1791: »... ich fühle ihn einsam, denn so innig gut Lotte ist, so ists doch ein toter Umgang.« Grund genug also, diesen Worten zu misstrauen.

Die Kampagne gegen Lotte, die bis heute andauert, hat ihre Wurzeln auch in den Intrigen der so gerne verklärten Li von Dacheröden. Li will mit ihrer Bemerkung natürlich andeuten, Lotte könnte neben der überquellenden Karoline leer wirken, blutleer und leblos. Schiller hat ja davon geredet, dass er Lotte anfangs oft als *kalt* empfunden habe. Und Lotte selbst hat wieder und wieder betont, dass ihre Schwester sie gedrängt habe, mehr zu reden, aus sich herauszugehen.

Eines lässt sich wohl kaum bestreiten: der Eindruck, es habe Lotte an erotischer Ausstrahlung gefehlt. Allein die Porträts der beiden Schwestern legen diese Vermutung nahe. Auf fast allen wirkt Karoline lebendig und gefühlvoll, Lotte dagegen verschlossen, zurückgenommen, reserviert. Besonders auf den vorehelichen Bildnissen.

Mag sein, dass Li das gespürt hat. Doch es geht ihr nicht darum, Lotte aufzubauen, nur darum, ihr so viel Selbstbewusstsein zu geben, dass sie Karolines Vorhaben nicht platzen lässt. »Lina [Karoline] wird ja auch wahrscheinlich mit Euch leben. Ich glaube nicht, dass etwas sie an der Ausführung des Gedankens hindern könnte, sie müsste denn glauben, es sei etwas Drückendes gegen Dich darinnen.«

Und Lotte lässt sich einlullen, sie macht weiterhin mit. Aber sie entwickelt zugleich eine eigene Strategie: Sie beginnt, den Unterschied zwischen sich und der Schwester herauszuarbeiten. Von nun an wird sie nimmermüde betonen, dass Karoline unruhig, reizbar, nervös und getrieben sei. Zwischen den Zeilen steht bei Lotte: Karoline sei für jeden Mann eine Belastung, wenn man sie dauernd um sich habe, keine Inspiration, sondern eine Nervensäge. Und außerdem chronisch faul. Karoline wird nicht zufällig »Bequemlichkeit« genannt in der Familie. Eine kränkelnde Hysterika, die keinen Finger krumm macht. Um dieses Bild von Karoline zu vermitteln, muss Lotte nicht einmal lügen.

»Die bewegliche Magd, das Gegenbild der Bequemlichkeit, wird schon in Deiner Stube sich herumdrehn«, schreibt Lotte, nachdem sie Lis Brief gelesen hat, an Schiller. »Karoline ist noch wie gestern, das Zucken ist noch nicht vorbei, es macht mir oft Sorgen dass es noch schlimmer wird, und sich gar nicht mehr verliert! Ihre Gesundheit, fürchte ich, wird nie wieder ganz hergestellt werden, weil ihre Nerven durch ihre Schwäche zu viel Reizbarkeit erhalten haben, alles spannt sie also stärker an, sie wird nie die Ruhe und Gleichförmigkeit, die zur Gesundheit nötig ist, wiedererhalten.«

Am Tag darauf gibt Lotte endlich ihre Eifersucht zu, argumentiert aber geschickt, warum sie bisher kein Wort darüber verloren hat. »In W.[eimar] konnte ich als eine neu ankommende Bekanntschaft nicht mehr als Deine ältern Freundinnen verlangen, sogar weniger … Auch bei Deinem Aufenthalt unter uns, voriges Jahr, kam mir zuweilen ein Misstrauen auf mich selbst an, und der Gedanke, daß Dir Karoline mehr sein könnte, als ich, dass Du mich nicht zu Deinem Glücke nötig hättest, zog mich auch mehr in mich zurück. … dies waren vielleicht zuweilen die Ursachen meiner Kälte, die Dir weh tat.«

Wie sie versucht, Schiller ihre Vorzüge schmackhaft zu machen, ist nicht gerade gekonnt. Denn nichts wirkt unbescheidener, als sich selbst bescheiden zu nennen. Lotte erklärt Schiller, ihre mangelnde Selbstsicherheit sei eben »ein unabänderlicher Charakterzug, der zu meinem Leben gehören muss. … Ich hatte, wie ich klein war, einen Hang zur Eitelkeit der mich, wenn er mir geblieben wäre, recht unerträglich hätte machen können; da ist es nun doch besser, ich bin zu bescheiden, als zu eitel. Ich kenne nichts, was mich mehr zurückstößt, als übertriebene Eitelkeit. Es wird eine schöne Zeit sein, wenn wir erst ganz füreinander leben.«

Leise, von Karoline, Schiller und Li unbemerkt, ist aus Lotte dem Opfer Lotte die Kämpferin geworden. Ihr Vorgehen ist klug, denn sie vermeidet, was Schiller hasst: eine offene Diskussion. Ganz allmählich soll er einsehen, dass eine eitle, nervenkranke Frau seiner größten Liebe schadet – der Liebe zu seinem Werk. Das Leitmotiv von Lotte, das von nun an in allem, was sie äußert, mitschwingt, lautet: *Karoline tut dir nicht gut.*

Und bei Schiller, vorgeschädigt von der überdrehten Charlotte von Kalb, die sinnlich und anregend, aber zugleich hysterisch und hypersensibel wie Karoline ist, fällt ihre Argumentation auf fruchtbaren Boden. Karolines Anfälle versucht sie nun zu deuten: »Um ruhig zu sein, muss sie jede heftige Leidenschaft vermeiden, muss ihre Seele dagegen zu sichern suchen gegen diese heftigen Bewegungen.« Sie zeichnet die Schwester als eine von ihren Leidenschaften getriebene Frau, denn sie weiß: So eine passt nicht in Schillers Langzeitplanung: »bei einer ewigen Verbindung, die ich eingehen soll, darf Leidenschaft nicht sein«, hat er gesagt.

Karoline versucht währenddessen, sich Schiller als die vorsichtige und umsichtige Menschenkennerin darzustellen, ohne die nichts geht.

Am 25. Oktober kommt Charlotte von Stein auf Besuch zu den Lengefelds. Karoline hat die Befürchtung: »Zwischen der Stein und meiner Mutter hat es Herzensergießungen gegeben, die nach und nach gegen mich wieder zur Sprache kommen werden.« Das heißt: Die beiden haben vermutlich über Lottes Zukunft geredet. Und wenn die chère mère zuerst von Außenstehenden erfährt, was da hinter ihrem Rücken eingefädelt wurde, ist es vorbei mit dem schönen Plan.

Ohne sich darüber zu verständigen, arbeiten die Schwestern nun gegeneinander, wenngleich sie dasselbe Ziel haben: Lotte soll möglichst bald Schiller heiraten.

So würdigt Karoline ihre Mutter und Frau von Stein zu zwei Klatschbasen herab, denen man besser nicht über den Weg trauen solle. »Die Gesellschaft der zwei Frauen ist doch sehr leer, und ans Entwickeln und Verfolgen der Ideen ist mit ihnen nicht zu denken, die ihren drehen sich ganz um den Kreis des gewöhnlichen Lebens herum, und alle Kleinigkeiten machen sie wichtig ... « Es gehe bei den beiden, erklärt sie Schiller, nur um »das Gewebe von Koketterie, Rivalität und Armseligkeit in ihrer Weimarischen Gesellschaft«. Dann erst fällt der verräterische Satz: »Die Stein weiß so viel, als ihr gut ist, über *unser* Verhältnis, aber ich glaube, sie ist mit der Kalb vertraut und hat sie durchsehen lassen, und der K. traue ich nach allem, was ich von ihr höre, die Feinheit nicht zu, das Geheimnis zu verschweigen. Es wird wunderliche Szenen mit ihr geben, denke ich; sie dauert mich, aber nach allen Bildern, die ich von ihr fasse, danke ich dem Himmel, dass sie Deine Frau nicht wird, und nicht allein für mich.«

Sie dankt also *auch* in Lottes Namen dafür, vorrangig aber im eigenen Interesse.

Und sie empfiehlt Schiller, die Frau von Stein, unleugbar eine brauchbare Respektsperson, erst einzubinden, wenn die chère mère aufgeklärt worden ist, das heißt, wenn Schiller offiziell um Lottes Hand angehalten hat. »Wenn Du meiner Mutter geschrieben hast, so kann Lottchen offen gegen die Stein sein, und sie wird dann gut auf sie wirken (auf meine Mutter).« Kurz drauf drängt sie ihn nochmals: Sie habe sich zwar getäuscht, was Mutter Lengefeld und die Stein betreffe, die hätten offenbar doch nicht über Lottes Zukunft geredet, aber es werde allmählich ungemütlich, »erkläre Dich der chère mère«, treibt sie ihn an; »fatal wäre es, wenn meine Mutter mehr erführe, als sie sollte, und von anderen Menschen als uns«.

Nur: Für Schillers Antrag fehlt Ende Oktober, also fast drei Monate nachdem sie die Heirat beschlossen hatten, noch immer die Basis – ein fixes Einkommen.

Der Dichter kümmert sich darum erstaunlich wenig. Er hat zwar die vage Hoffnung, über den Erfurter Coadjutor Karl Theodor von Dalberg, der Nachfolger des Mainzer Kurfürsten und Erzbischofs werden soll, dort eine Stellung zu bekommen, aber auch die Kontakte zum Coadjutor laufen über die Lengefeld-Schwestern; Karoline kennt ihn von Li. Und die Voraussetzung dieses Planes ist, dass dazu erst der jetzige schwer kranke Kurfürst und Erzbischof sterben muss, womit er sich aufreizend viel Zeit lässt.

»Wenn ihr meint«, erklärt Schiller den Schwestern, »so will ich noch einen Versuch machen, der vielleicht durchzusetzen ist«, nämlich den Bruder dieses Dalberg, Theaterchef in Mannheim, über den mächtigeren Bruder unter Druck zu setzen, damit er ihm eine Anstellung beschafft. Dabei hat Dalberg Schiller nach den Aufführungen der »Räuber« rücksichtslos hängen lassen, was mit ein Grund war für seine existenzielle Katastrophe damals; kein zuverlässiger Kandidat. Lieber träumt Schiller vom Paradies der Damen. »Wenn ich denke, dass wir drei an mehr als einem auserlesenen Platz mit 1000 Talern vortrefflich leben könnten ...«

Die Einzige, die nicht taktiert, ist Lotte. Sie versichert Schiller, ihm überall hin folgen zu wollen. »Mainz wäre gar angenehm; oder sonst auch jeder andere Ort, wo Du bist, wo wir vereinigt sind. Wäre es auch Petersburg.« Und anstatt sich über Gerüchte, Glücksfälle oder Zufälle den Kopf zu zerbrechen, handelt sie. Anfang November sitzt sie wieder auf Schloss Kochberg fest, wo eine der nicht enden wollenden Abschiedsfeste für Knebel gefeiert werden soll; er plant eine lange Auslandsreise. Lotte jedoch nutzt Kochberg für ihre Zwecke. Sie weiß, dass ohne Charlotte von Stein aus der Heirat mit Schiller nichts wird. Diese Frau ist so etwas wie ein magisches Dreieck. Erstens liebt sie Lotte (nicht Karoline), zweitens ist sie bei Hof eine hoch angesehene, einflussreiche Person, kann dort also etwas für Schiller ausrichten, und drittens ist sie als wichtigste Vertraute der Mutter Lengefeld in der Lage, auch auf sie einzuwirken. Daneben verfolgt Lotte konsequent ihre Strategie, Schiller klar zu machen, dass überdrehte Weiber Gift für ihn seien. Es ist sicher kein Zufall, dass sie über Charlotte von Kalb nun in ganz ähnlichen Worten redet wie über ihre Schwester; »ich habe einiges über die K. gehört, was ich mir so nicht von ihr gedacht hätte; sie muss erstaunend heftig sein ... ich habe doch eigentlich die Ruhe im Charakter gerne, bei jedem übertriebenen Gefühl, und jeder zu heftigen Bewegung verliert doch die Seele an ihrer Würde. ... In manchen mag es aber auch eine Krankheit sein, dass sie größere Reizbarkeit haben und ihre Gefühle sie überwältigen.«

Lotte bereitet sich und Charlotte von Stein auf eine Aussprache vor. Und Mitte November wird es so weit sein. Schiller hingegen scheint plan- und ziellos einfach so weiterzuleben. Er macht nicht, er lässt machen. Am 3. November schreibt er an Lotte, sie solle ihm doch das Zeichen geben, wann er bei der chère mère seinen Heiratsantrag abliefern solle. »Im Grunde, fürchte ich, ist sie doch gar nicht auf so einen Antrag vorbereitet, und wird also schrecklich überrascht werden. Sie hat bloß aus Ängstlichkeit wegen der Schicklichkeit mein öfteres Leben mit Euch bedenklich gefunden, und sonst nichts als Freundschaft zwischen uns vermutet.«

Auf die Idee, dass er das Ganze in die Hand nehmen könnte, verfällt Schiller nicht. Er denkt auch nicht daran, seine Beziehung zu Karoline zu lockern oder sonst wie zu demonstrieren, dass er zu ihr ein distanzierteres Verhältnis hat als zu Lotte. Im Gegenteil: Er beweist Karoline, dass sie ihm näher steht als ihre Schwester, indem er sie auch in intime Geheimnisse einbezieht. Soeben hat er einen Brief von Charlotte von Kalb bekommen. Und was macht er damit? Er reicht ihn zur Einsicht weiter – an Karoline, nicht an Lotte. »Diesen Brief schrieb mir die Kalb. Sie ist doch ein seltsam wechselndes Geschöpf, ohne Talent, glücklich zu sein, wie könnte sie also geben, was sie selbst nicht hat? ... Vor ihrer Neugierde muss man sich hüten, vor ihrer Inkonsequenz ... und auch vor ihrer Starkgeisterei, die sie leicht verführen könnte, es mit dem Besten andrer nicht so genau zu nehmen.«

Lottes dringendes Bedürfnis, ihre Zukunft mit ihm allein zu planen, ignoriert Schiller weiterhin. »Was für himmlisch süße Stunden uns bevorstehen, wenn wir zusammen wohnen werden, teure Liebe!« Das erklärt er Karoline. Er gibt den Traum von der Dreierbeziehung nicht auf. Deswegen wacht er über Lotte, er denkt da wie Karoline: Springt die Kleine ab, ist alles verloren. So ganz sicher ist er offenbar nicht, dass Lotte geduldig weiter mitspielt, obwohl er an den Spielregeln nichts geändert hat. Und eifersüchtig ist er auch, sogar auf Knebel, selbst wenn er bemüht spöttisch schreibt. »Den Abschied von dem lieben Mann wirst Du nun überstanden haben, liebe Lotte, und die Augen getrocknet. Wenn Dein Herz nur nicht auch in dem großen Koffer begriffen ist, so ist alles gut. Aber Du kannst Dir denken, wie mir zumute sein mag. Hier in Jena sitzen und Studenten die Ohren vollschreien zu müssen und indessen den furchtbaren Herzensfessler bei Dir zu wissen.«

Lotte reagiert darauf mit jener Ironie, die für sie typisch ist: »Du hast nicht ganz unrecht, Dich vor dem Herzensfessler zu fürchten, wie leicht kann auch meines zu den tausend Herzen dazu kommen, die er mit sich fortträgt. ... Seine Gabe der Beredsamkeit ist sehr gefährlich; müßte es nicht schön sein, immer so einen sprachseligen Menschen um sich zu haben?« Und weil Ironie Glückssache ist, wird sie sicherheitshalber noch deutlicher: »Man könnte ihn in einen Käfig sperren wie einen Papagei, und zum Zeitvertreib seine schönen Sachen anhören ... Er hätte da doch wenigstens einen sicheren Platz und könnte nicht so vom Schicksal herumgetrieben werden.«

Schiller antwortet darauf nicht. Er ist vor allem seit Wochen damit beschäftigt, seine geplante Heirat in Jena geheim zu halten. »Ich komme eben vom Lorbeerkranz, der aber heut sich gewaschen haben muss. Ich belüge ihn ganz erschrecklich, er ist ordentlich an mich attachiert. Er scheint einen Plan zu haben, mich zu verheiraten, er kam schon etlichemal darauf. ... Ich werde es mit vieler Lust herankommen sehen, das Projekt und die Auserwählte. Ohne Zweifel eine Freundin von Hause, eine wenigstens, die sich dazu qualifizieren wird.«

Lotte ist zwar die Geschwätzigkeit des Lorbeerkranzes zuwider, aber sie äußert sich nur vorsichtig: »eine eifrige Korrespondenz möchte ich nicht gern mit ihm anfangen«.

Sehr eifrig korrespondiert währenddessen Karoline mit Schiller, doch was sie ihm in diesem heißen Herbst schreibt, vernichtet sie später. Nur aus Anspielungen Schillers ist ein wenig davon bekannt. »Wohl hast Du recht, Karoline. Sehnsucht ist kein Leben!« Sehnsucht ist unerfüllte Begierde. Sorgen die beiden dafür, dass sie erfüllt wird?

Die Frage ist unumgänglich: Wie weit ging die Leidenschaft von Karoline? Hatte sie mit Schiller ein sexuelles Verhältnis? Offensichtlich hat Alexander von Humboldt eine Bemerkung gemacht, die Varnhagen van Ense uns erhalten hat, und diese besagt, dass Karoline mit Schiller geschlafen habe. Daran, dass sie es tat, zweifelt Varnhagen nicht ernstlich, doch er fragt sich, wann. »Wenn es wahr ist, was Alexander von Humboldt mir einmal sagte, ›qu'elle a couché avec Schiller‹, so kann dies nur in eine spätere Zeit (nach der Trauung mit Charlotte!) fallen, denn dass Schiller in solchem Betreff nicht eben streng war, ist genugsam bekannt ...« Und Varnhagen ist überzeugt, auch Karoline »machte sich schwerlich ein Gewissen aus einer Untreue, in der sie sogar eine Art Berechtigung sehen konnte«.

Was wirklich vorging, ist dank Karolines späterer Vernichtungskampagne nicht zu beweisen. Belegt ist aber, dass es Lotte zur Verzweiflung treibt, wie Schiller sein doppeltes Spiel ungerührt fortsetzt. Beim Gedanken an einen gemeinsamen Aufenthalt in Mannheim, gesteht er, sei ihm eingefallen, »dass Ihr mir manche Torheit zu verzeihen habt, die ich zwar vor der Zeit, eh wir uns kannten, beging, aber doch beging! Nicht ohne Beschämung würde ich Euch auf dem Schauplatz herum wandeln sehen, wo ich als armer Tor, mit einer miserablen Leidenschaft im Busen, herumgewandelt bin.«

Warum *Ihr* und *Euch*? Schillers freizügiges Sexualleben von früher kann doch eine angehende Schwägerin nicht behelligen, wenn sie wirklich nur eine Schwägerin ist. Dass er für seine früheren Affären beide um Nachsicht bittet, auch Karoline, ist nun eindeutig zweideutig. Lotte hat verstanden, leidet. Und redet wohl darüber.

Hat Li von Dacheröden Schiller vielleicht gesteckt, dass er für eine Klärung der Verhältnisse sorgen muss, wenn Lotte nicht abspringen soll? Jedenfalls schreibt er einen Brief, der als Musterbeispiel für Schillers Feingefühl besonders gerne zitiert wird. Doch genau betrachtet ist er eine Demonstration seines machistischen, selbstgerechten Denkens und eine Unverschämtheit Lotte gegenüber. Zuerst rechtfertigt Schiller nur, dass er zwei Frauen braucht: »Wie könnte ich mich zwischen Euch beiden meines Daseins freuen, wie könnte ich meiner eigenen Seele immer mächtig genug bleiben, wenn meine Gefühle für Euch beide, für jedes von Euch, nicht die süße Sicherheit hätten, dass ich dem andern nicht entziehe, was ich dem einen bin. Frei und sicher bewegt sich meine Seele unter Euch – und immer liebevoller kommt sie von einem zum andern zurück – derselbe Lichtstrahl – lasst mir diese stolzscheinende Vergleichung – derselbe Stern, der nur verschieden widerscheint aus verschiedenen Spiegeln.«

Natürlich ist er das Licht, er der Stern, und die beiden Frauen sind nur Spiegel.

Dann beginnt er zu erklären, warum sich beide zu seiner Verfügung halten sollen. »Karoline ist mir näher im Alter und darum auch gleicher in der Form unserer Gefühle und Gedanken. Sie hat mehr Empfindungen in mir zur Sprache gebracht als Du meine Lotte – aber ich wünsche mir nicht um alles, dass dieses anders wäre, dass *Du* anders wärest als Du bist. Was Karoline vor Dir voraus hat, musst Du von mir empfangen; Deine Seele muss sich in meiner Liebe entfalten und *mein* Geschöpf musst Du sein, Deine Blüte muss in den Frühling meiner Liebe fallen. Hätten wir uns später gefunden, so hättest Du mir diese schöne Freude weggenommen, Dich für mich aufblühen zu sehen.«

Schiller hat offenbar Lust, an Lotte seinen Goethe-Komplex auszuleben. Er, der mutige Revolutionär aus kleinen Verhältnissen, der es dem zehn Jahre älteren Großbürgersohn neidet, dass er sich aufführt »wie ein Gott«, will selber Gott spielen. Schaffen, schöpfen, gestalten.

Aufschlussreich, dass Schiller nur in einem Punkt dringenden Handlungsbedarf erkennt: Karoline muss Beulwitz loswerden, um mobil zu sein. Sie schlägt sich mit dem Gedanken an eine Scheidung ja schon länger herum, er ermuntert sie, sich jetzt ernsthaft darum zu kümmern, weil es sonst schwierig wird, sie nebenehelich dauernd um sich zu haben. »Nur *Dein* Schicksal, Karoline, ist es, was mir Unruhe macht. Ich kann dieses trübe Verhältnis noch nicht aufklären, und es wird noch verwirrter, wenn ich an meine Lage denke. Bleibe ich in Jena, so will ich mich gern ein Jahr und etwas darüber mit der Notwendigkeit aussöhnen, dass Du mit Beulwitz allein lebst. Von diesem Jahre kannst Du die Hälfte bei uns zubringen, und die kleinen Zwischenräume der Trennung machen es erträglicher. ... Ich muss daran arbeiten, von hier weg zu kommen, um unsere Verbindung zu beschleunigen; und wenn sich Dein Verhältnis nun nicht mit gleichen Schritten entwickelte, so kämen wir auf ein ganzes Jahr auseinander. Das darf wieder nicht sein. ... Es war mir doch lieb, zu sehen, dass die Ch.[ère] m.[ère] auf die Trennung von B. schon gedacht hat.« Schiller drängt Karoline eindeutig zur Scheidung, was er später leugnen, verdrängen oder vergessen wird, und glaubt, die Schwiegermutter in spe werde sich nicht dagegenstellen, obwohl sie Beulwitz bekanntlich schätzt.

Schließlich kommt er auch darauf, wer ihm dieses »trübe Verhältnis« und alles andere klären helfen könnte: »Wäre die Stein nicht als Geschäftsführerin zu brauchen ...?«

Lotte hat das ja schon längst beschlossen. Sie erklärt Mitte November ihrer Patin, dass sie in Schiller verliebt sei. Und schreibt an ihn: »Als ich den einen Tag mit ihr allein in Kochberg war, habe ich ihr frei von unsern Verhältnis gesprochen; sie leitete mich darauf, und wusste schon voriges Jahr manches, woraus sie es doch schließen konnte. Dass sie heilig ihr Versprechen hält, dafür stehe ich ... Ihre Schwester kennt sie, dieser sagt sie also sicher kein Wort.«

Frau Imhoff, die Schwester Charlotte von Steins, galt als Klatschbase.

»Möge dein Vertrauen zur Stein gut ausschlagen, liebe Lotte«, schreibt Schiller argwöhnisch zurück, denn hinter Lottes Rücken hat Karoline sein Misstrauen gegen Frau von Stein geschürt.

Doch Lotte ist nicht zu erschüttern:»Glaube ja nicht, dass die Stein indiskret ist und es unserm Verhältnis nachteilig sein könnte, dass sie es weiß! Sie schweigt gewiss. Ihre Teilnahme an meinem Glück ist so innig ... Könnte sie etwas entfernt beitragen, uns glücklich zu machen, sie wendete alle ihre Kräfte an.«
Frau von Stein kann und wendet an. Und kümmert sich gleich darum, Schiller einen Titel zu verschaffen und Geld, obwohl sie anscheinend keineswegs begeistert ist, dass ihre Lolo sich ausgerechnet für diesen Mann entschieden hat: Fünfzehn Jahre später – kaum hat Schiller die Augen geschlossen – schreibt Charlotte von Stein an ihren Sohn Fritz:»Ich war immer gegen die Heirat von Lolo mit Schillern, da er ein so äußerst kränklicher Mann war.« Ein Argument, das erlogen ist, denn bis zum Zeitpunkt der Verheiratung hatte Schiller sich zwar mit Erkältungen, Husten und Zahnschmerzen herumgeschlagen, aber noch keine chronischen Beschwerden gezeigt; sein dauerndes Kranksein begann erst 1791, im Jahr danach. Dass er in seiner Jugend eine Malaria hinter sich gebracht hatte, konnte die Stein nicht wissen.

Dass sie aber, obwohl sie dagegen ist, die Heirat ermöglicht, ist ausschließlich Lotte zuzuschreiben. Lotte hat gegen Karolines anfängliche Warnungen die Patin eingeweiht und um Beistand gebeten; Lotte, nicht Karoline, ist Frau von Steins engste Vertraute und ihr Liebling. Und wird vom Herzog vertraulich »liebes Lottchen« genannt, wohingegen Karoline »Frau von Beulwitz« für ihn ist.

Karoline hat es nur übernommen, die Mutter zu informieren. Die Regelung der ökonomischen Absicherung aber braucht Zeit, denn der Herzog hat kein Geld und zögert mit jeder Sonderausgabe lange, quälend lange für die drei. Erst an Neujahr 1790 wird Schiller von ihm selbst die guten Neuigkeiten erfahren, bis dahin rechnet er sich selber und Körner seitenlang vor, wie er sein zukünftiges Leben finanzieren will. Er betreibt Theorie, Lotte die Praxis. Er ist nervös, weil das Problem Charlotte von Kalb sich nicht einfach in Luft auflöst, Lotte schreibt diesen ganzen Herbst und Winter über unaufhörlich von der Ruhe. Dass sie sich nach Ruhe sehne, dass Liebe Ruhe brauche, dass kein Gefühl sich ohne Ruhe entwickeln könne, dass Karoline davon zu wenig habe und ihre, also Lotte und Schillers Ruhe stören würde in der Zukunft. Zufrieden merkt sie, dass Schiller bei diesem Köder anbeißt: Sobald sie nur andeutet, ihre Ruhe sei gefährdet, wird er nervös. Je mehr Karoline zuckt und Charlotte zickt, desto stärker will er versichert sein, dass Lotte als mentales Sofa bereit steht. Wunschgemäß beruhigt sie ihn: »ich werde diese ruhige Stimmung wieder erhalten, die meine Seele in reinen Einklang erhält, um Dir das Leben schöner zu machen«.

Schiller begreift: Ein Dichter braucht Ruhe, um zu schaffen. Führt das nicht Goethe vor, der sich statt der streng urteilenden, überempfindlichen, schnell beleidigten und hochkomplizierten Frau von Stein ein dralles Mädchen aus dem Volk geholt hat, das gut gelaunt die täglichen Dinge erledigt?

Endlich rafft Schiller sich auf, zuzugeben, dass auch er nichts anderes will. »Ich erkenne Deinen ruhigen heiteren Geist in dieser Stimmung nicht mehr, und werde nun die Ruhe wieder zurückwünschen müssen, die ich Dir sonst zum Vorwurf gemacht habe«, gesteht er Lotte ein. Und später wird er erklären: »Man liebt nur, was einen in Freiheit setzt, nicht, was einen anspannt.«

Lotte weiß, dass es in Rudolstadt für Karoline ohne sie, die kleine Schwester, als Puffer unangenehm werden wird, denn Beulwitz, in Schillers Augen durchaus ein gebildeter Weltmann, in denen anderer ein generöser Weichling, der sich alles gefallen lässt, hat sich verändert. Selbst Lotte, die Beulwitz immer in Schutz nahm, die bei seiner Abreise mit den Prinzen sogar erklärt hatte, »der Abschied tat mir weh, auch war er erstaunend weich«, gibt nun zu, dass der Schwager kaum mehr auszuhalten ist; ein Eindruck, der sich auf Briefe gründen muss, denn noch ist er ja nicht zurück. »Wie es mit Beulwitz gehen wird, liegt mir oft schwer auf der Seele, es muss anders werden; wenn ihn nur irgend jemand so hielte, dass er gar nicht wiederkäme, es wird noch manchen unangenehmen Vorfall geben, wo wir Mut nötig haben werden. Die Ch.[ère] m.[ère] will nun alles zum besten wenden, und heute ließ sie mich hart an. Dass ich etwas gegen B.[eulwitz] sagte, was doch die Wahrheit ist; aber sie will immer, ich sollte ihn recht schön malen und seine Fehler verhüllen. Ganz offen kann ich noch nicht gegen ihn sprechen, weil sie mich sonst allein für die Ursache hielte, dass ihn Karoline nicht liebt, aber ich kann ihn doch nicht immer nur loben, und um seine Person in eine Glorie zu stellen, dazu ist mein Gefühl zu wahr, und ich kann zu wenig mich anders stellen, als ich bin.«

Was hat Beulwitz die Langmut genommen? Womit ärgert er die Schwester? Warum findet auch Lotte ihn auf einmal unerträglich? Es gibt nur eine Erklärung: Beulwitz ahnt, was da geplant wird – das Dreiergespann in Jena. Und dass ihn diese Aussicht nicht begeistert, ist verständlich.

Erstaunlich ist, dass Lotte sich vom Mitleid mit Karoline keineswegs erweichen lässt. Voll ruhiger Überlegenheit reagiert sie auf Schillers panischen letzten Versuch, ihr Karolines Präsenz in Jena schmackhaft zu machen. »Für Dich, meine liebe Lotte«, argumentiert er in einem Brief an beide Schwestern, »ist es … ein heroischer Entschluss, hier *allein* mit mir zu leben; *allein* wirst *Du* Dich fühlen.« Sie werde, warnt er, den Kontakt mit Frauen schmerzlich vermissen, wobei klar ist, dass damit vor allem Karoline gemeint ist. Das heißt, Schiller redet Lotte ein, es sei ganz in ihrem eigenen Interesse, eine Dreierbeziehung zu leben mit Karoline. Und er beendet den Brief auch mit den üblichen Beschwörungen: »O, Ihr seid mir so nahe! Eins mit mir selbst!«

Es ist, als hätte er überlesen, wie oft ihm Lotte berichtet hat, allein fühle sie sich am wohlsten. Souverän antwortet sie: »Was Du, mein Geliebter, über meinen heroischen Entschluss sagst, hat mich gerührt. Glaubst Du, dass dies eine Aufopferung sein könnte? … Dass ich Umgang mit Frauen vermissen könnte, fürchte ich gar nicht. Es geben mir wenige Freude, und ich bin froh, wenn ich nicht mit ihnen zu leben gezwungen bin. Die meisten sind so arm, so eng, hängen so viel an Armseligkeiten und sind so klein, dass es mich drücken könnte, ihnen zu nahe zu sein. Aus Langweile mich nach ihnen sehnen zu müssen, dahin wird es, kann es nie kommen. Denn ich kann mich beschäftigen und habe noch manches, was ich lernen möchte. – Wenn Karoline nicht gleich mit uns lebt, so kann sie doch jeden Tag, wenn es ihr einfällt, kommen, es sind nur acht Stunden.«

Auch wenn sie sich Schiller gegenüber gelassen gibt, muss Lotte sich doch fragen, warum er, das empfindsame Sprachgenie, mit dem, was sie sagt, Verständnisprobleme hat. Er scheint weder das, was sie indirekt, noch das, was sie unumwunden sagt, zu kapieren – keine ideale Basis für eine Ehe. Notorisch überhört er ihre deutliche Ablehnung, mit weiblicher Begleitung versorgt zu werden, und seufzt nur wieder: »Wärt Ihr schon mein!«, und: »Wäre dieses jetzige Erwarten das Erwarten unsrer ewigen Vereinigung! ... Was wird es sein, wenn Ihr mir wirklich gegeben seid, Ihr meine Engel, wenn ich Leben und Liebe von Euren Lippen atmen kann.« Und vom geplanten Wiedersehen in Weimar schwärmt er: »In einem Kusse, in einer Umarmung, in einem Blicke auf Eure lieben Gestalten möchte ich es genießen.«

Offenbar wird Li nochmals als Nothelferin hinzugezogen. Lotte macht ihr gegenüber kein Geheimnis daraus, dass die Harmonie gestört ist. Und Li gibt Lotte den Tipp, ihre Ängste nicht weiter in sich hineinzufressen, sondern Schiller damit zu konfrontieren. »Ach, Lotte, ich hätte gewünscht, dass die süße Harmonie eures Verhältnisses durch keinen Missklang unterbrochen worden wäre, aber da es doch einmal geschehen, so lass mich Dich noch einmal bitten, Dich mit = [Schiller] zu erklären. Ich weiß aus einer traurigen Erfahrung, welche Hirngespinste die getrübte Phantasie ausbrütet, und Dein zartes Herz muss nicht mit diesen Unholden erfüllt sein. Sei offen, *wahr* mit Deinem Geliebten; ich wollte zwar mein Leben zum Unterpfand geben, dass es so ist, wie ich glaube, dass = [Schiller] eigentlich keine von Euch mehr, dass er Euch aber verschieden liebt, doch wünsche ich innig, dass Du es aus seinem eigenen Munde hörst.«

Dazu wäre Gelegenheit, denn kaum hat Lotte Lis Brief erhalten, besucht sie, zusammen mit Karoline, Schiller in Jena. Sie sind auf der Durchreise zu ihrem Winterquartier in Weimar und verbringen vier volle Stunden mit ihm. Was dort allerdings passiert, müsste auch bei Li Zweifel an Schillers Aufrichtigkeit aufkommen lassen. Denn ihr vertraut Karoline direkt nach diesem Besuch an: »Ich war ein paar Minuten mit ihm allein, er schloss mich feuriger an sein Herz und verbarg sein Gesicht, ich konnte wenig sprechen.« Und was sie von der Zukunft des vermeintlichen Liebespaares schreibt, spricht für sich: »Schillers Existenz in Jena soll ihm leidlicher werden mit Lotte.«

Dass die sonst so fügsame Schwester ihr nicht mehr das volle Vertrauen schenkt, kann Karoline freilich auch nicht entgehen. »Ich fühle es in unserm Zusammensein, ganz ist der reine Klang nicht wieder unter uns.« Unter diesen Umständen ist es nicht verständlich, dass Lotte die Chance nicht nutzt, *wahr* zu sein. Wahr in dem Sinn, den Li meint, nämlich unmissverstehbar. Und das kann sie sehr wohl werden, wenn sie über andere Leute urteilt. »... ich erstaune, dass ich Bode jemals für ein großes Licht gehalten habe, und ich hatte einmal großen Respekt vor seinem Kopf«, erklärt sie zum Beispiel ungeniert; »er ist doch ein ganz gewöhnlicher Mensch, und gar platt kommt er mir vor.«

Doch Schiller gegenüber hält Lotte sich bedeckt: *Wahr* redet sie mit ihm nicht, ein Leben lang nicht, wenn wir den Briefen und den Beobachtungen von Zeitzeugen glauben. Nie wird sie Kritik an ihm üben, nie wird sie ihn angreifen oder Diskussionen aussetzen. Und bestimmt nicht aus Feigheit, sondern aus Erfahrung. Sie konnte ja am Fall Charlotte von Kalb beobachten, dass Schiller sofort die Flucht ergreift, wenn eine Konfrontation droht. Und sie erlebt hautnah mit, zu welchen Methoden Schiller greift, um unliebsame Begegnungen und Aussprachen zu vermeiden: Er macht die ehemalige Geliebte systematisch schlecht. Mehr noch, er fängt an, sie zu verleumden. Das erscheint ihm wohl die einzige Möglichkeit, eine Konspiration von Lotte und Charlotte zu verhindern. Lotte droht nämlich anlässlich des geplanten gemeinsamen Weimarbesuchs zum

Jahresende an: »Die Kalb ist noch nicht besser ... Ich werde sie bald einmal besuchen, es tut mir leid, dass sie krank ist. Auch möchte ich selbst sehen, was sie macht.«

Diese Unvoreingenommenheit Lottes versucht Schiller zu vergällen. »Ich bin doch nicht ganz ohne Neugierde, wie Eure erste Zusammenkunft mit der Kalb ablaufen wird. ... Ich vermute, sie wird gegen Lottchen abgemessen sein und überlegt; desto natürlicher müsst Ihr Euch gegen sie betragen. Ich habe es nie leiden können bei der K[alb], dass sie soviel mit dem Kopf hat tun wollen, was man nur mit dem Herzen tun kann. Sie ist durchaus keiner Herzlichkeit fähig. Sonst hat man doch in Verhältnissen, wie meins gegen sie war, Momente der Wärme, die sie auch wirklich hatte; aber ich zweifle, ob sie Wärme geben kann. Ihr lauernder Verstand, ihre prüfende, kalte Klugheit, die auch die zartesten Gefühle, ihre eignen sowohl als fremde, zerschneidet, fordert einen immer auf, auf seiner Hut zu sein.« So ein Urteil muss Lotte beschäftigen. Wenn der Mann, den sie heiraten will, so über diese Frau denkt, wie soll sie die dann noch sympathisch finden? Für Lotte ist Solidarität mit den geliebten Menschen selbstverständlich. Deshalb wird sie von nun an mehr und mehr auf Distanz gehen zu Charlotte von Kalb, bis sie schließlich Schillers Einflüsterungen gehorcht und dieser Frau nur noch misstraut. Doch der Versuchung, ihren eigenen Eindruck von der Kalb seinetwegen für falsch zu erklären, widersteht sie lange. Noch sieht sie in ihr einen Menschen, den kennen zu lernen sich lohnt.

Schiller weiß, dass es Lotte genießt, in Weimar ein interessanteres gesellschaftliches Angebot als in Rudolstadt zu haben und dass sie neue Kontakte knüpfen will, aber das sollen bitte solche sein, die ihm passen. Er empfiehlt folglich Leute, von denen er vermutet, sie redeten nur Gutes über ihn, schon weil sie nichts Intimes wissen. Dringend rät er Lotte, mit »der Paulus« Kontakt aufzunehmen, der Frau des Theologen, die mit ihrem Mann nach Weimar kommen soll. Er erklärt, »dass es schön wäre, wenn Ihr Euch künftig an sie halten wolltet, und einen genaueren Umgang einleitetet, der die Griesbach ihres bisherigen Monopols entsetzte«. Er äußert sogar, er fände es gut, wenn es zwischen ihr »und der Paulus zu einer mehr als alltäglichen Bekanntschaft käme«. Es reicht ihm nicht mehr, Lotte zu prägen, er will auch ihre Freundschaften beeinflussen. Frau von Stein behagt ihm nämlich nach wie vor nicht. Misstrauisch fragt er: »Hat Dir die Stein unterdessen nichts mehr über unser Verhältnis gesprochen? Ich beobachtete Knebeln, ob er nicht etwa Winke davon bekommen hätte, aber es scheint doch nicht zu sein. Wenn die St.[ein] auch gegen Frauen schweigt, so würde es mich wundern, wenn sie gegen einen Mann, den sie hochschätzt und liebt, diese Zurückhaltung hätte.« Wüsste Schiller, was diese Frau währenddessen für ihn tut, müsste er beschämt sein.

Charlotte von Stein hält Schillers politische Neigungen für ebenso fragwürdig wie seine Karrieretauglichkeit. Sie sieht in dem Dichter der »Räuber«, des »Don Carlos«, des »Fiesco« einen Umstürzler, einen verkappten Revolutionär. Ein Irrtum. Sie ahnt ja nicht, dass Schiller nun, Ende 1789, selbst Körner gegenüber nur nebenbei fragt: »Was sagst Du zu den neuen Vorfällen in Frankreich? Jetzt ist nichts dort unmöglich; und ich würde mich nicht wundern, wenn Frankreich in einzelne Republiken zerstückelt würde.« Als er das schreibt, drei Monate nach dem Sturm auf die Bastille, hat die Nationalversammlung längst die Feudalordnung aufgehoben, sind die Pariser Marktfrauen bereits protestierend nach Versailles marschiert, ist die königliche Familie schon gezwungen worden, nach Paris umzuziehen und der Jakobinerclub breitet sich im ganzen Land aus.

Schiller aber interessieren die privaten Neuigkeiten viel mehr als die weltpolitischen. Er bedrängt Lotte mit Fragen, als wäre seine anstehende Hochzeit ein Weltereignis. *Wer* sagt *was* über uns? Diese Frage treibt ihn um. »Ich wünschte mehr en détail zu wissen, was man über unser Verhältnis in W[eimar] spricht. Schreibe mir doch, was Du davon erfährst, ausführlich. Vielleicht plumpt die Schmidt gegen Dich damit heraus – sie möchte den Leuten gern immer etwas Angenehmes sagen. Wenn sie also etwas zwischen uns vermutet, so spricht sie gewiss gegen Dich viel von mir.«

Dass die Gerüchte vor allem seine Neigung zur Bigamie betreffen, fällt Schiller selbst nicht auf; ihm erscheint sein Verhalten als ganz normal, er schreibt an Körner: »Die Beulwitz und Lengefeld sind diesen Winter in Weimar. Unser Verhältnis ist doch nicht ganz stille geblieben ...« *Unser* Verhältnis nach der Nennung beider Schwestern.

Lotte wird von der Aussicht auf die näher rückende Hochzeit nicht gerade heiterer. »Einsamkeit! Süßes Gefühl für Leidende, die sich in dem Wirbel der Menschen herumdrehen, nach Trost seufzen, sie können ihn in Deinem Schoß finden«, notiert sie Mitte Dezember, vier Monate nach der Verlobung, in ihr Tagebuch. Nicht der neugierigen Li, sondern dem Tagebuch vertraut sie auch ihr Rezept dafür an, wie sie in diesem Ansturm der Gefühle und Gerüchte plangerecht ihre Ruhe bewahrt, freilich nur nach außen hin: »Fehler haben ist nun mal unser Los. Unserer Mitgeschöpfe Irrtum tragen lernen mit Geduld, dies bewahrt uns selbst vor eigenem leichter.«

Den irrenden Mitgeschöpfen Schiller und Karoline verrät sie davon nichts. Selbst Li von Dacheröden bleibt nichts anderes mehr übrig, als Lotte in ihrem Entschluss, das Ganze ohne Diskussionen geschehen zu lassen, zu bestärken: »Meine Seele ist voll herzlicher Freude über Deine schöne Ruhe, meine Geliebte! ... Nun es so ist, hast Du recht, = [Schiller] nichts über Deine vorige Stimmung zu sagen; es ist ein erhebendes Gefühl, viel über sich selbst vermocht zu haben; unsere Ruhe steht umso sicherer, je weniger äußere Stützen wir brauchen ... Wegen des weiblichen Umgangs hast Du recht gehabt, = [Schiller] gleich Deine Herzensmeinung zu sagen, es ist wahrlich nicht Vorurteil; die meisten können einem aber doch gar nichts geben ...«

Ist es Koketterie, oder ist es ernst gemeint, was Li, eine Frau, der die Männer die Türe einrennen, am Ende des Briefs schreibt? »Wenn ich nach W.[eimar] komme, muss ich auch Eroberungen machen; nimm mir also nicht alles im voraus weg, ich bitte.«

Das hört sich so an, als sei Lotte in Weimar, wo die Schwestern seit dem 3. Dezember gastieren, eine höchst umschwärmte Person, nicht die mäßige, artige, brave höhere Tochter, als die

Karoline die kleine Schwester hinstellt. Und Schiller scheint nach wie vor Knebel als Konkurrenten zu fürchten.»... dieser Mensch wird Euch verfolgen, bis er geht, und am Ende wird aus seiner Abreise gar nichts, denn er weiß ja heute nie, was er morgen tun wird. Es kann ihm plötzlich wieder in W.[eimar]) gefallen, und er bleibt. So habt ihr ihn den ganzen Winter auf dem Halse. Ihn zu beleidigen, ist auch nicht ratsam, wenn Ihr Euch Eure Existenz mit dem weimarischen Volk nicht verderben wollt, das sich nach seinem Urteil richtet. Er hat mir's gleich erzählt, dass er Euch bei Eurer Ankunft aufgefangen habe.«

Es ist nicht Lotte, sondern Karoline, die Schiller erklärt: *Mich interessieren diese Leute in Weimar nicht im Geringsten, mich interessierst nur du.* Sie stellt sich sogar krank, um nicht durch anderweitige Termine blockiert zu sein für einen Besuch Schillers, und lockt:»Logiere ja im Elephanten, wenn Du herkommst, er ist gleich neben uns; ich habe es schon mit Kranksein angefangen und das Ausgehen abgeschlagen. Mein Quartier ist freundlich, der Weg hierher ist doch kurz – schreibe mir ja, wenn Du kommen kannst.«

Er kommt am 12. Dezember für einen Tag. Und beweist Einfühlsamkeit, allerdings nicht für Lottes, sondern nur für Karolines Seelenlage. Während er Lottes Verstimmungen und ihre mühsam unterdrückte Bitterkeit geflissentlich ignoriert, reagiert er hochsensibel auf jede noch so leise Veränderung in Karolines Wesen.

»Mir schien's, dass Dein letzter Brief anders sei, als Deine vorigen ... Unser Wiedersehen hat nicht gut auf Dich gewirkt, wenn Du's Dir auch selbst nicht gestehst. ... Ich war Dir diesmal zu wenig. Gesteh es immer, denn dies ist ein Vorwurf, den ich so leicht widerlegen kann. Ach, wenn Du erfahren wolltest, wie sehr ich Dich liebe, so müsstest Du mir eine neue Sprache und ein unsterbliches Leben geben. Wenn der Zwang außer uns erst hinweg sein wird, wenn unser Leben endlich unser ist ... dann kann auch die Liebe alle ihre Reichtümer zeigen ...« Dass die Braut solche Liebesschwüre an ihre Schwester aufwühlen, liegt nahe. Doch Schiller findet für Lotte immer wieder schlagende Argumente, um sein Verhalten zu rechtfertigen:»Ein

Mensch, der liebt, tritt sozusagen aus allen übrigen Gerichtsbarkeiten heraus, und steht bloß unter den Gesetzen der Liebe. Es ist ein erhöhtes Sein, in welchem viele andere Pflichten, viele andere moralische Maßstäbe nicht mehr auf ihn anzuwenden sind.« Wenn das nicht genial ist.

Nur was die Bemühung angeht, Lotte ihre Zuneigung zu Charlotte auszutreiben, ist seine Argumentation noch nicht von Erfolg gekrönt. Lotte berichtet ihm über einen Besuch bei der Kalb:»... sie hat mich freundschaftlich empfangen, ich trat in einer gewissen Rührung in ihr Zimmer, ihre Lage, ihr Schicksal ist doch sonderbar! ...« Lotte erzählt, dass in Weimar über ihr Verhältnis mit Schiller geklatscht werde, aber die treue Frau von Stein rundweg abstreite, von irgendetwas gehört zu haben: Und das mache »die Menschen irre; da sie wissen, wie genau sie mit uns verbunden ist«. Auch bei Frau von Kalb »kam die Rede auf uns, und die K.[alb] hat gegen die Stein geäußert, dass sie es billigte usw. Auch bei ihr hat die St.[ein] dagegen gestritten. Hätte dieser Unterredung eins von uns zugehört, so wäre es lächerlich genug gewesen, wie sich jede, eine der anderen, einen blauen Dunst vorgemacht hat.« Auf Charlotte von Kalb lässt Lotte nach wie vor nichts kommen:»Ich habe ihrem heftigen, leidenschaftlichen Charakter nicht zugetraut, dass sie mich so ruhig sehen könnte, und auch so gut von mir dächte. Morgen Mittag hat sie mich und L[ine = Karoline] eingeladen, ich konnte es nicht abschlagen, das erstemal, kann Line nicht mit, so soll ich allein kommen.«

Karoline reagiert ganz in Schillers Sinn.»Nun noch etwas über die Kalb. Am Sonntag war ich bei ihr ... Sie war sehr zuvorkommend, freundschaftlich, aber gedrückt in der Unterhaltung ... sie drückte mir einige Male die Hände und bat mich, sie oft zu sehen – es ist wahr, der Ausdruck ihres Gefühles elektrisiert nicht, zu etwas Individuellem wird es nicht mit mir und ihr kommen. Ich kann mir nun denken, wie Euer Verhältnis war, aber nicht recht, wie sie Dich anfänglich anzog, sie hat so gar keinen ungezwungenen Ton und etwas Studiertes ...«

Lotte ist noch immer nicht umgefallen.»Der Kalb ihr Betragen ist mir auffallend gewesen, sie scheint biegsam, ihre Krankheit hat sie ruhiger gemacht. ... Ich sollte sie oft besuchen, kurz: sie tat ebenso wie sonst, und noch gefälliger fast.«

Nicht seine Hochzeit, sondern die Trennung von der ehemaligen Geliebten beschäftigt Schiller derart, dass er dem Problem lange Briefe widmet. Er scheint panische Angst davor zu haben, dass Lotte und Charlotte zu der gemeinsamen Ansicht gelangen könnten, Schiller sei zwar ein großer Geist, aber ein unzuverlässiger, unaufrichtiger Feigling. Seine Warnungen werden drastisch. »Lass Dich ... nicht zu Hoffnungen verleiten, als könntest Du Dir wirklich eine Freundin in ihr erwerben. ... Die Kalb kann Dich nicht lieben, selbst wenn sie es noch so sehr wollte. Gewisse Dinge verzeihen sich niemals; liebtest Du nach mir einen anderen ... ich könnte es mir durch keine Anstrengung gewinnen, der Freund dieses anderen zu sein. ... Die Kalb ist in ihren Neigungen hartnäckig; ihr Betragen gegen Dich bringt mich fast auf den Gedanken, dass sie mein Verhältnis zu ihr noch nicht ganz aufgegeben hat – und dieses Verhalten gegen Dich ist vielleicht der Anfang eines neuen Planes. Irre ich mich auch, so hast Du nichts dabei zu verlieren, wenn Du mir folgst. Ich brauche nicht deutlicher gegen Dich zu sein.«

Lotte soll ihm folgen, also gehorchen. Doch wer ihm zuerst einmal aufs Wort folgt, ist Karoline. Auch als sich in Schiller plötzlich strategischer Ehrgeiz regt, bei dem ausgerechnet Goethe eine Hauptrolle spielt. »Ich habe schon gedacht, wie es vielleicht möglich wäre, unsere Vereinigung auf das Frühjahr durch Goethen zu befördern, und die Idee wird mir immer annehmlicher, je mehr ich darüber nachdenke. ... Wie wär es nun, wenn wir uns G.[oethe] anvertrauten, so dass er sich für unser Verhältnis interessiert, dass es ihm gleichsam in die Hände gegeben wird. ... in solchen Sachen Vertrauen zu erfahren, mitwirken zu können, schmeichelt einem jeden; G. besonders ist nicht ohne Sinn für Verhältnisse von der Art. Er würde sein Interesse daran auch vielleicht dem Herzog mitteilen, und wenn 200 Taler die Sache ausmachten, so ließe sich der Herzog vielleicht dazu bringen ...«, erklärt er Lotte.

Darauf antwortet aber nicht etwa Lotte, sondern Karoline. »Der Plan, Goethe in unsere Projekte zu ziehen, ist gar nicht übel, nur möchte ich die Stellung seines Gemütes noch etwas zuvor beobachten. Er ist krank oder sagt sich krank, seines Liebchens wegen, und geht nicht aus.« Und wie es Schiller befahl, vermeldet sie: »Die Kalb sah ich nicht wieder, mein seltenes Kommen wird ihr schon auf keine Intimität deuten.« Was Karolines Ehemann angeht, nimmt Schiller zum Dank ganz und gar die Position der angeblich unverstandenen Gattin ein. Er schreibt Körner, Beulwitz sei »ein recht schätzbarer Mann von Verstand und Kenntnissen ... – aber es fehlt ihm an Delikatesse, und seine Frau weiß er nicht zu behandeln. Sie hat viel mehr Geist als er, und eine ganz eigene Feinheit der Seele, für die er nun ganz und gar nicht gemacht ist«.

Damit wirbt er für Karolines Idee, ihre Dreierbeziehung, getarnt als ein Leben zu viert, in Rudolstadt zu praktizieren. Und Körner versucht er, dieses Rudolstädter Modell als humanitäre Aktion darzustellen. »Diesem üblen Verhältnis wird abgeholfen, wenn wir, die Lengefeld und ich, mit Beulwitz und seiner Frau zusammenleben. Im Hause haben wir Platz; es sind zwei Häuser aneinander, die eine Kommunikation haben, und seitdem die Mutter nach Hofe gezogen ist, ist Platz für uns geworden.« Wahrscheinlich kommt ihm dieses Modell ideal vor, denn es spart nicht nur eine offene Auseinandersetzung, es spart auch Geld, weil er gratis Kost und Logis in Rudolstadt hätte. Nur: Wie kann er sich einbilden, Lotte würde dabei mitspielen?

Karoline und Lotte haben währenddessen beschlossen, den kaum mehr erträglichen Zustand zu beenden. Am selben Tag, an dem Schiller Körner dieses Modell als ideale Lösung hinstellt, lässt Lotte aus Erfurt, wo sie mit Karoline bei Li gastiert, wissen: »Heute geht der Brief von hier aus an die ch.[ère] m.[ère] ab. ... Morgen früh wird er ankommen; staunen wird die gute ch.m. wohl, wenn sie Linens lange Epistel liest, die ihr alles recht detailliert hat.« Das heißt: Karoline hat der Mutter alles offen gelegt. Obwohl die Zusage wegen des Geldes noch nicht da ist, Schiller also keinerlei Sicherheiten bieten kann.

IX.

Zweite Wahl

Warum Schiller
offiziell um Lottes Hand anhält

Gerüchte haben Flügel. Sie sind schneller als jedes Transport-
mittel. Sie überfliegen jede noch so komfortable Kutsche. Auch
wenn es damals eine Tagesreise bedeutet, von Jena nach Weimar
zu kommen, Briefboten zwar unterwegs, aber unzuverlässig
sind, scheinen die wichtigen Kreise perfekt miteinander verbunden zu sein. In Erfurt wird längst darüber geklatscht, was in
Jena oder Weimar mit diesem Schiller und den Schwestern aus
Rudolstadt los ist. Um Dalberg herum werden die Gerüchte
immer lauter. Und Karoline und Lotte, die selbstverständlich
davon erfahren, befürchten, ihr ganzes Strategiespiel könnte
scheitern, wenn Mutter Lengefeld all das zugetragen würde,
was sie noch nicht wissen soll. Nur durch gnädige Umstände ist
sie bis jetzt davon verschont geblieben.

Höchste Zeit also, zu handeln. Schiller ist verblüfft: »Ihr habt
mich diesmal durch Eure Entschlossenheit überrascht, meine
Liebsten, denn nach unserem letzten Gespräch konnt' ich dies
noch nicht vermuten, weil Du entschlossen schienst, Karoline,
noch vorher an Beulwitz in der Schweiz zu schreiben. ... Ach,
meine Liebsten. Wie voll Ungeduld bin ich jetzt. Nimmt Eure
Mutter den Vorschlag unseres Beisammenseins in R.[udolstadt]
klar und willig auf, so ist weiter kein Hindernis mehr.«

Mutter Lengefeld, die sich im Rudolstädter Schloss mit der
herzoglichen Brut herumschlägt, reagiert sofort. »Dein heutiger Brief, meine Karoline, hat mich so erschüttert und überrascht, dass ich nicht im Stande bin eine einzige Zeile darauf zu
antworten. Das kann Lottchen versichert sein dass nie mein

Mund heuchelte, wenn ich Euch sagte: dass auf Eure Glückseligkeit meine ganze Wohlfahrt gegründet sei.« Wie sehr sie erschüttert ist, belegt der Nachsatz: »In der Zwieback Schachtel werdet Ihr 30 Taler finden, ich wollte sie der Boten Frau nicht anvertrauen.« Der Hinweis auf diese Spardose in Rudolstadt ist für die Töchter in Erfurt zwar nicht hilfreich, aber aufschlussreich: Notgroschen sind für eine Notlage da, und die scheint die chère mère nun anzunehmen.

Wie verabredet tritt Teil zwei des Plans in Aktion: Schiller schickt endlich den Brief an Frau Lengefeld ab, den er seit Monaten in der Schublade liegen hat: »Ich gebe ganz das Glück meines Lebens in Ihre Hände« – er weiß ja, dass das schmeichelt. Und umgehend vermeldet er beiden Schwestern seine Heldentat. »Nur auf die Antwort Eurer Mutter warte ich – hab' ich erst diese, und es ist zwischen ihr und uns entschieden, dass *wir* zusammenleben, so kann in acht Tagen alles andere berichtigt sein.« Seine Argumente für das Rudolstädter Modell sind vordergründig ökonomischer Natur, garniert mit Rücksicht auf die Schwiegermutter; er will sich nämlich für ein Jahr von seiner Vorlesungspflicht in Jena entbinden lassen, bei der er ja gar nichts verdient und bei den Kollegien so gut wie nichts. »Wenn ich ein Jahr in R.[udolstadt] mit Lottchen lebe, so wird mir ebensoviel erspart, als ich an Einnahmen für Kollegien verlöre. … So kann auch niemand nichts gegen meinen Aufenthalt in R.[udolstadt] haben, weder B.[eulwitz] noch Eure Mutter. Es ist ein Besuch auf ein Jahr. Der ch.[ère] m.[ère] muss es lieb sein, Lottchen nicht auf einmal ganz zu verlieren.«

Mittlerweile hat er wohl verstanden, warum Karoline ihrem aushäusigen Gatten noch nichts erzählt hat von der Zukunftsplanung in seinem Haus, zu der er, der Hausbesitzer, vergewaltigt werden soll, und rät Karoline, den Ehemann weiterhin nicht aufzuklären. »Du musst also ja in Deinen Briefen an B.[eulwitz] nichts von einem Plane einfließen lassen, als ob ich in R.[udolstadt] bleiben und Jena verlassen wollte.«

Lotte arbeitet währenddessen daran, ihr Bild bei Schiller zu festigen. Sie will auf keinen Fall, dass er sie, bloß weil sie bei Hof

Die treu sorgende, aber überlistete Mutter: Louise von Lengefeld in einer zeitgenössischen Kreidezeichnung.

gern gesehen ist, für eine unterwürfige Hofschranze hält; wieder einmal betont sie, wie wenig sie sich aus repräsentativen Gesellschaften macht, denn sie weiß, dass Schiller solche Feste
nicht leiden kann. Aus Weimar schreibt sie: »Die großen Soupers und das späte Aufbleiben in Erfurt haben meinen Kopf
ganz eingenommen, und es ist mir gar schwer und unheimlich
zumute. Dabei habe ich so viel reden hören und doch auch reden müssen. Dass mein Schutzgeist mich nicht verließ und
mich von den Ideen, Hofdame zu werden, abbrachte, dafür bin
ich recht dankbar. Ich hatte, ehe wir in die Schweiz reisten, großen Hang dazu … Ich könnte so ein Leben nicht aushalten und

wäre, glaube ich, ganz stumpf geworden an Geist und Herzen, oder gar gestorben.« Zugleich vergisst sie nicht, dass sie sich an den Herzog halten muss, um Geld für Schiller herauszuholen. »... ich gehe heute an Hof ... Mit dem Herzog spreche ich gern.«

Sie weiß, dass es jetzt um eine entscheidende Begegnung geht, denn Charlotte von Stein hat dem Herzog von der geplanten Heirat Lottes berichtet und um Geld gebettelt. Das erfährt auch Schiller, der am 19. Dezember eine Stippvisite bei den Schwestern macht. Sie versichern ihm, alles werde gut gehen mit der chère mère. Prompt brüstet er sich damit, dass es ihm, dem Bürgerlichen, gelungen ist, Lotte vom geplanten Karriereweg abzubringen. »Wie gut ist es, meine liebe Lotte, dass Du in der Schweiz nicht zur Hofdame geworden bist! Ich musste über den Plan der guten Mutter lachen, von einer Hofdame zu mir – ärger kann wohl kein Projekt misslingen!« Und weil er sicher ist, dass nun alles glatt laufen wird, macht er mit den Schwestern schon Pläne für ein gemeinsames Weihnachtsfest in Weimar. Dabei blitzt wieder einmal seine Sehnsucht nach dem bürgerlich Gemütlichen heraus. »Ihr werdet mir hoffentlich einen grünen Baum im Zimmer aufrichten ...«, ermahnt er die beiden Schwestern, er, der gerne betont, wie kritisch er bekennenden Christen gegenübersteht.

Genauso sicher weiß er, dass sein Weihnachtsurlaub in Weimar wieder die prekäre Affäre mit Charlotte von Kalb heraufbeschwören wird, die von seinem letzten kurzen Besuch Wind bekommen hat, und er versäumt es nicht, den Schwestern, vor allem Lotte, auch noch beizubiegen, wie man mit dieser Frau umzugehen habe. »Die Kalb hat mir heute geschrieben, mir aber gar nichts merken lassen. Als wüsste sie, dass ich in W. gewesen sei. Vielleicht hat sie es auch nicht erfahren. Ich habe ihr sogleich geantwortet; lieber zehn Briefe schreiben als einmal selbst kommen. ... Ich habe ihr geschrieben dass Ihr gerne mit Euch selbst lebtet. In Rud[olstadt] hättet Ihr dieses lernen müssen, und jetzt wär' es Euch zur Natur geworden. Neue Freundschaften werdet Ihr wohl nicht knüpfen.«

Eigentlich dreist von Schiller, in Lottes Namen zu erklären, sie habe an näherem Kontakt mit Charlotte kein Interesse. Zumal er sich ausrechnen kann, dass die beiden einander über den Weg laufen.

In einem Nest wie Weimar sind gewisse Begegnungen nun einmal unvermeidbar, und so trifft Lotte prompt am Hof auf Frau von Kalb. Doch die verdirbt sich nun selbst Lottes Sympathien. Sie erregt sich derart, dass Lotte schließen muss, sie habe es wirklich noch immer auf Schiller abgesehen. Daraufhin erst reagiert Lotte abweisend, ihr reicht die Konkurrenz in der eigenen Familie.

»Sonntag am Hof kam sie mit großer Heftigkeit auf mich zu und sagte, Du wärst Sonnabend hier gewesen. Und es wäre äußerst unartig, dass Du Dich gar nicht um sie bekümmertest, sie gar nicht besuchtest, ich sollte es Dir schreiben, die Freundschaft hätte es fordern können, dass Du nur allein gekommen wärst, sie zu besuchen, da sie auf den Tod krank gelegen hätte. Und ihre Verhältnisse hätten so etwas wohl verlangen können. Hier war der Herzog uns so nahe, dass sie abbrach. Aber dass Du äußerst unartig wärst, wiederholte sie ein paar Mal mit großer Heftigkeit. … Übrigens war sie den Abend noch freundlich gegen mich, und es mag nicht in ihren Plan gehört haben, ihre Heftigkeit so zu zeigen, aber ihre Leidenschaft riss sie hin. Mich befremdete es sehr, denn ich gestehe, dass ich zuviel Stolz besäße, es mir merken zu lassen, über eine Vernachlässigung mich gegen andere beleidigt zu zeigen. … Ich hörte alles so ganz gelassen an und antwortete ganz kalt, sie konnte recht sehen, dass ich nicht so ein unruhiges, leidenschaftliches Geschöpf bin als sie. … Wenn es auch nicht allein ihre Freundschaft beleidigt, so wird es ihren Stolz kränken, dass Du, der doch sonst nur zu ihr kam, jetzt sie ganz zu ignorieren scheinst; und da sie immer so auf das Äußere sieht, so viel Ansprüche macht, so beleidigt es sie doppelt.« Schiller kann einen kleinen Fortschritt verbuchen: Lotte wird zumindest vorsichtiger.

Mittlerweile hat er das Jawort der chère mère erhalten, in einem Brief, der in Interpunktion und Syntax ihre heillose Verwirrung verrät. »Ich will Ihnen das Beste und Liebste was ich noch zu geben habe, meine gute Lottchen, geben. … Verzeihen Sie aber der Sorgsamkeit und der Pflicht einer Mutter, können Sie neben Ihrer zärtlichen Liebe, (nicht ein glänzendes Glück), sondern nur ein gutes Auskommen verschaffen? Beruhigen Sie mich über diesen Punkt und ich nenne Sie mit Freuden Sohn.«

Schiller aber beruhigt sie nicht, er beschönigt die Wahrheit nur unwesentlich. »Ein glänzendes äußeres Glück kann ich ihr [Lotte] weder für jetzt noch fürs künftige anbieten, obgleich ich Gründe habe, zu hoffen, dass ich in vier, fünf Jahren in den Stand gesetzt sein werde, ihr ein angenehmes Leben zu verschaffen. … Morgen schreibe ich an den Herzog von Weimar und werde Ihnen höchstens in acht Tagen dezisiv schreiben können, ob und was er für mich tun wird.«

Dass dieser Brief nichts bringen wird, sondern nur die Bitten der Frau von Stein Aussicht auf Erfolg haben, weiß er natürlich. Aber warum soll er es seiner zukünftigen Schwiegermutter auf die Nase binden, dass er solche Dinge wie vieles andere gerne delegiert?

Auch alles Konventionelle, Bürgerliche und Gemütliche, das er liebt, lässt er arrangieren. Weihnachten, zum Beispiel. Allerdings bereiten Karoline und Lotte das Fest mit Freunden in Weimar vor, und die Besetzung – Humboldt und Karl von Laroche sind mit von der Partie – begeistert Schiller nur wenig. »Auf Humboldt habt Ihr mich recht neugierig gemacht«, schreibt er an beide Schwestern, »aber ich kann mich noch nicht recht in ihm finden. An seiner Kälte ist noch das Beste, wenn er sie behält.« Er wird Recht behalten: Warm und freundschaftlich werden die Feiertage nicht.

Zuerst reist Wilhelm von Humboldt an, dann Karl von Laroche, und zusammen mit den Schwestern und Schiller feiern sie Weihnachten. An diesen drei Tagen merkt Lotte offenbar noch nicht, wie Humboldt sie, Karoline und Schiller observiert. »Die letzten Tage des Jahres sind heiter und schön«, steht in ihrem Tagebuch unter dem 30. Dezember 1789. Und was sie an Schiller schreibt, klingt gut gelaunt selbstironisch: »Ich habe gestern etwas Schönes ausgehen lassen; sie [Frau von Stein] sagt mir, wenn der Mann [Ehemann der Frau von Stein] stürbe, so zöge sie nach Jena, und da freute sie sich auf mich; ich rief recht herzlich aus: Ah! Und wollte noch mehr sagen, als es mir auffiel, dass ich mich über des armen Papa Stein Tod freute. Wer in unsren Zirkel kommt, mag sich nicht sehr glücklich schätzen, wir schlagen tot, machen Grigri zu einem Gott usw.; gestohlen haben wir noch nicht, und haben es auch nicht wollen, hoffe ich doch.«

Schiller bricht bereits am zweiten Weihnachtsfeiertag nach Jena auf, Humboldt fährt ihm nach.

Aber an Silvester treffen sich die fünf erneut für drei Tage in Weimar und Li von Dacheröden stößt dazu. Zu sechst treiben sie sich dann vor allem im ehemaligen »Gasthof zum goldenen Ring« am Markt herum, wo Katharina Wilhelmina Kirscht einen Kaffeeausschank mit Billardtisch eingerichtet hat, den billigsten in Weimar.

Was als ein Freundesfest geplant war, gerät zu einem gespenstischen Treffen. Die zwei Brautpaare und die zwei unfreiwilligen Einzelgänger, also der von Li abservierte Laroche und Karoline, beäugen einander misstrauisch, belügen einander höflich und gehen einander gründlich auf die Nerven.

Humboldt spürt, dass Schiller nach wie vor mehr an Karoline als an Lotte interessiert ist. Und nachdem auch er schlecht gelaunt den Weihnachtsurlaub beendet hat, verkündet er seiner Braut Li das Urteil über Schiller und seine Damen: »die Art, wie sie untereinander sind, drückte mich oft. Wenn ich Karoline ansah, über ihn hingelehnt, das Auge schwimmend in Tränen, der Ausdruck der höchsten Liebe in jedem Zuge, – ach, ich kann's Dir nicht schildern, wie mir da ward. Denn es war kein freies Äußern, kein Hingeben in die Empfindung, alles gehalten, gespannt.«

Er macht keinen Hehl daraus, dass er ganz auf Karolines Seite ist und es pervers findet, dass sie und Schiller ihre Leidenschaft nicht leben. »So viel Fähigkeit zu geben und zu genießen, und die gehemmt. Wenn es nun so fortgeht, denk ich immer, tötet endlich das ewige Hemmen die Kraft. Es stirbt hin, was in sich so beseligt, so viel Schönes erzeugt hätte. … Und in unserem Leben werden gerade immer die schönsten Gefühle vernichtet, die höchsten Genüsse gestört.«

Auch er hat anscheinend mitbekommen, dass Lotte ihr ruhiges Verhältnis mit Schiller betont. Doch er spottet nur darüber. »Da nennen sie Ruhe, was Leere ist, und arbeiten darauf hin und vegetieren. … In Schillern fand ich sehr viel, und doch waren unsere Gespräche meist scherzend und nicht wenig leer oder doch von sehr kaltem Interesse.« Er schwärmt von Karolines Wärme und behauptet, Lotte sei das glatte Gegenteil, kühl und liebesunfähig. »Lotten gibt auch die Liebe kein Interesse; sie war an seiner Seite wie fern von ihm.« Für Humboldt ist die Sache klar: Schiller gilt zwar offiziell als Lottes Verlobter, kann aber nicht verbergen, dass seine ganze Leidenschaft der Schwester gilt. »Hast Du ihn nie Karolinen küssen sehen und dann Lotten?«

Schiller und Lotte haben dann wohl doch Humboldts abschätzenden Blick gespürt und sich nicht wohl gefühlt in dieser Runde, denn auch sie werden im Nachhinein die Festtage als missglückt beurteilen.

»Unser Zusammenleben die paar Tage war mir nicht so wohltuend als sonst, wenn wir allein sind; die andern sind so unruhige Wesen, Karl und Wilhelm, und ich weiß nicht, sie haben mir auch einen Geist des Herumtreibens eingebracht, und ich genoss Deiner lieben Gegenwart nicht so schön wie sonst«, beklagt sich Lotte bei Schiller. Karl von Laroche konnte ihr gar nicht mehr imponieren. »Sein Charakter ist mir doch nicht anziehend, und ich habe noch kein rechtes Interesse dafür, das ewige Misstrauen und die Eitelkeit stoßen mich immer ab; es ist ein trauriges Schicksal, den Glauben an das Gute nicht zu haben, und in jedem Menschen nur einen Feind, einen Störer der Ruhe zu sehen.« Dabei ist es erst ein Jahr und drei Monate her, dass sie bei Laroches Besuch in Rudolstadt schwärmte, er sei »ein bescheidner junger Mensch«. Als Wilhelm und Karl endlich abreisen, atmet sie auf, froh, des »geschäftslosen Lebens im Kaffeehause« enthoben zu sein.

Und Schiller schreibt unverbesserlich an beide Schwestern. »Es ist mir gar lieb, dass auch Ihr es gefühlt habt, meine Lieben, wie wenig eigentlich bei unserem letzten lärmenden Beisammensein für unser Herz gewonnen worden ist. Es war wirklich Zeit, dass wir uns trennten. Nichts Schlimmeres könnte uns je begegnen, als in unserer eigenen Gesellschaft Langeweile zu empfinden, und es war nahe dabei. Der Himmel verschone uns, dass wir je, alle sechse, zusammenleben. … Wilhelm ist mir zu flüchtig, zu sehr aus sich heraus gerissen, zu weit verbreitet. Ich traue ihm viel Fläche und wenig Tiefe zu. … Von Karln will ich nicht reden. Ich bin ihm gar nicht nahe gekommen und fühle mich als ein ihm ganz heterogenes Wesen. Wie kam er Dir je so nahe, Karoline? Ich begreife es nicht recht.«

Warum nur waren diese gebildeten jungen Leute, die so viel verbinden könnte, einander so zuwider? Li wird schließlich von Lotte angebetet, von Schiller bewundert, von Karoline vergöttert, und Karoline ist in Lis, Humboldts und Schillers Augen etwas ganz Besonderes. In Rudolstadt waren Laroche wie Humboldt bei beiden Schwestern blendend angekommen.

Offenbar hatten beide Seiten sich etwas völlig anderes erwartet: Lotte hatte gehofft, als Schillers Braut anerkannt zu werden, Schiller hatte darauf gesetzt, von Laroche und Humboldt, den so viel Jüngeren, bewundert zu werden, so wie er es von Karoline und Lotte gewohnt ist, und sich wohl einen Auftritt vorgestellt, bei dem alle ihm lauschten; stattdessen hatte jeder sich präsentieren wollen, so dass es *lärmend* zuging.

Für Schiller und Lotte werden diese Enttäuschungen aber bald überstrahlt vom Glanz des Geldes: Der Herzog, von Charlotte von Stein monatelang bearbeitet, bewilligt endlich, was Schiller braucht. Wie der seinem Freund Körner davon berichtet, ist allerdings ebenso großspurig wie unwahr; er tut, als sei alles sein Verdienst und behauptet sogar, die Tatsache, dass er Lotte heirate, habe ihr erst die Sympathien des Herzogs beschert. Dabei ist dem sein »liebstes Lottchen«, wie er sie seit Kindertagen nennt, sehr viel näher und lieber als der aufmüpfige und notorisch undankbare Schiller, der sich offensichtlich inkognito in Weimar wähnte. »Er [der Herzog] erfuhr's aber und ließ mich holen, sagte mir, dass er gern etwas für mich tun möchte, um mir seine Achtung zu zeigen, aber mit gesenkter Stimme und einem verlegenen Gesicht sagte er, dass 200 Taler alles sei, was er könnte. Ich sagte ihm, dass dies alles sei, was ich von ihm haben wollte. Er befragte mich dann um meine Heirat und beträgt sich, seitdem er darum weiß, überaus artig gegen Lottchen.« Die Rechtfertigung dieser Zahlung aus stark entleerten Kassen garniert der Herzog auch noch mit einem Titel. »Du wirst künftighin an Herrn Hofrat S. schreiben; ich bin seit einigen Tagen um eine Silbe gewachsen«, vermeldet Schiller stolz an Körner; Sachsen-Weimarscher Rat ist er ja schon seit 1784.

Es ist erstaunlich, wie schnell Schiller seine Einstellung zum Herzog geändert hat, denn es ist noch kein Jahr her, dass er unbedingt ein Buch von Mirabeau haben wollte, weil darin »die allerungeheuersten Dinge« über den preußischen Hof und den Herzog Karl August stehen sollten. Und mit zynischer Doppelbödigkeit erzählt er Körner, der Herzog habe Frau von Stein gesagt, »er freute sich, wenn er etwas für mich tun könnte, aber er sähe voraus, dass ich es ihm nicht danken würde und bei der nächsten Gelegenheit gehen. Darin könnte er's getroffen haben ...«

Schiller ist jetzt in Siegerlaune und hat keine Lust, sich die verderben zu lassen. In Jena aber erwarten ihn schlechte Nachrichten: »Meine Mutter ist wahrscheinlich tot, ein Brief vom 22. Dez.[ember] sagt sie ohne Hoffnung. ... Sie liebte mich sehr und hat viel um mich gelitten.« Doch Trauer passt nicht ins Programm, und Schiller beschließt: »Ich darf mich nicht mit ihr beschäftigen.«

Falscher Alarm, erfährt er kurz darauf. »Wegen meiner Mutter habe ich mich zum Glücke vergeblich betrübt.« Die Sorgen los, etwas Geld im Rücken, beschließt er nun die Hochzeit voranzutreiben, also früher als ursprünglich geplant zu heiraten. Entschlusskräftig wirkt er dabei allerdings nicht. »Wie werden wir es aber jetzt mit Eurer Mutter halten«, erkundigt er sich bei den Schwestern, »und was soll geschehen? Ihr müsst mir vorschreiben, was ich zu tun habe, und Euch mit mir in das Geschäft teilen.«

Nebenbei ist er auch wieder mit der Gerüchteabwehr beschäftigt. »Der Lorbeerkranz [Frau Griesbach] möchte in Erwartung fast vergehen. Ich brate ihn an einem langsamen Feuer. Es scheint, er weiß alles und ziemlich gewiss, aber weil ich zurückhalte, so wird ihm auch die völlige Gewissheit zum Zweifel. Gestern wurde ich wieder gebeten, nur einen Augenblick nach der Vorlesung hinzukommen, und da wurde mir ein schönes Bukett von lebendigen Blumen zum Geschenk gemacht, mit dem bedeutungsvollen Zusatz, ich solle sie dem Frauenzimmer geben, von dem ich den Haarring trage. Man war erschrecklich feierlich und gar rührend. … Aber nichts war aus mir herauszubringen, und die Blumen mögen sie jetzt reuen, die sie an mich gewendet hat. Ich schicke Dir die Blumen nicht, liebe Lotte; sie soll ihre Absicht nicht damit erreichen, lieber mögen sie bei mir verderben.«

Er trägt also den aus Haaren geflochtenen Ring, das übliche Liebespfand, wahrscheinlich aus Lottes Locken, aber er will nicht, dass irgendwer Bescheid weiß. Aber was wäre daran so schlimm, wenn sich seine Verlobung mit Lotte Lengefeld herumspräche, jetzt, wo sogar die Finanzen geregelt sind? Wieder ist Charlotte von Kalb der Grund.

Sie vor allem soll es offenbar auf keinen Fall vor vollbrachter Tat erfahren. Und weil Schiller Lottes Offenherzigkeit kennt, muss er sie weiterhin mit Misstrauen gegen die Ex-Geliebte impfen. Denn Lotte ist nach wie vor in Weimar und redet für Schillers Begriffe viel zu nett über sie. »Ihre letzten heftigen Äußerungen gegen mich mögen ihr selbst aufgefallen sein, denn sie ist so freundlich und teilnehmend gegen mich … Mit Lina hat sie letzt über uns gesprochen … und von mir, ich wäre sehr interessant.«

Interessant – genau das will Lotte endlich werden. Sie hat beschlossen, sich gegenüber Karoline zu profilieren und das zu fördern, was die große Schwester nicht kann: ihr Talent zum Malen und Zeichnen. Also nimmt sie bei dem Schweizer Maler und Kupferstecher Johann Heinrich Lips, den sie von Charlotte von Stein kennt, Unterricht in der Zeichenakademie. »Lips ist darin angestellt, und ich denke, es soll mir einigen Nutzen bringen, dass er mich unterrichtet ...« Stolz berichtet sie, sogar das Radieren zu lernen. »... ich habe einen großen Trieb zu dieser Kunst, und ich möchte es gar gern zu etwas bringen, auch glaube ich, es würde mir gelingen, wenn er uns dann und wann besuchte in Jena, so könnte er mir noch vieles sagen. Wenn ich doch zu Deine Werke die Platten machen könnte in Zukunft ...« Und kurz darauf vermeldet sie stolz: »Du wirst große Freude an meiner Kunst erleben. Lips hat sich sehr verwundert, wie gut ich's gemacht habe, und lobt mich. Es machte mir gar große Freude, ... ich möchte immer nur daran arbeiten.«

Diese Lust, Schiller etwas entgegenzusetzen, ist neu. Lotte will ihm mehr sein als eine Hausfrau. Und sie hat, wie man an den erhaltenen Arbeiten sehen kann, eine weit überdurchschnittliche Begabung, nicht zu vergleichen mit den größtenteils dilettantischen Machwerken ambitionierter höherer Töchter, wie sie damals üblich sind. Schiller geht auf Lottes Aktivitäten und den Wunsch, seine Werke zu illustrieren, mit keinem Wort ein, verteidigt sie dann aber gegenüber Körner, der sie offenbar nach dem ersten Treffen für nichts Besonderes hält. »Traue mir zu, dass die zwei Jahre, die ich gehabt habe, meine künftige Frau in Rücksicht auf mich kennen zu lernen, nicht verloren gewesen sind. ... ich weiß wohl, dass unter zehn, die heiraten, vielleicht neun sind, die ihre Frauen um anderer willen nehmen: ich wählte die meinige für mich.« Und Körner verteidigt sich heftig gegen diese Vorwürfe. »... Du hast mich falsch verstanden. Ich sage bloß, dass ich kein kompetenter Richter über den Wert Deiner Gattin bin ... Von Übersehen kann bei mir gar nicht die Rede sein. Was habe ich von dem, was Dich gefesselt hat, in einem halben Tag sehen sollen ...?« Interessanter noch ist aber, was Körner kurz darauf nachsetzt, Warnungen, die er eigentlich besser Lotte zukommen lassen sollte. »Irgend eine lebhafte

Idee, durch die ein berauschendes Gefühl der Überlegenheit bei Dir entsteht, verdrängt zwar zuweilen eine Zeitlang alle persönliche Anhänglichkeit; aber das Bedürfnis zu lieben und geliebt zu werden kehrt bald bei Dir zurück. Ich kenne die aussetzenden Pulse Deiner Freundschaft, aber ich begreife sie. ... Mit deiner Liebe wird es nicht anders sein, und Deiner Gattin, wenn ich vertraut genug mit ihr wäre, um eine solche Äußerung wagen zu dürfen, würde ich nichts besseres an ihrem Vermählungstage wünschen können, als das Talent, Dich in solchen Momenten nicht zu verkennen.«

Eine scharfsichtige Diagnose von Schillers Launenhaftigkeit. Und eine berechtigte Sorge darüber, ob Lotte mit diesen *aussetzenden Pulsen* wird leben können, also damit, dass Schiller schlagartig zum kalten Egozentriker werden kann, wenn ihn »ein berauschendes Gefühl der Überlegenheit« überkommt. In diesen Tagen ist das wohl so, denn Schiller fordert Geld in einem Ton, der andere verprellt.

»Gestern war ich bei dem Herrn Professor Schiller, denn er schickte mir ein Billet und verlangte Geld auf den 2. Band«, berichtet der Verleger Mauke seinem Freund Bertuch in Weimar, »ich habe ihm wieder, wie beiliegende Quittung zeigt, 52 Taler bezahlt und er wünscht bald wieder soviel ... Überhaupt merk ich, dass der Herr Professor vieles Geld braucht.« Schillers ergebener Bewunderer, der dänische Dichter Jens Baggesen, gewinnt denselben Eindruck. »Er hat nur 200 Taler jährlich Gehalt und braucht jährlich 1200 – weil er durchaus elegant leben muss (seine Schwäche).«

Zu bemerken ist von der Eleganz allerdings wohl wenig. Göritz notiert beispielsweise: »In seiner Kleidung hatte er nicht nur keinen Geschmack, was wohl zu verzeihen gewesen wäre, sondern er handelte ... gegen alle Regeln desselben.«

Auch sein Umgangston lässt Eleganz vermissen. Lotte, die ja weiß, dass man sich mit einem rüden Stil in Klatschnestern wie Jena oder Weimar sehr schnell Feinde schafft, pfeift ihn zurück, als er immer hämischer über den Lorbeerkranz herzieht: »Er dauert mich fast; auf dem Fuß, wie ich jetzt bin, will ich bleiben, und recht höflich sein, aber die enge Verknüpfung der Herzen wird nie vor sich gehen. Ein freundlich Gesicht kann ich ja machen, wenn ich sie sehe ... und ganz vor den Kopf stoßen tue ich sie nicht gern, es wäre ungerecht und undankbar.«

Zu Recht nennen Göritz, wie andere Freunde, Lotte die »holde Scham«, denn ihr Leitsatz scheint »Es schickt sich nicht« zu heißen. Karoline wie auch Schiller belächeln das, und er nennt sie ironisch »Dezenz«, doch Zeitzeugen betonen, dass Lottes diskrete Art so gar nichts Künstliches hatte: »... es war nicht jene nachgeahmte, die so oft aus der Rolle fällt und als Rolle so widerlich ist, es war Natur«.

Mit dem herzoglichen Gehalt ist der Traum vom schönen Leben in Rudolstadt gestorben, gemeinsames Domizil kann jetzt nur die Schrammei in Jena sein, wo Schiller bereits wohnt. Wie ernst es ihm damit ist, nicht nur Lotte, sondern auch Karoline in seinem Quartier unterzubringen, verrät ein beklommener Entschuldigungsbrief: »Ich fürchte, meine liebe Line, dass ich Dir vor Ostern kein bequemes Logis bei mir werde geben können, weil ein Zimmer, auf das ich Rechnung gemacht habe, noch von Studenten besetzt ist, die ich jetzt nicht sogleich heraustreiben kann. Auf Besuche geht es wohl an.« Und kurz danach verbreitet er sich ausgiebig über Einfälle, wie man die Wohnung in der Schrammei so umbauen und die Zimmer abteilen könne, damit Karoline dort auch Platz finde. Es müsse nur »eine von Euch beiden sich gefallen lassen, dass zwei Betten hinter eine Tapete gestellt werden. Ich dächte, das ließe sich ohne Unbequemlichkeit ertragen.«

Lotte wittert nirgendwo mehr Unrat. Sie ist ganz eingesponnen im Kokon der Zufriedenheit, in jenem »Es-ist-erreicht«-Gefühl. Sie ist kreativ, selbstbewusst, optimistisch und ahnt nicht, was Li von Dacheröden hinter ihrem Rücken verbreitet: Sie verständigt sich mit ihrem Verlobten darüber, dass Lotte des Dichters Schiller einfach nicht würdig sei. Die beiden feiern Karolines Verzicht auf Schiller als eine Heldentat. Gnadenlos urteilt Li über »das Verhältnis zwischen Lotten und Schillern und Karolinen«. Und trifft damit Humboldts eigene Meinung. »Bei

Gott, vergleichen wollte ich nicht. Aber, dass Stärke dazu gehörte, sich von einem einzigen Mann verkannt zu sehen, den man so unaussprechlich liebte, von dem man ebenso geliebt zu sein einen Augenblick gehofft und der Hoffnung entsagt hatte, ohne dass er dem Herzen weniger geworden wäre – das fühlt' ich auch ...«

Li hat Lotte gegenüber mehrmals betont, dass sie bei ihrer Hochzeit mit Schiller unbedingt dabei sein wolle, die Gründe dafür aber verrät sie nur Humboldt:»... es liegt mir doch so unendlich viel daran, bei Karolinen zu sein«. Es geht ihr also nicht darum, sich mit Lotte zu freuen, sondern Karoline zu trösten. »Es ist nun zu spät, etwas zu ändern, das Erträglichste aus dem zu machen, bleibt uns allein zu tun übrig.« Li ist offenbar darüber informiert, dass Karoline mit Lotte und Schiller zusammenziehen, also Beulwitz verlassen wollte, hat sie aber wohl überredet, von dieser Idee Abstand zu nehmen. »Karoline hat mir versprochen, es so mit Beulwitz gehen zu lassen, ohne eine Erklärung zu haben. Ich bin sehr froh, ... denn es hätte gewiss die undelikatesten Szenen mit Beulwitz gegeben, und Karoline hat eine laute Art zu empfinden.«

Lotte ahnt nichts von solchen Gedanken im schönen Kopf der Li von Dacheröden, die sie anbetet, *als wäre sie ein höheres Wesen*, bei der sie sich fühlt, als müsste sie *vor ihr niederknien*. Ihre Vertrauensseligkeit macht sie blind, sie durchschaut nicht, dass das Lächeln von Li das Lächeln einer Muräne ist. Sie, die ihrer »teuren Lotte« Honig um den Mund schmiert, die ihr vor einem Jahr erst beteuert hat, »es ist mir sehr süß zu denken, dass ich Dir etwas sein werde«, spricht hinter ihrem Rücken schlecht über die Freundin.

Spätestens hier wird offensichtlich, dass Li sich bei Lotte nur eingeschmeichelt hat, um für ihre eigentliche Herzensfreundin Karoline den aktuellen Stand von Lottes Seelenlage auszuspionieren. Wie bedenkenlos sie dieses System betreibt, wird erst nach Lottes Verheiratung so richtig deutlich. Vorher aber schon verhält sich Li unaufrichtig. Während sie Lotte erklärt, »mein Blick ruht gern auf Deiner Zukunft ... Einzig schön ist das Verhältnis unter Euch«, prophezeit sie gleichzeitig ihrem Verlobten, Lotte werde jetzt, wo sie Schiller im Kasten habe, sich Karoline gegenüber als hochnäsige Siegerin aufspielen: »sie wird nur schon zu sehr, fürchte ich, einen arroganten Ton gegen sie annehmen. Das sind die Früchte, wenn man die Pflanze nicht in dem Erdreich lässt, welches ihr bestimmt war.«

Li ist der Ansicht, Lotte wäre nett, banal und beschränkt und hätte sich auch mit einem netten, banalen, beschränkten Gatten begnügen sollen. Mit einem Mann von Schillers Klasse würde sie sich gewaltig überheben, was allen Beteiligten schadete. »Lotte ist aus ihrer Sphäre herausgerissen. Sie war gemacht, in einem engen Kreis von Empfindungen zu leben, und sie wäre glücklich dabei gewesen und hätte nichts darüber gedacht. Man hat ihr das Höhere gezeigt, und sie hat danach gestrebt, ohne das innere Vermögen zu haben, es zu genießen, das sich nie gibt.«

Genau diese Beurteilung wird Karoline später in ihrem Alterswerk »Cordelia« zementieren, einem Schlüsselroman samt beigelegtem Schlüssel. Cordelia ist in diesem Werk eindeutig Karoline und ihre schwesterliche Freundin Cäcilie stellt Lotte dar. Über Cäcilie heißt es: »An Ausbildung stand sie gegen Cordelien zurück.« Beide sind in einen gewissen Wilhelm, also Schiller, verliebt. Als Cäcilie der Freundin gesteht, sie liebe W., tritt die ihm das gemeinsame Objekt der Begierde generös ab.

Karoline wird bereits siebenundsiebzig Jahre alt sein, wenn sie diesen Roman schreibt, und ihre Schwester wird dann schon vierzehn Jahre tot sein. So bleibt die literarisch verbrämte Unterstellung, Lotte wäre deutlich dümmer als Karoline gewesen, unwidersprochen. Bis heute aber wird diese Beurteilung gern übernommen. »Karoline war ihrer jüngeren Schwester Charlotte intellektuell in jeder Hinsicht überlegen, und insoweit ist das Erstaunen Wilhelm von Humboldts über Schillers Wahl verständlich«, schreibt der Literaturhistoriker Gerhart Söhn noch 1998.

Gerade Humboldt behauptet später jedoch seiner Li gegenüber, dass Karoline der Tiefgang fehle. Dass sie letztendlich oberflächlich sei. »Sie ist unleugbar unendlich viel, sie hat in Geist und Einbildungskraft was unglaublich anzieht, beschäftigt, oft in Bewunderung versetzt.« Aber es sei sehr erstaunlich, »dass doch gerade das Tiefste und Beste ihr abgeht. Es ist und bleibt immer eine Natur, die mehr mit der veränderlichen Oberfläche der Dinge und mit allem, was sie anzieht wie mit Seifenblasen spielt.« Und er betont: »Sie hat nicht den tiefen und sicheren Gehalt, der an ein weibliches Wesen ... unauflöslich kettet, eine nahe Verbindung mit ihr hätte mich nie beglücken können.«

Doch kurz vor der Hochzeit von Schiller und Lotte schlägt Humboldt sich noch ganz auf Karolines Seite und sagt voraus, es werde sich rächen, dass Schiller Lotte statt Karoline genommen habe. »Schiller ist jugendlich, unerfahren«, meint er, der acht Jahre Jüngere, »hat gefehlt und wird zu hart büßen, weil er die, an der seine ganze Seele hängt, nicht glücklich sehen will.« Auslöser dafür kann in seinen Augen nur sein, dass »er Lotten für mehr hielt oder von einer Frau weniger forderte«. Das soll heißen, Schiller hat Lotte völlig überschätzt, oder er stellt wenig Ansprüche, was die geistigen Qualitäten einer Ehefrau angeht. Humboldt behauptet sogar, Schiller habe sich aus egoistischer Bequemlichkeit für Lotte entschieden, weil er für sie nichts empfinde und keine Leidenschaft seine geistigen Höhenflüge behindere: »Wenn man gar nicht liebt, lässt es sich mit jedem Weibe erträglich leben ...«

Schlimmer kann man sich über eine Heirat, die andere für eine Liebesheirat halten, kaum auslassen. Und Li steht ihrem Wilhelm, was das Lästern angeht, in nichts nach. Lotte gegenüber gibt sie sich, was damals gerade Mode war, solidarisch und stellt anbiedernd fest, ihr eigenes Verhältnis zu Humboldt sei dem Lottes zu Schiller sehr ähnlich. »Süße Liebe! Lass mich Dir eins sagen, eine Ähnlichkeit, die, wenn mich nicht alles trügt, in unseren Verbindungen statthaben wird. Du wirst es früher erfahren da Du eher in dies Verhältnis kommst, ob ich recht habe. = [Schiller] wird Dich zuweilen, vielleicht oft ignorieren, bei D. [Humboldt] wird es mir ebenso ergehen. Lass Dich das ja nicht irren, lass es Dich nicht trüben, oder gegen ihn merken.

Die Männer verstehen das oft unrecht und meinen, wir verfielen gegen sie in einen *fordernden* Ton ...« Und fast zeitgleich erklärt sie Humboldt:»Dass Lotte ihm [Schiller] nichts als Mittel gewesen ist, um es möglich zu machen, mit Karolinen zu leben, ist mir sehr klar ...«

Was verführt Li nur dazu, so schamlos doppelzüngig zu sein? Es ist wohl das Bedürfnis, sich vor ihrem Geliebten als überlegene Beobachterin wichtig zu machen, ihm als unbestechliche Diagnostikerin menschlicher Schwächen zu erscheinen.

Wer in diese düsteren Hintergründe blickt, muss sich um Lottes Seelenheil sorgen. Es ist ein Klima der Lüge, des Neids und der Hinterhältigkeit, in dem sie ihrer Hochzeit entgegenträumt. Wann, fragt man sich, wird sie erkennen, wie ihr mitgespielt wird? Noch gibt es nur einen Menschen, gegen den allmählich ihr Misstrauen erwacht. Und das ist nicht etwa Li, das ist Charlotte von Kalb, und dieses Misstrauen wird von Schiller geschürt.

Von einem Besuch bei Knebel, wo auch Schillers Ehemalige aufkreuzte, schreibt Lotte:»Nein gewiss Lieber, sie ist nicht gemacht, Dir zu gehören, sie hat so viel Härten in ihrem Wesen, die Dich nicht glücklich gemacht hätten. Unsere Verbindung wäre bei einem näheren Verhältnis mit Dir ganz zerstört worden, Du wärst gar nicht mehr für uns dagewesen. Wir wären uns fremder geworden und hätten zuletzt uns ganz getrennt, denn sie hätte uns nicht in Deinem Herzen wissen mögen.«

Gelogen wird auch im Haus des Kirchenrats Griesbach, und Schillers Abscheu vor dem, was die Kirchenrätin alias der Lorbeerkranz aufführt, ist allzu gut verstehbar.»Dem Lorbeerkranz habe ich endlich von unserer Verbindung gesagt. Es war eine widerwärtig-empfindsame Szene, ich habe einen Kuss von ihm ausstehen müssen. Aber ich fürchte, er hat sich auf einer Falschheit betreten lassen, die ihm nicht verziehen wird, wenn ich dahinterkomme. ... Stellt Euch vor, er zog ein Papier aus dem Schranke und las mir einen schriftlichen Aufsatz vor, den er ... um seinem Herzen Luft zu machen, ... niedergeschrieben habe. Der Titel heißt *Rechtfertigung meines Betragens gegen Schiller.* Mir ist erstaunlich darin geräuchert, und in Ausdrücken, wie kein gescheiter Mensch sie in einem Aufsatz, der *nicht* gelesen werden soll, niederschreiben wird. Das Ganze ist also wahrscheinlich ein Theaterstreich, womit der Kranz auch bei Dir vielleicht sein Glück noch versuchen wird; vielleicht meint er, wenn er ihn Dir vorliest, dadurch Eingang zu Deinem Herzen zu finden. Ich schließe auch daraus, dass es Betrug ist, weil sie darin sagt, dass sie uns gleich am Anfang unserer Bekanntschaft mit ihr im Herzen füreinander bestimmt habe; und mir sagte sie doch einmal im vorigen Sommer, dass sie mir zutraue, keine Adelige zu heiraten. Ich kann ihr nicht helfen, sie wird auf die Probe gesetzt, und besteht sie schlecht, so habe ich kein Erbarmen.«

Lotte zeichnet viel, redet wenig und probiert alles, den richtigen Ton mit Schiller zu finden. Sie legt sich zurecht, was ihr Part im gemeinsamen Leben sein kann und was seiner, und preist ihre hausfraulichen Qualitäten an. »Ich werde mich recht gut dazu anstellen, die Ökonomie zu verwalten, und denke, es wird sich alles darüber freuen, wer mich nur kennt. Im Ernst traust Du mir weniger Kenntnisse zu, als ich habe auf diesem Punkt«, verkündet sie. Doch Schiller solle keine Angst haben, ihr Pragmatismus könne dazu führen, dass er durch plumpe eheliche Vertraulichkeit zum Kumpel herabgewürdigt würde. Für sie, macht Lotte deutlich, werde er immer das Genie auf dem Sockel bleiben. Als Schillers Vater einmal einen Brief an die zukünftige Frau von seinem *Fritz* schreibt, entrüstet sie sich: »Ich kann mir Dich unter dem Namen Fritz gar nicht denken, und es wird mir so lächerlich, wenn ich mir vorstelle, dass ich Dich Fritz rufen könnte.« Und wirklich wird Lotte zu ihm niemals Fritz, sondern ehrfurchtsvoll »Schiller« sagen. »Die Frau kam und sagte: Schiller, du musst dich anziehn, es ist Zeit«, so referiert Zelter später einen häuslichen Dialog des Ehepaars.

Lottes Bemühung, für sich selbst die Situation zu klären und von dem, was um sie her an Klatsch und Missgunst dräut, nichts wahrzunehmen, ist rührend, aber nicht durchzuhalten. Als Schiller Anfang Februar nervös vermeldet: »Von Euch habe ich seit meinem letzten Besuch keinen Brief noch erhalten, außer dem, der schon zwei Tage vorher geschrieben worden, und also nicht gilt. Ist etwa einer unterwegs geblieben?«, antwortet ihm Lotte: »Wie es mit dem Brief zugegangen, weiß ich nicht, ich habe seit lange, wenn ich die Briefe zugemacht habe, immer zwei Umschläge gemacht, Karolinen weiß sich's auch nicht anders zu denken, doch könnte es sein, dass wir es einmal nicht getan hätten. Übrigens bin ich zuweilen misstrauisch gegen gewisse Menschen, die sich in der heftigen Gemütsstimmung manches erlauben könnten, was sie mit ruhigem, unbefangenem Sinn nicht tun würden.« Es ist unüberhörbar, wer mit diesem Menschen gemeint ist – Charlotte von Kalb. Schillers Kampagne hat Früchte getragen.

Als die Post endlich ankommt, redet Lotte Klartext. »Mit den Briefen ist's mir bedenklich. Du hast also zwei Briefe später bekommen, als Du sie hättest haben sollen ... wo sie so lange geblieben sind, weiß ich nicht. Ganz ohne Mutmaßungen bin ich nicht. Die bewusste Familie männlicher Seite [gemeint ist wohl die des Botenmädchens] ist sehr pfiffig, und könnte sich wohl dazu verstehen, so etwas zu tun, auf Antrieb der Kalb, die so neugierig ist; und zumal wenn Leidenschaft sich ins Spiel mischt, traue ich nicht, weil sie ganz von sich ist, denke ich mir.«

Der Klatsch in Weimar ist Lotte also zugetragen worden, denn Spaß macht das Getratsche erst, wenn es etwas lostritt, wenn dadurch neue Feindschaften entstehen. Und Lotte gegen Charlotte von Kalb aufzuhetzen ist ein Vergnügen, das man sich im langweiligen Weimar nicht entgehen lässt. »Ihre Eifersucht auf mich haben viele hier bemerkt, zumal, als Du nach R.[udolstadt] gingst, und man sagte hier, Du liebtest mich, so hat sie gesagt, ganz verächtlich, Du würdest mich nicht lange lieben können. Ich könnte nicht lange Deine Aufmerksamkeit auf mich heften. Auch jetzt noch haben einige darüber geredet, und eine Person hat so verwundert getan, wie sie einmal hörte, wir wären bei ihr gewesen. ... Wären wir zusammen in Italien, wo das Klima die Menschen noch lebhafter macht, und die Leidenschaften heftiger ausbrechen, so könnt mir ein Dolchstich in eine andere Welt helfen, gut, dass unser rauhes Klima auf die überspannten Köpfe so wohltätig wirkt, und die Wärme der Leidenschaften mäßigt.«

Als wäre es noch nicht genug damit, heizt Schiller Lottes Aversionen gegen die Kalb weiter kräftig an. »Ich erhalte heute zwei Briefe von Euch, wovon der eine wiederum nur ein Couvert hatte, und was mich befremdete, mit einer andern Hand frankiert war. Es ist der Brief, der schon Mittwoch in meinen Händen hätte sein sollen. ... Wegen der = [Charlotte von Kalb] habe ich ernstlich Verdacht, denn ich weiß, was sie fähig ist. Auch ohne italienischen Himmel würde ich Dir nicht raten, in gewissen Augenblicken mit ihr zusammenzutreffen, denn Leidenschaft und Kränklichkeit zusammen haben sie manchmal an die Grenzen des Wahnsinns geführt. ... Sie erhält jetzt von mir keine Antwort auf ihre Briefe mehr.«

Dass Lotte und Schiller heiraten werden, ist nun ein offenes Geheimnis. Doch es gibt Menschen, die das noch immer verhindern wollen. Lotte erhält sogar einen anonymen Brief. »Eine Person, welche immer Wohlwollen gegen Sie gehegt hat, gibt Ihnen einen guten Rat, sich nicht so sehr um den Herrn Rat Schiller zu bemühen, weil Sie sich dadurch lächerlich machen, und sehr viel durch seinen Umgang von dem, was Sie sonst waren, verloren haben. Überhaupt findet man im Umgang mit Dichtern kein Glück, indem sie alle, einer mehr, einer weniger, Phantasten sind und vom wahren Glück des Lebens weit entfernt. Jagen Sie nicht so nach Poeten, sondern bilden Sie sich lieber zu einer guten Hausfrau, denn es gibt wenige Männer, die dergleichen Weiber ernähren können. Hätte ich das Glück, genauer mit Ihnen bekannt zu sein, würde ich Ihnen dieses mündlich sagen; doch da dieses nicht ist, achte ich mir es als Pflicht, Ihnen dies schriftlich zu sagen.«

Lotte, durch Schiller argwöhnisch geworden, vermutet wohl Charlotte von Kalb hinter diesem Brief. Was Schiller selbst nicht glaubt, denn er kennt den chaotisch zerfaserten Briefstil der Kalb, ihre Unfähigkeit, orthographisch richtig zu schreiben, ihre Neigung zu einer irrlichternden Interpunktion, wovon in diesem klaren Schreiben nichts zu bemerken ist. Und einen anonymen

Brief dieser Art diktiert man nicht einem Dritten, denn jeder Mitwisser stellt eine Gefahr dar. Sehr viel wahrscheinlicher ist es, dass der Brief von Knebel stammt. Zumal der plumpe Trick, Lotte zu suggerieren, ein Unbekannter habe ihn verfasst, auf einen alten Bekannten schließen lässt. Und kurz bevor dieser anonyme Wisch verfasst wurde, hatte Li die Bekanntschaft von Knebel gemacht und Lotte brühwarm berichtet: »Herr von Knebel muss Dich mit aller Innigkeit seines Wesens geliebt haben, um so lange der Stein wegen Deiner zu trotzen.«

Wer auch immer sich dahinter verbirgt: Lotte kann nun nicht mehr verdrängen, dass sie von Feinden und Neidern umzingelt ist. Auch wenn sie nach wie vor die meisten nicht erkennt. Doch sie sieht in diesen üblen Aktionen auch Gutes, denn sie belegen, dass nun jeder weiß: Lotte und Schiller sind ein Paar. Und als Schiller, der ja Charlotte von Kalb keiner Antwort mehr würdigen wollte, selbstzufrieden bemerkt:»Ich habe eben einen Brief an die Kalb geendigt ... und ich habe mich, deucht mir, sehr schön an ihr gerächt«, da äußert sie nur dankbar: »Dass Du der Kalb recht viel von unserem künftigen Leben gesagt hast, ist recht gut, sie sieht nun vielleicht ein, dass Du mich wirklich liebst, es scheint ihr daran zu liegen, diesen Glauben den Menschen zu nehmen, und sie hat unter die Leute gebracht, Du liebtest mich nicht um meinetwillen, sondern Linen wegen, und was sie mehr sagt. ... Es scheint ihrem Stolz ganz undenkbar, dass Du sie um meinetwillen hättest vergessen können, und ich weiß nicht, ob sie's Dir oder mir nun durch all dies Gerede zur Last legen will.«

Lotte bemüht sich zu zeigen, dass sie ihre Lektion gelernt hat. Und nachdem sie die Kalb unerwartet bei Frau von Stein getroffen hat, berichtet sie Schiller davon und gibt sich kühl, wie er es wünscht:»Du hast keinen Begriff, wie sie aussieht und tut; sie mochte nicht erwartet haben, uns dort zu finden. ... Sie sah aus wie ein rasender Mensch, bei dem der Paroxysmus vorüber ist, so erschöpft, so zerstört, das Gespräch wollte gar nicht fort. Sie klagte über den Kopf, sie saß unter uns wie eine Erscheinung aus einem anderen Planeten, und als gehörte sie gar nicht zu uns. Ich fürchte wirklich um ihren Verstand. ... ich beklage sie wohl, aber sie rührt mich nicht.«

Schiller ist durch die vielfältigen Intrigen vorsichtiger geworden und befürchtet, auch Lotte könnte irgendwann auf Einflüsterungen anderer Leute hören, nicht nur auf seine. Und auf diese Weise vielleicht darauf gebracht werden, was los ist zwischen ihm und Karoline. Erst hat er Lottes Vertrauensseligkeit genossen, dann hat er sie durch die gezielte Kampagne gegen Frau von Kalb zerstört und nun will er alles wieder reparieren, weil es sich so besser lebt.

Also redet er ihr ein, es sei ein unverzichtbarer Vertrauensbeweis, dass sie ihn über alles informiere.»... man wird immer falsch über mich urteilen. Weil ich hoffe, mit Zuversicht hoffe, dass Du zwischen Dich und mich nie einen Dritten treten lassen wirst, dass ich auch dann, wenn *ich* der Inhalt davon bin, Dein erstes Vertrauen haben werde, Deine erste Instanz sein werde – weil ich dieses von Dir hoffe, darum, meine Liebe, meine Gute, kann ich ohne Besorgnis und Furcht Deine Hand annehmen.« Er selbst ist nicht besorgt, dass sein Urteil über andere falsch sein könnte. Irren ist Sache der anderen, vor allem derjenigen, die schlecht über ihn reden könnten, wie Frau von Kalb. Ohne jede Hemmung erklärt er die Frau, die er einmal geliebt hat, zu einer Femme fatale, die ihn nur durch üble Tricks dazu bringen konnte, ihr zu verfallen.»Ich begreife nicht, mit welcher Stirn sie mir schreiben konnte, dass ich ›die giftigen Zungen nicht die Wahrheit soll geredet haben lassen‹. ... Sie war nie wahr gegen mich, als etwa, in einer leidenschaftlichen Stunde, mit Klugheit und List wollte sie mich umstricken.«

Wie aber steht es bei ihm selbst mit *Wahrheit reden* und *wahr sein*? Und ist er selbst denn frei von Klugheit und List, wenn es jemand zu umstricken gilt? Der intime Ton, in dem ihm Karoline schreibt, zeigt, dass zwischen ihnen noch kurz vor der Hochzeit nicht Wahrheit, sondern Doppelbödigkeit vorherrscht.»Wie glücklich machte mich Dein lieber Brief, mein Teuerster! Auch meinem Leben gibt die nahe sichere Aussicht des Zusammenseins einen Reiz, den ich nicht aussprechen kann. Unser Plan hat keine Schwierigkeiten ...« Und Schiller kostet es aus, unter dem Alibi, ein Bräutigam zu sein, ungeniert mit beiden Bräuten ein Rendezvous in Erfurt zu vereinbaren. Er schreibt an Lotte und Karoline: »Donnerstag abends, gleich nach der Vorlesung, werde ich von hier wegfahren, und in derselben Nacht zwischen 11 und 12 Uhr hoffe ich in Erfurt zu sein. Vielleicht finde ich Euch noch wach, ich werde wenigstens unter einem Dache mit Euch schlafen ...«

Im nächsten Brief kündigt er an, er werde bereits zwischen neun und zehn Uhr abends in Erfurt ankommen. »Könnt Ihr, so richtet es so ein, dass Ihr zeitiger nach Hause kommt, und ich Euch die Nacht noch eine Stunde genieße. Vergesst nur nicht mir zu schreiben, in welchem Gasthof Ihr abgestiegen seid. Verfehle ich diesen, so ist die halbe Freude verloren. ... Dem Heinrich [dem Diener der Lengefelds] könnt Ihr auftragen, dass er mir ein gutes Zimmer (eins nämlich, das nicht zu weit von dem Eurigen ist) soll parat halten. Die Reputation kann nichts dadurch leiden, die Heirat macht alles gut.«

Dass Schiller ausgerechnet auf dieser Anreise zu einem höchst intimen Treffen mit seinen, wie er es sieht, beiden Zukünftigen der Ehemaligen ihre Briefe zurückgibt, ist pikant. »Da er von Jena nach Erfurt reiste, übergab er sie mir eigenhändig«, schreibt Charlotte von Kalb später, nachdem sie sie verbrannt hatte.

Lotte aber hat offenbar das Gefühl es wäre alles im Reinen. Sie kann es nur haben, weil sie Augen und Ohren verschließt.

Am 21. Februar 1790, einen Tag vor der Hochzeit, schreibt Li an Humboldt: »Lottens Stimmung ist leicht und heiter. Schiller hat seine Lage, sein schweres, vielleicht einziges Verhältnis gegen beide ganz durchschaut. Ich habe mich bei seinem Hiersein davon überzeugt. Karolinens Ruhe gründet sich auf die Zufriedenheit, das Glück ihrer Schwester ...«

Dabei weiß Li, dass sie sich vielmehr auf die Zuversicht gründet, nach der Hochzeit noch enger mit Schiller zusammenleben zu können, ohne schlechtes Gewissen, denn sie behauptet ja, dass »die Heirat kein Band der Seelen« sei.

Wie Li sich über die heitere Braut äußert, die sie gerne mit »Geliebteste« anredet, ist von beispielloser Arroganz. »Lotte hat mir diesmal besser gefallen, sie ist doch ein sehr gutes, weiches Wesen, und mit einer feinen, guten Behandlung wird sich noch manches aus ihr machen lassen. Da es ihr an eigenem Charakter fehlt, ist es so am besten, sie wird die Eindrücke annehmen, die man ihr gibt, und es wird leicht sein, ihr einen Wirkungskreis zu schaffen, in dem sie sich ihrer Tätigkeit freut.«

Aufzuhalten ist die Hochzeit nicht mehr. Und es wird ja auch Zeit, denn Schiller ist bereits dreißig Jahre und drei Monate, hat also seinen unvorsichtigen Schwur gebrochen, wenn er älter als dreißig sei, nicht mehr zu heiraten. Ob er weiß, wie die meisten von Lottes Bekannten und Freunden über diese Hochzeit reden? Ihre Busenfreundin Friederike berichtet aus Rudolstadt, dort lästere man darüber, dass sie sich an einen »Sterngucker« verschwende. Und Herzogin Luise, die Frau des Ehesponsors Carl August, äußert, es sei schade, »dass ein so anziehendes und hübsches adligs Mädchen Schiller, der jetzt Professor in Jena ist, heirate«. Das heißt, dass Lotte ihre Vorteile, die äußerlichen wie die familiären, an einen Bürgerlichen verschwende, der das gar nicht verdiene.

Doch Lotte verliert kein Wort darüber, dass sie mit der Heirat den freien Zutritt zum Hof aufgibt. Trotzdem werden ihr die Biographen später Adelsstolz und aristokratische Arroganz vorwerfen.

Am 22. Februar 1790 findet die Trauung von Friedrich und Lotte in Wenigenjena statt, in einer abgelegenen gotischen Kirche, hinter verschlossenen Türen. Dafür hat Schiller seine Gründe. Dabei ist niemand außer der chère mère, Karoline und einem »kantischen Theologen« namens Christian Eberhardt Schmidt. Der Schwiegermutter zuliebe hat Schiller sich, wie er sagt, für die übliche Lutherische Trauformel »mit dem Kraut und den Disteln auf dem Felde« entschieden; Lotte wurde offenbar gar nicht gefragt. Ob er den Text vorher jemals gelesen hat, bleibt zu bezweifeln. Er hört sich jedenfalls reichlich beklemmend an.

Selbst gezeichnetes Souvenir: Die Traukirche in Wenigenjena in einer Pinselzeichnung von Charlotte Schiller.

»Also sprach Gott zu dem Weibe: ... Du sollst mit Schmerzen Kinder gebären ... Und zu Adam sprach er: ... Verflucht sei der Acker um deinetwillen, mit Kummer sollst du dich darauf nähren dein Leben lang. Distel und Dorn soll er dir tragen, und sollst das Kraut auf dem Felde essen.« Schiller, der zu diesem Zeitpunkt mit der Religion gar nichts im Sinn hat, hat dem ganzen kirchlichen Zeremoniell ohnehin nur wegen Lotte zugestimmt.

»Schiller mit seinem heiligen, hohen Gemüte hasste die positive Religion, so wie er sie kannte«, weiß der Dekan Göritz, Dauergast am Mittagstisch in Schillers junger Ehe. »Er konnte sich lange nicht vom heftigsten Vorurteil gegen sie losmachen, denn mit ihr stellten sich all die Schläge und Qualen, die er beim Unterricht in seiner Jugend erlitten hatte, vielleicht auch die Geschmacklosigkeit, Inkonsequenz und Seichtheit des Vortrags zugleich vor. Das gestand er offenherzig. ... Von

178

seinem Vorurteil gegen die christliche Religion befreite ihn Humboldt ... welcher sich lange in Jena aufhielt.« Also erst einige Jahre später. Lotte war von dem ganzen Ereignis zutiefst gerührt. »Als ich in die stille Dorfkirche hineintrat, schwammen leichte Abendwolken an dem blauen Himmel, und die Abendsonne übergoss sie mit rötlichem Glanz.« Schillers Kommentar zu der Zeremonie hingegen ist betont kühl: »... ein sehr kurzweiliger Auftritt für mich«, schreibt er darüber an Körner. Und freut sich nur über eins: »Das Geheimnis ist über meine Erwartung geglückt, und alle Anschläge von Studenten und Professoren mich zu überraschen wurden dadurch hintertrieben.«

Doch die strikte Geheimhaltung hatte eigentlich finanzielle Gründe: Eine stille Hochzeit ist eine preiswerte Hochzeit – das zählte. Kein Freibier, kein Wein – was auch in der Fastenzeit erlaubt wäre –, nur abends Tee zu viert. Betörend wird der Bräutigam kaum ausgesehen haben, denn wir wissen, »dass er meist wunderlich angezogen war, besonders, wenn er sich putzen wollte. Er konnte dann leicht einen blauen Frack und ein rotes Halstuch, gelbe Beinkleider und dunkle Strümpfe zusammen anziehen, und dies gab seiner ganzen Figur, besonders durch die zusammenstoßenden Knie und auswärts gebogenen Füße etwas Bizarres.« Doch Lottes Talent, ihn schön zu sehen, dürfte auch an diesem Tag nicht versagt haben. Schließlich wird sie nach seinem Tod noch behaupten: »Es gab nicht leicht eine schönere Gestalt.«

Falls es in der Hochzeitsnacht, der ersten Nacht, die Schiller und Lotte zusammen verbringen, zur Sache gekommen ist, wird die sexuell unerfahrene Lotte sich gewundert haben. Sie weiß ja nicht, was einer von Schillers früheren Freunden über seine Angewohnheiten beim Geschlechtsverkehr zu sagen hatte: »Mehrere waren Zeugen, dass er während eines einzigen Beischlafs, wobei er brauste und strampfte, 25 Prise Tabak schnupfte – in die Nase nahm.« »Strampfen« bedeutet laut Grimm'schem Wörterbuch »mit beiden Beinen auf die Erde stampfen«.

Später aber wird sich niemand darüber wundern, wie Lotte sich für diesen Mann entscheiden konnte, wo es sehr viel besser aussehende und situierte Männer von Adel gegeben hätte. Nur über Schillers Entscheidung schüttelte die Nachwelt, vor allem die Biographen, den Kopf. So wundert sich auch Georg Böse noch im 20. Jahrhundert, »dass er ... schließlich die mittelmäßigere, aber sanftere Charlotte der weitaus begabteren und leidenschaftlicheren Karoline vorzog« und erklärt sich, wie viele Kollegen, Schillers Wahl damit, dass er eine brave, treue, gefügige Frau wollte, was Karoline zweifelsohne nicht gewesen wäre.

Lotte ahnt wohl damals schon, wie über sie geredet und gedacht wird. Doch für sie zählt jetzt nur eines: Sie hat nach außen hin ihr Ziel erreicht – Schiller ist ihr Mann. Doch die wesentlichen Fragen bleiben offen. Werden andere diesen Tatbestand anerkennen? Wird Schiller sich zu ihr bekennen? Wird er sich ihr zugehörig fühlen und keiner anderen?

X.

Falsche Freunde

Wie anstrengend es ist,
Schillers Frau zu sein

Ein mächtiges karges Haus ohne Charme in einer hässlichen Gasse. Der Hauseingang unelegant, der Wirtschaftshof ungepflegt, das Treppenhaus düster, die Fenster klein und überall die Geräusche und Gerüche von den vielen Menschen, die hier wohnen. Die Schrammei ist nicht das, was eine junge Ehefrau sich als Liebesnest vorstellt. Doch Lotte erschiene die Wohnung als das Paradies, wäre sie hier endlich allein mit Schiller. Das aber bleibt durch Schillers und Karolines Aktivitäten zunächst eine Illusion.

»Meine Schwägerin bleibt bei uns, aber ich musste ihr ein anderes Logis mieten, weil es mir zwischen jetzt und Michaelis noch an Zimmern fehlt«, schreibt der frisch Vermählte an Körner. Sein Plan, auch Karoline in der Schrammei unterzubringen, hat nicht funktioniert, weil das Zimmer nicht frei wurde; stattdessen hat er ihr in direkter Nähe, bei den Fräulein von Seegner, ein großes Zimmer mit sechs Fenstern besorgt.

Wenn Li jedoch besorgt an Lotte schreibt: »Es schmerzt mich, dass ihr nicht allein seid«, meint sie mit *ihr* die drei, Lotte, Schiller und Karoline und mit dem Störfaktor die chère mère, weil sie zu Recht vermutet, die Mutter, die nach der Hochzeit einfach nicht abreist, müsste den Schwestern »fremder geworden sein, weil ihr sie lange nicht gesehen habt, und der Hofschnack auf Wesen, wie ich mir chère mère denke, Einfluß hat. Bleibt sie lange?«

Selbstverständlich spürt Li, dass diese Ehe zu dritt ein heißes Eisen ist, und Karolines wegen will sie verhindern, dass darüber geklatscht wird. »Bitte Karln«, schreibt sie an Humboldt, »dass er den Frauen nicht über dies ganze Verhältnis zu Lotten und Schillern spricht; wer es nicht ganz durchschaut, versteht es gar nicht.« Mit den *Frauen* sind wohl die anderen Tugendbündlerinnen gemeint; selbst die, mit ihrer hoch und heilig geschworenen Offenheit für alle Liebesdinge, könnten da etwas in den falschen Hals kriegen. Und auch Humboldt weiß, dass Schiller nur so gelassen und zufrieden wirkt, wenn er beide Frauen um sich hat. Er hat schnell kapiert, dass Karolines Erfurter Trotz-Flirt mit Dalberg Schiller verärgert, denn er beansprucht nach wie vor Karoline für sich. Wie sonst ließe sich verstehen, was er Ende März 1790 an Li schreibt: »Ich fühle es wohl, dass Schillers Ruhe Karolinens Entfernung von Erfurt notwendig macht ...«

Was Schiller selbst über den jungen Hausstand äußert, liest sich nur oberflächlich erfreulich: »Was für ein schönes Leben führe ich jetzt! Ich sehe mit fröhlichem Geist um mich her, und mein Herz findet eine immerwährende sanfte Befriedigung um sich, mein Geist eine so schöne Nahrung und Erholung. Mein Dasein ist in eine harmonische Gleichheit gerückt; nicht leidenschaftlich gespannt, aber ruhig und hell gingen mir diese Tage dahin.« Das heißt, er wird umsorgt und findet das angenehm. Aber ist es eine Woche nach der Hochzeit nicht befremdlich, wenn ein junger und sexuell interessierter Mann »nicht leidenschaftlich gespannt« ist? Goethe schreibt erst nach siebzehn Jahren mit Christiane, es sei der »Betrachtung wert, dass die Gewohnheit sich vollkommen an die Stelle der Leidenschaft setzen kann. ... Es gehört viel dazu, ein gewohntes Verhältnis aufzugeben, es besteht gegen alles Widerwärtige.« Schillers Leidenschaft indessen ist nicht schnell abgeflaut, sie war wohl nie vorhanden. Hinzu kommt, dass Lotte anscheinend so jungfräulich in die Ehe gegangen ist, wie sie aussieht, und keine Ahnung von den einfachsten Liebeskünsten hat.

Schillers Verleger Göschen sieht ihr das wohl an, denn er meint, eine kleine Einweisung in die Grundlagen könne ihr nicht schaden. »Die treffliche Frau von Kalb hat so manches Verdienst um Schiller, möchte sie der jungen Gattin ihres Freundes Winke geben, welche die Liebe für das Glück der Zukunft benutzen kann!« Er traut Schiller auch nicht zu, eine Frau zu ernähren und ein Familienleben in den Griff zu bekommen. »Entweder führt der neue Stand Schillern zur Stetigkeit und Ordnung, oder die neuen Sorgen der verdoppelten Bedürfnisse drücken ihn zu Boden.«

Dabei hat Schiller sich über wenig Sorgen und Probleme zu beklagen, die hat ihm die chère mère diskret vom Hals geschafft. Nicht nur, dass sie Schiller einen regelmäßigen Zuschuss von 150 Talern im Jahr zahlt, also fast so viel wie der Herzog, sie hat sich auch um die Aussteuer gekümmert. »Meine Frau ist ganz eingerichtet zu mir gekommen, und alles was zur Haushaltung gehört hat meine Schwiegermutter gegeben.«

Schiller genießt die Situation ungeniert. Aber es dämmert ihm wohl, dass sich nicht alle darüber freuen, ihn quasi mit beiden Lengefeld-Töchtern verheiratet zu wissen. Es schwingt im Unterton ein schlechtes Gewissen mit, als er Wilhelm von Wolzogen nach Paris schreibt: »Ich hoffe, teurer Freund, Du wirst Dich meiner Verbindung mit Lottchen Lengefeld erfreuen, sie nähert uns beide einander mehr, wenn es zwischen uns eines neuen Bandes bedürfte. Karoline ist gegenwärtig auch bei mir [!] in Jena. ... und mein Leben ist beneidenswert zwischen diesen beiden.« Und damit bei Wilhelm nicht zu viel Neid aufkommt, verspricht er ihm, ihn teilhaben zu lassen: »Ich freue mich schon im Voraus der Zeit, wo Du Zeuge meines Glückes sein, und durch Deine Freundschaft es mir erhöhen wirst. Warum können wir nicht miteinander leben?« Einige Monate später dann betont er nochmals seinen Wunsch, mit Wilhelm und den Schwestern eng zusammenzuleben. »Manchen Abend unterhalten wir uns von Dir und machen Pläne, wie wir Dich auf immer mit unserem Zirkel vereinigen. Ich habe Hoffnung, dass es geschehen kann, und wenige Jahre können es entwickeln. ... In unsrer Mitte sollst Du gewiss nie unglücklich sein.«

Doch wie so oft will Schiller von solchen Versprechungen später nichts mehr wissen.

Wilhelms Reaktion auf die frohe Nachricht ist nur wenig bekannt. »Heute Nachmittag bekame ich Briefe von Schiller und Müller«, schreibt er in sein Tagebuch. »Wie erstaune ich nicht, als ich in ersterem die Heirat meiner Cousine lase, sonderbare, unangenehme Empfindungen drängten sich in meine Seele. Jetzt ist für mich denn alles verloren, ich habe niemanden mehr, von dem ich glauben könnte, er nähme ein ausschließendes Interesse an mir. … Ich stellte mich in mein Zimmer und weinte.«

Das irritiert, denn Wilhelm hatte doch von Jugend an nicht Lotte, sondern Karoline angehimmelt. Mit ihr, nicht mit Lotte pflegte er einen intimen Briefwechsel, mit ihr, nicht mit Lotte duzte er sich seit Jahren. Seine Äußerung erklärt sich nur dann, wenn Wilhelm bei seinem letzten Besuch in Rudolstadt das Gefühl hatte, Schiller und Karoline wären ein Liebespaar, Karoline wäre also für ihn verloren. Und sich daraufhin auf die jüngere Schwester einschwor, die noch frei war für ein *ausschließendes Interesse* an ihm.

Jedenfalls schreibt Wilhelm gleich an Lotte. Aber warum duzt er sie auf einmal? Wann sind die beiden zu dieser intimen Anrede übergegangen? 1788, als er nach Paris aufbrach, waren sie noch beim Sie.

In seinem Brief an die frisch gebackene Ehefrau gibt er nicht zu erkennen, wie sehr ihn die Nachricht getroffen hat. Er bemüht sich, sehr ironisch zu klingen, und spielt verzweifelt amüsiert auf einen Auftrag Lottes an, sich für sie in Paris doch mal nach einem knackigen Kerl umzusehen, der als Gatte in Frage käme. »Du hast mir da, liebes Lottchen, einen schönen Spaß gespielt, dadurch dass Du Dich so schnell verheiratest. Gibst mir eine Commission, Dir einen langbeinigen Franzosen in Paris zu finden und ihn mit dem nächsten besten Nordwind nach Rudolstadt zu schicken. Ich suche mit aller nur erdenklichen Mühe in jedem Kaffee, in allen Schauspielen, auf jedem Spaziergang das Ideal, das wir uns damals von einem vollkommenen Mann machten, und bin endlich so glücklich, zwei Sujets zu finden, an denen gewiss nichts auszusetzen ist.« Er berichtet sogar von drei Kandidaten: einem Abbé, der seinen Talar an den Haken hängen wollte und »Heiratsgedanken hatte«, einen Kapitän und einen Herzog. Die Heiratsinteressenten »schickten mir indessen ihr Portrait in ganzer Figur mit dem heiligen Versprechen, in kurzer Zeit nachzufolgen. Was soll ich jetzt anfangen mit den Herrn? Ich bin in größter Verlegenheit. Meinem Freund Schiller zu Liebe sollte ich freilich die Portraits nicht schicken, bei deren Anblick Du gewiss bereuen wirst, nicht mehr wählen zu können.«

Diesen Seitenhieb muss Lotte spüren; Wilhelm gibt ihr, wenn auch blödelnd, zu verstehen, dass sie einen weitaus attraktiveren Mann hätte haben können; dass er selbst äußerlich etwas von *einem vollkommenen Mann* gehabt hat, suggerieren allein die ihn idealisierenden Porträtisten. Nicht genug damit: Wilhelm sagt Lotte unumwunden, dass er sie in der Rolle einer Professorengattin albern finde. »Ich ahne den heimlichen Stolz, die Frau eines Professors und Gelehrten zu sein, den Du hegst, Du drängst mir mit Macht die Würde einer Professorin auf, ich stehe vor dem Katheder und beuge mich tief ... Sobald ich aber vom Katheder mich entfernt und ihn aus den Augen habe und mit Lottchen Schiller rede, behaupte ich, dass ihr die Professorenwürde nicht ansteht. ... ich kann mich noch nicht darein finden ... ich kann mir Dich ebensowenig als Hausmutter als Schillern als Hausvater denken. ... Indessen bitte ich Dich, dass die Veränderung Deiner Lage keinen nachteiligen Einfluss auf unsere Freundschaft habe. Dein Herz ist groß und kann viel Liebe geben und meinem Herzen ist Deine Liebe so nötig. ... Ist Karoline noch bei Euch, so bitte ich Euch alle drei zusammen zu stehen und zu beratschlagen, wie ich es machen soll, dass ich unter Euch und mit Euch leben kann.«

Bei allem Bemühen, souverän zu klingen, kann Wilhelm nicht verheimlichen, dass er sich als geeigneter ansieht, Lottes Mann zu sein, als Schiller. Vor allem macht sein Brief klar, dass Lotte gar keine biedere hausmütterliche Ausstrahlung hat, sondern unkonventionell und unangepasst wirkt, ihr also deswegen *die Professorenwürde nicht ansteht.*

Interessant ist, dass Schiller in diesen allerersten Monaten der Ehe, die so ganz ohne Leidenschaft dahintröpfeln, seinem Konkurrenten Goethe Herzlosigkeit und Skrupellosig-
keit unterstellt. Ein Gerücht, das jedoch nicht Lotte weiter-
gibt, von der behauptet wird, sie habe sehr viel getratscht,
sondern Schiller. »Goethe ist von Weimar weg und, wie er vorgibt, der verwitweten Herzogin von W. entgegen, die man zu
Ende März aus Italien zurückerwartet. Man vermutet aber
stark dass er nicht mehr zurückkommen werde«, unterrichtet
er Körner vom neuesten Klatsch. Seinen Osterurlaub in Rudolstadt kommentiert er dann aber wieder bissig: »Wir leben
hier gar angenehme Tage ... Meine Schwiegermutter freut
sich unseres Glücks und teilt es mit uns. Meine übrigen Verwandten von hier ersetzen mir das Leere ihres Umgangs
durch eine herzliche Gutmütigkeit und durch treffliche Torten und Pasteten.«

Lotte, Schiller und Karoline ist jedoch klar, dass auch *treffliche Torten und Pasteten* nicht hinwegtrösten können über das
herannahende Unheil: Beulwitz wird bald heimkehren. »Es ist
nicht gut, dass sie [Karoline] allein ist, wenn der époux zurück-
kommt, es wird die unangenehmsten Szenen geben. ... Mir ist
sehr weh und bang um Karolinen. ... es ist ordentlich, als ob
Beulwitz den Schlag vorahndete, denn seine letzten Briefe sind
mit Versicherungen seiner Liebe, Zärtlichkeit und dergleichen
ausgespickt – wie kann man so schreiben und im reellen Leben
so ganz anders sein?«, steht in einem Brief Schillers an Humboldt.

Beulwitz ist aber auch nicht zu beneiden. Was ihn erwartet,
ist, um es milde auszudrücken, eine wenig ausgeglichene Frau,
die mit einem Geistlichen flirtet; sei es, um sich über Schillers
Abwesenheit hinwegzutrösten, sei es, um ihn zu provozieren.

Diese Affäre tut nur einer Person gut: Lotte.

»Lotte gibt es so eine Sicherheit, Karolinens Seele so unbeschreiblich auf Dalberg gerichtet zu sehen«, schreibt Li, die
selbst kuppelt, so gut sie kann. »Dalberg müsste Karolinen viel
werden; die Größe und Grazie dieses Wesens ist unbeschreib-

lich.« Aber seine Position ist ungeeignet: Dalberg ist zwar ein sinnlicher Weltmann, offiziell aber priesterlicher Statthalter, »Coadjutor« in Erfurt für den Erzbischof und Kurfürsten von Mainz und dessen vorausbestimmter Nachfolger. Dass es deshalb nicht einfach wird, Karoline und Dalberg zu einem Paar zu machen, schwant auch Li. »Wie wird mir weh bei dem Gedanken, dass die beiden einzig schönen, einzig füreinander geschaffenen Wesen sich so quälen ..., das engelsreine Weib, so einzig und unaussprechlich in ihn versunken, nur noch an das Dasein gebunden durch ihn ...«

Diese Ansicht erklärt, warum Li und Humboldt plötzlich so tun, als hätten sie die Verbindung Lotte und Schiller schon immer perfekt, sogar ideal gefunden. »Wir sahen es alle ja schon in Weimar voraus, wie glücklich Du und Schiller miteinander sein würdet; o! und wie oft hat mein Herz Dich still gesegnet, wenn ich Dich in seinen Armen sah!«, lügt Humboldt Lotte gegenüber. Es ist noch keine fünf Monate her, dass er das Paar Lotte/ Schiller völlig anders kommentiert hatte: »Da nennen sie Ruhe was Leere ist, und arbeiten darauf hin und vegetieren.« Und von wegen *in seinen Armen.* Über Lotte hatte er gesagt: »Sie war an seiner Seite wie fern von ihm.« Nicht wenn er Lotte, sondern wenn er Karoline in Schillers Armen sah, war Humboldt entzückt gewesen. *Hast Du ihn jemals Karolinen küssen sehen und dann Lotten?* Kurz: Er will sich bei Lotte einschmeicheln, Schillers wegen. Aber auch was den angeht, lügt er nun, denn hatte er im Winter noch über die gemeinsamen Gespräche gesagt, sie seien *meist scherzend und nicht wenig leer oder doch von sehr kaltem Interesse gewesen,* schmalzt er nun: »Ich lebte nur wenige Tage allein mit Deinem trefflichen S.[chiller], aber diese Tage sagten mir, was ein Weib an ihm besitzen müsste.« Er preist Schillers »Sinn, alles Schöne jeglicher Art aufzufassen, auf mannigfache Weise zu verknüpfen und nachzubilden, diese wundervolle Gabe, es darzustellen – wo fändest Du das wieder, liebe Lotte, bei welchem Mann? ... Willst Du mir jetzt Deine Liebe, Dein Vertrauen schenken, o! so glaube mir, liebe teure Lotte, dass mein Herz Gefühle zu erwidern versteht ...«

Sie hätte wohl wenig Lust gehabt, ihm ihr Vertrauen zu schenken, hätte sie gewusst, wie er damals wirklich über sie und Schiller dachte.

Humboldt und Li täuschen sich aber gewaltig, wenn sie meinen, Karolines heraufdämmernde Affäre mit Dalberg lockere ihr Verhältnis mit Schiller. Der denkt gar nicht daran, auf seine Rechte zu verzichten. »Du bist *mein, wo* Du auch mein bist«, erklärt er Karoline im Mai. »Wie sehne ich mich, Deine liebe Gestalt wieder zu sehen, in Deinem Wesen mich zu verlieren.«

Und Lotte? Durchschaut sie, dass die Sache mit Dalberg ein Ablenkungsmanöver ist, mit dem weder Schiller von Karoline noch Karoline von Schiller wirklich abgelenkt wird? Sie versucht jedenfalls krampfhaft, sich auf andere Gedanken zu bringen, nimmt Gesangs- und Klavierunterricht und möchte Italienisch lernen. Stattdessen aber wird sie ins Kriegsgebiet nach Rudolstadt verschickt, um die Aggressionen zwischen der Schwester und dem Schwager abzupuffern. »Es muss bald anders werden«, stöhnt sie, »in manchen Momenten ist mir das Verhältnis ganz unerträglich.«

Schiller sieht die Lösung wie immer ganz einfach: »Liebste«, schreibt er an Karoline, »sieh', dass Du hier bleiben kannst, wenn U.[rsus = Beulwitz] Dich bringt.«

Lotte sehnt sich zurück nach Jena, ohne zu ahnen, dass auch dort alles ganz anders aussieht, als sie es sich ausmalt. Sie muss annehmen, dass ihr Mann als Professor nach wie vor äußerst beliebt ist, weiß sie doch, wie überfüllt und umjubelt Schillers Antrittsvorlesung im letzten Jahr gewesen ist. Doch inzwischen sind die Studenten anderer Meinung.

»Eben komme ich aus einem Kollegium von Schiller«, schreibt ein Hörer, Karl Rechlin, an seinen Lübecker Freund Karl Georg Curtius. »Ich will Dir Deine Vorstellung nicht rauben, die Du Dir von dem Mann machst. Doch es ist weit besser, ihn zu lesen, als zu hören. Ein feiner, wohlgebildeter Mann. Was er liest, ist vortrefflich, doch wie er liest – ein unausstehlicher Dialekt, eine oft überaus falsche Deklamation, eine unangenehme Ausrede. ... Er wird wohl nicht lange bleiben.«

Kein Held zum Vorzeigen, eher zum Erbarmen: Schiller in seiner letzten
Lebenszeit, gemalt von Emma Körner.

Sogar fanatische Schiller-Anhänger wie der dänische Dichter
Baggesen können nicht umhin, sich um seine Lehrtätigkeit
Sorge zu machen. »Er hat wenig Zuhörer, weil er keine Gabe
und keine Geduld zum Lesen hat.« Als Baggesen und seine Frau
Sophie am 5. August 1790, vermittelt durch den Philosophiepro-
fessor Reinhold, Wielands Schwiegersohn, den angebeteten
Schiller zu Hause besuchen dürfen, sind sie jedoch beim Betre-
ten der Weihehalle zuerst einmal entzückt; »ich wusste nicht,

wie es mir war als wir in Schillers Stube hereintraten, wo seine schöne, nette, sanfte, graziöse, runde, liebenswürdige Frau mit Lächeln uns entgegenschwebte«. Dann aber bringt Lotte die Bewunderer zu dem Sofa, »in dem er, lang, hehr, bleich, mit unfrisierten gelben Haaren und durchschneidenden Blicken in den fast starren Augen mich bewillkommte. Er hatte schreckliche Zahnschmerzen, geschwollene Backen und musste das Schnupftuch immer für den Mund halten, so dass er mit Mühe sprach.«

Und was er zu den Szenen einer Ehe im Hause Schiller vermerkt, hört sich noch weniger heldengemäß an. Dass Schiller »von Musik … gar nichts versteht«, ihm also der Sinn für Lottes musikalische Ambitionen fehlt, bekümmert Baggesen weniger. Dass Schiller aber ein lausiger Gesprächspartner ist, enttäuscht ihn. »Er ist in der Gesellschaft *nichts*, ganz und garnicht unterhaltend, ganz und garnicht witzig − meistens stumm. Nie hat man ihm einen guten Einfall abgelockt, nie ist ein bon-mot über seine Lippen gekommen.« Doch wie das Genie mit seinen Freunden und mit Lotte umgeht, entsetzt ihn. »Schiller ist ein feuerspeiender Berg, dessen Gipfel mit Schnee bedeckt ist. Er scheint kalt zu sein − sein ganzes Betragen selbst gegen seine vertrautesten Freunde − am allermeisten gegen seine Frau − ist kalt. … Er sagt nie seiner Frau oder irgend einem seiner Freunde was liebes − sein Ton mit ihr ist trocken, hart, kalt, gleichgültig, verdrießlich.«

Ernüchtert erkennt der zuvor von Bewunderung Berauschte, dass Schiller keinerlei Antrieb hat, Geld zu verdienen, um sich und seine Frau zu versorgen. Dass er sich vielmehr in ehrgeizige Projekte verrennt, anstatt irgendetwas zu realisieren. »Das Ideal, das er sich aufgestellt hat, steht so unendlich hoch, dass er es nie erreicht; unzufrieden mit allem, was er hervorbringt, würde er es sicher bis zu seinem seligen Ende im Pult liegen lassen, wenn sein Magen nicht andere Capricen als sein Kopf hätte«, schreibt Baggesen in sein Tagebuch.

Schiller aber kümmert sich hauptsächlich darum, Karoline als Zweitfrau auf Dauer an sich zu ziehen. Denn ohne sie, behauptet er, sei er in sich eingesperrt, außerstande, aus sich herauszugehen. »Liebste, ... jetzt erst fühle ich, dass Du schon lange von uns bist; seither waren's nur Augenblicke, dass ich außer mir lebte ... Wenn Du erst wieder um mich lebst und es ununterbrochen bleibst, liebste Seele ...« Schillers Strategie: Karoline soll ihren Mann daran gewöhnen, dass sie ihrer Wege geht. Er ermuntert sie: »Lass uns die Gegenwart ergreifen, sie ist ja in unsrer Macht. Du bist über diesen Punkt vielleicht freier als Du selbst denkst. Mache jetzt sogleich den Versuch mit dem U.[rsus = Beulwitz]. So wie Du es jetzt anfängst, wird er sich gewöhnen ...« Er will Karoline in Jena haben. »Ich lebe hier doch weit besser mit Dir, als in R. ...«

Immerhin scheint Karoline Lottes Auszug dazu genutzt zu haben, sich in Rudolstadt von ihrem Mann räumlich deutlicher abzusetzen. Lotte berichtet am 16. Oktober 1790 Wilhelm von Wolzogen aus dem Haus der Schwester: »... ich sitze an Linens Schreibtisch, an mein Stübchen würdest Du vergeblich anklopfen, es ist in Linens Schlafstube verwandelt«. Da Lotte im Hinterhaus, Karoline und Beulwitz aber ursprünglich im Vorderhaus wohnten, heißt das: Karoline hat sich, soweit es innerhalb dieses Hauses nur geht, von ihrem Gatten entfernt. Und Lotte will, dass ausgerechnet Wilhelm, der die Aufteilung genau kennt, davon weiß. *Es ist alles so locker,* heißt das, *dass es leicht aufzulösen ist.*

Karoline ist währenddessen damit beschäftigt, ihren Mann so schwarz wie möglich zu malen, und steckt Lotte in bemüht geistreicher Umschreibung, Beulwitz verfalle dem Alkohol und kümmere sich um Geistiges überhaupt nicht mehr. »O.[Ours/ Ursus] lebt ganz dem Bacchus und ist glücklich in dieser Stimmung, dass sein Leben ordentlich eine Satire gegen Minerva abgeben könnte. Ich sehe ihn fast gar nicht.« Trotzdem müssen Lotte und Schiller immer wieder Stoßdämpfer sein, wenn Beulwitzens aufeinander treffen. Sie verbringen Mitte Oktober Schillers Jahresurlaub von nur zwölf Tagen in Rudolstadt, allerdings auch nicht eben der Weisheitsgöttin gemäß, sondern eher anspruchslos bacchantisch »mit Essen, Trinken, Schachspielen oder Blindekuhspielen«.

Es scheint aber so, als wäre Lotte in dieser Phase durchaus glücklich, vermutlich weil die Pläne ihres Mannes mit Karoline keinen Erfolg haben. »Es gibt mir viel Freude, Dich so glücklich zu wissen«, behauptet Li, »Du musstest es werden in S.[chillers] Liebe, in dem Reichtum seines Wesens.« Zu glücklich soll Lotte in Lis Vorstellung allerdings auch wieder nicht werden mit dem Mann, der Karoline gebührt. Sie hat schließlich noch vor kurzem befürchtet: »Sie wird, fürchte ich, einen arroganten Ton gegen sie [Karoline] annehmen.« Lotte muss also klein gehalten werden. Deshalb trägt Li ihr brühwarm die neuesten Gerüchte aus Erfurt zu. Dort halten sich gerade »ein paar Frl. von Arnim aus Dresden« auf, von denen sie eine zu Recht als »das alte Schätzchen von S.[chiller]« identifiziert und sogleich disqualifiziert, ohne sie nur gesehen zu haben. »Ich kann mir's aber nicht denken, dass S. etwas sollte aus ihnen gemacht haben, als was man sonst aus Mädchen von einer gewissen Klasse macht, *car elles sont très sujettes à caution* ...« – auf Deutsch: »weil sie sehr verdächtig sind«. Damit sagt sie: Und mit so was Minderwertigem, mit Frauen, die käuflich wirken, hat sich dein feiner Mann mal abgegeben.

Wahrscheinlich kann Lotte sich ihren Mann gar nicht als frivolen Draufgänger vorstellen, der einstimmen würde in Goethes Loblied »es geht doch nichts über die Huren«, denn er will es ja mit allem Sinnlichen weder in der Theorie noch in der ehelichen Praxis zu tun haben. Und Goethe ist ihm eben deswegen suspekt, weil für den seit Italien Sinnlichkeit ein zentrales Thema ist. »Er war gestern bei uns ... Seine Philosophie mag ich auch nicht ganz: sie hat zu viel aus der Sinnenwelt, wo ich aus der Seele hole. Überhaupt ist seine Vorstellungsart zu sinnlich und betastet mir zu viel.« Für Schillers Geschmack betastet Goethe wohl auch seine Geliebte zu viel. »Übrigens ergeht's ihm närrisch genug. Er fängt an, alt zu werden, und die so oft von ihm gelästerte Weiberliebe scheint sich an ihm rächen zu wollen. Er wird, fürchte ich, eine Torheit begehen ... Sein Mädchen ist eine ziemlich berüchtigte Mademoiselle Vulpius, die ein Kind von ihm hat, und sich nun in seinem Hause fast so gut als etabliert hat. Es ist sehr wahrscheinlich, dass er sie in wenigen Jahren heiratet.«

Lotte wird immer wieder vorgeworfen, sie habe Schiller beeinflusst, was die Einstellung zur »Vulpia« angehe, seine abfälligen Bemerkungen seien nur das Echo von ihren. »Redet Schiller nicht das nach, was er von seiner Frau ... hört?«, fragt auch Sigrid Damm, als Schiller später harsch von Goethes »elenden häuslichen Verhältnissen« redet. Äußerungen wie die eben zitierte belegen aber, dass er lange vor Lotte herzieht über die *berüchtigte Mademoiselle Vulpius.*

Einem Mann wie Schiller, dem das Sinnliche unheimlich geworden ist, muss auch ein so unübersehbar sexuelles Verhältnis unheimlich sein. Doch unter dem sexuellen Desinteresse wird die unerfahrene Lotte, die sich bestimmt nicht des damals unter Strafe stehenden »antizipierten Beischlafs« schuldig gemacht hat, wohl weniger leiden als an dem von Baggesen geschilderten Umgangston. Denn der war und ist im Hause Lengefeld immer besonders liebevoll.

Ob glücklich oder nicht: Lotte merkt nun allmählich, dass Schiller ihr eine Menge Arbeit macht. Unkompliziert sinnlich geht bei ihm gar nichts vor sich. Schiller, der Held, hat die Schwestern mit seiner Entschlossenheit erotisiert; aber er entpuppt sich als ein Zauderer, der gerne darüber richtet, was andere alles falsch machen, aber in keiner Hinsicht weiß, was er selber will. Leidenschaft mit Karoline oder braves erregungsloses Eheleben mit Lotte? Risiko und Freiheit oder Familienfrieden? Eine Karriere als Historiker, eine Dichter-Laufbahn oder eine Stelle als Bühnenautor? Er kränkelt, leidet unter Arbeitshemmungen, wird von Zweifeln gebeutelt. Aber um Rat fragt er anscheinend nicht Lotte, sondern Fernstehende, die das verständlicherweise irritierend finden.

»Er frug Dalberg um Rat, ob er als Schriftsteller seine historische Laufbahn fortsetzen oder sich seinem Dichtertalent ganz widmen sollte«, berichtet Li ihrem Humboldt. »Wenn man Schillern kennt und seine Schriften aufmerksam gelesen hat, muss man, glaube ich immer, für das letzte entscheiden. Das tat auch Dalberg. Nun schreibt ihm Schiller, er habe auch so empfunden. ›Warum‹, sagte Dalberg, ›frägt er mich, warum will er sich stützen, der alleine stehen kann und soll?‹«

Es verwundert, dass Schiller zwar in beruflicher Hinsicht verunsichert ist, ihn aber das, was sich da zwischen Karoline und Dalberg abspielt, nicht zu irritieren scheint. Am Jahresende will Li die beiden endgültig verkuppeln, und Schiller kann mit eigenen Augen ansehen, was zwischen beiden entsteht, denn alle zusammen werden Silvester und Neujahr in Erfurt feiern.

»Wie es mit Karolinen werden wird? Ich erwarte viel Gutes von den nächsten Wochen. Es sind zwei einzig schöne Wesen. Dalberg kannte noch keine Frauen von wahrem Charakter«, äußert Li vorher noch hoffnungsschwanger. Doch offenbar zieht Dalberg nicht recht. »Dalberg spricht mir wieder von ihr [Karoline], aber in einem andren Tone wie sonst ...« Prompt erklärt Li den Ehemann Schiller für noch verfügbar. Denn wenn es mit Karoline und Dalberg nichts wird, dann bleiben da noch Karolines angestammte Anrechte auf Schiller. Also darf er Lotte doch nicht ganz zugesprochen werden. »Gestern abend kam Schiller mit Lottchen an«, schreibt Li ihrem Verlobten an Neujahr, »– es wird mir wohl und weh tun, wenn ich sie neben Schillern sehe, wenn sie sich so öffentlich Du nennen und er sie ›liebe Frau‹ ruft.« Könnte ihr das wehtun, wenn sie wirklich Lottes Freundin wäre?

Beulwitz ist, als Schiller ankommt, bereits diskret wieder abgereist, er lässt seine Frau mit den beiden Verehrern allein, der eine seiner Gattin anverlobt, der andere dem lieben Gott. Und es fragt sich, warum Schiller es geschehen lässt, dass Karoline sich offensiv um Dalberg bemüht. Li ist fassungslos, dass ihn dieser schon stadtbekannte Flirt in keiner Weise zu behelligen scheint. Er müsste sich doch eigentlich davon provoziert fühlen. Doch anmerken lässt er sich nichts.

Und Lotte? Ob sie spürt, dass ihre Schwester hier, in Erfurt, zwei Männer an die Angel bekommen will? Ob sie beobachtet, wie Schiller und Karoline jetzt miteinander umgehen? Ob sie ahnt, dass mit dem Jahr 1791 eine Leidensgeschichte beginnt? Wahrscheinlich können nur ihre Vertrauensseligkeit und ihre Ahnungslosigkeit sie davor bewahren, jetzt bereits Konsequenzen zu ziehen. Denn sähe sie, was auf sie zukommt, gäbe sie auf.

XI

Der leichtsinnige Kranke

Wie Schiller die Geduld
seiner Frau strapaziert

Konzert im Erfurter Redoutensaal am 2. Januar. Lotte Schiller an der Seite ihres Mannes, inmitten von Freunden. So stellt sie sich das Leben vor. Ein lichterfüllter, eleganter Raum, die Gäste sind in Gala und bester Stimmung. Nur er ist es nicht. Er zittert, seine Zähne schlagen aufeinander, er ist käseweiß und kaltschweißig. Lotte, Karoline und Dalberg sind einer Meinung: Schiller muss sofort in ein Bett verfrachtet werden. In einer Sänfte wird er nach Hause getragen. Eine fiebrige Grippe zwingt ihn zur Ruhe.

Doch Schiller hält nichts in Erfurt. Fühlt er sich ungemütlich als Konkurrent Dalbergs? Stört es ihn doch, wie seine Karoline Dalberg ermuntert? Jedenfalls erklärt er sich sechs Tage später bereits für stark genug, um nach Jena zurückzureisen, und setzt im Vollgefühl seiner Kräfte bei der Durchreise in Weimar seine Lotte bei Charlotte von Stein ab. Sie will dort mit der Patin und einzigen zuverlässigen Vertrauten vieles bereden. Denn auch wenn Lotte nach außen hin die *schöne, nette, sanfte, graziöse, runde, liebenswürdige* Gattin ist, weiß sie schon jetzt, kein Jahr nach der Hochzeit, wie schwer der große Schiller zu ertragen ist. Wie soll sie leben mit diesem undurchschaubaren, unfreundlichen, unsinnlichen und unberechenbaren Mann? Was soll sie sich denken, wenn er sie gleich von Jena aus drängt: »Vergiß nicht, die Kalb ... zu besuchen«? Es ist erst ein Jahr her, dass er seine ehemalige Geliebte als Inbegriff von Falschheit gebrandmarkt und Lotte vor ihr in scharfem Ton gewarnt hat.

Viel Zeit für Eheberatung bei Charlotte von Stein bleibt Lotte indessen nicht. Denn kaum hat Schiller seine Vorlesungen wieder aufgenommen, wirft ihn ein Rückfall aufs Bett. Es ist vermutlich eine Rippenfellentzündung, die er damals in Mannheim nicht auskuriert hat und die ihn nun wieder einholt. Er selber redet von »einer hitzigen Brustkrankheit«. Er fiebert, hustet, spuckt Blut. Allein gelassen ist er allerdings nicht. Einige junge Männer, die ihn als seine Hörer verehren, kümmern sich um ihn, darunter Freiherr von Hardenberg, der als Novalis berühmt werden wird, und der aus Livland stammende ehemalige russische Rittmeister Gustav von Adlerskron, der in Schillers eigener Sippe zu einem eher unliebsamen Ruf gelangen soll.

Diese Krankenwache ist zwar intellektuell wertvoll, aber praktisch wertlos. Schiller merkt, dass er eine Krankenschwester braucht, und bittet seine Frau zu sich. Lotte entnimmt den Zeilen, die ihr ein Eilbote überbringt, wie miserabel es Schiller geht. »Es wäre mir lieb, mein Herz, wenn Du gleich nach dem Empfang dieses Briefes einen Wagen nähmest und hierher führest. Meine Krankheit ist wieder gekommen ... Dich länger zu vermissen, wäre mir schmerzhaft ... lass mich Dich ja heute noch bei mir sehen.«

Lotte übernimmt. Und ruft nach ein paar Tagen völlig entkräftet Verstärkung herbei: Am 25. Januar reist Karoline an. Die vertrauensselige Lotte ist offensichtlich gar nicht mehr eifersüchtig. Dabei nimmt Karoline sofort für sich in Anspruch, diejenige zu sein, die Schiller besser betreut, besser pflegt, besser kennt und besser versteht. Lotte muss sich mit dem Job als Krankenschwester begnügen und gibt alles auf, was sie im letzten Jahr noch begeistert hat. Der Italienischkurs findet nicht statt und für Zeichenunterricht ist weder Zeit noch Geld oder Kraft da.

Jetzt nimmt Lotte die Aufgabe an, die sie von da an nicht mehr los wird: nichts als Schillers Frau zu sein »recht sanft und brav«, also alles andere als aufregend, erscheint sie dem Maler Karl Gotthold Graß, nur ein Jahr jünger als Lotte, der Ende

Januar 1791 die Schillers besucht und noch immer von Schillers erschreckender Husterei berichtet.

Doch Karoline neidet Lotte wahrscheinlich sogar die Sorge um den Patienten, jedenfalls verschafft sie ihrem Frust, den Mann ihres Lebens nun als Gatten der Schwester zu erleben, Li gegenüber gründlich Luft. Sie macht Lotte dafür verantwortlich, dass Schiller zum seelischen Krüppel werde. Und Li hat in vorauseilendem Gehorsam Humboldt schon erklärt, Schiller sei durch Lotte zu einem Weichling verkommen, der keine Kraft mehr habe, um Karoline zu kämpfen. »Du glaubst kaum, wie geändert er ist. In sich mag er ruhiger, vielleicht in einem gewissen Sinne glücklicher sein, doch konnt' ich über einige Dinge nicht mit ihm reden, ohne schmerzlich bewegt zu werden, so z. B. über das Verhältnis von Lili [Karoline] zu Dalberg. Er sprach darüber, ob sie etwas tun könnte oder tun müsste, um eine gleichmütigere Ruhe in sich zu erhalten. Ich fühlte, dass einige Saiten in ihm nicht mehr tönten: er schien nicht zu empfinden, dass es Dinge gibt, die man tut oder nicht tut, nicht weil man will, sondern weil man *muss* ... Über alle Ideen hoher, einziger Liebe fühlte ich ihn herabgestimmt.« Bei der *hohen einzigen* Liebe hat es sich, natürlich, um die zu Karoline gehandelt. Dass Schiller stur betont, er sei glücklich und froh, Lotte, nicht Karoline geheiratet zu haben, ist für Li nicht nachzuvollziehen.

Also findet sie ein Argument dafür: Lotte hat aus Schiller das Blut der Leidenschaft herausgesaugt und nimmt ihm das Beste weg, zu ihrem eigenen Vorteil. Sie bereichert sich am Genie und das Genie verarmt. »Er sprach einmal mit mir von Lottchen und seiner Art, mit ihr zu leben, so recht im Ton der Ruhe, nicht der Resignation. Er sagte sogar, wie er sich überzeugt hätte, dass er mit Karolinen nicht so glücklich gelebt haben würde wie mit Lottchen, sie würden einer an den andern zu viele Forderungen gemacht haben, und mit einem Wort, ich fühlte, dass sein Herz keinen Wunsch mehr macht, den Lottchen nicht erfüllen konnte. Lottchen selbst ist mehr geworden. Ihre Empfindungen haben an Innigkeit gewonnen, ihr Wesen tönt in einem volleren Klange.«

Das darf nicht sein: Schiller wunschlos glücklich mit einer Frau, die so weit unter seinem Niveau liegt. Li, Karoline und auch Humboldt können und wollen die Ursache dafür nur darin sehen, dass der Ehemann seine Ansprüche weit heruntergeschraubt hat. »Was Du mir von Schillern schreibst, hat mich tief geschmerzt«, stimmt Humboldt in Lis Abgesang ein. »Dass man die schönsten Wesen hinwelken, die größten Menschen herabsinken sehen muss!«

Immerhin ist Schiller nicht zu verwelkt, um noch die »Wallenstein«-Trilogie, »Maria Stuart« »Wilhelm Tell«, die »Braut von Messina« und die berühmtesten Balladen deutscher Sprache zu schreiben. Doch um seinen Verfall durch Lottes Schuld zu dramatisieren, muss er früher größer gewesen sein. Also wird im Nachhinein korrigiert, damit Schiller a. L. – ante Lotte – besser dasteht.

»Wenn ich ihn mir denke, wie er war, als ich die vier Tage mit ihm in Jena lebte, wie voll der glühendsten Empfindungen, wie beschäftigten Herzens«. Damals hat Humboldt anders gesprochen und von Gesprächen mit Schiller geredet, die *scherzend, nicht wenig leer oder von sehr kaltem Interesse* waren. Dass Schiller nun mit Lotte rundum zufrieden ist, deutet Humboldt als krampfhaft unterdrückte Leidenschaft für Karoline: »... und nun will er, dass man sich einengen, hemmen soll, was die Natur ungehemmt wollte«. Und bedient voll Lis Theorie von Lotte als Schmarotzer. »Ich glaube gern, dass Lolo besser und mehr geworden ist. Aber genügen konnte sie Schillern nicht, wie er damals war, und nun hat sie ihn herabgestimmt. Von dieser Schuld kann ich sie nicht freisprechen.«

Da wird einer blutjungen Frau Schuld angelastet, die nichts anderes tut, als ihren Mann zu bewundern, zu pflegen, zu umsorgen und die durch intensive Lektüre versucht, ihm eine anregende Partnerin zu sein. Gerade aus dem Mund des frühreifen Humboldt klingt das befremdlich. Zumal sogar er eingestehen muss, dass Schiller schon vor seiner Ehe ein gnadenloser Egoist war, ohne jede Einfühlungsbereitschaft – von Ausnahmen abgesehen. Als Erstes, sagt er, sei ihm an Schiller aufgefallen, »dass er die Empfindungen andrer nicht genug respektierte. Und wenn das ist, dann hat ein Mensch keine reine, lautere Verehrung für dies innere Leben des Herzens …; ich fühlte etwas Selbstiges in seiner Art zu empfinden, und ahndete, wenn er auch sein Weib überall glücklich machte, so würde sie darunter leiden. Lolo nimmt alles leichter auf. Mit Lili wär's nicht gut gegangen.«

Das heißt, Karoline hätte sich ein solches Verhalten nicht gefallen lassen, nur die lammfromme Lotte macht da mit.

Umzingelt von solchen falschen Freunden, konfrontiert mit Geldnot und einem Mann, der nicht imstande ist, System und Ordnung in sein Dasein zu bringen, muss Lotte sich einen Weg suchen. Und beginnt mit sanfter Hand, Schiller zu erziehen, ohne dass er es merkt. In vielem wird ihr das allerdings nicht gelingen.

Schiller hat zum Beispiel die Angewohnheit, mit seinen Manuskripten den Boden zu bedecken. Nach Beobachtungen eines Handlangers, der, einige Zeit früher, zwölf Jahre lang im Zimmer des Dichters half, »warf Schiller vielerlei Papiere darin umher, die oft den Fußboden ganz bedeckten.« Gleichzeitig legt er großen Wert auf einen aufgeräumten Schreibtisch.

Lotte greift sachte ein. Auch was seine Kleidung angeht. »Aller Zynismus in Kleidung und Umgebung wich, als er mehr auf sich zu achten anfing, besonders auf Charlottens Veranlassung«, wird dankbar registriert. Doch Lotte ist gewarnt, sie weiß, dass Goethe sich von Charlotte von Stein, Schiller sich von Charlotte von Kalb gemaßregelt fühlten und genau davor die Flucht ergriffen. Also unterlässt sie größere Umerziehungsversuche.

Manche von Schillers Marotten sind ja auch harmlos; dass er eine Phobie vor Spinnen hat, die ihm »physisches Unbehagen« einjagen, dass er die Schreibtischschublade voll halbverfaulter Äpfel haben muss, weil deren Geruch ihn inspiriert, oder dass er bei der Nachtarbeit Weinschokolade trinken will, daran kann sie sich gewöhnen.

Wie aber kann Lotte mit all den schwer erträglichen Eigenarten ihres Manns leben? Schließlich ist er seit dem zweiten Ehejahr dauernd krank, denkt aber überhaupt nicht daran, Rücksicht auf seine angeschlagene Gesundheit zu nehmen. Er ernährt sich ungesund, bewegt sich zu wenig, zieht sich zu leicht an, hat einen ungesunden Lebensrhythmus, raucht und schnupft trotz seiner Lungen- und Bronchialschwäche. Lotte schweigt und schluckt. Sie fühlt sich offenbar allen Problemen der Ehe zum Trotz gut, denn es sieht so aus, als wäre Karoline endlich voll in Anspruch genommen von ihrer neuen Liebe. »Was aus diesem Verhältnis zwischen ihm [Dalberg] und Lili werden wird? Wenn sie sich nahe leben, ein sehr schönes. ... Diese Liebe, meine Charlotte, wird ihr ganzes Dasein ausfüllen ...«, behauptet Li.

In Rudolstadt allerdings schlägt sich Karoline mit ihren Depressionen herum, ist also dankbar, als Schiller mit Lotte im April zur Erholung dorthin kommt. Hier kann er zuerst einmal etwas gesünder leben, er geht spazieren, reitet und macht nicht die Nacht zum Tage. Doch am 8. Mai beginnt eine unerwartete Katastrophe: Schiller erleidet einen lebensbedrohlich wirkenden Anfall von Atemnot, wird von Koliken und Schüttelfrost gebeutelt. Sein Körper fühlt sich eiskalt an, er ist der Ohnmacht nahe, die Schwestern massieren unablässig seinen Körper. Am 10. Mai verschlimmert sich die Lage. Schiller hat das Gefühl, es gehe mit ihm zu Ende. Per Eilboten wird nachts noch Dr. Stark aus Jena herbeigeholt. Am 12. Mai verbreitet sich in Erfurt das Gerücht von Schillers Tod, doch da ist ihm der Dichter bereits von der Schippe gesprungen. Dr. Stark und ein Arztkollege, berichtet Li ihrem Humboldt, haben die Anfälle »für Krämpfe erklärt, die nicht tödlich sein könnten«, und Schiller sei am 11. bereits »wieder ganz leidlich gewesen«.

Im Angesicht des vermeintlichen Endes jedoch hat sich an Schillers Bett wohl einiges abgespielt. »Karoline schreibt mir, der Wunsch, Schillern in seinen letzten Stunden etwas zu sein, schiene ihre Natur besiegt zu haben«, berichtet Li. Was soll mit dieser *Natur* anderes gemeint sein als die Eifersucht auf Lotte, ihre Wut darauf, dass die Schwester *ihren* Mann hat? Und Li verrät weiter, dass auch sie der Ansicht ist, Karoline sei diejenige, die an Schillers Nachruhm partizipieren müsse und im Todesfall als Hauptleidtragende zu betrachten sei. Als Schiller Todesangst befiel, kritzelte er auf einen Zettel:»Sorget für Eure Gesundheit. Anders kann man nicht gut sein.« Dass Karoline, nicht Lotte dieses Dokument aufbewahrt, zeigt, dass sie sich als Schillers eigentliche Frau, als seine Sachverwalterin und geistige Erbin betrachtet. Wenn Schiller noch mal in Lebensgefahr geriete,»reiste ich gewiss hin«, schreibt Li an Humboldt.»Karoline müsste in einer schrecklichen Lage sein und Lottchen.« Im letzten Moment ist Li eingefallen, Lottes Namen anzuhängen. Ihr unbewusst eingestandenes Gefühl, das Paar heiße Schiller und Karoline, nicht Schiller und Lotte; wird ebenso verständlich wie Karolines Ansprüche, wenn Karoline zu diesem Zeitpunkt tatsächlich noch ein intimes Verhältnis mit Schiller hatte und es auch am Krankenbett wieder aufwärmte. Dafür gibt es einen glaubwürdigen Zeugen, der Schiller 1791 in Rudolstadt besuchte, als er, der Totgesagte, sich gerade von seiner schweren Erkrankung erholte – den baltischen Maler und Theologen Karl Graß. Am 3. Juli 1791 bedankt er sich.»Ich bitte Sie mit der herzlichsten Versicherung meines Dankes der lieben Frau Hofrätin [= Lotte] und der Frau Vize Kanzlerin [= Karoline] mich zu empfehlen. Ich kann Ihnen nicht meine Empfindung über die Liebe dieser trefflichen Schwestern unter einander und zu Ihnen bergen. Es war mir oft, als ob die Frau Hofmeisterin [= Mutter Lengefeld] nur eine Tochter und Sie, wie der alte Graf Gleichen, laut der Sage zwei Frauen hätten.«

Die Sage, von der er redet, war in Thüringen allgemein bekannt.

Besagter Graf, ein Thüringer; soll auf einem Kreuzzug in türkische Sklaverei geraten sein, wo sich die schöne Tochter des Sultans in ihn verliebte und ihm Freiheit und Reichtum versprach, wenn er sie heiratete – er sagte ja, obwohl zu Hause seine Frau auf ihn wartete. Sultanstochter und Graf flohen schwer beladen und wurden in Rom, nachdem der Papst die Doppelehe des braven Kreuzritters genehmigt hatte, getraut, reisten dann zur Gattin Nr. 1, die mit der Ehe zu dritt einverstanden war. Alle drei schliefen einträchtig zusammen in einem großen Himmelbett. Es handelte sich also nicht um eine platonische, sondern eine durchaus körperliche Dreierbeziehung, an die sich Graß angesichts Schillers und der beiden Schwestern erinnert fühlt.

Ist es die Sorge um Schillers Leben, die Lotte tolerant macht? Oder ist Karoline raffiniert genug, das Ganze so zu arrangieren, dass Lotte davon wenig merkt? Schließlich ist es üblich, dass die Pflegerinnen eines Kranken einander ablösen bei ihrem Liebesdienst.

Schiller scheint die doppelte Zuwendung gut zu tun, denn es geht stetig aufwärts mit ihm. Das Gerücht von seinem Tod verbreitet sich von Erfurt aus aber trotzdem weiter. Wie es nach Salzburg gelangt ist, weiß keiner mehr. Jedenfalls vermeldet dort am 8. Juni 1791 die »Oberdeutsche Allgemeine Litteraturzeitung: »Jena. Der Liebling der deutschen Musen, Herr Hofrat Schiller, ist hier gestorben.« Und in dem Rekordtempo, das Gerüchte haben, erreicht die Falschmeldung Dänemark. Und löst dort beinahe Staatstrauer aus. Denn Jens Baggesen ist nur das am wenigsten prominente Mitglied eines Schiller-Fanclubs, dem der Geheime Staatsminister von Dänemark, Erbprinz Friedrich Christian, später Herzog von Schleswig-Holstein-Augustenburg, der dänische Finanzminister, Hofrat Graf von Schimmelmann, und dessen Frau angehören.

Baggesen ist gerade im Aufbruch, als die Falschmeldung eintrifft: »... wir sind im Begriff nach Seelust zu fahren, ... als ich ein Billet der Gräfin erhalten, worin sie mir Schillers Tod ... meldete. Ich wurde wie vom Blitz getroffen, und wahr ist's, selbst die Nachricht von Mirabeau's Tod, ob sie mich schon sehr erschütterte, machte nicht eine so tötende Wirkung auf mein Herz als dieser Donnerschlag − ich stürzte halb erstarrt in die Arme meiner Sophie.« Umgehend wird Schiller idealisiert: »Sein hohes, hehres, apollinisches Bild verfolgte uns mit dem weißen Schnupftuch an der Wange, wie wir ihn letztens, ach! Nur gar zu kurz! sahen.« Baggesen vergisst, was er wirklich sah, einen Mann auf dem Sofa, *bleich, mit unfrisierten gelben Haaren und einem durchschneidenden Blick*, dessen ungemein apollinisches Äußeres auch noch *geschwollene Backen* verunstaltete.

Zusammen mit den anderen Schiller-Verehrern inszeniert er eine pompöse Schiller-Totenfeier »am donnerrollenden Nordmeer«.

Diese Beileidskundgebung bringt Schiller zwar wenig, doch kaum erfahren die Trauernden, dass sie einer Ente aufgesessen sind, lassen sie sich nützlichere Dinge einfallen. Der dänische Staatsminister, Prinz Friedrich Christian, ist bereits in Karlsbad, als ihn die Nachricht erreicht, dass Schiller doch lebt und bald ebenfalls in Karlsbad zur Kur eintreffen wird. Die beiden begegnen sich zwar nicht, aber der Erbprinz zieht in Jena Informationen über die Lage des Dichters ein und schreibt aufgewühlt: »Das Übermaß von Arbeit hat ihn geschwächt, und diese übermäßige Arbeit ist notwendig, damit er das Leben seiner Familie bestreiten kann. Ohne sie würde er Hungers sterben im eigensten Sinn des Wortes – und so etwas kommt vor im Zeitalter der Aufklärung.«

Vorwürfe dieser Art will Schillers Landesherr Herzog Karl August nicht auf sich sitzen lassen und zahlt Schiller im September einmalig 250 Taler zusätzlich, eine Gehaltserhöhung muss er jedoch mangels Mitteln ablehnen, was ihm peinlich ist. Entschuldigend, fast kleinlaut schreibt er: »Hoffentlich, liebes Lottchen, wird der Krankheitszustand Schillers nicht von Dauer sein … Da der Mangel an Einnahmen hoffentlich nur ein Jahr dauern wird, so schicke ich Ihnen so viel als etwa nötig sein möchte, die Lücke auszufüllen, welche nach Abzug des Zuschusses Ihrer Frau Mutter und meiner Pension noch an dem Notwendigsten übrig bleiben möchte.«

Dass sich der Herzog an Lotte wendet, ist kennzeichnend. Sie ist es nämlich, deren Tränen die finanziellen Mittel zum Fließen bringen; ihr gilt das Mitleid, ihr gelten die Sympathien, denn allen ist klar, was sie nun noch durchzustehen haben wird als Frau des schwer lädierten Dichters. Ihr wird auch mitgeteilt, dass Baggesen, Schimmelmann und der Herzog an einem Finanzierungsplan für Schiller arbeiten. »Den Abend war ich mit unserer übrigen kleinen Klubgesellschaft bei ihm«, berichtet Reinhold seinem Freund Baggesen. »Seine Frau zog mich zur Seite. ›Wenn Sie Baggesen schreiben‹, sagte sie, ›so sagen Sie ihm – sagen Sie ihm – schreiben Sie ihm –‹, und nun erstickte ein Tränenguss ihre Stimme, die sie nicht wiedergewinnen konnte, bis ich ihr sagte: dass ich Baggesen nichts Nachdrücklicheres, Rührenderes, Interessanteres schreiben könnte, als was ich soeben von ihr gesehen und gehört hatte.«

Wie Schiller mit seinem Körper, mit Lotte und mit seinem Geld umgeht, ist allerdings weniger rührend. Dekan Göritz, der in diesem Herbst als Hauslehrer nach Jena kommt und Schiller kennen lernt, ist über dessen finanzielle Lage informiert und weiß, wie wichtig es wäre, dass der Rekonvaleszent nach der Kur in Karlsbad, die übrigens höchst diskret der geschmähte Beulwitz bezahlt hat, wieder zu Kräften käme und Geld verdiente. »Schiller kam noch sehr schwach in Jena an, die Nächte waren schlaflos, die Tage schmerzlich, und er war meistens so abgespannt, dass der einfachste Diskurs ihm Ohnmachten zuzog. Arbeiten konnte er wenig oder gar nichts. Vermögen hatte er nicht, seine Frau nur einen kleinen Zuschuss von Hause; er hatte ansehnliche Schulden.«

In dieser Situation beschließt Schiller, sich die Langeweile damit zu vertreiben, dass er einen Mittagsstammtisch in der Schrammei einrichtet. Weil er zu schwach zum Ausgehen ist, will er sich unterhaltende Gäste ins Haus holen; »ein interessanter Zirkel von Schwaben in Jena, Paulus, Niethammer, Rapp, Gros etc.«, erinnert sich Göritz, selber ebenfalls Schwabe. Und er lebt ein Lotterleben; »L'Hombre, Schach und leichte Gespräche füllten das aus, was man seinen Tag nennen konnte. Er stand oft erst um zwölf, halb ein Uhr auf, ja, das Mittagessen verspätete sich am Ende so, dass es bis auf drei, halb vier hinausgeschoben wurde.«

Das muss der disziplinierten Lotte gegen den Strich gehen, aber sie wird nicht gefragt. Dafür tritt Karoline wieder auf den Plan. »Er ließ sich mit seiner Frau und einer Hausjungfer und Bedienten speisen, und schlug mir vor, ob ich nicht mit meinen

Eleven die nämliche Kost nehmen und mit ihm essen wollte. Dazu kamen Niethammer, ein Professor Fischenich aus Bonn, der kantische Philosophie in Jena studierte, und ein Kammerherr v. Stein aus Weimar ... Halbe Jahre lang war auch die Frau von Wolzogen ... mit uns bei Tische. Es bildete sich bald ein vertrauter Familienton unter uns, dessen Andenken immer noch für mich reizend ist.«

Weniger reizend ist es für Lotte, dass diese Runde Schiller zum Spielen verführt. Weiß Karoline nicht Bescheid oder lügt sie bewusst zu Schillers Gunsten, wenn sie behauptet, Schiller führe in dieser Zeit »ein sicheres, ruhiges Hausleben« und suche seiner Frau »eine angenehme Geselligkeit zu bereiten«? Göritz, der mit seinem Kollegen Fichard unterwegs war und sehr oft zu Gast in der Schrammei, wird von manchen, auch von Karoline Beulwitz, als Zeuge in Frage gestellt, aber vieles von dem, was er erzählt, wird von anderer, glaubwürdiger Seite bestätigt. Schiller, gerade erst dem Tod entronnen, »geriet mit einer erstaunlichen Leidenschaft an's *L'Hombre*. Wir hatten es uns zur Pflicht gemacht, ihm Gesellschaft zu leisten, so lange er noch nicht ganz hergestellt sei. Schiller, Gros und ich spielten nun oft von Mittags an nach Tische bis Morgens zwei oder drei, gewöhnlich aber bis elf Uhr fort, wobei man sich nicht Zeit nahm, zu Nacht zu essen, sondern sich am Spieltische aus der Hand servieren ließ.« Es wurde natürlich um Geld gespielt.

Was muss in Lotte vorgehen, die zusehen muss, wie ihr kranker, hochverschuldeter Ehemann eine Scheibe Brot in der Hand die Nächte durch spielt und dabei auch noch verliert? Reden kann sie mit niemandem darüber, nach außen hin muss sie über diese Rücksichtslosigkeit ihres Mannes schweigen, denn das Mitleid der Gönner löste sich schnell in Luft auf, wüssten sie, wie Schiller ihre milden Gaben durchbringt. Dass Lotte dichthält, beweist Reinholds mitleidheischender Bericht zu Schillers Lage an Baggesen: »Vielleicht könnt' er sich noch ganz erholen, wenn er eine Zeit lang sich aller eigentlichen Arbeit enthalten könnte. Aber das erlaubt seine Lage nicht. Schiller hat nicht mehr als ich fixes Einkommen, d. h. 200 Taler, von denen wir,

Keineswegs dilettantisch: Bauernhaus am Ufer und Fischer im
Kahn in einer Radierung von Charlotte Schiller.

wenn wir krank sind, nicht wissen, ob wir sie in die Apotheke,
oder Küche senden sollen.«

Gut, dass Reinhold so ahnungslos ist. Durch seine Vermittlung nämlich kommt es zu einer Hilfsaktion, die den einheimischen Herzog erbärmlich geizig aussehen lässt. Prinz Friedrich
Christian und Finanzminister Graf von Schimmelmann bieten

Schiller ein dreijähriges Stipendium von jährlich 1000 Reichstalern an, also insgesamt das Zwölffache von dem, was der Herzog in Weimar ihm gab; diese Zahlungen sollen dann sogar noch um zwei Jahre verlängert werden. Reinhold hat die Spender wissen lassen, Schiller sei in Geldsachen stolz und man müsse höllisch aufpassen, ihm nicht das Gefühl zu geben, er sei ein Almosenempfänger. Also verfassen sie einen Brief, der Schiller derartig feiert, dass er keinesfalls beleidigt sein kann. »Zwei Freunde, durch Weltbürgersinn miteinander verbunden, erlassen dieses Schreiben an Sie, edler Mann! Beide sind Ihnen unbekannt, aber beide verehren und lieben Sie. Beide bewundern den hohen Flug Ihres Genius ...«

Sie hätten sich die Mühe nicht zu machen brauchen, Schiller hätte das Geld auch so genommen, denn sein Genius fliegt derzeit auf Spieltischhöhe. Nicht etwa Lotte bringt ihn zur Räson, sondern ein Kassensturz. Schließlich, erinnert sich Göritz, »berechnete er seinen Verlust von einigen Wochen, und nun hörte das Spiel auf einmal auf«.

Anscheinend hat Lotte die Zeit der Sauf- und Spielexzesse dazu genutzt, sich noch einmal ihren künstlerischen Studien zu widmen; dass Lips, ihr Lehrer, im selben Haus wie Goethe wohnt, kommt ihr sicher nicht ungelegen. »... sie ist jetzt voll Eifer fürs Zeichnen und viele geschickte Künstler, auch Goethe, munterten sie auf, weil sie wirklich einiges Talent dazu hat«, berichtet Schiller gönnerhaft seinem Freund Körner Ende Oktober 1791. Das ist die letzte Äußerung zu Lottes Lust an der Kunst. Erst nach Schillers Tod wird sie versuchen, sich wieder damit zu beschäftigen. Nun aber opfert sie alle ihre Neigungen Schiller. Der fordert sein Schicksal ständig heraus und macht durch seinen Leichtsinn Lotte zur hauptberuflichen Krankenschwester. Kaum ist er halbwegs gesund, riskiert er wieder alles.

»Als er sich im ersten Winter unserer Bekanntschaft wieder etwas wohler fühlte«, erinnert sich Göritz an das Ende jenes Jahres 1791, in dem Schiller totgesagt worden war, »schlug er mir vor, auf eine Stunde im Schlitten zu fahren, da er sehr gut leiten könne. Er zog sich sehr leicht an. Wir waren sehr vergnügt auf dieser Fahrt, und als wir zu Hause angekommen waren, hatte ihm diese Lustpartie so wohl zugeschlagen, dass er noch länger fahren wollte, und auf meine Weigerung, noch einmal mitzufahren, einen andern überredete, und nun bis tief in die Nacht hinein fuhr. Dies zog ihm eine Erkältung und heftige Kolikschmerzen zu, an denen er mehrere Wochen fürchterlich litt.«

Es braucht eine Engelsgeduld, um darüber nicht wütend zu werden. Und Lotte besitzt sie, weil sie an Schiller glaubt als das Wichtigste, Erhellendste, das ihr widerfahren konnte; »wie Du uns allen, als ein höheres Wesen beistehst, uns aufrichtest«, hatte sie sich schon kurz nach der Verlobung begeistert, sie redete von »einem freudlosen Dasein ohne Dich« und erklärte: »Deine Liebe ist der lichte Punkt in meinem Leben, ... nur durch sie wird mir alles erhellt.«

Sie hat ihn zu ihrem privaten Heilsbringer verklärt. »Eine neue, schöne Welt hat sich mir geöffnet, seit meine Seele nur in Dir lebt.« Folgerichtig sieht sie es als ihren Auftrag an, Schiller zu ertragen, zu helfen, zu trösten und Mitleid mit ihm zu haben, obwohl er sie als Patient den letzten Nerv kostet. Dass er Medizin studiert hat, macht ihn nicht vernünftiger, sondern nur besserwisserisch. »... es war sehr schwer, sein Arzt zu sein. Er las alle Rezepte, wollte die bestimmte Ursache wissen, warum dieses Mittel in dieser Quantität verschrieben worden sei, wie es wirken solle, mechanisch oder chemisch, und haderte oft mit seinem sanftmütigen Arzte, der unaussprechlich Geduld mit ihm hatte.«

Was manchen Freund besorgt macht, ist, dass seine zur Halbbildung verkommenen Wissensreste, »... seine medizinischen Kenntnisse, die ihm, wie mir schien, wahrhaft verderblich wurden, denn er beobachtete seinen Körper und dessen Zufälle zu genau, und beraubte sich selbst dadurch der, zu seiner Genesung so nötigen, Ruhe. Das Schlimmste dabei schien mir, dass er noch genug von diesen Kenntnissen besäße, um das Gefährliche seines Zustands einzusehen, dass er aber auch genug davon vergessen hätte, um den Gang der bevorstehenden Krankheit zu berechnen.«

Lotte übernimmt nicht nur die Pflege ihres Mannes, vielmehr auch die der Freundschaften, denn dazu hat Schiller immer weniger Lust. »Deine Frau und Schwägerin machen sich sehr um mich verdient, dass sie mir öfter Nachrichten von Dir geben. Aber ich sehne mich nach ein paar Zeilen von Dir«, schmollt Körner – vergeblich. Man sollte meinen, Lottes Hingabe überzeuge nun auch diejenigen, die bisher intrigiert und gelästert haben, davon, dass er in ihr die ideale Frau gefunden hat. Doch das Gegenteil ist der Fall.

XII.

Fortsetzung der Kampfhandlung

Wer gegen Lotte intrigiert

Dass Karoline neidisch ist, leuchtet ein. Nicht nur, weil es in diesem Herbst und Winter wie immer trostlos ist in ihrem Kaff. Ihr erscheint es noch schlimmer als sonst, weil sie weiß, wie es bei ihrer Schwester in Jena zugeht. Oft genug hat sie dort am Tisch gesessen und das Gefühl gehabt, sie gehöre dahin. Zwischen geistreiche Menschen, die eine Unterhalterin wie sie zu schätzen wissen, vor allem aber an die Seite Schillers. Sie ist schlechter Laune und muss ihren schweigsamen Ehemann allein ertragen, während in der Schrammei gespielt, gelacht, getrunken und geredet wird. Schiller selbst ist zwar nicht gerade ein Witzbold – in seinen Werken geht es ja auch nicht komisch zu und er wollte und konnte immer besser zu Tränen rühren als erheitern –, aber er lässt sich mitreißen von seinen Tischgenossen. Und genießt es, dass trotz der billigen Kost und seiner schwachen Gesundheit eine lebensfrohe Stimmung herrscht in seinem so genannten Haushalt. Jeder wird dort durch den Kakao gezogen und zumindest diejenigen, die gerade nicht dran sind, finden es amüsant.

Da erzählt Göritz, er habe als Kind Blattern gehabt und sei davon so »häßlich entstellt« gewesen, dass die Eltern seine Geschwister vorgezogen hätten und ein Stuttgarter Nachbarskind ihm immer die Zunge herausgestreckt habe. Darunter habe er besonders gelitten. »Als ich das nächste Mal zu Tische kam, streckten Schiller und sämtliche Tischgenossen die Zunge gegen mich heraus, und es gab ein allgemeines Gelächter.«

Auch Schiller wird von den eher postpubertären Scherzen nicht verschont. Und ist als Opfer besonders beliebt, weil er so leicht reinzulegen ist. Als er zum Beispiel einen Brief von einem gewissen Galetti aus Gotha bekommt, den Schiller für »den langweiligsten und geistlosesten Historiker, der je gelebt habe« erklärt, ist er überzeugt, der Mann wolle mit ihm einen Gelehrtenstreit anfangen. Denn Galetti behauptet, die Fakten in Schillers »Geschichte des Abfalls der Niederlande« seien komplett falsch und Schiller sei offenbar historisch völlig ungebildet. »Schiller erhielt diesen Brief gestempelt von der Post. ... Mit der Arglosigkeit eines Kindes kam er zu Tische und erzählte: ›Denken Sie nur, was der verfluchte Kerl (ein Lieblingsausdruck Schillers), der Galetti mir schreibt.‹ ... Er hieß Galetti einen Esel, der nie gewusst und nie eine Ahnung von dem gehabt habe, was Geschichte sei. Aber dass dieser Brief untergeschoben sein könnte, das fiel dem arglosen Manne gar nicht mal ein; hätte er den geringsten Argwohn gehabt, so hätte er auf unsern Gesichtern das unterdrückte Lachen lesen können; er aber sprach noch öfters davon, und endlich erklärte er, er wolle ihm antworten ... Dass kein Brief an Galetti auf die Post gegeben werden konnte, ohne in unsere Hände zu kommen, dafür war gesorgt.«

Wer dafür gesorgt hat, ist unklar. Lotte wohl nicht, denn beim nächsten Streich, der deutlich gröber ausfällt, erwähnen die Zeugen ausdrücklich, sie sei nicht eingeweiht worden. Doch sie spielt mit – auf Seiten ihres Mannes. Auch bei solchen Spielchen hält sie zu Schiller, etwas anderes erschiene ihr abwegig. Und hätte sie vorher gewusst, was sich die Hausfreunde ausgedacht hatten, wäre sie wohl weniger amüsiert gewesen: Sie überführen Schiller mit ihrem neuen Jux nämlich seiner menschlichen Eitelkeit, die ihn blind macht.

Weil sie wissen, dass er vorhatte, »Medizin noch weiter zu studieren, besonders, um Doktor der Medizin zu werden und die Lieblingsidee seines Vaters ... zu realisieren«, schicken sie im Namen des Prorektors in Erfurt einen Brief, in dem steht, man wolle ihn mit der Ehrendoktorwürde in Medizin bedenken. Er müsse dazu nur eine kurze Abhandlung einsenden, in der er »seine Kenntnisse in der Arzneikunst« demonstriere. Die Freunde rechnen nicht damit, dass Schiller darauf hereinfällt. »Wir hielten diesen Streich für zu plump, um nicht zu erwarten, dass Schiller ihn merken werde.« Aber Schiller träumt sofort davon, wie stolz sein Vater sein werde und was für einen grandiosen Leibarzt er dann für Dalberg abgebe. »Einen treuern Leibarzt kann er nicht bekommen, als mich.«

Alle Versuche, Schiller die Augen zu öffnen, scheitern. Erst ganz zum Schluss schafft es sein Freund Paulus, ihm klar zu machen, wem er da auf den Leim gegangen ist. Dann aber rächt er sich, mit Lottes Hilfe. »Sehr oft spielten Schiller, Gros und ich nach Tische L'Hombre; Professor Fischenich, v. Stein und mein Eleve unterhielten sich gewöhnlich im Nebenzimmer mit den Damen. Über Tische hatte Schillers Bedienter nicht aufgewartet. Zufälligerweise fragte Fischenich, wo der Bediente sei? Die Schiller welche mit unserem Plan durchaus unbekannt war, von ihrem Mann aber unterrichtet sein musste, gab ganz einfach zur Antwort: Schiller habe den Bedienten auf seinem Pferde zum Coadjutor nach Erfurt geschickt, um schriftlichen Abschied von demselben zu nehmen, da er nach Mainz reise, und ihm noch in andern, besonders seinen Doktorsangelegenheiten geschrieben.« Nun wird es prekär. Per Los wird Göritz dazu verdonnert, dem Diener nachzureisen und das Schlimmste zu verhindern. In Erfurt aber erfährt er dann, dass nun die Freunde ihrerseits einem Schwindel aufgesessen sind. War die Rache Lottes Idee? Immerhin ist ihr, als sie Fischenich anschwindelte, kein verräterisches Grinsen unterlaufen.

Sicher ist nur, dass alles mit Gelächter endet. Und dass Karoline dieses Gelächter in den Ohren gellen muss in ihrem Rudolstädter Ehegefängnis, wo sie nichts mehr vermisst als Heiterkeit und geistige Anregung. Dass sie verbittert ist, ist verständlich. Doch wie sie nun, Ende 1791, Anfang 1792, also zwei Jahre nach der Heirat, eine scharfe und intrigante Kampagne gegen Lottes Ehe mit Schiller betreibt, macht deutlich, wie sehr sie noch immer an ihm hängt und wie schwer es ihr fällt, loszulassen. Ihre

Frustration leitet sie um in Aggression gegen Lotte. Wütend erklärt sie ihrer Busenfreundin Li sogar schriftlich, Schiller verkümmere zu einem gefühlsarmen Einzelgänger, weil ihm eine intelligente, angemessene Partnerin fehle; eine Ansicht, die Li bekanntlich teilt.

»Ich fühle ihn einsam«, behauptet Karoline, »denn so innig gut Lotte ist, so ist's doch ein toter Umgang ... ich fürchte der Samen alles Unheils für Schiller liegt doch darin, und die Welt der Empfindung ist ihm für immer verstummt.« Nur deswegen, behauptet Karoline, sei sie gegen diese Ehe, weil sie nicht mit ansehen könne, wie Schiller verblöde durch die Schuld seiner faden Frau. »Wenn sein Geist nicht an blühenden Erscheinungen dabei verlöre, so mögte ich, er heftete sich mehr an Lolo«, sagt sie und unterstellt ihrem Schwager, er langweile sich in der Ehe. »Schiller ist immer tätig und das ist seine Existenz – doch ahnd' ich es ist ihm ein *dumpfes* Sein.«

Es ist vielfach belegt, dass sich Schiller durchaus intensiv mit seiner Frau über seine Arbeit unterhielt, von *totem Umgang* kann gar keine Rede sein. »Diese Art von Gesprächen, von Entwicklung der Ideen, ... wo jedes Gespräch eine eigene philosophische Abhandlung hätte sein können, war in Schillers Umgang so belebend«, äußert Lotte. Sie ist stolz darauf, keine Christiane Vulpius zu sein, die zwar sicher mehr erotische Ausstrahlung zu bieten hat, aber keinerlei Bildung. Lotte fühlt sich endlich imstande, auch als Gesprächspartnerin die Schwester zu ersetzen, und will sie nicht länger als Dauergast akzeptieren. Und Karoline spürt, dass das eingespielte Dreiergespann nicht mehr funktioniert. Doch Schiller, befindet sie, sei daran nicht eigentlich schuld, er sei das Opfer der Umstände: »... er kann nicht anders«; und sie ist überzeugt, er mache sich Sorgen um sie.

»... durchaus ist's ihm auch nicht wohl für mich jetzt, wenn wir allein zu dreien sind. Alle alten Töne müssten erst ganz verklingen eh uns ein neues stilles Zusammensein erblüht.« Mit den *alten Tönen* meint sie wohl ihren und Schillers leidenschaftlichen Umgangston, wie sie ihn vor seiner Heirat ungeniert pflegen konnten. Und den sie wohl nach wie vor für den richtigen hielte, denn sie glaubt, Schiller empfinde für sie noch immer so wie früher, nur dass er jetzt diese Gefühle unterdrücke; »es ist doch so eine ewige Lüge in seinem Wesen Herz und Sinn gebannt zu haben, bei der ihm nicht wohl sein kann – und das Herz zu teilen hemmt vollends die schönste Kraft.«

Immerhin redet sie nur vom geteilten Herzen, nicht vom geteilten Bett. Doch macht sie am Beispiel des Ehepaars Gleichen deutlich, wie sie über das Ehepaar Schiller denkt; dass Friederike von Gleichen Lottes engste Jugendfreundin ist, verschärft diesen Vergleich noch.

Bei den Gleichens, schreibt sie, »stört mich was mich mit Schiller in so höherem Maße störte – die Frau kann keinen Teil an geistigen Bildern nehmen und es schmerzt mich ihr in ihrem Manne Saiten fühlen zu lassen die sie nicht spielen kann«. Karoline sieht sich also als die Virtuosin, die jede Saite in Schiller zum Klingen bringen könnte, Lotte aber klimpert stattdessen auf ihrem Klavier herum und ist außerstande, das heikle Instrument Schiller zu bedienen. Und Li, der sie das anvertraut, stimmt ihr in jeder Hinsicht zu.

Spürt Lotte die Hinterhältigkeit und Doppelbödigkeit dieser beiden Frauen, die sich als ihre engsten Verbündeten ausgeben? Es scheint so, als betäubte sich Lotte mit der Erfüllung ihrer Pflichten. Und es sieht auch so aus, als hoffte sie, mit kritikloser Hingabe Schiller an sich zu binden, dabei gäbe es täglich mehr an seinem Verhalten zu kritisieren. So wie er sich als Dauerpatient aufführt, muss er auf sie, die natürlich mitleidet, geradezu aufreizend wirken.

Am 3. Januar 1792 wirft eine schwere Bronchitis Schiller aufs Bett, was ihn aber keineswegs davon abhält, auf sein Bronchien schädigendes Laster zu verzichten. Er schnupft und raucht, was das Zeug hält.

»Was außerdem seiner Stimme schadete, war sein übermäßiges Tabaknehmen. ... Er war deswegen immer barbouillé [beschmiert, besudelt, versaut] im Gesicht und auf der Wäsche«, kommentiert Göritz unbestechlich. Eine Beobachtung, die auch Schillers Hörer Iden macht, der bewunderungstrunken meint:

»selbst sein Schnupftabaksfleckchen unter der Nase kleidet ihn hold«. Ende Januar kommen »Krämpfe im Unterleib« dazu, also Darmkoliken. Schiller ändert darauf nichts an seinen Ernährungsgewohnheiten und er legt sich Pferde und Wagen zu, obwohl er finanziell am Rande des Abgrunds balanciert, weil er sich einredet, dadurch gesund zu werden. Es fragt sich, wie ein Arzt zu dieser irrigen Ansicht gelangen kann. »Habe nun vollends Wagen und Pferde, so fehlt mir nichts zu einer angenehmen Existenz und ich denke, dass eine tägliche 2 Stunden lange Erschütterung meinen Unterleib in 2 Monaten weiter bringen soll, als die Apotheke in zwei Jahren«, schreibt er an Körner.

Dass er so oft bettlägrig ist und schlecht schlafen kann, verführt ihn schließlich dazu, sich äußerlich noch mehr gehen zu lassen. Er, der hoch gewachsene Held mit dem kühnen Profil, der auf Porträts in seinem Hemd mit weichem Kragen so romantisch wirkt, verschlampt wie ein Mann heute, der von morgens bis abends in ausgeleierten Jogginghosen und Unterhemd mit der Bierflasche vor dem Fernseher hockt. Der Schlafrock ist zu seinem Lieblingskleidungsstück geworden, oft rund um die Uhr. Und daran wird sich bis zu seinem Tode nichts mehr ändern.

Wie wenig animierend eine solche Bekleidung ist, hat Li von Dacheröden, mittlerweile Frau von Humboldt, im Gegensatz zu Lotte rechtzeitig erkannt. Obwohl sie sich in seelenvoller Süße in ihren Liebesbriefen ergießt, ist sie in einem Punkt ganz trocken: Noch vor dem Jawort hat sie wissen wollen, ob Humboldt einen Schlafrock trage. Und zeigt sich darin als eine Frau, die über eheliche Erotik und männliche Attraktivität nachdenkt. Als er nämlich kategorisch verneint, seufzt sie erleichtert auf. »Gottlob, dass Du keinen Schlafrock trägst, denn sonst wär's mit uns aus, lieber Wilhelm – die ganze Heirat wäre zurückgegangen, und das wäre doch schade gewesen.«

Lottes Mann trägt mittlerweile selten etwas anderes. Ihre anfänglichen Erziehungserfolge, was Schillers Kleidungsstil angeht, sind offenbar weitgehend vergessen. Sieht Lotte, die sich doch selbst *pedantisch* nannte, ihm das nach, weil sie das Desinte-

resse an seinem Äußeren der ständigen Kränklichkeit zu-
schreibt? Sie kann nicht wissen, dass die Vorliebe für den Schlafrock als Ausgehkleidung bei Schiller schon früh belegt ist,
durch einen Leipziger namens Schneider, der als Zwölfjähriger
in Gohlis bei Leipzig den Sommergast bedient hatte, während er
seinen »Don Carlos« zu Ende schrieb. »Schiller stand damals
sehr frühzeitig auf, schon um drei oder vier Uhr, und pflegte
dann in das Freie weit hinaus in die Felder zu gehen; dabei
musste ich ihm mit der Wasserflasche und dem Glase folgen …
bei diesen frühen Spaziergängen war Schiller leicht angezogen,
mit dem Schlafrocke bekleidet.«

Damals machte er wohl nur frühmorgendliche Spaziergänge
im Schlafrock. Jetzt macht er darin alles.

Ein Gast, der am Mittag bei Schiller vorbeischaut, wundert
sich, wie das käsige Genie um diese Uhrzeit herumgeistert. »Rotes Haar, das ihm, weil er noch im Negligé war, wild um den
Kopf flog, machte die Blässe noch bemerkbarer.« Und Göritz,
Stammgast in diesen Jahren, hat sich bereits daran gewöhnt,
dass Schiller keine Lust hat, sich in halbwegs salonfähige Kleider
zu zwingen. »Ich habe Schillern nie gesund, sogar äußerst selten
angezogen, fast immer im Schlafrock gesehen.«

Damit muss Lotte, die Wohlerzogene und Formvollendete,
sich nun abfinden. Schiller denkt nicht daran, sich zu ändern.
In jedem Jahr seines restlichen Lebens finden sich ähnliche Berichte über den verwahrlosten Auftritt des Dichters. Senator
Christian Ludwig Schübler, der 1793 Schiller in seinem vorüber-
gehenden Domizil in Heilbronn trifft, schreibt: »… als ich wieder zu ihm in sein Zimmer kam, ließ er mich nicht mehr von
sich, war im Hauskleid, und ich musste mit ihm u. den seinigen
Tee trinken«. Und ein Besucher aus dem Jahr 1797 soll noch
deutlicher werden. Stolz berichtet er seiner Frau, dass er Schiller kennen gelernt habe. »Aber – Schiller ist nicht mein Mann.
Ein sehr gemeines Gesicht und dabei etwas Widriges. Denke Dir
sehr eingefallene Backen, eine sehr spitze Nase, fuchsrotes Haar
auf dem Kopfe und über den Augen. Und nun war er in seinem
Garten, mit gelben eingetretenen Pantoffeln und einem schlaf-

rockähnlichen Überzug. Wäre ich mit ihm in einer öden Gegend zusammengetroffen, ich hätte für mein Leben oder wenigstens für meine Börse gefürchtet.«

Wenn Schiller sich doch einmal dazu herablässt, über formelle Kleidung nachzudenken, geht es völlig daneben. Anstatt sich klassisch dezent anzuziehen, wie es der »Dezenz« gefiele, oder auch malerisch, wie er es für Porträtsitzungen immerhin auf sich nimmt, entwickelt er eine Phantasieuniform. Und nötigt seine Hausfreunde dazu, sich die Gleiche anfertigen zu lassen wie er. »So verfiel er ... drauf, wir sollten uns eine Uniform machen lassen, die wir immer tragen wollten. Er machte diesen Vorschlag dem Professor Fischenich, dem Herrn von Stein und mir; er bestimmte blauen Frack mit himmelblauem Futter, das um einige Linien über das Dunkelblaue hervorsah, und silberne Knöpfe. Lange trugen Schiller, Fischenich und ich diese Uniform, die eben nicht geschmackvoll war ... Stein hatte sich entschuldigt, weil er Hofuniform tragen müsse.«

Ausgerechnet Lotte, der Formen, Ordnung und Manieren so wichtig sind, hat es mit einem Mann auszuhalten, dem genau daran überhaupt nichts liegt. Schiller führt sich auf wie ein alter verschlampter Junggeselle, der auf nichts und niemanden Rücksicht zu nehmen hat. Er geht zu Bett, wann es ihm passt, steht auf, wann es ihm passt, isst zu Mittag, wenn es für ihn Zeit fürs Mittagessen ist, *das oft bis auf drei, halb vier hinausgeschoben wurde.*

Dass Lotte das alles toleriert, hat Gründe, viele Gründe. Es ist nicht allein, dass sie die Größe Schillers spürt, seine Bedeutung erkennt, seine Wortgewalt bewundert und beschlossen hat, daneben alles andere unwichtig zu finden. Sie weiß auch, wie Schillers Jugend auf der so genannten militärischen Pflanzschule, der Eliteanstalt des württembergischen Herzogs, ausgesehen hat. Mit dreizehn war er dort, vorgeblich freiwillig, eingesperrt worden und durchlebte das, was er später als »herz- und geistlose Erziehung« verachtet und unumwunden als »Folter« bezeichnet. Einer seiner Biographen sprach von einer »auf ein rohes Prügelsystem gestützten Geistesdressur«. Schiller versuchte nicht, das jemals zu verdrängen. »Den Schaden, den dieser unselige Anfang des Lebens in mir angerichtet hat, fühle ich noch heute«, hat er Karoline im August 1789 gestanden. Der Tagesablauf, in den die Schüler gezwängt wurden, war so eng und unbequem wie die Uniform, die dem früh hoch aufgeschossenen Schiller viel zu klein war. »Da sah mein Schiller komisch aus«, schreibt ein anderer Zögling.

Für einen eigensinnigen, impulsiven jungen Mann wie Schiller muss das Dasein auf der Karlsschule die Hölle gewesen sein, denn vom Aufstehen um fünf bis zum Bettgehen um 21 Uhr wurde jeder Schritt, jede Bewegung überwacht. Alles wurde inspiziert und kontrolliert, die Schüler selbst mussten einander bespitzeln, verraten und anschwärzen. »Wer ist unter Euch der Geringste?«, hieß eine obligatorische Frage, die jeder zu beantworten hatte. Schillers rotes Haar fand der Herzog so scheußlich, dass er befahl, es dick zu pudern. »Besonders verhasst war es ihm …, sich zu frisieren«, erinnerte sich ein Mitschüler. Weil es Vorschrift war, mit einem straffen Zopf beim Essen zu erscheinen, wurde auch das vorher überprüft. »… so hatte sein Stubenkamerad …, wann die Essglocke läutete, die Bemerkung zu machen: ›Aber Fritz, wie siehst du denn aus?‹ ›Ich wollte‹, rief dann Schiller unmutig aus, ›dass der verdammte Zopf zum Henker wäre!‹«

Damals schon hatte Schiller versucht, sich den Zwängen, wo es nur ging, zu entziehen, er kaufte sich gegen das Verbot Brot, wofür er mit Weidenstockschlägen gezüchtigt wurde, und wusch sich so wenig wie möglich. Einen »unreinlichen Burschen« nannten ihn die Kameraden, einen »Schweinpelz« der Oberaufseher.

Lotte, liebevoll und großzügig erzogen, kann sich einfühlen und die richtigen Schlüsse aus Schillers Jugend auf der Karlsschule ziehen, hat sie doch, selber noch keine siebzehn, damals, auf dem Weg in die Schweiz, mit Mutter und Schwester dieses Lerngefängnis besichtigt. »Man muss durch drei lange, düstere Tore, die durch die Steilheit des Weges noch fürchterlicher sind.«

Als sie das mittägliche Essenfassen der Schüler beobachtet hatte, schrieb sie am 7. Mai 1783 entsetzt in ihr Tagebuch: »… es macht einen besonderen Eindruck auf's freie Menschenherz, die jungen Leute alle beim Essen zu sehen. Jede ihrer Bewegungen hängt von dem Winke des Aufsehers ab. Es wird einem nicht wohl, Menschen wie Drahtpuppen behandelt zu sehen.« Sie, die ein *freies Menschenherz* hat, kann nachvollziehen, dass durch eine Erziehung, die alles Freie, Sinnliche, Selbständige verbietet, die nur Anpassung, Heuchelei, Misstrauen und Zwanghaftigkeit fördert, »manches Gemüt zerknickt« und ein kaum bezähmbarer Nachholbedarf entsteht. Und Lotte begreift vollkommen, dass sich »die unterdrückten Wünsche und Neigungen bei erlangter Freiheit ein Übermaß des Genusses« erlauben. Als Schiller schon früh betont hat, »unsere Liebe braucht keiner … Wachsamkeit«, hat Lotte das richtig verstanden. Wer von morgens bis abends überwacht worden ist, muss jede Art der Kontrolle hassen.

Dabei ist sie keineswegs das geduldige Opfer, das sich alles klaglos gefallen lässt; sie ist eine Frau, die viele unangenehme Eigenschaften und Marotten ihres Mannes mit Gelassenheit akzeptiert, weil sie sich erklären kann, wie sie entstanden sind.

Was ihre Schwester angeht, ist sie strenger, wie sich die nun aufführt, geht der diskreten Lotte zu weit: Karoline verstößt gegen Grundregeln des guten Stils, mit denen sie beide aufgewachsen sind. Sie hat nämlich beschlossen, sich scheiden zu lassen, und redet darüber so hemmungslos, dass unschöne Details die Runde machen. Außerdem ist ihr mittlerweile wohl intimes Verhältnis mit dem Kirchenmann Dalberg ein offenes Geheimnis.

Doch Karoline verbittet sich Lottes Einmischung. Am 2. April 1792 schreibt sie aus Erfurt: »Ich kann nichts übel finden, was Du meinst zu meinem Besten zu sagen, aber sehr fatal ist mir's, dass Ihr durchaus dies von der ungraziösen Seite ansehen wollt. Eben weil ich meinte, Sch.[iller] könnte meinen, meine Situation mit dem S. [Schatz also Dalberg] könne seine Verhältnisse berühren so machte ich mir's zur Regel, offen darüber zu sein. Ich habe nichts getan, was mich kompromittieren könnte, also noch weniger Euch.« Sie gibt zwar zu, dass es mit Dalberg wahrscheinlich nichts Festes werden wird, sie also nicht mit ihm nach dem Vorbild der Pfarrersköchinnen zusammen hausen kann.»Ich habe mir diese Art der Existenz mit dem S.[schatz, Dalberg] zum Lebensplan gemacht, und ich muss mich selbst durch längere Bekanntschaft mit seinem Wesen überzeugen, ob er auszuführen ist oder nicht. Ich glaube fast jetzt, dass Ihr recht habt, und dass er keine Konsequenz in dieser Art von Gefühlen hat.«

Aber sie versteht nicht, warum ausgerechnet Schiller und Lotte gegen ihre Scheidung wettern. Und was Schiller angeht, wundert sie sich zu Recht. Schließlich hatte er sie noch wenige Jahre zuvor ermuntert, sich von Beulwitz zu trennen, damals allerdings mit dem Ziel, dass sie mehr Zeit und Freiheit hätte, bei ihm zu sein. Hat er das Interesse an der Zweitfrau nun endgültig verloren? Oder hat er den Verdacht, Karoline an einen anderen Mann verloren zu haben – an Dalberg oder einen, den er gar nicht kennt? Vielleicht an diesen Behagel von Adlerskron, der seit seiner Krankenpfleger-Zeit bei Schiller Anfang 1791 Karoline so ergeben ist, dass sie ihn »Trabant« nennt, wie damals der Leibwächter eines Fürsten genannt wurde.

Dass Schiller auf einmal verärgert reagiert auf Karolines Scheidungsgelüste, könnte damit zu tun haben, dass sie nicht ihm gelten. Karoline aber beginnt nun, Angewohnheiten an den Tag zu legen, die sie erst aus Altersgründen, lange nach Schillers Tod, ablegen wird: Sie flattert von einer Affäre zur anderen, unfähig, sich festzulegen auf einen Mann. Es ist, als sähe sie nun, da sie Schiller endgültig aufgegeben hat, keine Chance, einen zu finden, der ihr ihn, den Traummann ihres Lebens, ersetzen könnte. Sie hat sich selbst eine Erklärung zurechtgelegt, warum zwischen ihr und Schiller nichts mehr geht:»Die Welt der Empfindung ist ihm für immer verstummt. Dieser feine tiefe Sinn für Wahrheit der Empfindung fehlt auch seinen Kunstwerken – immer sind diese Töne überspannt, frappieren mehr als dass sie still rühren. Und so ist auch seine Liebe gewesen, daher erkläre ich mir das Verstummen meines Herzens.«

Ihr Herz, nicht seines sei verstummt, behauptet sie in diesem Brief an Li. Als Sitzengelassene will sie vor der Intimfreundin nicht dastehen. Aber der gern unterschlagene Halbsatz *so ist auch seine Liebe gewesen* belegt eindeutig, dass sie mit Schiller ein Verhältnis hatte. Jetzt, im Jahr 1792, weiß sie nur, dass alles anders werden muss und auch ein Mann zum Aufbruch zu neuen Ufern gehört, sie weiß bloß nicht, welcher der geeignete wäre. Sie bemüht sich, Wilhelm von Wolzogen als Nothelfer in Reserve zu halten und ihn an einer Heirat zu hindern, aber für ihn entscheiden will sie sich nicht. »Lieber Guter, wie sehn' ich mich einmal mit Dir zu sprechen! – ich möchte dass Du die Heirat, wenn Du nicht überzeugt bist sehr glücklich zu werden, in Zweifel ließest, bis wir uns gesehen haben.«

Gleichzeitig wünscht sie eine Versetzung Dalbergs nach Mainz herbei, wo der sieche Erthal noch immer den Stuhl besetzt, auf den Karolines Schwarm spekuliert; sie bildet sich nach wie vor noch ein, dort an Dalbergs Seite leben zu können. »Wohl ist es ein engelschönes Herz wert, dass man alles für ihn tue«, schreibt sie Lotte. »Wenn doch der alte Esel einmal stürbe. Gute Nacht mit diesem schönen Wunsch!«

Eins ist also klar: Karoline hat sich ihren Schiller aus dem Kopf geschlagen. Jetzt hat Lotte wenigstens an dieser Front nicht mehr zu kämpfen.

Einfach ist ihr Leben deshalb jedoch bei weitem nicht. Lottes Briefe, an wen auch immer, sind meistens Berichte über Krankheiten, die Schiller gerade durchmacht oder überstanden hat. »Schillers Gesundheit ist erträglich und die heftigen Krämpfe haben nachgelassen, und der Katarrh beschwert ihn noch«, vermeldet sie im April. Aber schon im Mai, auf der Rückreise von einem ausgedehnten Besuch bei Körners in Dresden, erwischt es ihn wieder schlimm: Eiterdurchbruch durch das Zwerchfell, der wurde zu einer »umschriebenen Bauchfellentzündung, die die rechte Leibseite erfüllte und dadurch die schwere Behinderung der Darmfunktion veranlasste, die schließlich – im Juli 1804 – zur Darmverschlingung führte«, wie der Arzt und Medizinhistoriker Wolfgang Veil aus den Dokumenten diagnostiziert.

Lotte ist also dauernd zur Krankenpflege verdammt. Nebenbei ist sie die mütterliche Anlaufstelle für alle Dauergäste am Mittagstisch, die Schiller die Langweile vertreiben sollen.

»Liebe Mutter« nennt Fischenich, nur zwei Jahre jünger als Lotte, seine Gastgeberin, sie nennt ihn »lieber Sohn«. Geflirtet wird also ganz offensichtlich nicht mit Schillers Frau, doch von respektvoller Distanz oder Rücksicht auf sie kann noch weniger die Rede sein. Die Jungmänner lümmeln auch tagsüber im Schiller'schen Haushalt herum, was Lotte mit Humor nimmt und wovon sie ihrem Freund Fritz von Stein berichtet, als der nicht mehr mit von der Partie ist.

»Fichard, der eben da ist und liest, trägt mir auf das Feierlichste auf, ihn zu empfehlen. Er schläft comme à l'ordinnaire und schwatzt auch so. In kurzer Zeit ändert man sich nicht so, und Sie hätten dies wohl gedacht ohne meine Versicherung. ... Fischenich ist auch wohl und putzt die Nägel fleißig. Wir haben ausgedacht, er könnte auf dieses Geschäft reisen und so wie die Zahnärzte seine Kunst ausbieten. Die Damen würden es bald für eben so wichtig halten, schöne Nägel als schöne Zähne zu haben.«

Noch scheint das Leben von Lotte und Schiller allen Nöten zum Trotz eine studentische Leichtigkeit zu haben. Kommt Besuch, wird improvisiert, gleichgültig ob es hoher Besuch ist oder nicht. »Die Unbefangenheit und Frugalität in Hinsicht auf Essen und Trinken ging oft sehr weit.« Als der Adjutant des Königs von Sachsen, General Funk, damals Hauptmann unter der Garde, in Jena gastiert, lädt Schiller ihn zum Abendessen ein. Und Göritz staunt, wie lässig die Schillers die Gala für den Militär inszenieren. »Da wurden ein paar ungleiche alte Tische zusammengestellt, ein Tischtuch darüber geworfen, und es erschien ein Stück Fleisch mit ein wenig Salat als die ganze Gastmahlzeit und dabei waren alle ganz unbefangen, unerachtet es sogar an hinlänglichem Geschirr und Servietten fehlte.«

Es verblüfft, wie schnell Lotte sich in Schillers Bohème-Leben eingefügt hat, sie, die von Kindheit an jeden Nachmittag am penibel gedeckten Teetisch saß, bei der zu Hause für Gäste ein echtes Silberservice aufgefahren wurde und bei jedem Mittagessen silbernes Besteck bereitlag. Und es ist erstaunlich, wie leicht sie sich abzufinden scheint mit der Spielsucht ihres Mannes. Der frönt er im Sommer nicht am abgeräumten Esstisch oder beim Billard im Kaffeehaus, sondern mit Kegeln im Freien, in der üblichen Runde. Auch wenn dabei wohl nicht um Geld gespielt wird, hat Schiller Probleme, zu verlieren.»Im Sommer wohnte ich mit meinem Zögling in einem Gartenhause, da war eine Kegelbahn, und nun kam er alle Tage zum Kegelspiel zu uns und nahm hohes Interesse daran. Abends aßen wir dann in unserm Garten. v. Stein spielte ebenfalls mit Vorliebe, und sie gerieten oft miteinander darüber in Streit.«

Schiller fällt es schwer, loszulassen und seinen Ehrgeiz zu vergessen; er spielt, lässt aber beim Spielen das Spielerische vermissen. Auch diese Zwiespältigkeit ihres Manns muss Lotte tolerieren. Sie ist beim Kegeln oder Kartenspielen niemals dabei und behauptet tapfer, sie »liebe ihre Ruhe täglich mehr«. Doch Lottes Leichtigkeit ist vorgetäuscht. Wie schwer es ihr fällt, ihren Optimismus zu bewahren, verriete sie Schiller aber auf keinen Fall. Eisern hält sie sich an das, was sie seinen Eltern nach der Hochzeit versprochen hat, »dass es der süßeste Gedanke in meiner Seele ist, für ihn zu leben, zu seinem Glück, seiner Freude etwas beitragen zu können«.

Frau von Stein, der sie offenbar gestanden hat, wie ihr zumute ist, signalisiert Mitte Juli ihr Mitgefühl:»Dass Sie die Welt nicht mehr wie ehemals in schönem Glauben sehen und das Glück, das Sie sich durch so viel Widersprüche errungen hatten, nicht genießen können, fühl' ich innigst mit Ihnen.« Auch das, was Lotte ihrem Cousin Wilhelm über die häusliche Situation berichtet, klingt nicht nach einer jungen Ehe und Amüsement. »Wir leben immer still fort, und wenn Schiller wohl ist, bin ich es meistens auch, doch ist meine Gesundheit und daher auch die Stimmung oft nicht gut und ich bin gar ernsthaft und trübsinnig.«

Was Lotte ganz offensichtlich Kraft und Nerven kostet, ist die Unberechenbarkeit von Schillers Gesundheitszustand; sie ist eine Frau, die das Klare, Übersichtliche und Kalkulierbare schätzt.»Manche Tage ist er ganz leicht und wohl, aber doch kann man auf keinen Tag ganz rechnen. Diese Ungewissheit ...

hat freilich keinen guten Einfluss auch auf mich, und Du fühlst wohl, wie ich ernst und traurig werden kann, wie einen das beugen kann, dass es nichts gibt in der Welt, auf das man sicher zählen kann.« Schiller gegenüber verheimlicht sie wohl ihre eigenen Beschwerden, schließlich ist sie darin geübt, ihren körperlichen und seelischen Zustand niemanden erkennen zu lassen. Ihr Spitzname »Dezenz« hört sich liebevoll ironisch an. Aber er hat einen tragischen Nachklang. Dieses *Es gehört sich nicht* ist Lottes Prinzip und Schicksal. Es gibt ihr zwar Halt, aber es schmerzt und belastet sie. Für sie bedeutet es, sich nichts anmerken und schon gar nicht, sich gehen zu lassen. Dezenz heißt für diese junge Frau, sich zusammenzureißen, ihre Sorgen, Schmerzen und Verzweiflungen zu verbergen.

Neu ist das nicht. Schon im Juni 1789, als Lotte angeblich mit Haut und Haar in Schiller verliebt war, kurz bevor sie sich mit ihm verlobte, hatte sie in ihr Tagebuch notiert: »oft wieder hinab gesenkt in tiefes Elend, wo kein Ausweg sich zeigte, ward mein Herz«. Aber eine dezente Frau gibt nicht zu erkennen, was sie bedrückt oder umtreibt. Wahrscheinlich verschweigt Lotte deswegen Schiller auch die Nachricht, dass Karolines Zuckungen mehr geworden sind. »... ihre Krämpfe haben zugenommen ..., weil sie bei der Humboldten [Li] ihrer Niederkunft war, seit dieser Zeit ist mir, als hätte sie mehr Anfälle, oder doch als wären sie heftiger. Auch ihre Stimmung leidet dadurch, und Du würdest sie jetzt noch eigensinniger finden, als voriges Jahr; auch das allein sein trägt dazu bei.« Dass es sich bei den so genannten Krämpfen und Anfällen um hysterische Symptome handelt, wird erst Humboldt durchschauen und erbarmungslos genau beschreiben. Dass Karolines Zustände *heftiger* geworden sind, nachdem sie bei der Geburt von Lis erstem Kind dabei war, ist wohl auf ihre eigenen Lebensumstände zurückzuführen: Sie ist nach wie vor kinderlos und in einen katholischen Geistlichen verliebt.

Und wie sieht es mit Lottes Leidenschaft aus? Schwanger ist sie nach bald drei Jahren Ehe nicht. Dass Schiller die glühende Leidenschaft schon kurz nach der Hochzeit als gelöscht beschrieb, ist bekannt. Doch wie steht es mit ihr? Brennt sie denn noch für Schiller?

Äußerlich ist er immer weniger anziehend, Besucher, die überwältigt sind von Schillers dramatischer Kühnheit, die packt, ergreift und nicht mehr loslässt, von seiner Begabung, Sätze zu schaffen, die keiner mehr vergessen kann, sind von Schillers Erscheinung, von seiner Art aufzutreten enttäuscht, immer häufiger entsetzt. Zum Beispiel ein junger Theologe, Lütkemüller, der im Herbst in der Schrammei erschienen ist und Schiller vor allem wegen des »Don Carlos« anbetet. »Leise öffne ich die Tür und erblicke drei Herren an einem Tischchen, die Hände voll Karten. ›Verzeihen Sie!‹ – sprach ich – ›wohnt der Herr Hofrat Schiller hier?‹ – ›Ja!‹, antwortete einer der Herren, wies auf seinen Mitspieler ihm gegenüber, und ging mit dem andern Herrn hinweg in eine Seitenstube. Da stand Schiller vor mir! Mein Blick überflog ihn vom Haupt bis zum Fuß. Kaum konnte ich vor Verwirrung die Worte sagen: ›Ich wollte mir die Freiheit nehmen, Ihnen persönlich die hohe Verehrung zu bezeugen, die ich schon seit langer Zeit für Sie empfinde.‹ – Alles an Schiller widersprach dem, was ich mir über seine äußerliche Gestalt und ihren Ausdruck eingebildet hatte. Ein langer Mann mit der Darstellung eines schlaffen Körpers, die Knie eingebogen, einen Arm auf die Stuhllehne gestützt, ein mattes Auge mit unstetem Blick, und ein bleiches längliches Gesicht ohne besonderen Ausdruck, und dazu rötliches Haar und langfingerige Hände, die ein Schnupftuch hin und her drehten. Ehre sei Schillers herrlichem Geist! Nur dieser ist Schiller, nicht sein Leib, so wie ich ihn sah.« Er sucht schnell das Weite. »Länger konnte ich ihn nicht aushalten.«

Wie also hält Lotte diesen Mann aus? Schafft sie, was dieser Lütkemüller sich vornahm: sich Schiller schön zu denken, so schön wie seinen Geist?

Dass sie seine Eigenheiten und Stimmungen mit fast übermenschlicher Geduld hinnimmt, fällt fast jedem auf, auch Schillers altem Freund Reinwald, Ehemann seiner Schwester Christophine. Lotte aber weist sein Lob zurück. »Sie sagen mir

Waghalsige Versuche eines unsportlichen Ehemanns:
Schiller auf dem Esel.

recht viel Schmeichelhaftes, mein lieber Schwager, was ich
doch nicht ganz zu verdienen glaube. Es ist kein so großes Verdienst, sich in Schillers Launen gut zu fügen. Erstlich hat er im
Ganzen genommen nicht so viele, dann ersetzen auch wieder
seine heiteren freien Momente die trüben leichter.«

Immerhin weiß Schiller Lottes Nachsicht und Fürsorge zu
schätzen. »Meine Krankheit hat dadurch, dass sie mich ganz außer Tätigkeit setzte, uns so aneinander gewöhnt, dass ich sie
nicht gern allein lasse. ... die kindliche Reinheit ihrer Seele und
die Innigkeit der Liebe, gibt mir selbst eine Ruhe und Harmonie,
die meinem hypochondrischen Übel ohne diesen Umstand fast

unmöglich wäre«, schreibt er an Körner. Von Ruhe und Harmonie bemerken seine Freunde freilich wenig. »Auf was er verfiel, das trieb er mit Heftigkeit und Übermaß. ... nun ritt er alle Tage, und zwar von Hause an im Galopp, und kam oft im Carrière zurück, dass er das Pferd nicht halten konnte, und sich nur dadurch rettete, dass das Tier seine Heimat wusste und zum Glück eine Straße ohne Durchgang bei seinem Hause war, wo das Pferd doch stehen musste.«

Ein Mann, der wild ist, über die Stränge schlägt, glühen kann für irgendeinen Unsinn, aber zu seiner Frau *kalt* ist, dessen *Ton mit ihr trocken, hart ... gleichgültig, verdrießlich* ist: Wie soll er sie begeistern?

Lotte ist eben imstande, alles in einen Zusammenhang zu bringen, und sich so Schillers Reaktionen, sein Verhalten, seine Eigenheiten verständlich zu machen. Ist er, wie Baggesen berichtet, *in Gesellschaft nichts, ganz und garnicht unterhaltend, ganz und garnicht witzig*, erklärt sie: »Das Graziöse ..., das Leichte, das ein Leben in Gesellschaft hervorbringt, das oft Ziererei wird, davon war er ganz entfernt. Edel und ernst war sein Anstand ...« Ist er leichtsinnig, schont sich nicht, macht die Nacht zum Tage und sich selbst zum chronisch Kranken, versteht sie: »Welche Macht sein Geist über den Körper gewann, zeigte seine Kränklichkeit, sein langes Leiden. Er vergaß aber stets durch die Tätigkeit des Geistes den Körper.«

Seine Schweigsamkeit deutet sie als Tiefe, seine Ungeduld als Ausdruck des rastlosen Geistes, sein mangelndes Interesse an Kleidung als Bescheidenheit. Und wahrscheinlich stört sie nicht einmal sein schweres Schwäbisch, es lässt sich ja als Ausdruck des Authentischen, des Wahrhaftigen deuten. »Immer tätig strebte sein Geist rastlos nach Wahrheit.«

Lotte war liebesfähig, das heißt, fähig, an einem Menschen auch das zu lieben, was auf den ersten Blick nicht liebenswert erscheint.

XIII.

Ein wandelnder Widerspruch

Wie Lotte das Leben mit Schiller erträgt

Helden dürfen vieles, aber keinesfalls ängstlich sein. Lottes Held aber hat Angst. Angst zum Beispiel vor Studenten, die sein Freiheitslied aus den »Räubern« gesungen haben. »Ein freies Leben führen wir, ein Leben voller Wonne.« Sie haben es nämlich bei äußerst ungünstigen Gelegenheiten gesungen: als sie zu sechzig oder siebzig in den Garten und das Haus des Jenaer Prorektors Ulrich eindrangen und drohten, Feuer zu legen, wenn ihre »akademische Freiheit« nicht wiederhergestellt würde, und dann, als sie den Vertrauensmann der Polizei, Polizo, gefoltert, mit dem Degen verletzt und halb nackt auf der Straße herumgeschleppt haben. Zu ihrer Freiheit gehört, dass sie sich in Verbänden, in Landsmannschaften, Orden, Geheimbünden und freimaurerartigen Logen organisieren dürfen, dass sie ein Recht haben auf eine Selbstverwaltung und Ehrengerichte abhalten dürfen.

Schiller ist keineswegs auf ihrer Seite und unangenehm berührt davon, dass sie sich mit seinen Texten schmücken. Klammheimlich unterschreibt er mit acht anderen Professoren einen Brief an den Herzog, in dem um militärischen Beistand für die gefährdeten Gelehrten gebeten wird. Und zwar unter der Androhung, sie alle verließen sonst die Universität in Jena.

Losgetreten hatte kein anderer als Goethe die Krawalle, der wie auch der Herzog selbst in die weimarische Loge eingetreten war. Er hatte überraschend befohlen: »Man zerstöre alle geheimen Verbindungen, es entstehe daraus, was es wolle.«

Es entsteht daraus eine brenzlige Situation.

Auf dem Marktplatz stehen 600 Studenten in der Julihitze, sie sind bewaffnet mit Degen und Stöcken, obwohl ihnen ein Aushang am schwarzen Brett das Waffentragen verboten hat. Ihnen gegenüber warten Husaren und Jäger, die Degen bereits gezogen. Die Studenten haben bewiesen, dass sie tätlich werden können. Doch es kommt nicht zum Gemetzel, es kommt zu Verhandlungen. Und das Ganze endet mit einem Triumph der Studenten.

Wundert sich Lotte über Schillers Verhalten? Irritieren muss es sie, dass er, der Freigeist, der zum Idol der freiheitsbewegten Studenten geworden war, nun auf der bürgerlichen Gegenseite steht. Schließlich hat sie, die Adlige, nicht anders empfunden als die junge Bürgerliche Minna Körner. »Schiller hatte ... durch die Räuber, den Fiesco und Kabale und Liebe die Aufmerksamkeit von ganz Deutschland erregt, besonders durch das letzte dieser Trauerspiele uns Weiber, wie Kerzen die Mücken, an sich gezogen und versengt.«

Gerade den gescheiten jungen Frauen und den Studenten hat es imponiert, dass Schiller sich mit den frühen Dramen aufgelehnt hat gegen den Feudalherrn, seine Sätze voll glühenden Freiheitsdrangs haben sich eingebrannt in die Köpfe. »Geben Sie Gedankenfreiheit!«, heißt es im »Don Carlos«. Hat er, der sich nie gebeugt, nie geduckt hat, nun Angst vor denen, die Freiheit fordern? Herzog Karl August, Landesherr auch in Jena, genießt nur das von Goethe verbreitete Ansehen geistiger Freiheit. »Die Mär von der Liberalität des Herzogtums Weimar«, sagt der amerikanische Germanist Wilson klipp und klar, »beruhte schon im 18. Jahrhundert offenbar auf zwei Kurzschlüssen, die zur Lebenslüge der Intellektuellen in Weimar gehörten.« Kurz und damit falsch geschlossen wurde zum einen, dass ein Mann, der wie Karl August religiös liberal sei, es auch politisch sein müsse. Und zweitens, dass ein Fürst, der aufgeklärte Intellektuelle von Wieland bis Schiller an sich ziehe, auch selbst ein aufgeklärter Intellektueller sei.

Jetzt jedenfalls steht der Freigeist Schiller, der sich nicht einen einzigen Satz aus den »Räubern« oder »Kabale und Liebe«

hatte streichen lassen, auf der anderen Seite als die Freiheitskämpfer. Doch für Lotte ist es nicht feige oder unaufrichtig,
dass Schiller während der Studentenunruhen nicht die Partei
der Demonstranten ergriffen, sondern sich vom Herzog Polizei-
schutz vor ihnen erbeten hat, sie findet es verständlich. Frauen
von Helden sind zuweilen froh, wenn die ihr Draufgängertum
vergessen. Lotte hält es wahrscheinlich für vernünftig, dass
Schiller ins Lager der Ordnung erhaltenden Kräfte übergewech-
selt ist. »Die Vernunft« war ihr Spitzname schon als junges
Mädchen. Deswegen stört sie wohl kaum, was neue Bekannte
nun an ihm beobachten. Für Johannes Falk hat er etwas von
einem Geistesabwesenden, der »die äußeren fremden Gegenstände unbemerkt an seiner geängstigten Seele vorbeigleiten
lässt, und diese Ängstlichkeit und schwebende Unruhe scheint
sich seinem ganzen Wesen mitzuteilen«. Ängstlichkeit hemmt
also die Risikofreude – das kann Lotte, was ihren dauerkranken
Mann angeht, nur recht sein.

Umso mehr muss es sie erschrecken, dass Schiller keine drei
Monate nach dem Studentenaufstand in den Verdacht gerät,
ein Sympathisant des Nationalkonvents, der Revolution, zu
sein. Auch einige seiner Freunde und Bekannten misstrauen
ihm, denn obwohl er in Adelskreisen längst als Künstler anerkannt ist, erscheint er manchen, seiner Vergangenheit wegen,
politisch immer noch suspekt, und seine Verheiratung mit
Lotte hat dieses Gefühl nur vorübergehend beruhigt. Jetzt ist
der Verdacht wieder virulent. Und gefährlich. Denn mit dem,
was im Herbst 1792 in Paris geschieht, will sich keiner der Honoratioren in Jena oder Weimar die sauberen Hände schmutzig
machen.

Die Septembermorde haben 1792 zwischen dem 2. und 6. dieses
Monats neun der elf Pariser Gefängnisse in Schlachthäuser verwandelt. Von ungefähr 2800 Häftlingen wurden mehr als die
Hälfte ohne jeden Prozess umgebracht. Ein Viertel davon waren
politische Gefangene, vor allem Priester, drei Viertel waren jedoch unpolitische Kriminelle wie Dokumentenfälscher, Diebe,
betrügerische Spekulanten, harmlose Asoziale wie Landstrei-

cher und Bettler oder Prostituierte, die vor ihrem Tod von den Mördern noch missbraucht wurden. In der Bicêtre waren 43 der 162 Ermordeten keine achtzehn, 13 waren erst fünfzehn, 3 vierzehn, 2 dreizehn und einer war erst zwölf Jahre jung. Ermordet wurden sie größtenteils von ehrbaren Familienvätern, von braven Kleinbürgern, die damit die neue Ordnung verteidigen und ihren Gegnern Angst einjagen wollten. Das Massaker wurde als Selbsthilfeaktion geduldet. In den Provinzstädten von Lyon bis Marseille, von Reims bis Toulon fanden ähnliche Schlachtfeste statt. Dass den Tätern nichts geschah, war das Signal für alle Fanatiker: In den darauf folgenden zwei Wochen wurden nach Blitzverfahren oder völlig ohne Prozess vor allem Geistliche und Royalisten abgestochen, wahlweise geköpft.

Wie viele Details in Jena bekannt werden, wie schnell es sich dort herumgesprochen hat, dass die königliche Familie seit August im Temple gefangen sitzt und der Kopf der Princesse de Lamballe, Marie Antoinettes engster Vertrauter, auf eine Pikarde gespießt durch die Pariser Straßen getragen wurde, ist sekundär. Was zählt, ist, dass sich wegen dieser bestialischen Grausamkeiten selbst Leute wie Klopstock, anfangs für die Revolution begeistert, abwenden.

Kein Wunder, dass Charlotte von Stein entrüstet ist, als ihr Gerüchte zu Ohren kommen, Schiller sei von den Pariser Revolutionären als einer der ihren gewürdigt worden. Aufgebracht will sie von Lotte wissen, was wahr ist. »Sagen Sie mir doch, was hat denn Schiller zur Verteidigung oder zum Lobe der Revolution geschrieben, weil ich einen Brief bekommen habe, worin man mir schreibt, die jetzige Nationalversammlung habe allen auswärtigen Schriftstellern, die zu ihren Gunsten geschrieben, angeboten, französische Bürger zu werden; man glaubt aber, Schiller werde es natürlicherweise ausschlagen und auf diese Ehre für jetzt keine Ansprüche machen.«

Lotte besänftigt die Patin; sie wisse von nichts und Schiller wisse von nichts. Doch dieses Gerücht muss sie, auch ohne Adelsstolz, umtreiben. Nicht nur Charlotte von Stein, auch der Rest der adligen Gesellschaft in Weimar ist beunruhigt. Der dunkle Verdacht erhellt sich erst allmählich: Der »Moniteur«, eine Pariser Zeitung, hatte gemeldet, dass die Nationalversammlung Schiller, neben Leuten wie Klopstock und George Washington, zum Ehrenbürger Frankreichs ernannt hat, für ihren Mut, der »Sache der Freiheit gedient und die Befreiung der Völker vorbereitet« zu haben. Und von Paris aus hatte sich diese Nachricht bis nach Thüringen und Sachsen herumgesprochen. Warum Schiller selbst von der brisanten Ehre noch nichts weiß, kann sich allerdings keiner erklären, denn bereits am 28. August 1792 war das Dekret verabschiedet worden. Erst Jahre später erfährt Schiller, dass sein Name darin in *Gille* verändert wurde und die Urkunde auch an den *M. Gille, Publiciste allemand* adressiert worden ist; so kommt sie erst fünfeinhalb Jahre später, im März 1798, bei dem Geehrten an.

Im Oktober – die Revolutionstruppen ziehen in Mainz ein – kommt die Patin noch einmal darauf zurück. Charlotte von Kalb hat sie gefragt, »ob Schiller das französische Bürgerrecht angenommen hätte; ich sagte ihr, dass es nur eine Zeitungsnachricht sei, und Schiller wisse gar nichts davon; für jetzt mag wohl das französische Bürgerrecht das Banditengesetz sein«.

Lotte befindet sich in einem Zwiespalt: Sie will zu Schiller halten, jedoch nicht in den Verdacht geraten, als Angetraute eines Sympathisanten, seine Ansichten zu teilen. Dass sie diese Gratwanderung bewältigt, zeigt, über welches beachtliche diplomatische Geschick sie verfügt. Das braucht sie, gerade jetzt, auch noch für die Familienpolitik.

In diesem Herbst ist Schillers Mutter mit seiner jüngsten Schwester Nanette, »einem idealisch schönen Mädchen«, zu Besuch gekommen und hat sich für einen ganzen Monat eingenistet. Lotte muss sich zum ersten Mal als Schwiegertochter bewähren. Dorothea Schiller, die ihren berühmten Sohn seit zehn Jahren zum ersten Mal wiedersieht, ist vernarrt in ihn und wird zu einer echten Belastungsprobe für die Beziehung des Paares. Sie »brachte lauter Verwirrung in's Haus«, beobachtete ein Freund. »Mit der geradesten Offenheit und ohne alle Schonung und Feinheit, weil sie nichts Arges hatte, ohne Kenntnis der Welt, noch ihres Sohns, noch weniger seiner Gattin, mit einem hohen Mutterstolz und Schwiegermuttergefühl stach sie beiden, ohne zu es zu ahnen, in tausend Äußerungen und Bemerkungen täglich glühende Dolche ins Herz, und wäre sie länger geblieben, sie hätte mit der größten Gutmütigkeit das schöne und zarte Verhältnis zwischen Schiller und seiner Gattin ganz zerstört.« Was war das Problem bei der ersten Begegnung von Lotte und Schillers Mutter?

»Adelsstolz«, den Sigrid Damm bei Lotte zu finden glaubt, ist in den Briefen, die sie mit Schillers Familie wechselt, nicht zu finden. Sie bettelt vielmehr um Nähe, um Liebe, darum, ganz und gar zur Familie zu gehören. Lotte ist es ein Bedürfnis, ihre Schwägerin Christophine, Schillers Lieblingsschwester, zu duzen. Und die gesteht Lotte wiederum, sie fühle sich in großer Gesellschaft »verlegen und hölzern«. Aber: »Wie viel wohler ist es mir bei Dir, liebste Schwester; ich konnte so ganz in Deiner Gesellschaft ich selbst sein und das macht uns heiter und zufrieden, wenn wir Teilnahme finden an dem, was unserm Herzen am nächsten ist.«

Was zu Verletzungen mit den verbalen *Dolchen* führt, ist wohl eher Mutterstolz, der blind macht für Verfehlungen, obwohl Dorothea Schiller die Schwächen ihres Sohnes durchaus bekannt sind. Nicht umsonst hatte ihr Mann seinem gelehrten Sohn immer eine »vernünftige, tugendhafte und häusliche Frau« gewünscht, ohne die er nicht zurande käme, »denn es ist allemalen gewiss, dass Gelehrte sich selten um die gute Wirtschaft kümmern«.

Wahrscheinlich fällt es Mutter Schiller schwer, sich Lotte, der dezenten Adligen gegenüber, ganz natürlich zu benehmen. Die Situation muss sie verunsichern und der eigene Dialekt klingt in der Fremde immer derber als zu Hause, der schwere schwäbische erst recht. Außerdem gibt es bereits Probleme mit Nanette, denn die ist nicht nur *idealisch schön*, sondern höllisch anstrengend. Sie hat beschlossen, Schauspielerin zu werden, womit sie ins Schwarze der mütterlichen Sorge trifft, für die dieser Beruf fast gleichbedeutend mit dem Gewerbe käuflicher

Mädchen ist. Die Diskussionen, die nun im Haushalt von Lotte und Schiller stattfinden, sind sicher brisant. Einen Waffenstillstand gibt es erst, als alle zusammen in Rudolstadt zu Besuch sind – ein Einfall von Lotte, der therapeutische Qualitäten verrät und ein Gefühl für das, was sich heute Gruppendynamik nennt. Die Vernunft der Mutter Lengefeld, die selbstverständliche, gepflegte, aber unaffektierte Gastfreundschaft in ländlicher Umgebung führen, wie fast immer, zur Beruhigung.

Lotte aber braucht auch in der nächsten Zeit starke Nerven, um mit diesem Mann zu leben, ein dickes Fell, um die Sticheleien von allen Seiten nicht zu spüren, und eigentlich bräuchte sie auch ein schlechtes Gedächtnis, um sich nicht aufzuregen über Schillers Undank.

Der hat seine Vorlesungen wieder aufgenommen, liest aber nicht mehr über historische Themen, sondern über Fragen der Ästhetik. Damit muss er Professor Reinhold auf die Zehen treten, Wielands Schwiegersohn, der seit langem die Ästhetik als sein Revier betrachtet und empört ist, dass Schiller nun darin wildert.

»Reinhold ... nahm diese Kollision sehr übel.« Beide laufen einander jedoch regelmäßig über den Weg bei einem – Jena ist eben Provinz – Professorenkränzchen. Die Enge der Stadt, die mangelnde Auswahl an Geselligkeiten befördern solche Zirkel. »Die Gesellschaft war Schiller, Paulus, Niethammer, Reinhold, Schmid, Schütz, die beiden Hufeland, Betsch, Göttling und Fichte. Hinzu kamen die Frauen, in deren Häusern das Kränzchen war, nachher alle, oft auch Goethe, Wieland und Herder und wenn ein interessanter Fremder durchreiste, wurde er eingeführt. ... Schiller besuchte die Gesellschaft anfangs mit Vergnügen, aber bald entleidete ihm das große Kind Reinhold das Vergnügen.« Reinhold setzt sich nämlich in die abgelegenste Ecke des Zimmers, redet kein Wort und ist unübersehbar beleidigt. An den Diskussionen und dem Gelächter der anderen nimmt er nicht teil und vom selben Tisch wie Schiller weigert er sich zu essen. Damit er nicht verhungert, trägt ihm seine

Frau Kaffee, Wein, Kuchen oder Butterbrote in den Schmoll-winkel. Das wiederum verärgert Schiller derart, dass er Frau Reinhold nur noch als »der Rabe« verspottet und in seinem Haus zwar noch das Kränzchen geben lässt, es aber nirgendwo mehr besucht. Reinhold ist tief verletzt von Schillers Verhalten. »Seine Einsilbigkeit und Kälte hat mir zu wehe getan, als dass ich mich derselben länger freiwillig hätte aussetzen können.«

Hat Schiller denn völlig vergessen, dass er die satte Zuwen-dung aus Dänemark von Prinz Christian Friedrich und Graf Schimmelmann ausschließlich Reinholds Vermittlung verdankt, der »mit Freudentränen in den Augen« damals »sogleich zu Schillern« gelaufen war, um ihm die rettende Nachricht zu überbringen? Kann er nicht ein wenig Verständnis aufbringen für Reinholds Empfindlichkeit angesichts der 1000 Taler, die er jährlich ohne einen Finger zu rühren von den dänischen Be-wunderern kassiert? Offenbar nicht.

Lotte, die mit Reinholds Frau, dem *Raben*, eng befreundet ist, muss schon deswegen darunter leiden, dass Schiller sich derart undankbar benimmt. Außerdem spricht sich so ein Verhalten in Jena herum und wird Lotte, hochsensibel für gesellschaft-liche Fehltritte, auch aus diesem Grund peinlich sein. Aber sie hat sich mittlerweile wohl daran gewöhnt, dass Schiller mit an-deren unnachsichtig ins Gericht geht, für sich selbst aber Nach-sicht und Verständnis beansprucht. Also muss sie ausgleichen, beschwichtigen, nachgeben, vermitteln und tut es klaglos.

Kaum ist die Schwiegermutter abgereist, steht sie wieder vor den politischen Problemen. Jenes Gerücht, Schiller sei Ge-sinnungsgenosse der französischen Revolutionäre, verstummt nicht, und das muss ihr zu schaffen machen. Lotte, geborene Freifrau von Lengefeld, Patenkind der Freifrau von Stein, Lieb-ling des Herzogs von Sachsen-Weimar, hatte zwar keinerlei An-zeichen von dem ihr unterstellten *Adelsstolz* gezeigt, als sie durch die Heirat mit dem bürgerlichen Schiller ihren Adelstitel und damit automatisch den Zugang zum Hof verlor, sie hat das auch mit keinem Wort bedauert, aber jetzt muss sie etwas un-ternehmen.

Vermutlich ist es auf ihre Initiative zurückzuführen, dass Schiller im Januar 1793 für jene Seite aktiv wird, die als die des Adels gilt. Ihm ist zu Ohren gekommen, dass der französische König geköpft werden soll, und er sieht es auf einmal als seine Pflicht an, öffentlich Stellung zu beziehen;»ein deutscher Schriftsteller, der sich mit Freiheit und Beredsamkeit über diese Streitfrage erklärt, dürfte wahrscheinlich auf diese richtungslosen Köpfe einigen Eindruck machen. Wenn ein einziger aus einer ganzen Nation ein öffentliches Urteil sagt, so ist man wenigstens auf den ersten Eindruck geneigt, ihn als Wortführer seiner Klasse, wo nicht seiner Nation anzusehen«, erklärt er Körner. Dass ebenjene *richtungslosen Köpfe* ihn selbst für richtungsweisend halten, gehört zu den Heimtücken der Geschichte; ins Französische übersetzt, also allgemein bekannt ist in Frankreich von Schillers Werken zu diesem Zeitpunkt nämlich nichts außer »Die Räuber«,»Robert, chef des brigands«. Schiller wehrt sich energisch gegen die Unterstellung, er befürworte die blutrünstigen Aktionen der Revolutionäre.»Ich kann seit 14 Tagen keine franz[ösischen] Zeitungen mehr lesen, so ekeln diese elenden Schindersknechte mich an«, wütet er am 8. Februar 1793 in einem Brief an Körner.

Lotte ist sicher erleichtert, dass Schiller eindeutig Position bezieht, als der Terror der Jakobiner seinem Höhepunkt zusteuert. Dass er sich wortgewaltig empört gegen »rohe, gesetzlose Triebe ..., die ... mit unlenksamer Wut zu ihrer tierischen Befriedigung eilen«. Doch aus der Welt räumen können selbst solche Bekenntnisse die Vermutung nicht, Schiller sei im Grunde noch nicht ganz abgefallen von den Königsmördern in Frankreich. Schon im Dezember 1793, ein drei viertel Jahr später, stichelt Charlotte von Stein wieder:»Ist denn Schiller wohl jetzt ganz über die französische Revolution bekehrt und darf ich wohl jetzt den Nationalkonvent Räuber nennen, ohne dass er sich wie schon einmal darüber entsetzt?«

Wie Lotte zu diesem Thema steht, ist klar. Und dass keines ihrer Kinder jemals Anspruch erheben wird auf die Ehrenbürgerrechte des Vaters, was postum den Verdächtigungen gegen ihn neues Futter gäbe, ist ganz im Sinn ihrer Erziehung. Schiller hingegen hatte durchaus den Fall einberechnet, dass »einmal eins meiner Kinder sich in Frankreich niederlassen und dieses Bürgerrecht reklamieren wolle«. Also musste Lotte die Frage beunruhigen, wo ihr Mann politisch denn nun wirklich steht – eine Frage, die sie deshalb nie beantworten konnte, weil Schiller es selbst nicht konnte. Er hat zu den verschiedenen Bitten, sich zu den Vorgängen in Frankreich zu äußern, nicht zufällig lange geschwiegen. Karl Friedrich Reinhard, damals Sekretär im Pariser Außenministerium, hatte schon im November 1791 ausdrücklich um Schillers Meinung gebeten. »Ich wünschte, Ihr Glaubensbekenntnis über Frankreichs Revolution und Konstitution zu wissen.« Und Schiller war darüber hinweggegangen, als hätte er die Frage gar nicht gekannt.

Nun zieht er zwar mit starken Sätzen gegen die Jakobiner zu Felde und ergreift Partei für den König, aber eine Woche nachdem er Körner erklärt hat, er wolle und müsse den Revolutionären ins Gewissen reden, wird er selbst wieder von absolutistischer Selbstherrlichkeit und monarchistischer Zensur provoziert: »Kabale und Liebe« erlebt seine Erstaufführung in Stuttgart – und wird sofort verboten.

Geht Schiller wieder auf die Barrikaden?

Keineswegs. Er hält den Mund. Der Herzog verbietet ihn, der Herzog verleugnet ihn und Schiller schweigt dazu. Beulwitz hatte ja nach seiner Rückkehr von der Prinzentour berichtet, er habe Herzog Karl Eugen beim Essen auf Schiller angesprochen, aber nur zu hören bekommen: »Ich kenne ihn nicht.« Und Schiller hatte gezeigt, wie sehr ihn das traf. Trotzdem plant er in ebendem Winter, wo »Kabale und Liebe« in Württemberg der Zensur zum Opfer fällt, eine Reise dorthin. Er verspürt Heimweh. »Die Liebe zum Vaterland ist sehr lebhaft in mir geworden«, äußert er. »Thüringen ist das Land nicht, worin man Schwaben vergessen kann.«

Auch die Gäste in seinem Haus bekommen mit, dass Schiller alles Unangenehme und Schlimme an Württemberg verdrängt und nur das Gute wahrnimmt. »Überhaupt war seine Sehnsucht nach dem Vaterlande sehr groß und er sprach mit auffallender Behaglichkeit darüber. Es war rührend, wie er vor sich und Anderen seinen Wunsch, im Vaterlande angestellt zu werden, zu verbergen suchte.«

Und Lotte? Auch wenn sie aus Sorge um den geliebten Mann ihr Ideal vom unbeugsamen Freiheitskämpfer zu vergessen sucht, muss sie dieser konfliktscheue, anpasserische Schiller eigentlich doch erstaunen. Sie aber scheint den politischen Aspekt einfach auszublenden und nur private Gründe für Schillers Reise zu sehen. Außerdem liegt ihr selbst daran, aus Jena herauszukommen. Sie fühlt sich einsam, obwohl in der Schrammei zunächst noch gespielt, geredet und getrunken wird. Dann aber zieht Fischenich, der lieber mit ihr redete, als Tarock zu spielen, nach Bonn. Lotte weint ihm nach:»Mancher stille Abend verging mir traurig, weil ich fühlte, wie sehr Sie uns fehlen, und mich über Ihr Schweigen betrübte.« Oder sie teilt ihm mit:»Übrigens leb' ich still und ruhig und einsam.«

Ist es Schillers Verhalten Reinhold gegenüber, das manche Leute auf Distanz gehen lässt? Oder sucht er die selbst?»Wir sind jetzt recht arm an angenehmem Umgang«, gesteht Lotte jedenfalls Fischenich. Und sie weiß, sie muss daran etwas ändern. Eine depressive Eigenbrötlerin ist als Frau für Schiller nicht tragbar.

XIV

Unklare Verhältnisse

Was Schiller bei Lotte übersieht

Mit der Gesellschaft in Jena verhält es sich wie mit den Häusern dort: Die Fassaden verkünden durchaus den Anspruch, etwas Besseres zu sein, dahinter aber sieht es oft erbärmlich aus. Verwahrlost oder zumindest stillos. Mit dem idealen und idyllischen Ansehen in der Welt draußen hat die Realität nichts zu tun. Und Goethes Freund Eckermann gibt zu, man müsse »zur Steuer der Wahrheit« sagen, »dass dieser Blütengarten keineswegs ohne Dornen war. Man hatte intolerante, leidenschaftliche Parteien; besonders trugen die Weiber zur Unterhaltung dieser Spannung Tracasserien [Schikanen] bei.« Auch der vordergründige Eindruck, in Jena herrsche die völlige geistige Freiheit, ist trügerisch: Eben weil die Professoren dort sagen, was sie denken, gilt Jena als besonders verdächtig und wird scharf überwacht. Herzog Karl August traut ihnen nicht über den Weg. Er hält sie für subversiv, für Umstürzler, die sich als Intellektuelle tarnen. Und behauptet, an »allen Gelehrten klebt so gewaltig die Sucht. Einfluss in Staats Sachen zu haben«, dass »am Ende die Wissenschaften darunter leiden werden.«

Der Schein trügt, heißt das Leitmotiv für das Jena dieser Jahre.

Auch bei den Schillers kann der oberflächliche Eindruck, ihr Haushalt sei der Versammlungsort einer hochintellektuellen, lebenslustigen jungen Runde, die an Diskussionen über Kant ebenso viel Spaß hat wie am Tarock, über die Wahrheit nicht hinwegtäuschen: Die so genannten Butterbrotgesellschaften der Schillers sind eine Notlösung und ihr ganzes Dasein ist es

auch. Seit drei Jahren haust das Ehepaar in einer zusammenge-
stoppelten Wohnung aus den drei Zimmern, die Schiller schon
als Junggeselle bewohnte, und einem zugemieteten Zimmer
mit vielen Möbeln, ohne Küche. Er ist mit vierunddreißig immer noch ein Mann ohne festes Einkommen, der keineswegs an
den Ruhm der frühen Jahre mit »Die Räuber«, »Fiesco«, »Kabale
und Liebe« und »Don Carlos« anknüpft, vielmehr an unspekta-
kulären Stücken wie den »Kallias-Briefen« arbeitet, die meiste
Zeit mit der Lektüre von Kant und Diderot zubringt und nie
ganz gesund ist, schon gar nicht in einem Winter, der nicht enden will; »es ist, ... als wären wir dem Nordpol nähergerückt«,
klagt Lotte. Die Wetterlage muss sie ängstigen, denn sie bedeutet, dass Schiller noch mehr krank ist, noch weniger produktiv
ist und noch weniger verdient. Und nun gibt auch noch Lottes
Befinden seit Februar, März Rätsel auf. Sie kränkelt, wird unübersehbar dicker, ist schnell erschöpft und hat mit Übelkeit zu
kämpfen. Dem Arzt an ihrer Seite fällt nichts dazu ein.

Im Vorfrühling 1793, als Lotte und Schiller ihren dritten Hoch-
zeitstag feiern, dreht sich alles wie üblich vor allem um Schillers
Zustand, nicht um ihren. Mitte Februar schon war es mit ihm
bergab gegangen. Und am 15. März schreibt er Körner: »Ich hatte
wieder eine Zeitlang Anfälle meines Übels und bin jetzt noch
nicht recht im Stande.« Einen Tag später, am 16. März, stellt Dr.
Stark seinem Patienten Schiller, den er seit Jahren betreut, ein
Gesundheitsattest aus, das sich liest, als wäre er auf einmal sta-
bil, vital und widerstandsfähig geworden. Es wird ihm darin be-
scheinigt, dass er »gegenwärtig eine solche gute körperliche
Konstitution hat, welche keine gefährliche und tödliche Krankheit über kurz oder lang ahnden lässt, auch seine Gesundheit so
beschaffen ist, dass er wirklich an keiner Auszehrung oder irgend einer anderen Krankheit laboriert, welche seinen nahen
Tod befürchten ließe ...«.

Sechs Tage später, am 22. März, muss Schiller wegen eines
schweren Anfalls von Atemnot seine Vorlesung abbrechen.

Dr. Stark ist ein angesehener Arzt und ein guter Mensch.
Aber er ist ein Betrüger, der den Vorteil hat, glaubwürdig zu

sein. Was er da ausgestellt hat, ist ein reines Gefälligkeitsattest, das seiner Fürsorge entspringt und beweist, wie schlecht es um Schiller wirklich steht. Mutter Lengefeld hat in ihrem Pragmatismus darauf bestanden, dass Schiller sich in die Berliner General-Witwenkasse einkauft, damit Lotte nach seinem Tod nicht auf der Straße sitzt. Die chère mère hat wohl dasselbe bemerkt wie Göritz, wenngleich sie es anders beurteilt. »Lustig war es anzuhören, wenn Schiller in's Rechnen kam«, berichtet der Stammgast über einen Tatbestand, den eine Schwiegermutter weniger lustig, als besorgniserregend finden muss. »Im Anfange unserer Bekanntschaft war er in seinen Geldgeschäften äußerst nachlässig und da ich viel mit ihm zu berechnen hatte, so wurde nie eine Rechnung anders berichtigt, als indem es ungewiss blieb, ob er mir oder ich ihm noch einige Groschen oder Gulden schuldig sei.«

Was der Einkauf in die Versicherung kostet, zahlen Mutter Lengefeld und Beulwitz. Die Police »versichert der Frau Louise Charlotte Antoinette geborene von Lengefeld, alt 26 Jahr, eine Pension von 400 Reichstalern« im Jahr, wenn Schiller stirbt. Dass Frau von Lengefeld eine solche Absicherung für nötig hält, sagt mehr als genug über Schillers Gesundheitszustand aus. »Meine Existenz wird durch diese elenden Zufälle so zerrissen«, klagt er Körner, »dass ich in nichts recht fortfahren kann.«

Er findet also kaum Zeit, sich über Lotte Gedanken zu machen. Ihre Periode bleibt aus, die morgendliche Übelkeit hört nicht auf. Aber weder der Mediziner Schiller noch der Hausarzt, Dr. Johann Christian Stark, Spezialist für Geburtshilfe, kommt auf die Idee, sie könnte schwanger sein. Und für Lotte selbst stehen andere Probleme im Vordergrund als ihre gesundheitlichen; sie leidet unter der Geheimniskrämerei, weiß, dass Karoline ihre Scheidung von Beulwitz zügig durchziehen will, und hat Angst davor, es die Mutter wissen zu lassen. Die Schwester nimmt es kühl. »Bei allem ist nichts zu bedenken, als wie wir ihr die Pille am schönsten vergolden, die sie verschlucken muss, Du musst Dir nicht den mindesten Vorwurf machen, ihr zu sagen, Du wüsstest nichts davon.« Doch für die geradlinige Lotte ist diese Situation schwer zu ertragen, erst recht, weil Karoline einfach abreist; sie zieht sich im Frühling nach Württemberg zurück, auf das Landgut der Frau von Senkenberg in Gaisburg, und will von dort aus ihre Trennung betreiben. Lotte ist der Mutter gegenüber weiter zur Heimlichtuerei gezwungen und schiebt ihr Unwohlsein wohl darauf.

Schiller verschafft ihr zumindest Ablenkung: Sie darf einen Umzug abwickeln. Ausmisten, Koffer und Bücherkisten packen, Termine machen. Für eine Frau im vierten Monat genau das Richtige. Doch für Lotte zählt, dass es Schiller gut geht, und der atmet auf im neuen Domizil, einem im großen Leist'schen Garten gelegenen Haus an der Zwätzengasse, wo die Obstbäume zu blühen anfangen. »Heute habe ich endlich meinen Auszug in den Garten gehalten«, vermeldet er Körner am 7. April, »und bin nicht wenig froh, dass ich Feld und Himmel sehe. Diesen ganzen Winter kam ich kaum 5 mal ins Freie, und nun ist mir zu Mut, wie einem Gefangenen, der zum erstenmal wieder ans Tageslicht kommt.«

Lotte hat von ihrer Mutter die praktische Vernunft geerbt und längst eingesehen, dass ihr kränkelnder Mann nur dann genügend frische Luft tankt, wenn er dazu keine sportlichen Aktivitäten entwickeln muss und möglichst im Schlafrock herumspazieren kann. Was sie angemietet haben, ist ein kleines Gartenhaus mit wenig Zimmern, doch für Schiller ist es eine große Verbesserung. Er verspricht sich dort ein gesünderes Leben, weil es außer dem Auslauf auch noch eine eigene Küche gibt. Noch weiß er nicht, was Lotte ihm vom eigenen Herd servieren wird, aber er ist sicher, dass es kaum schlechter sein kann als die billigen Sattmacher der Schwestern Schramm. »Meine Gesundheit vertrug sich mit der Kost nicht länger, die wir bei unseren Mamsells hatten.«

Das »harte Fleisch« der Schwestern Schramm muss er nun zwar nicht mehr schlucken, aber er denkt trotzdem nicht daran, sich vernünftig zu ernähren. Auch von der guten Stimmung, die ihm seine neue Behausung im Grünen verschaffen soll, ist bald nichts mehr zu merken.

»Schiller hat mir diesmal nicht gefallen«, schreibt Funck im Juni an Körner. »Ich glaubte in seinem ganzen Wesen eine Veränderung wahrzunehmen. Den warmen Anteil, den ich ihn sonst an allen Dingen nehmen sah, vermisste ich bei ihm. Politik allein interessierte ihn. Doch kann sein, dass er über irgendeiner dahin schlagenden Idee brütet, und dann pflegt er über alles andere kälter und zerstreuter zu reden ... Aber alle Welt klagt über seine schlechte Diät ... er ist genötigt gewesen, den größten Teil der Nächte zu arbeiten und durch schwarzen Kaffee und ungarischen Wein seine erschlaffenden Nerven zu spannen. Außerdem hat er mit viel Leidenschaft L'hombre gespielt, sich dabei angestrengt und bis 2–3 Uhr nach Mitternacht noch aufgesessen.«

Lotte glaubt zu wissen, was ihrem Mann gut täte, denn der berühmteste Ernährungsspezialist seiner Zeit, Christoph Wilhelm Hufeland, verkehrt bei Schillers. Er forscht und schreibt »Über die Kunst, das menschliche Leben zu verlängern«, worüber er drei Jahre später vor überfüllten Sälen eine Vorlesungsreihe halten wird. Sehr schnell aber merkt Lotte, dass Schiller selbst von dem großen Diätologen nicht zu bekehren ist; er raucht ja auch trotz seiner Bronchien- und Lungenleiden unbekümmert weiter. Doch sie wirft Schiller nicht etwa vor, er sei stur, es mangele ihm an Einsichtsfähigkeit; sie sieht in seiner Verweigerung jeder Diät ein Zeichen seiner abgeklärten Weisheit, die das banale irdische Dasein nicht einfach nur des Daseins wegen ausdehnen will. »Er liebte und schätzte den edlen Hufeland ... Aber Hufelands Makrobiotik war ihm stets ein Ärgernis, und er erlaubte sich zuweilen halb im Scherz, halb im Ernst allerlei Bemerkungen darüber, die eine entschiedene Abneigung gegen alle prosaische Lebens-Verlängerung verrieten.«

Lotte beweist mit dieser Deutung wieder einmal, dass sie ihren Mann immer mit nachsichtigem Blick betrachtet, denn darin liegt für sie wahre Liebe: »Es ist nicht Liebe, wenn man sich nur ein schönes Bild in der Seele entwirft und diesem selbst alle Vollkommenheiten gibt, sondern das ist Liebe: die Menschen so zu lieben, wie wir sie finden, und haben sie Schwachstellen, sie so aufzunehmen mit einem Herzen von Liebe.« Sie sieht also liebend hinweg über die *Schwachstellen*, aber sie muss doch mit ansehen, wie Schiller die Rechnung bezahlt für seine Unvernunft, seine Unbelehrbarkeit, und in immer kürzeren Abständen Rückfälle erlebt. »Mein Übel hat mir in diesem unfreundlichen April sehr hart zugesetzt und alle Lust an Denken und Schreiben verdorben.« Für Schiller ein Anlass, kaum ist er wieder auf den Beinen, ab morgens zwei oder drei zu arbeiten, nicht aber, sein Leben zu ändern.

Auch keiner der Besucher kann das ignorieren. »Mir schien er diesmal weit munterer als vor drei Monaten«, stellt Funck in einem Brief an Körner im Sommer fest. »Doch ist sein Befinden immer noch so schnell abwechselnd und seine Diät nichts weniger als streng. Er isst, was ihm schmeckt und macht zwar keine Debauchen mit Wein, trinkt aber doch mehr als ich glaube, dass ihm bei seinen Umständen gesund ist.«

Hat Schiller den Umzug wenigstens genutzt, die weder seiner Arbeit noch seiner Gesundheit zuträglichen Kartenrunden abzuschaffen? Der gemeinsame Mittagstisch, Schillers fest eingeplantes Unterhaltungsprogramm, fällt nun ja weg. Und Körner hat er angekündigt, er werde »mehr *en famille* leben, und weniger Lärm um mich haben, weil ich dann keine Tischgenossen mehr habe«. Doch Dekan Göritz, sein Eleve, und der von Schiller seiner Intelligenz wegen geschätzte Theologe Karl Heinrich Gros spielen weiterhin mit ihm Karten bis in die Morgenstunden und werden schwerlich Gesundheitstees dazu trinken. Und es ist Schiller anzusehen, wie er lebt und in welcher körperlichen Verfassung er ist, wenn er zu Hause gespenstisch blass im Schlafrock herumsitzt.

Nach außen hin hält sich jedoch das Ansehen des dynamischen Genies aufrecht. Auch der Zürcher Physiognom Lavater, von Berufs wegen ein genauer Beobachter, erlebt die übliche Desillusionierung. Als er Lotte besucht, die er noch als Siebzehnjährige von der Schweizreise kennt, und nebenbei einen neugierigen Blick auf den Gatten wirft, meint er ernüchtert: »Ich sah in dem … kränkelnden, hagern Gesichte nicht den kraftgenialischen Schnitt, den ich erwartet hatte, nichts von der messenden Verachtung.« Was ihm blieb, war »der Eindruck von dem vielbedeutenden Gesichte und der bescheidenen Gestalt«.

Längst ist Schiller zwei Schillers geworden: der, den die Welt in ihm sieht, den die Nachwelt verklären und so gründlich verkitschen wird wie Dannecker mit seiner Büste, und der, den die Besucher beobachten können. Den auch Lotte tagtäglich vor Augen hat, vor dem inneren Auge jedoch erlebt sie einen ganz anderen. »Groß und schön wie ein höheres Wesen stand er da«, äußert sie. Deswegen wundert sie sich auch nicht, dass das höhere Wesen so lange nicht erkannt hat, dass sie schwanger ist.

Erst Anfang Juli, als Lotte schon in der Mitte des siebten Monats ist, berichtet Schiller seinem Freund Körner von »Umständen die vermuten lassen, dass sie schwanger ist, obgleich wieder andere Zeichen fehlen. Schon vor etwa 7 Wochen hat Stark den Ausspruch getan, sie sei guter Hoffnung, nachher wurde er wieder irre, und jetzt spricht er wieder davon.« Zwei Tage darauf, am 3. Juli, ist Stark endlich seiner Sache sicher.

Warum nur ist Lotte selbst nicht auf die Idee verfallen, eine Schwangerschaft könnte die Ursache ihrer »Zustände« sein? Die Bewegungen des Fötus muss sie doch gespürt haben. Hier zeigt sich eben, dass Lotte nicht nur dezent, sondern auch unerfahren, unaufgeklärt und prüde war, ganz im Gegensatz zu ihrer Schwester. Das Sexuelle war für Karoline, die nicht zufällig »die Frau« genannt wurde, oder auch für Li ein zentrales Thema; für Lotte, wie ihre Sprache verrät, war es nichts, worüber man sich Gedanken macht. Sicher war das auch ein Grund dafür, dass Schiller Karoline leidenschaftlich und wohl auch körperlich begehrte, während Lotte ihn so lange kalt ließ. Dass sie sich immer hochgeschlossen, Karoline aber tief dekolletiert porträtieren lässt, weist in dieselbe Richtung.

Schillers Formulierungen haben jetzt auf einmal etwas Verklemmtes. Er freut sich, dass seine »kleine Maus« ihm »ein großes, großes Geschenk« machen wird, erklärt jedoch ungerührt: »Meine schwäbische Reise kann und darf ich nicht aufgeben, denn die ganze Hoffnung meines Vaters beruht darauf, und ich bin ihm diese Liebe schuldig. Er ist im Oktober 70 Jahre alt, und also lässt sich mit ihm nichts aufschieben.« Immerhin ist er so rücksichtsvoll zu bedenken: »Ich muss schlechterdings in der ersten Woche des August fort, damit meine Frau einen ganzen Monat wenigstens vor ihrer Entbindung in Ruhe bleiben kann.« Geflissentlich überhört er die Warnungen seiner Ex-Geliebten Charlotte von Kalb, die sich unter dem Vorwand, einen Hauslehrer für ihren Sohn zu suchen, an ihn gewandt hat und angesichts von Lottes Zustand davor warnt, »am Ende ihrer Schwangerschaft diese beträchtliche Reise zu unternehmen«.

Schiller kümmert sich zwar um die Organisation des Transports, aber er macht es, wie der Vertraute Funck grinsend beobachtet, »etwas geniemäßig«; »Sie kennen ja seine Art, für jedes Hindernis eine Auskunft zu finden, und dann gleich nicht mehr daran zu denken«. Funck, der als Vielreisender Erfahrung hat und nur allzu gut die Tricks der »Fuhrleute, Aufpacker, Frachtkärner u.s.w.«, kennt, die »von dem beängstigten und verwirrten Reisenden immer mehr Geld erpressen, oder aber ihn zum Zorn reizen, und … sich das Vergnügen machen, ihn durch ihre Grobheit aufs äußerste zu bringen«, stellt amüsiert fest, dass diese Typen an Schiller scheitern. »Alle diese Handwerksstückchen waren bei Schillern verloren. Er sah alles im rosenfarbnen Lichte, dass die Kerls grob werden könnten oder Geld erpressen wollten, fiel ihm gar nicht ein.« Funck bewundert zwar, dass Schiller »bei so guter Laune« blieb, »dass die Grobians völlig demontiert nach Hause gingen«, aber nur »um in einer Stunde wieder zu kommen, neue Schwierigkeiten zu machen, und eben so wieder abgefertigt zu werden«.

Das heißt: Schiller wirkt zwar überlegen, aber es geht nichts weiter. Die Sache voranzutreiben bleibt Lottes Aufgabe, und anscheinend hat sie mit Personal auch einen anderen Umgangston. *Aus Erfahrung*, sagt jeder, der sich Schillers komödiantisch wertvolle, aber praktisch nutzlose Behandlung der Dienstleute vorstellt. *Aus Adelsdünkel*, behauptet Göritz. »Dass sie von Adel war, zeigte Madame Schiller auch durch die Art, wie sie ihre

Kammerjungfer behandelte. Sie war hübsch und schien gutmütig, auch waren ihre Sitten unanstößig. Sie wurde aber immer mit einem gewissen spöttischen, herabwürdigenden Ton behandelt, der uns oft empörte; sie konnte nichts recht machen und wurde immer mit Bitterkeit zurecht gewiesen, auch wo keine Ursache dazu da war.«

Dass Schiller und Lotte am 1. August 1793 termingerecht mit ihrer Kammerjungfer und seinem Diener in eine schwer bepackte Mietkutsche steigen, wird wohl jedenfalls der zupackenden Art der Hochschwangeren zu verdanken sein, als Schillers *etwas geniemäßiger* Personalführung.

XV.

Reise in die Vergangenheit

Wie Lotte ihren Mann verstehen lernt

Sie kann nicht wissen, was auf sie zukommt. Als sie zum letzten
Mal eine längere Reise unternommen hat, war sie knapp sieb-
zehn, nicht schwanger und musste sich auch nicht durch die
Augusthitze quälen.

Es ist für Lotte keine Lustfahrt, die sie da im achten Monat
mitten im Hochsommer eine ganze Woche lang über die meist
unbefestigten Straßen mit tiefen Schlaglöchern von Thüringen
nach Heilbronn unternehmen muss. Eine komfortable Kutsche
ist angesichts der Schiller'schen Finanzlage nicht drin, und die
Fahrzeuge, die für wenig Geld zu haben sind, muten den Reisenden einiges zu.

Schillers Zeitgenosse Mozart, seit jungen Jahren ein Vielreisender von Prag bis Neapel, von Wien bis London, hat sich als
Vierundzwanzigjähriger über die vergleichsweise kurze Fahrt
von Salzburg nach München schon beklagt: »– dieser Wagen
stößt einem doch die Seele heraus! – und die Sitze! – hart wie
Stein! – von Wasserburg aus glaubte ich in der Tat, meinen Hintern nicht ganz nach München bringen zu können! – er war
ganz schwierig – und vermutlich feuerrot – zwei ganze Posten
fuhr ich die Hände auf dem Polster gestützt, den Hintern in Lüf-
ten haltend ...« – Ein probates Rezept, aber es zu befolgen ist
einer Hochschwangeren kaum möglich.

Am 8. August erreichen Schiller und Lotte ihr Ziel Heilbronn
und steigen ab im Gasthof »Zur Sonne«. »Meine Frau hat die
Strapazen sehr gut ausgehalten«, äußert Schiller. Er selbst ist da
empfindlicher. »Ich schreibe Dir sehr spät«, erklärt er Körner

drei Wochen nach der Ankunft sein langes Schweigen, »weil die Ermüdung von der Reise, übles Befinden und Zerstreuungen mich seither gar nicht zum Schreiben kommen ließen.« Doch auf Lotte wartet gleich eine Überraschung. Eine Begegnung mit Schillers Vergangenheit. Karoline verrät darüber in ihrer Schiller-Biographie: »Als dieser [Schiller] verheiratet nach Schwaben reiste, besuchte Margarete ihn und seine Gattin, wenn ich nicht irre in Heidelberg. Letztere [Lotte] fand sie sehr liebenswürdig und erzählte mir, sie [Margarete] sei wie Schiller selbst bei dem Wiedersehen sehr bewegt gewesen. Margarete verheiratete sich und starb im sechsunddreißigsten Jahr im Kindbett.«

Einiges an Karolines Bericht kann nicht stimmen. Sie selbst, zu diesem Zeitpunkt noch in Gaisburg oder Canstatt, hat das Ganze nicht selbst beobachtet, sondern nur von Schiller oder Lotte erzählt bekommen. Und die sagt dazu in einem Brief, der allerdings nur erhalten ist in der Wiedergabe von Herbert Stubenrauch, dem Leiter der Mannheimer Stadtbibliothek in der Nachkriegszeit: »Sie [Margarete Schwan] war rührend und gerührt in ihrer Freude Schillern wiederzusehen und wir Frauen umarmten uns unter Tränen, obwohl wir uns vorher nie gesehen hatten.«

Auch alles Weitere, was Karoline behauptet, stimmt nachweislich nicht. Margarete war seit drei Wochen, seit dem 16. Juli, mit dem Juristen Treffz verheiratet und starb im Januar 1796, zweieinhalb Jahre nach dem Rendezvous, mit nur neunundzwanzig Jahren nach der Geburt ihres zweiten Kindes. Außerdem trafen die drei sich nicht in Heidelberg, sondern in Heilbronn. Doch interessant ist vor allem: Woher wusste denn Margarete, dass die Schillers dorthin kommen würden? Wahrscheinlich hat Schiller ihr Bescheid gegeben. Wo und unter welchem Namen sie lebte, könnte er über ihren Vater herausgefunden haben, der ihm nicht mehr gram, sondern erleichtert war, von Schiller als Schwiegersohn verschont worden zu sein und in einem Brief aufgeseufzt hatte: »Glücklich wäre Schiller mit meiner Tochter nicht gewesen.« Einen Satz später aber log er in demselben Schreiben: »Warum aus der Sache nichts geworden ist, ist mir ein Rätsel.« Nur zu gut wusste er, dass die Abkühlung Margaretes auch von ihm selbst betrieben worden war. Denn er hatte sich, um eine Ehe zwischen seiner schönen, gebildeten, erotischen Tochter und dem begabten, aber aufsässigen und völlig mittellosen Dichter zu verhindern, eine todsichere Bedingung einfallen lassen: entweder Margarete oder die Kunst. Er wollte zwar seine Tochter »mit dem ganzen Vermögen von 50000 Fl« gerne Schiller zur Frau geben, aber nur »wenn er das unstete Theaterdichterleben aufgeben und die trefflich organisierte Buchhandlung annehmen und fortsetzen wollte. ... Habe er aber dazu keine Lust, so solle er sein medizinisches Studium fortsetzen.« Auf Schillers schriftlichen Heiratsantrag hatte Margarete mit Stillschweigen geantwortet, und als Schwan mit beiden Töchtern auf der Reise nach Leipzig Schiller noch einmal wieder begegnet war, taten alle so, als sei nichts geschehen. Danach aber geschah einiges: Die sorgsam behütete Tochter des ehrenwerten Schwan bekam am 29. Januar 1791 eine uneheliche Tochter von einem Oberleutnant beim Graf Ysenburgischen Grenadier-Regiment in Mannheim, dem dieses Kind so peinlich und lästig war wie dem Großvater Schwan.

Kalten Herzens verstieß der Buchhändler seine so heiß geliebte Margarete des guten Rufes wegen und verbannte sie mit alttestamentarischer Geste aus der Stadt. Sie hielt sich in Dörfern bei Heilbronn über Wasser, mit so viel Würde wie möglich. Ausgerechnet der Kompagnon ihres Vaters, ihr unermüdlicher und unerhörter Anbeter Gottlieb Christian Götz, versorgte sie mit geistiger Nahrung; erst im Januar 1793 hatte sie ihn um das Neueste von Schiller gebeten. Er wird sie auch mit privaten Nachrichten über den ausrangierten Liebhaber beliefert haben.

Wenn Lotte die ehemalige Liebe Schillers nun *rührend* findet und umarmt, gibt es für so viel Sympathie zwei mögliche Beweggründe: Entweder versteht Lotte nicht, dass es sich bei Margarete um eine jener *Torheiten* handelt, für die Schiller vor drei Jahren um Verzeihung gebeten hat. Es ist ja auch schwierig, Margarete, die als »ein sehr schönes Mädchen mit großen aus-

Tragische Schönheit: Schillers unerreichte Liebe
Margarete Schwan in einer Lithographie.

drucksvollen Augen und von sehr lebhaftem Geiste« beschrieben wird, mit Schillers *miserabler Leidenschaft* in Verbindung zu bringen. Oder aber Lotte besitzt die Größe, Schillers abschätzige Bemerkungen einfach zu vergessen, weil sie spürt, dass es zwischen ihrem Mann und der ehemaligen Geliebten unausgesprochene Gefühle gibt, die sie bewegen.

Doch warum ist Margarete gerührt? Vielleicht, weil der ungepflegte Chaot von einst nun so auftritt, wie es ihrem Vater gefallen hätte. »Er war ein ganz anderer Mann geworden; sein jugendliches Feuer war gemildert, er hatte weit mehr Anstand in seinem Betragen, an die Stelle seiner vormaligen Nachlässigkeit in seinem Anzuge war eine anständige Eleganz getreten«, bemerkt sein Jugendfreund Friedrich von Hoven, der ihn ebenfalls nach langer Zeit zum ersten Mal wiedersah. Auch wenn

Schiller es mit der *anständigen Eleganz* nicht übertreibt, hat er nun doch zweifellos durch Lotte einen seriöseren Auftritt geübt. Mag sein, dass es Margarete auch berührt, dass der wilde, aufmüpfige, unbeherrschte Bohemien nun eine solide, sogar adlige und dezente Frau geheiratet hat. Und sie an Lottes prallem Bauch erkennen kann, dass diese Ehe funktioniert. Sie weint vielleicht der entgangenen Chance nach – der Militär, der sie geschwängert und sitzen gelassen hatte, war sicher die schlechtere Wahl gewesen.

Auch was diese Episode angeht, fühlt Karoline sich später, als die eigentliche Witwe Schillers, zu seiner Denkmalspflege und zur Wahrheitsbeschönigung verpflichtet. Sie glättet alle Unebenheiten in Schillers Wesen und Leben, leider auf Kosten der Glaubwürdigkeit. In diesem Fall fügt sie, um Missverständnissen vorzubeugen, ihrer Beschreibung jener Wiederbegegnung von Schiller und seiner Jugendliebe die Erklärung an: »Wie alle edleren männlichen Naturen, behielt Schiller immer ein liebevolles Andenken an die Frauen, die ihm zärtliche Gefühle eingeflößt. Diese Erinnerungen bewegten ihn jederzeit, und er sprach selten davon. Immer war ihm die Liebe etwas Ernstes – eine Gottheit – der Jüngling, der mit Psyche sich vermählt, nicht der leichtsinnig flatternde Knabe.«

Wie war das mit den beschämenden *Torheiten*, der *miserablen Leidenschaft*, von denen Schiller selbst geredet hatte? Und was war von dem Verkehr *mit Soldatenweibern, auch en comapgnie*? Und was mit dem *tierischen Genuss*? Alles so gar nicht göttlich, sondern sehr menschlich.

Immerhin ist auch Thomas Mann Karolines Schiller-Bild von einem Mann ohne Unterleib auf den Leim gegangen. »In diesem unlyrischen Leben spielt das Erotische keine schöpferische, Epochen bildende Rolle«, behauptet er. Und rechnet die Affäre Schwan in die Rubrik »instinktlose Anfechtungen … von Seiten des anderen Geschlechts«. Entgegen allem, was dokumentiert ist, kann Thomas Mann der Versuchung nicht widerstehen, eine Frau, die scheinbar von Schiller nichts wissen wollte, auch noch zu denunzieren. Schief gegangen sei es mit

Margarete nur, »weil die Demoiselle sich als herzenskalt, verwöhnt von Huldigungen, kokett« erwiesen habe.

Wäre das der Fall gewesen, hätte Schiller sich bestimmt nicht mit Margarete getroffen und Lotte hätte sie bestimmt nicht *rührend* gefunden. Das Rendezvous lässt etwas anderes vermuten: Schiller hat eingesehen, warum er einem soliden und vermögenden Mann wie Schwan als Schwiegersohn eine Schreckensvision gewesen sein muss. Und Margarete gesteht mit dem letzten Wiedersehen ein, dass sie damals ihrem Vater, nicht ihrem Herzen gehorcht hat, als sie auf Schillers schriftlichen Heiratsantrag mit keinem Wort reagierte.

Lotte nimmt Schillers romantische Erinnerungen gelassen. Sie denkt sich offenbar nichts dabei und will das, was war, nicht verurteilen, sie will es nachvollziehen. Die Fähigkeit zur Empathie ist eine von Lottes großen Talenten.

Doch mit dem Vorhaben, dass *Lotte wenigstens einen Monat vor der Entbindung in Ruhe bleiben kann,* ist es nicht weit her: Bereits am 9. August taucht Vater Schiller mit der Schwester Louise auf und belagert Sohn und Schwiegertochter. Und drei Wochen später muss Lotte schon wieder packen, denn Heilbronn ödet den Dichter an; »wissenschaftliches oder Kunstinteresse findet sich blutwenig«, jammert er und versucht, die geistige Enttäuschung in Wein zu ertränken. Lotte müsste sich ärgern über Schillers Umgang mit dem Geld, denn einerseits klagt er, »es ist hier teurer zu leben, als in Jena«, andererseits wirft er das Geld begeistert für alkoholische Sonderangebote hinaus. »Der Neckarwein schmeckt mir desto besser«, freute er sich und »so trinke ich doch für dasselbe Geld noch einmal so viel Wein, als in Thüringen, und zwar vortrefflich.«

Doch Lotte ist verständnisvoll: »Schiller fand sich dort ganz isoliert«, kommentiert sie den Abschied von Heilbronn, packt willig sechs Tage vor ihrer Niederkunft noch einmal Koffer und Kisten und zieht mit ihrem Mann nach Ludwigsburg um, wo Herzog Karl Eugen seinen Regierungssitz hat.

Schiller, der sich zuerst nur in der Freien Reichsstadt Heilbronn vor dem Zugriff seines Verfolgers sicher wähnte, wagt sich nun auf einmal in die Höhle des Löwen – aus gutem Grund. Er erhielt »durch seine Freunde die Nachricht, der Herzog habe öffentlich geäußert: Schiller werde nach Stuttgart kommen und von ihm ignoriert werden«.

Von Schillers Jugendfreund Friedrich von Hoven, der auch den Geburtshelfer spielen wird, wissen wir, dass Schiller und Lotte nicht allein unterwegs sind, sondern in Begleitung von Karoline und deren Schwägerin Ulrike von Beulwitz, die der Ehemann wohl als Aufpasserin mit nach Württemberg geschickt hat – nicht zufällig, aber vergeblich, wie sich zeigen wird.

Offiziell erholt sich Karoline hier von ihren diversen ominösen Krankheiten und kurt in Bad Canstatt, inoffiziell aber versucht sie, in dem vom Gatten bezahlten Urlaub, diesen Gatten auf legale Weise zu loszuwerden. Da undankbare untreue Ehefrauen bei der Nachwelt jedoch meistens schlecht ankommen, wird Karoline als alte Dame noch versuchen, in ihrer Schiller-Biographie die Tatsachen zu fälschen. »Seit dem Frühling 1793 lebte ich in Schwaben, mehrenteils auf dem reizenden Landgut der Frau von Senkenberg, Gaisburg, wo ich das Canstatter Bad gebrauchte, dessen gelinde Wirkung die Ärzte für mein Nervenübel sehr zuträglich fanden. Meine Krankheit hatte in den letzten Jahren so zugenommen, eine solche Verstimmung erzeugt, dass ich's billig fand, einem von allen Seiten achtungswürdigen Manne durch eine Trennung seine Freiheit wieder zu geben«, erklärt sie. »Ich wollte in diesem Zeitpunkt allein stehen und handeln und keinen meiner Freunde in die Unannehmlichkeiten verflechten, die bei der Auflösung eines solchen Verhältnisses nicht ausbleiben. Ein einsames stilles Leben war mein innigstes Bedürfnis.«

Einsam und still geht es bei dem Kuraufenthalt aber nicht zu, denn mindestens zwei Verehrer besuchen Karoline, einer sogar im Bett. Im Juni bereits war Wilhelm zu Besuch gekommen – »Wolzogen wird erwartet, was mich sehr freut«, meldete Karoline am 20. aus Canstatt. Seine Lücke füllt dann in jeder Hinsicht der Livländer Gustav Behagel von Adlerskron, der Trabant; er ist mehrere Wochen lang Karolines Kurschatten, allerdings wohl erst im Oktober. Anfang September ziehen die beiden Damen Beulwitz erst mal mit den Schillers in das breit hingelagerte, adrette Büchsenmacher Emais'sche Haus neben der Post. »Schiller«, so Hoven, »wohnte in Ludwigsburg nicht bei mir im Hause, ich hatte zu wenig Raum, um ihn zu beherbergen. Denn er hatte nicht nur seine Frau bei sich, sondern auch seine Schwägerin, damals Frau von Beulwitz, und nachher Frau von Wolzogen, und die Schwester ihres Mannes, ein Fräulein von Beulwitz.« Karoline als Unterstützung für Lotte heranzuziehen ist vernünftig, denn Schiller selbst ist als Stütze wenig tauglich; er ist wackelig auf den Beinen. Auf einem Spaziergang mit Hoven hat er »einen solchen Anfall von Brustkrampf« bekommen, »dass, weil ich niemand zu Hilfe rufen konnte, mir angst und bange war, wie ich ihn nach Hause bringen sollte. ... er konnte vor Beklemmung kaum gehen. Doch die Not gab mir Kraft, ihn mehr tragend als führend, brachte ich ihn endlich nach Hause.«

Lotte ist klar, dass sie auf Schillers Beistand nicht zählen kann bei der Niederkunft. Sie weiß, dass sie bei ihm mit gar nichts rechnen sollte, und hat das auch längst aufgegeben. Klaglos, ohne Verbitterung. Am 14. September 1793 bringt sie ihr Kind zur Welt.

Die Geburt, wie der Geburtshelfer Friedrich von Hoven bezeugt, war sehr schwer und dauerte lange. »Schiller zweifelte an einem glücklichen Ausgang. Er suchte seine Besorgnisse zu verbergen, aber seine Angst blickte sichtbar aus seinem Betragen hervor. Am meisten beruhigte ihn die Zusprache meiner Frau, welche die Kreißende keinen Augenblick verließ, und ihr allen möglichen Beistand leistete. Schiller hatte sich zu Bette begeben, die Entbindung verzögerte sich bis tief in die Nacht, aber sie ging glücklich vorüber. Meine Frau brachte Schillern das Kind vor das Bett, aber er schlief, aber das Geräusch erweckte ihn. Sein erster Anblick, wie er die Augen aufschlug, war der ihm geborene Sohn. Seine Freude war unaussprechlich ...«

Lottes Ältester, späterer Oberförster: Karl Schiller,
mit zehn Jahren.

Der Säugling scheint keinen schwachen oder kränklichen
Eindruck zu machen, denn obwohl in dieser Zeit die Kinder
spätestens am Tag nach der Geburt getauft werden, damit sie
nicht als Heiden sterben, lassen sich die Schillers bei ihrem ersten fast eine Woche Zeit.

Am 23. September wird der Sohn aus der Taufe gehoben. Es
heißt nicht etwa Johann oder Caspar nach Schillers Vater, sondern Karl Friedrich Ludwig. Friedrich vielleicht dem Freund
von Hoven zu Ehren, Ludwig möglicherweise wegen des Ge-
burtsortes Ludwigsburg, aber Karl? Pate ist zwar auch der Koadjutor Carl Theodor von Dalberg, aber es scheint so, als habe
Schiller an den schrecklichsten, den wichtigsten und mächtigs-

ten Karl in seinem Leben gedacht – an den Herzog Karl Eugen, der, was jeder weiß, im Sterben liegt.

Lotte wird Zeuge, wie ihr Mann hier, am Tatort seiner jungendlichen *Folter*, noch einmal vieles durchleben muss. Am 24. Oktober steht Schiller nachts am Fenster seiner Ludwigsburger Wohnung und schaut auf die Straße hinunter. Er hat Tränen in den Augen. Er weiß, wen die Fackelträger zu Grabe tragen: Sie überführen die Leiche von Karl Eugen in die Gruft des Ludwigsburger Schlosses. Schiller ist, dem Augenzeugen Hoven zufolge, ergriffen. »Ich sah ihn bei der Nachricht, dass der Herzog krank, und seine Krankheit lebensgefährlich sei, erblassen, hörte ihn, den Verlust, welchen das Vaterland durch dessen Tod erleiden würde, in den rührendsten Ausdrücken beklagen, und die Nachricht von dem wirklich erfolgten Tode erfüllte ihn mit einer Trauer, als wenn er die Nachricht von dem Tod eines Freundes erhalten hätte.«

Doch Schiller selbst gibt sich Körner gegenüber kalt: »Der Tod des alten Herodes hat weder auf mich noch auf meine Familie Einfluss«; er vergisst nicht, dass dieser Mann seine und viele andere Kindheiten gemordet hat. Und er macht deutlich, dass er Karl Eugen auch nach seinem Tod nicht verklärt, sondern als unmenschlich in Erinnerung behält, er betont, dass es allen Menschen, die unmittelbar mit ihm zu tun hatten, wie sein Vater, sehr wohl ist, »jetzt einen *Menschen* vor sich zu haben. Das ist der neue Herzog ...«

Dass sie einen Mann geheiratet hat, der ein wandelnder Widerspruch ist, weiß Lotte lange und nimmt es klaglos hin. Sie wundert sich wohl auch nicht, dass ihn, der jede Gala, jede glänzende Gesellschaft hasst, große Garderobe vermeidet, als bescheiden gilt und völlig uneitel zu sein scheint, plötzlich eine Gier aufs Porträtiertwerden befällt. Müller sticht in Stuttgart das Porträt von Graff in Kupfer, Dannecker fertigt den ausdrucksstarken Prototyp der später ins Gigantische vergrößerten und verkitschten Schiller-Büste an, Ludovike Simanowitz, eine hochbegabte Malerin, die er seit Jugend kennt, porträtiert nach seinen Eltern

Klarer Blick aus einem klaren Gesicht. Charlotte Schiller, gemalt von Ludovike Simanowitz, 1794.

auch ihn – gratis, zu Schillers Beruhigung. Dass es schön wäre, ein dazu passendes Porträt von Lotte als Pendant zu haben, wie es damals üblich ist bei Paaren, fällt ihm erst sehr spät ein, einen Monat vor der Abreise. »Ich wollte Sie mündlich bitten, mir meine Frau zu malen, und zwar eben von der Größe, wie mein Portrait ist. Da ich nicht weiß, wann ich Sie sehe, und diese Sache doch nicht länger aufschieben darf, so tue ich es hiermit schriftlich. Am besten ist's, wir sehen Sie hier bei uns, so können wir das weitere verabreden«, schreibt er am 6. April 1794 an die Malerin.

Ganz bewusst kehrt Schiller zu seiner Vergangenheit zurück, als wollte er sie nun aus der Distanz heraus analysieren. Alle Orte und Menschen, die einmal für ihn besonders wichtig waren, sucht er auf. Nicht nur das Elternhaus, die Geschwister, auch die Karlsschule, auf der er geprügelt und erniedrigt wurde, die wichtigsten seiner Jugendfreunde, den »alten Lehrer und Freund« Abel, mittlerweile Professor in Tübingen. Er ist ganz und gar mit sich selbst beschäftigt, mit seinen Empfindungen, Störungen, Erinnerungen. Körner berichtet er, er sei »durch Nervenleiden reizbarer« und für alle »Unfeinheiten und Geschmacklosigkeiten« empfindlicher geworden. Doch seine *Nervenleiden* halten ihn keineswegs von Exzessen ab. Über einen der Herren-Ausflüge nach Stuttgart verrät Hoven: Schiller habe »sich vorgenommen, Petersen, der ein großer Liebhaber des Weins war, betrunken zu machen. Wir tranken ihm daher fleißig zu, wer aber betrunken wurde, war nicht Petersen, sondern Schiller, der ... so ausgelassen lustig wurde, dass er sich auf den Tisch legte und darauf herumwälzte.« Bei einem Mann von mehr als eins achtzig kein unauffälliger Scherz.

Lotte, die zumindest an den spürbaren Nachwirkungen hochrechnen kann, was geschehen ist, zetert nicht, sie nimmt alles hin. Vielleicht ahnt sie, dass ihr Mann damit seine Aggression gegen diese Stadt, aus der er geflohen ist, betäuben möchte, denn die Reise in die Vergangenheit ist auch eine zu den Gefühlen dieser Zeit. »Der alte Widerwille erwachte vorübergehend in ihm: ›ich hasse Stuttgart, Stuttgart soll mich nicht bei Tag erblicken!‹ sagte er zu seinem Jugendfreunde Elwert. ... Und wirklich soll er das erstemal bei Nacht in Stuttgart eingefahren sein.« Lotte könnte über solche pubertären Auswüchse verstimmt sein und als eine junge Mutter Aufmerksamkeit erwarten, doch sie findet nicht, sie wäre zu kurz gekommen: »Ich fühle mich so reich in Schillers Liebe, in dem Besitz meiner wenigen Freunde, in dem Besitz meines kleinen Karls (so heißt er), dass ich über all glücklich bin, wo ich Ruhe habe ...« Sie ist ohnehin nicht nur mit dem Säugling, sondern auch mit ihrer exaltierten Schwester voll beschäftigt. Der reicht es nicht, Lotte und die Mutter mit den Scheidungsplänen zu beunruhigen, sie hält sie auch mit ihren Affären alle auf Trab.

Gustav Behagel von Adlerskron, der in Jena studiert, Schiller am Krankenbett gepflegt und so Karoline kennen gelernt hatte, ist ihr nachgereist. Hartnäckige Verehrung fällt bei Karoline meist auf fruchtbaren Boden; diesmal wird sie schwanger. Wahrscheinlich kurz bevor Adlerskron im November 1793 abreisen muss. »Wie wunderbar traf alles zusammen«, schreibt sie in ihrem Abschiedsbrief an ihn, »und welcher Zufall schenkte mir noch das Glück an Deinem Herzen. Abergläubisch nahm ich das Pfand des Glückes an und hoffte auf eine schöne Zukunft. ... Deine Güte, deine Grazie steht ewig vor meiner Seele – und ewig ist mein Sehnen danach.«

Gleichzeitig meldet die chère mère aus Rudolstadt an Lotte, wie ehrenwert, ritterlich und edel sie ihren Schwiegersohn Beulwitz finde und dass sie hoffe, alles werde sich einrenken. Dass die chère mère sich Beulwitz schönredet, dass weder sie noch Lotte die Scheidungspläne von Karoline gutheißen, wird ihnen gern als herzlose Spießigkeit angekreidet, wissen sie doch nur zu genau, wie wenig die Ehepartner Beulwitz verbindet. Aber auch wenn die Scheidungsgesetze in Deutschland gegen Ende des 18. Jahrhunderts freizügiger geworden waren, wird eine geschiedene Frau selbst dann, wenn sie nicht die Trennung betrieben oder gar provoziert hat, gesellschaftlich geächtet und ist finanziell meist am Ende. Die chère mère gibt offen zu, dass sie auch finanzielle Gründe hat, die Ehe von Karoline und Beulwitz unbedingt aufrechterhalten zu wollen. Sie gesteht ein, dass sie kein Geld habe, »da ich bei dem Tode Deines Vaters nicht mit dem Gelde umzugehen wusste, und der unselige Hang zum Herumreisen ist der Grund von allem. Gott weiß, wie leid mir dieses ist, und sollte ich in meinem Leben betteln müssen euretwegen, so täte ich es gewiss, weil ich aus dieser Ursache schuld daran bin.« Sie hat also Gründe, daheim die Gerüchte zu unterdrücken. »Hier weiß es immer noch Niemand, wie es mit Karoline und B. steht.«

Gerade erst, 1793, hatte sich Therese Forster nach acht Jahren Ehe von dem genialen Forscher Georg Forster scheiden lassen, um Schillers Freund Huber zu heiraten; die aber galt in den besseren Kreisen ohnehin als eine Skandalfigur, die kaum einen Ruf zu verlieren hatte. Zudem hat Karoline gegen Beulwitz wenig Vorwürfe anzumelden, die anerkannten Scheidungsgründe jedenfalls –»Grausamkeit, Liederlichkeit, Faulheit, Pflichtvergessenheit, Treulosigkeit, Unduldsamkeit, Unhäuslichkeit, Trunksucht, Unfähigkeit der Wirtschaftsführung« – kann sie gegen Beulwitz, abgesehen davon, dass er angeblich *ganz dem Bacchus* verfallen sei, allesamt nicht anführen. Kein Wunder, dass die chère mère kitten will:»Wenn nur Karoline öfter bei ihm sein und sich freundschaftlich betragen wollte.«

Karoline aber setzt sich über die mütterlichen Ängste einfach hinweg. Dass sie sich nebenbei noch des Ehebruchs schuldig macht, weiß die chère mère nicht, und Lotte will es nicht wissen. Schließlich gilt, was Knigge vor fünf Jahren erst veröffentlicht hat:»In Rücksicht auf die Folgen freilich ist die Unkeuschheit einer Frau weit strafbarer als die eines Mannes«, denn sie »widerspricht laut den Gesetzen der Natur, nach welchen immer Vielweiberei weniger unnatürlich als Vielmännerei sein würde«. Eine Frau von Ende zwanzig, die wie Lotte erst im siebten Monat darauf gebracht worden ist, ihr Unwohlsein und ihr Übergewicht könne mit einer Schwangerschaft zu tun haben, versteht solche Vielmännerei schon gar nicht. Doch sie spürt wohl, dass Karolines dringender Wunsch, sich endlich aus einer unerwünschten Ehe zu lösen, umso stärker ist, als sie Lottes Ehe- und Kinderglück mit ansehen und als provozierend empfinden muss.

Die junge Mutter selbst ist wie eingesponnen im familiären Glück. *Ich bin so reich in Schillers Liebe ...* Dabei umnebelt diese Liebe keineswegs ihren Scharfblick. »Ich sah Schiller's Bild von Graff ..., das Professor Müller in Kupfer sticht. Ich bin aber doch nicht ganz mit dem Bild zufrieden; ich finde, Schiller hat mehr Geist noch in seiner Physiognomie; aber schöner ist das Bild«, schreibt sie in einer Phase, in der sich Schiller kaum um sie kümmert. Doch sie kann beobachten, dass er, trotz der Kumpelseligkeit, trotz der Männer-Saufrunden, die Geborgenheit genießt, die ihn jetzt umgibt.«Am Weihnachtabend kam ich zu ihm, und was sah ich da? Einen mächtig großen, von einer Menge kleiner Wachskerzen beleuchteten, und mit vergoldeten Nüssen, Pfefferküchlein und allerlei kleinem Zuckerwerk aufgeputzten Christbaum. Vor ihm saß Schiller ganz allein, den Baum mit heiterlächelnder Miene anschauend, und von seinen Früchten herunternaschend. Verwundert über den unerwarteten Anblick, fragte ich ihn, was er da mache? ›Ich erinnere mich meiner Kindheit‹, erwiderte er, ›und freue mich, die Freude meines ... Sohnes zu antizipieren.‹«

Lotte, die sich freut, wie das Genie als Familienvater friedlich und auch gemütlich ist, Lotte als eine, die nicht herausbegehrt aus ihrer Rolle, Lotte, die bewunderungsblind alles mitmacht – so wurde und wird sie gerne gesehen. »Lieblich-schlicht« nennt sie Thomas Mann mild verächtlich; doch Lotte ist für damalige Verhältnisse eine durchaus moderne, kritische und auf leise Art selbstbewusste Frau. Sie erinnert sich jetzt in Schwaben daran, wie Schiller einmal, zusammen mit einem Landsmann, sein Vaterland vollmundig gepriesen hat. Und erklärt scharf: »Hätte ich Schwaben damals gekannt, so würden Schiller und Angaulaffer gar nicht haben sprechen dürfen und ihr Vaterland gegen unser kultiviertes Thüringen erheben. Es gibt doch gar wenig Kultur unter den bessren Teil der Gesellschaft, die Männer sind doch materielle Wesen und die Frauen darf man gar nicht sprechen, die sind so borniert als sie bei uns vor über 50 Jahren waren und ihre häuslichen Tugenden sind doch auch so groß nicht.«

Auch dass sich Lotte mit solcher Inbrunst ihrem Kind widmet, ist für die Zeit ungewöhnlich. Gesetzlich verordnet war der Mutter nur, ihre Kinder streng zu erziehen, zur geraden Haltung, zu körperlicher Disziplin, zur Keuschheit und Abhärtung. Zärtlichkeit oder gar bewundernde Aufmerksamkeit für das kleine Wesen waren nicht vorgesehen, im Gegenteil: Das galt als verweichlichend. Selbst das Stillen überließen fast alle Frauen, die es sich leisten konnten und die von Adel erst recht, einer Amme. Lotte aber schwärmt Fritz von Stein von ihrem Sohn vor: »Mein kleiner Karl wird Sie recht freuen, er ist schon recht wohlerzogen« – er ist genau vier Wochen alt –»und macht so ernsthafte Gesichter, als wenn er Pläne zu Trauerspielen in seinem Köpfchen herumtrüge. ... Ich bin nicht parteiisch, aber ich habe noch nicht viele kleine Kinder gesehen, die so gefällig anzusehen sind, wie der kleine.«

»Lieblich-schlicht« zu sein kann sich eine Frau an Schillers Seite auch gar nicht erlauben, denn sonst verstünde sie nicht einmal seine pädagogischen Absichten; Schiller erklärt nämlich, »er wolle seinen Sohn nach den Maximen, wie sie Quintilian auseinandersetzt, erziehen«. Lotte kommt da mühelos mit. Und genießt es, dass ihre Bildung und ihre Belesenheit den Zweck erfüllen, der für sie der eigentliche ist: dem Mann, den sie liebt, eine angemessene Partnerin zu sein. Auch wenn es oft so dargestellt wird, als passe sich Lotte mehr und mehr Schiller an, als erfülle sie seinen Befehl *Mein Geschöpf musst du sein*, nähert sich Schiller in vielem ihrer Welt an, ihren Vorstellungen, ihren Einstellungen. Lotte ist zwar frei von allem Standesdünkel, doch ihre Werte sind konservativ. Sie will erhalten, solange es geht. Vor allem aber will sie in allen Situationen den guten Stil wahren.

Widerstrebend ist Lotte allerdings nun zu der Ansicht gelangt, Karolines Ehe wäre nicht mehr zu retten. Und Schiller schließt sich dem an. Am 21. Januar 1794 schreibt er an seinen Schwager Beulwitz: »Lassen Sie aber, liebster Freund, die Sachen in Gottes Namen ihren Gang gehen, da sie, wie mich alles überzeugt, nicht mehr zu ändern sind. Es ist gewiss das beste, ein Verhältnis ganz aufzugeben, das so wenig Bestand in sich hat, und eine Quelle so vieler Verdrießlichkeit ist.«

Ob es ihn trifft, ärgert oder entrüstet, dass Karoline sich nun, kaum ist Adlerskron verschwunden, ungeniert seinem Jugendfreund Wolzogen in die Arme wirft, obwohl sie noch mit Beulwitz verheiratet ist? Wie Lotte wird er jedenfalls froh sein, dass das Skandalpaar im März in die Schweiz abzieht. Wolzogen hat sich dort bei beim dichtenden Offizier Salis-Seeweis nach einem vertrauenswürdigen Geburtshelfer erkundigt, der auch in gegenteiliger Funktion arbeiten könnte, denn die Braut will Adlerskrons Glückspfand dringend loswerden. Bei Schiller meldet er sich im März aus Schaffhausen mit dem vielsagenden Satz: »An Mut und Entschlossenheit fehlt es mir nicht; gebe der Himmel, dass es der Frau [Karoline] nicht an Gesundheit fehlt.«

Und wieder muss Lotte den Mund halten, muss der chère mère alle pikanten Details und erst recht die Exkursion der Noch-Ehefrau mit ihrem Liebhaber in die Schweiz verheimlichen, was die ahnungslosen Briefe der Frau von Lengefeld belegen. »Gott lasse Caroline Ruhe bei ihrem neuen Plan finden, das ist Alles, was ich dazu sagen kann. Sie schreibt mir, dass sie in Canstatt bleiben will und dann zu Humboldts. Dass sie in Canstatt bleibt, ist mir lieber, als wenn sie nach Bauerbach ginge, wo die Leute gleich den ganzen Plan merken müssten, und es wäre doch entsetzlich, wenn es noch vor der Scheidung heraus kommen sollte.«

Lotte ist voll beschäftigt mit Säugling und Sippe. Und übersieht wohl einen Ausflug Schillers, der einige Fragen aufwirft. Eine zweideutige Exkursion, die Schillers wie Lottes Biographen geflissentlich übersehen, denn sie stört das Bild des jungen Familienglücks. Ob sie bereits Anfang des Jahres 1794 stattfindet oder erst im März, nachdem Lotte ihr Kleinkind und ihre Utensilien schon wieder packen musste, um nach Stuttgart umzuziehen, ins Gärtnerhaus des ehemaligen Hofküchengartens, ist nicht sicher. Belegt aber ist, dass Schiller sich noch einmal porträtieren lässt. Diesmal gemeinsam mit einer Frau. Zwei eng zueinander gehörige ovale Bildnisse entstehen, so wie es bei Liebespaaren oder Ehepaaren üblich ist – ein aufgeteiltes Doppelporträt. Schiller in der bewährten nachdenklichen Pose, eine Hand an die Stirn gelegt, die andere an eine Tischkante, die zugehörige Dame spiegelbildlich dazu, in fast identischer Haltung, nur dass sie in der unteren Hand kein Schreibwerkzeug hält. Bis dahin alles in Ordnung. Doch bei dieser Dame handelt es sich nicht um Lotte. Sie ist ungefähr gleich alt, aber ihr langes, gewelltes Haar ist dunkelblond und ihr Gesicht von einer etwas lethargischen, aber makellosen Ebenmäßigkeit, von der bei Lotte nicht die Rede sein kann.

Beide Bildnisse kennen wir in später hergestellten Kopien von dem in München ausgebildeten, in Stuttgart tätigen Kupferstecher und Radierkünstler Karl Kräutle; 1859 jeweils »nach einem Originalgemälde gestochen«, das sich damals noch im Besitz von Professor Adolf Haakh befand. Haakh, Kunstschriftsteller und Vorstand des Museums vaterländischer Kunst- und Altertumsdenkmale in Stuttgart, fühlte sich verpflichtet, diese beiden Stiche mit einem Kommentar zu versehen, der zusammen mit den Porträtstichen in der Württembergischen Landesbibliothek aufbewahrt wird. Er hatte sich Mühe gegeben, Licht in diese dunkle, aber delikate Episode aus dem Jahr 1794 zu bringen. Und er kam zu dem spektakulären Schluss: Die Frau, mit der sich Schiller in intimer Zweisamkeit malen ließ, war seine Laura, die in frühen Gedichten besungene, verklärte Geliebte in Stuttgart. Und nicht genug mit dieser sensationellen Behauptung: Haakh erklärt außerdem, Laura sei eine ganz andere Frau gewesen, als bis dahin, also bis 1859, angenommen.

Das lässt viele Schiller-Verehrer aufatmen, denen niemals wohl dabei war, dass jene Laura die Hauptmannswitwe Luise Dorothea Vischer gewesen sein soll, acht Jahre älter als Schiller und so gar nicht das, was man sich unter einer jungen Muse vorstellt. Schillers Jugendfreund Hartmann sprach ja von ihr als *einem an Geist so an Gestalt gänzlich verwahrlos'ten Weibe, einer wahren Mumie.* Hielt jedoch, ohne sich darüber zu wundern, fest: »Dies ist die Laura, die er in der ›Anthologie‹ besang.«

Schillers eigene Beschreibung der Luise Dorothea Vischer kennen wir nur aus dem Mund von Körners Frau. Ihr zufolge soll Schiller gesagt haben: »Jene Laura …, als deren Petrarca ich mich erklärt hatte, war eine Hauptmannswitwe …, die mich weit mehr durch ihre Gutmütigkeit, als ihren Geist, am wenigsten aber durch ihre Schönheit anzog. Sie spielte sehr gut Klavier, und verstand es, ein vortreffliches Glas Punsch zu machen. Sie selbst hat nie eine Ahnung davon gehabt, dass ich sie zu meiner ›Laura‹ erwählt und in Entzückungen besungen habe.« Wirklich sind die Laura-Gedichte in der Zeit 1781/1782 entstanden, in der Schiller zur Untermiete bei Frau Vischer wohnte.

Fr. Schiller.

Stuttgart.
Verlag der Ebner'schen Kunst- und Musikalienhandlung.

Liebevoll vereint in zwei zusammengehörigen
Porträts: Schiller und Wilhelmine Andreä, in Stahl
gestochen von Karl Kräutle nach kleinen Ölbildern,
die verschollen sind.

Doch Haakh hatte gute Gründe, die kritische Frage zu stellen: Wer war diese Laura denn wirklich? Dass diese Frage schwer
zu beantworten ist, hat damit zu tun, dass über kaum einen
Punkt in Schillers Leben mehr gelogen wurde als über diesen.
Die Aussagen zu Laura sind von abenteuerlicher Widersprüch-
lichkeit. Warum, ist leicht zu verstehen: Welche Frau wäre im
Nachhinein nicht gerne von dem großen Dichter unsterblich
gemacht worden?

Schillers Laura.

Buchhändler Schwan, der Schiller als Schwiegersohn ab-
lehnte, hätte dennoch gern gesehen, dass Laura mit seiner schönen Tochter gleichgesetzt worden wäre. »Laura ... ist niemand anders als meine älteste Tochter.« Und da in einem der
Gedichte von Lauras Vermählung die Rede ist, behauptete
Schwan, gerade das bestätige seine Theorie, denn die Nachricht
von Margaretes Verlobung habe Schiller sehr gekränkt. »Schiller geriet hierüber in Zustände äußerster Verzweiflung, welche

ihn bis zu dem entsetzlichen Entschlusse trieb, seinem Leben durch Selbstmord ein Ende zu machen.« Nur: Vermählt hat sich Margarete erst 1793, kurz bevor sie Schiller in Heilbronn wiedersah.

Doch jedem, der die Laura-Gedichte kennt, widerstrebt es, die lichte, anmutige Schönheit, die Schiller da heraufbeschwört, mit dem *verwahrlosten Weibe* zu identifizieren, ganz gleichgültig, wie gut der Punsch der Dame war. Karoline, die Schönfärberin, hat die Hauptmannswitwe aufgewertet, damit Schillers Affäre nicht allzu weit unter dem von ihr vorgegebenen Niveau liegt, und wertet damit zugleich die vermeintliche Liebe zu Laura ab: »Die Gedichte an Laura verdanken wir einem Liebesverhältnis mit einer mehr geistreichen« – Schiller hatte ihr laut Frau Körner den Geist abgesprochen – »als schönen Nachbarin; sie scheinen mehr das Erzeugnis eines ihm bis jetzt unbekannten exaltierten Gefühls, als wahrer Leidenschaft für einen bestimmten Gegenstand entsprungen.«

Auch Emilie von Gleichen, die jüngste Schiller-Tochter, hat dieses Verhältnis so weit wie möglich zu verharmlosen versucht, indem sie behauptete, es sei nicht zum Äußersten gekommen. »Luise Dorothea Vischer, geborene Andreä aus Stuttgart, war eine magere Blondine mit blauen, schwimmenden Augen. Man konnte sie durchaus nicht schön nennen, auch war sie acht Jahre älter als Schiller [geboren am 24. 8. 1751], doch besaß sie, vielleicht eben für jüngere Männer, etwas Anziehendes und Pikantes. Weder durch Geist, noch durch Talente zeichnete sie sich besonders aus; dagegen wurde ihre Herzensgüte allgemein gerühmt. Sie war musikalisch, und obgleich nur in sehr geringem Grade« – an anderer Stelle wird sie als »talentierte Tochter eines Konzertmeisters« bezeichnet – »so erreichte ihr Spiel dennoch hin, bei Schiller jenen exaltierten Zustand hervorzurufen, der sich in seiner Dichtung ›Laura am Klavier‹ kundgibt.«

Emilie tut so, als sei Schillers Beziehung zu seiner Vermieterin eine familiär gemütliche Zweckverbindung gewesen, die ihn nur beim Musizieren in einen »exaltierten Zustand« versetzt habe, niemals aber in Liebesrausch.»Frau Vischer hatte einen Sohn und eine Tochter; diese klammerten sich voll Liebe an den Jüngling ... Auf solche Weise entwickelte sich ein traulicher Verkehr zwischen Schiller und seiner Nachbarin. Er bedurfte des weiblichen Umgangs und hätte er eine Frau zurückstoßen können, die ihm mit tausend Gefälligkeiten entgegenkam.« Emilie erklärt sich die Diskrepanz zwischen der schönen, unwiderstehlichen jungen Laura in Schillers Lyrik und der Vermieterin Vischer ganz einfach:»Willig übertrug er sogar die Vorzüge ihres Gemüts auf ihre äußere Erscheinung, und idealisierte sich, was andere unschön fanden. So lebten denn beide gar bald in einem Freundschaftsbündnis, welches möglicher Weise auch einen sinnlichen Anflug haben mochte, ohne jedoch irgend die Grenzen der guten Sitten zu überschreiten.«

Haakh nun liefert und belegt eine ganz andere Theorie zur Identität der ominösen Laura, die alle Widersprüche auflöst: Die Dame auf dem Porträt, das Schiller Anfang 1794 als Pendant zu dem seinem anfertigen ließ, zeige Wilhelmine Andreä, genannt Minna, eine Nichte der Luise Vischer geborene Andreä. Das Mädchen, geboren am 9. November 1764 in Stuttgart, war damals wohl vergeben: Sie war, zumindest eine Zeit lang, die Freundin von Karl Friedrich Reinhard. Ob die Bekanntschaft mit der schönen Minna über diesen ungewöhnlich sprachbegabten schwäbischen Landsmann zustande kam, der an Schillers Musenalmanach mitgearbeitet hatte, oder eben über die Tante, jene *verwahrlos'te* Punsch-Spezialistin Luise Dorothea Vischer, ist unwesentlich. Sicher ist: Das Mädchen war schön und umschwärmt.»Früh von Anbetern umgeben, und zumal von jungen Dichtern der schwäbischen Heimat – neben Schiller von Gotthold Stäudlin, von Conz, von dem späteren Grafen [Karl Friedrich] Reinhard und zahlreichen gedruckten und ungedruckten Gedichten gefeiert, war ›Minna‹ – wie auch Schiller sie nennt, in jenem einen Gedichte, das die Eifersucht (auf Gotthold Stäudlin) ihm eingab – vom Schicksal weder zur Lebensgefährtin Schillers noch eines andern zu ihr in Liebe entbrannten Dichter bestimmt«, schreibt Haakh. Minna hatte am 3. Juni 1783 Johann Friedrich Bahya geheiratet.

Kurz gesagt: Ob Reinhard oder Stäudlin gerade dran war, für Schiller blieb Minna Andreä eine unerfüllte Liebe – genau das, was über vierhundert Jahre zuvor die Laura für Petrarca gewesen sein muss. Ein unerreichbarer und eben deswegen so schöner, inspirierender, zur Verklärung geeigneter Traum. Schiller wusste, dass Petrarca in seiner Laura wohl viele Sehnsuchtserlebnisse verschmolzen hatte. Dass ihn nun eine allzu erreichbare Frau vom Äußeren und vom Wesen der Luise Dorothea Vischer, von Schillers Schwester Christophine als »herzlich unbedeutend« abgetan, zu den Laura-Gedichten inspiriert haben könnte, muss daher abwegig erscheinen. Trotzdem hat er das, wenn wir Frau Körner glauben, selbst behauptet.

Die Lösung des Problems liegt wohl in einem Symptom, das erst mehr als hundert Jahre später erkannt und benannt wurde, aber immer schon existiert hat: dem Venus-Madonnen-Komplex. Schiller teilte die Frauen auf in die, mit der er das Bett teilte, die irdisch sinnlich sein durfte, und in die anbetungswürdige, unerreichbare. So erklärt sich auch die schwärmerische Liebe für Margarete neben dem Verkehr mit *Soldatenweibern*. Haakh hat glaubwürdige Zeugen dafür, dass Schillers Porträtpartnerin Wilhelmine war: Sie wurde von Menschen, die sie erlebt hatten, auf Anhieb identifiziert, so von dem damals bereits achtzigjährigen Schwiegersohn der Frau Vischer.

Haakh ist überzeugt, Schiller und der Schwarm seiner jungen Jahre hätten diese Porträtsitzung verheimlicht. »Als er die Heimreise antrat, so mochten die Gemälde noch nicht ganz vollendet sein ... Später die Bildnisse an sich zu ziehen, mochte die Rücksicht auf die Gattin [Lotte], die er herzlich und aufrichtig liebte, ihn verhindern, und so blieben dieselben, wie mit Grund zu vermuten, in dem Haus zurück, wo sie unter dem Schirm des Geheimnisses gemalt waren. Vor etlichen Jahren entdeckte der Sohn des Dichters, ... Karl von Schiller, in einem Bürgerhause in Stuttgart die Bilder, deren Besitzer selbst nicht wusste, welchen Schatz er in seinem Hause berge. Unverzüglich erkannte der Sohn seinen Vater, während er freilich das weibliche Bildnis zu deuten nicht im Stande war.« Hatte Lotte von dieser Sache wirklich keinen blassen Dunst? Oder redete die »Dezenz« nur nicht darüber?

Einen leisen Hinweis darauf, dass Lotte von der intimen Porträtsitzung erfahren haben könnte, gibt es: Schillers bereits zitierten Brief an Ludovike Simanowitz, in dem er darum bittet, zu seinem Porträt ein Pendant von Lotte zu malen. Nachdenklich machen muss darin die Formulierung, *da ... ich diese Sache ... nicht aufschieben darf.* Ginge es nur um die Tatsache, dass die Zeit drängt, hätte er wohl geschrieben, *nicht aufschieben kann.* Es kann also sein, dass Lotte es war, die gedrängt hat: *Warum die und ich nicht?*

Dass sie auch diese Entgleisung Schillers ohne Protest hingenommen haben könnte, ist denkbar, denn sie erlebte mit ihm zur selben Zeit eine ungeheure Überraschung. Den Beginn eines jener Wunder, die immer wieder geschehen und viel zu wenig Verwunderung auslösen: dass ein Mensch, dessen Kindheit nur aus Vorschriften und Verboten, Pflichten und Prügelstrafen bestanden hat, seine Kinder mit Liebe und Zärtlichkeit beschenkt.

Es ist Ostern, als ein Freund zu Besuch kommt und verblüfft beobachtet, was das Genie neuerdings in seiner Freizeit treibt. Schiller versteckt im Garten des Hauses Ostereier für seinen Sohn, »die er selbst nach dem Herkommen des Elternhauses gefärbt hatte«. Es zeugt zwar von einer gewissen pädagogischen Unerfahrenheit, dass er ein Kind von sechs Monaten zum Ostereiersuchen animieren will, doch es ist ein erster Hinweis auf eine für einen Mann damals höchst ungewöhnliche Neigung, sogar Begabung, die Schiller bis zu seinem Tod beweisen wird: Er kann sich verlieren in kindlichen Welten, er kann sich und seine Schmerzen vergessen in den Augen, den Träumen, den Spielen seiner Kinder.

Die Reise in die Vergangenheit beschert Lotte also einen hoffnungsfrohen Ausblick in die Zukunft. Und auch die chère mère muss – wie anders als durch Lottes Informationen – zu der Ansicht gelangt sein, dass der weder wunschgemäße noch standes-gemäße Schwiegersohn seine Qualitäten besitzt. Als der sich da-rüber aufregt, wie knauserig Beulwitz sich finanziell gegenüber Karoline verhalten hat, findet die chère mère das ganz in Ord-nung, weil Karoline ihm schließlich eine schlechte Ehefrau ge-wesen sei, was Lotte bestimmt niemals sein werde. Und wenn doch, erklärt sie, dann stünde sie auch auf Seiten Schillers, nicht auf der ihrer Tochter.

»Es macht doch wohl noch einen großen Unterschied, was ein Mann für seine Frau, die mit ihm lebt, ihn liebt und glück-lich macht, tun kann, als für eine solche, wie leider Caroline für B. auf die Letzte ward. Dass Sie übrigens, mein guter Schiller, in vielen Stücken anders als B. handeln würden, glaube ich gewiss, aber meine Lollo wird und ist auch eine andere Frau für Sie, als Caroline war. Wäre es möglich, dass sie so gegen Sie sein könnte, so würden Sie mir ebenso nahe gehen wie jetzt B., und ich könnte nach meinen Grundsätzen von Moralität und Pflicht ebenso wenig ihr als Caroline recht geben.«

Als Lotte und Schiller Mitte Mai nach Jena zurückkehren, sind sie einander näher gekommen, sie verstehen sich besser, tiefer als zuvor. Und das ist auch nötig, denn was ihnen bevorsteht an Krankheit, Kleinkrieg und Feindseligkeit, wäre anders nicht zu bewältigen.

XVI.

Neue Fronten

Was Lotte unerwartete Feinde beschert

Die Luft ist lau. Die Obstbäume in den Gärten blühen. Es riecht nach Honig und nach Hoffnung. Mitte Mai sieht es so aus, als würde alles leichter und schöner. Als könnte das Leben der Schillers heiter, sogar unproblematisch werden. Schiller ist voll Optimismus. Kurz vor der Heimreise hat er noch einmal den Stuttgarter Verleger Cotta getroffen, ihn für die Herausgabe einer Kulturzeitschrift, die »Horen«, begeistern können und wohl gemerkt, dass er in ihm den verlässlichsten Geschäftspartner seines Lebens gefunden hat. Einen Mann, der ihn nicht nur bewundert, sondern auch mehr als großzügig bezahlt.

Auch für Lotte scheint es leichter zu werden, sie hat aus Schwaben eine perfekte Haushaltshilfe mitgebracht, die zuverlässig, fleißig und liebenswürdig ist − Maria Christina Wetzel, drei Jahre älter als Lotte und ein Stück importierte schwäbische Heimat für Schiller. Viel Geld verdient sie nicht; zusammen mit der so genannten Jungfer bekommt sie 42 Taler − Schillers Diener bekommt allein 45. Trotzdem wird sie den Schillers treu bleiben. Auch mit der neuen Wohnung, die Schiller von Württemberg aus angemietet hat, haben sie Glück, obwohl Jena trotz leer stehender Häuser mit Wohnungsproblemen kämpft. Es ist schwierig, etwas zu finden, »weil es damals wenige Mietwohnungen gab, und jede Familie ein eigenes Haus mit wenigen Zimmern, aber mit vielen andern Räumlichkeiten bewohnte«.

Am 14. Mai 1794 ziehen die Schillers in ein Professorenwohnhaus aus dem 17. Jahrhundert ein, ein ansehnliches Gebäude mit großem Hörsaal im ersten Stock. Es fehlt zwar der Garten, doch die Wohnung ist geräumig, zentral gelegen – Unterm Markt 1 – und vor allem in nächster Nähe von Li und Wilhelm Humboldt, die neuerdings auch in Jena leben. Dass Li nicht die enge Vertraute werden kann, die Lotte braucht, ist jedem, der die Doppelbödigkeit dieser Frau durchschaut, bewusst. Doch auch Außenstehende spüren nur allzu deutlich Lottes »Bedürfnis einer Freundin«. Und Bedürftige sind oft zu gutgläubig; sie prüfen das Angebot nicht kritisch, dafür ist ihr Hunger zu groß. Es besteht also die Gefahr, dass die bedürftige Lotte sich hier vor Ort Li noch enger anschließt.

Doch die neue Freundin der Lotte Schiller wird keine laszive, listenreiche Schönheit sein wie Li, sondern eine unattraktive Frau von sechsunddreißig Jahren, die sich selber so schildert: »... vors erste bin ich klein, und war im 16. Jahre sehr fett, da ich seit der Zeit um ein merklichs gemagert bin, so hat die einmal so stark ausgedehnte Haut, viele Runzeln bekommen, dazu gab mir die Natur ein widrig langes Kinn; und was nun das ärgste von allem ist, so hab ich, wegen heftigen Zahnschmerzen, ... meine obern Zähne ausziehen lassen; nun überlasse ich Ihrer Einbildungskraft, mich so komisch darzustellen, als ich wirklich bin.« Sie ist also keine Konkurrenz für Lotte, vielmehr: eine Frau, von der sie sich in jedem Fall positiv abhebt. Aber ist sie deswegen auch schon als Freundin attraktiv?

Der Mann, der Lottes Bedürfnis nach einer Freundin gleich erkannt hat, ist der Ehemann jener Frau: Johann Gottlieb Fichte, sieben Jahre jünger als seine Johanna und nicht wesentlich schöner. Wie er ihr die Frau des Professorenkollegen anpreist, klingt wenig euphorisch: Frau Schiller, äußert Fichte, sei »eine gute Person, natürlich, gutmütig, von unbescholtnem Ruf«. Nicht sehr aufregend.

Dass er trotzdem alles tut, um seine Frau mit der von Schiller zu verkuppeln, hat Gründe: Fichte ist wild entschlossen, den Kontakt mit Schiller zu pflegen. Er wittert wohl zu Recht, dass Goethe nur deswegen seiner Berufung zugestimmt hat, weil er keine Ahnung hat von seiner Begeisterung für die Französische Revolution. Fichte vermutet in Schiller einen freieren Geist und spürt, dass er sich in der streng überwachten, bespitzelten Freiheit Jenas eines Freundes versichern muss. Noch in Stuttgart hatte er Schiller aufgesucht und Johanna, seiner Frau, in einem Brief angekündigt, dass »diese Familie uns höchst wichtig ist. Schiller gehört unter die ersten, geliebtesten und berühmtesten Professoren in Jena«, er werde mit vierzig »unser Sophokles« sein. Es ist leicht durchschaubar, worum es Fichte eigentlich geht: nicht darum, Lottes Bedürfnisse zu befriedigen, sondern um seinen eigenen Ehrgeiz, sein Verlangen, einen vertrauenswürdigen, anerkannten Kollegen für sich einzunehmen. »Zuförderst werde ich mit ihrem Manne recht sehr Freund werden. Heute höre ich von seiner Gemahlin, dass sie sich vorzüglich auf Dich freut.« Es zeichnet sich ab, was Lotte bevorsteht: Sie wird benutzt als das Trojanische Pferd, um Fichte bei Schiller einzuschleusen. Man macht ihr schöne Augen, Komplimente, Geschenke, um Eintritt in Schillers Wohnung und Welt zu erlangen. Doch Johanna Fichte ist zuerst einmal vorsichtig, was die aufdringliche Empfehlung ihres Mannes angeht. Sie will Näheres wissen über Lotte, fragt aber keineswegs direkt nach ihr, sondern erkundigt sich nach einem Gedicht: »Ist der Schiller, welchen Du in Stuttgart gesehen, nicht der, welcher über die *Gelehrten Weiber* geschrieben? Ich wünsch's; da darf ich denn hoffen, dass er keine gelehrte Frau hat, denn dies fürchte ich, nicht weil ich nicht gelehrt bin, sondern weil sie die meiste Zeit keine guten Menschen sind.«

Das Gedicht, das Johanna im Kopf hat, heißt zwar nicht »Die gelehrte« sondern »Die berühmte Frau. Epistel eines Ehemanns an den andern«, aber es ist klar, dass sie davon ausgeht, dass Schiller darin seine private Meinung kundtut. Und sie hat wohl Recht damit. Das Gedicht zeigt, wie eine Frau nicht sein soll: gelehrt nämlich. Und das erklärt Schiller immer wieder: »Es ist ein eigen, seltsam Ding um die gelehrten Frauen. Wenn sie einmal den ihnen angewiesenen Kreis verlassen, so durchfliegen sie mit schnellem, ahnendem Blick unbegreiflich rasch die höheren Räume. Aber dann fehlt ihnen die starke, anhaltende Kraft des Mannes, der eiserne Mut, jedem Hindernis ein ernstes Überwinden entgegen zu setzen«, und so werde, fährt er fort, »das schwächere Weib«, das unbedingt gelehrt sein will, »entweder zur eitlen Törin oder unglücklich«. Noch unglücklicher aber sei der Mann, der einem derart lebensuntauglichen Wesen in die Falle tappt; »selig der Mann«, meint Schiller in seinen privaten Seligpreisungen, der »die Freundin seines Herzens bei Arbeiten und häuslichen Beschäftigungen sucht, um sich an ihren anspruchslosen Talenten von seinem mühevollen Streben zu erheitern«.

Keine Frau, die belesen ist und zu denken gelernt hat wie Johanna Fichte, Züricher Kaufmannstochter und Nichte von Klopstock, kann ernsthaft glauben, eine wie Lotte, die mit einem Mann von derart machistischer Geisteshaltung verheiratet ist, eigne sich als ihre Freundin. Aber Johanna hat offenbar Gründe, den bekannten *gelehrten* oder *berühmten* Frauen zu misstrauen. Der Klatsch über Therese Forster-Huber, Li von Humboldt, Charlotte von Kalb, Caroline Michaelis-Böhmer-Schlegel macht ihr diese wohl unsympathisch. Und wirklich kämpfen sie mit harten Bandagen und ziehen oft mit hämischen Worten über ihre Geschlechtsgenossinnen her, verletzender als die Männer. Johanna Fichte aber will eine Freundin, die sich nicht mit ihr messen, sondern austauschen will. Keine verwinkelte mit kühlem Kopf, sondern eine gerade mit warmem Herzen. Sie tut mit Charlotte einen guten Griff: Die beiden erhalten und pflegen ihre Freundschaft lebenslang.

»Sie gründete wohl auf die große Wesensnähe beider Frauen«, schrieb Johannas Biographin Ilse Kammerlander. »Tiefe des Gemüts und stille Bescheidenheit vereinten beide mit den Gaben des Geistes, wenn auch Johanna die Freundin in diesen überragte.« Eine Feststellung, die wohl nicht zu belegen ist. Es existiert kein einziges schriftliches Dokument von Johanna, das ihre Überlegenheit bewiese und Äußerungen von Außenstehenden ohnehin nicht; die waren voll und ganz damit beschäftigt, Johanna zu verspotten, wenn sie in bizarrer Kostümierung, in weißen, wallenden Gewändern herumgeisterte, einen Korb mit bunten Strohblumen ins Haar geflochten.

Sicher ist aber eins: Die Freundschaft mit Johanna, deren Gesicht, so Fichte, »immer den Grundzug des Verstandes trägt«, die so ungeschminkt daherredet, wie sie sich selbst beschreibt, ist für Lotte eine Wohltat in dem verlogenen Jena. Johanna wie Lotte sind verglichen mit anderen Professorengattinnen auffallend natürlich. Dora Stock, Körners Schwägerin, hat das erkannt und warnt ihre geliebte Lotte davor, sich mit der Frau von Funck einzulassen. »Was soll Dir, Kind der Natur, diese gezierte Puppe?« Johanna ist auch ein *Kind der Natur.* Zwei nicht gelehrte, aber gescheite Frauen, beide so gar keine *gezierten Puppen,* haben sich gefunden. Und können über das Problem reden, mit einem gelehrten Mann verheiratet zu sein.

Vor diesem Typus Ehemann wird Lotte jetzt ausgerechnet von Schillers Vater gewarnt. Neue Fronten auch hier. Anlass für seine Warnung: Die Ehe seiner künstlerisch talentierten ältesten Tochter Christophine mit Schillers Freund, dem extrem belesenen Reinwald, geht in die Brüche. Und Caspar Schiller liegt daran, seiner Schwiegertochter klar zu machen, wie sehr Reinwald seiner Christophine schade. »Dass Sie, liebe Lotte, auf ein Mal den Reinwald vor einen so gescheiten und guten Mann gefunden, ist mir sehr aufgefallen. Ein gescheiter Mann, dünkt mich, sollte doch seine gute Frau nicht so nach allen Teilen einschränken, wie es bisher geschehen ist, die ja die größte Geduld, die nur möglich, mit ihm haben muss, seine Launen zu ertragen, dahingegen er vor sie in keinem Fall die geringste Gefälligkeit hat. Überhaupt hat seine Frau gar keinen Willen und muss sich beinahe wie eine Sklavin behandeln lassen. Denken Sie also, ob es so angenehm, mit einem so gescheiten Mann zu leben. Dass er im Umgang gescheit spricht, ist freilich solchen feinen Personen, wie Sie sind, unterhaltend; aber ein gutes Herz, Zärtlichkeit, Gefälligkeit vor seine Gattin, das dünkt mich nach meiner geringen Einsicht, gehört noch zu einem gescheiten Mann.« Caspar Schiller hat offenbar noch nicht gehört, dass seinem gescheiten Sohn *Zärtlichkeit* und *Gefälligkeit* seiner Frau gegenüber ebenfalls abgesprochen werden, denn er schreibt: »Dass Sie, liebe Lotte, das Glück an Ihrem Mann haben, alles beisammen zu besitzen, das macht Sie auf andere Menschen unaufmerksam.« Auch von *Gefälligkeit* Lotte gegenüber haben die Besucher bei Schiller nie etwas bemerkt. Von seiner Launenhaftigkeit dafür umso mehr.

Doch es ist Lotte selbst, die in Schillers Familie für den Eindruck sorgt, er wäre der perfekte Ehemann. Und sie selbst glaubt offenbar auch daran, so fest wie an ihr Eheversprechen. Dass jemand sich, ohne im Geringsten darunter zu leiden, scheiden lässt, ist ihr völlig unverständlich. Als im August Karoline und Wilhelm von Wolzogen aller Sorgen ledig aus der Schweiz zurückkehren und sich die beiden Schwestern bei der Mutter in Rudolstadt treffen, vermeldet Lotte ihrem Schiller fassungslos: »Die Frau ist hier, als wäre nichts vorgefallen und spaßt über die Scheidung.«

Die Humboldts sehen das weniger streng, zumal sie immer der Ansicht waren, Beulwitz versuche, sich die Liebe seiner Frau zu kaufen und habe einen schnöden Abschied verdient. Bei ihnen, also in nächster Nähe von Schillers, können Karoline und Wilhelm wohnen. Es ist dem Herzog zu verdanken, dass die beiden am 27. September 1794 in Bauerbach getraut werden können, obwohl Karolines Scheidung noch nicht ausgesprochen ist. Karl August fälscht einfach den Familienstand der Braut und erklärt, sie sei Witwe. Will er damit seinem *lieben Lottchen* einen Gefallen erweisen? Am 1. September bewilligt er jedenfalls dem Antragsteller Wolzogen »gnädigst Ihre vorhabende Verbindung mit der verwittibten Frau Vizekanzlerin von Beulwitz«.

Nicht nur wegen dieser Rechtsverdrehung findet die chère mère das alles katastrophal: »Wolzogen gefällt mir nicht, das gestehe ich«, schreibt sie an Lotte. Dabei war er doch jahrelang ein gern gesehener Gast. Nun jammert die Mutter: »Gott gebe, dass Karolinen ihr Schritt nie gereuen möge. Mir schaudert, wenn ich manchmal über sie nachdenke.« Spürt die chère mère, dass Wolzogen ihrer Tochter nur als Fluchthelfer dient? Oder ist sie, wie Lotte, der Ansicht, es fehle ihm an »Feinheit des Umgangs«?

Zuerst aber ist es Karoline selbst, die Feingefühl vermissen lässt. Sie ist sich durchaus bewusst, viele Menschen zu provozieren, indem sie derart rasch wieder heiratet. Das beweist auch ihr Versuch, die Daten nachträglich zu fälschen. In ihrer Schiller-

Biographie wird sie behaupten, erst 1797, drei Jahre später also, Frau von Wolzogen geworden zu sein.

Was nach dieser Trauung passiert, hätte kaum einer erwartet: Die neue Ehe der Schwester, mit einem alten Vertrauten von Lotte und Schiller, markiert den Beginn einer Eiszeit zwischen den Paaren, auch zwischen den einstmals unzertrennlichen Schwestern. Schiller berichtet im November seinen Eltern: »Sie werden nun wissen, dass Wolzogen mein Schwager geworden ist. Ich wollte Ihnen nicht früher von der Sache schreiben, teils weil ich immer noch gehofft hatte, sie rückgängig zu machen, teils weil sie mir in vielem Betracht so fatal ist. Nun ist es geschehen und ich schlage sie mir aus dem Sinn so gut ich kann. Diese zwei Leute schicken sich gar nicht zusammen, und können einander nicht glücklich machen. ... Diese Geschichte hat meine Schwägerin und mich ziemlich gegeneinander erkältet und Sie werden sich daher nicht wundern, wenn sie Ihnen wenig Freundschaft bezeugt.«

Was hat Schiller plötzlich gegen Wolzogen, den er vier Jahre zuvor noch beschworen hatte: »Warum können wir nicht miteinander leben?« Er war es doch, der Wolzogen ermuntert hatte: »Glaube an das gute Schicksal, das uns gewiss einander nahe bringen wird.« Vollmundig hatte er dem Freund erklärt: »... wir tragen Dein Glück auf dem Herzen wie das unsrige. Manchen Abend unterhalten wir uns von Dir und machen Pläne, wie wir Dich auf immer mit unserm Zirkel vereinigen. Ich habe Hoffnung, dass es geschehen kann, und wenige Jahre können es entwickeln.« Nun haben sie *es entwickelt* und er ist dagegen.

Warum ist Schiller dieser Verbindung derart feindlich gesinnt, wo er doch Karolines Scheidung von Beulwitz zuletzt befürwortet, sogar gefördert hat? Wolzogen ist schließlich einer seiner ältesten Freunde, er ist von Adel und hat gute Chancen, eine diplomatische Karriere zu machen. Christian Gottlieb von Voigt, die rechte Hand, wie Schiller sagt, »das Orakel von Carl August«, attestiert ihm »Gewandtheit und Erfindsamkeit« ..., denn es gebe »keinen schwierigen Fall, wo er nicht sogleich eine Menge Einfälle und Gegenmittel in Bereitschaft« habe. Und seine Verwandtschaft mit Karoline ist nicht so eng, dass eine Heirat aus biologischen Gründen ein Risiko wäre: Er nannte zwar die Lengefeld-Schwestern seine Cousinen, doch er ist ein sehr viel jüngerer Vetter der chère mère, also ein Onkel zweiten Grades von Karoline und Lotte. Kein Argument gegen eine Ehe.

Viel näher liegt die Vermutung, dass Schiller sich persönlich getroffen fühlt, dass Karoline nun aus freiem Willen einen anderen genommen hat. Schiller gönnt seine Schwägerin, obwohl die Affäre zwischen ihm und ihr längst beendet ist, keinem anderen, schon gar nicht einem Freund, der ihm geistig nicht das Wasser reichen kann. Das ist ein Phänomen, das oft zu beobachten ist: Ein Mann sieht sich herabgewürdigt, weil seine ehemalige Geliebte sich für einen Nachfolger entscheidet, der weniger darstellt; weniger prominent ist, weniger reich, gebildet oder attraktiv. Für Schiller ist Karolines Wahl eine Kränkung.

Es fragt sich allerdings, wie Lotte Schillers Reaktion deutet. Es ist ja nicht so, dass er von dem Schwager überrascht worden wäre, er kennt Wilhelms Charakter seit Jahren, seine derbe, große Statur, sein manchmal naives, geradliniges Wesen, aber auch seine Herzlichkeit und Liebesfähigkeit.

Ahnt Lotte, was Schillers wahre Motive sind, gegen Wilhelm zu hetzen und den Kontakt zur geliebten Schwägerin weitgehend aufzugeben? Oder redet sie sich ein, er sei wie sie von dem gesellschaftlich misslichen Verhalten Karolines abgestoßen?

Es ist sicher kein Zufall, dass sich die frisch gebackene Frau von Wolzogen mit Beginn dieser Distanzierung in die Arbeit an ihrem ersten größeren Werk, dem Roman »Agnes von Lilien«, rettet. Sie ist nun nicht mehr die Muse des Dichters, sie ist selbst Dichterin.

Das gesellschaftliche Umfeld der Schillers hat sich also innerhalb kürzester Zeit radikal verändert. Nicht nur Karoline und der nach Bonn abgewanderte Fischenich fehlen. »Unsere Tischgesellschaft zerstreut sich in alle Lande«, hatte Schiller kurz vor dem Aufbruch nach Schwaben bereits gesagt.

Da sieht es wie eine glückliche Fügung aus, dass ausgerechnet in diesem Jahr, 1794, eine Freundschaft beginnt, die Lotte immer gewünscht hatte und die trotz aller diplomatischen Be-

Gourmet in der Sinnkrise: Johann Wolfgang Goethe,
wie er bei Schillers verkehrte.

mühungen nicht zustande gekommen war: Das Traumpaar
Goethe — Schiller findet zueinander.

Wie diese berühmteste Männerfreundschaft der europäi-
schen Geistesgeschichte am Sonntag, dem 20. Juli 1794, beginnt,
ist hinreichend beschrieben worden:

Ein für Schiller unerträglicher Tag geht endlich zur Neige.
Die »große Hitze« ist über Jena hereingebrochen, Schiller fühlt
sich schlecht, geht aber dennoch abends zum Bachstein'schen
Haus hinüber, zu einer Tagung der Naturforschenden Gesellschaft. Ihm ist zugetragen worden, Goethe werde dort erwartet,
und bei dem will er sich bedanken für die Zusage, an den »Ho-

ren« mitzuarbeiten, also mit seinem Namen Zugpferd für das neue Projekt zu sein. Schiller hört den Vortrag mit gerunzelter Stirn. Goethe sitzt auch im Saal und ist genauso wenig angetan. Im Hinausgehen spricht Schiller Goethe an und erklärt ihm, eine »so zerstückelte Art«, Natur zu behandeln, sei ihm zuwider. Diskutierend gehen sie weiter, überqueren den Marktplatz, stehen vor Schillers Haus, steigen hintereinander die Wendeltreppe hinauf, der nur ein Strick als Geländer dient, landen in Schillers Studierzimmer und Goethe packt aus: erklärt seine ganze Theorie über die Metamorphose der Pflanze. Er zeichnet sogar eine symbolische Pflanze auf ein Blatt Papier. Aber Schiller sagt nur: »Das ist keine Erfahrung, das ist eine Idee.« Widerspruch, richtig dosiert, zündet die Neugier. Auch bei Goethe.

Beide stellen es später so dar, als habe eine höhere Macht diese Begegnung arrangiert. *Wem der große Wurf gelungen, | Eines Freundes Freund zu sein*, der weiß, wem das zu verdanken ist: dem *Götterfunken*.

Schiller schwärmt, diese Freundschaft »sei das wohltätigste Ereignis« seines ganzen Lebens, Goethe wird, allerdings erst dreiundzwanzig Jahre später, »Glückliches Ereignis« über den Aufsatz schreiben, in dem er die Entstehung der legendären Freundschaft schildert. Doch was sich so wunderbar zu ereignen scheint, ist durchaus berechnet, und zwar von beiden Seiten.

Schiller hat wohl seinen Plan, Goethe *mit Lauschern* zu umgeben, erfolgreich verfolgt, er hat die Information erhalten, der Zeitpunkt zur Großoffensive sei gekommen – Goethe sei reif. Mit fünfundvierzig habe er das Gefühl, sein Leben stagniere.

Für den Minister Goethe ist die Annäherung an Schiller indessen Teil seines staatspolitischen Auftrags. Wie der Historiker Karl-Heinz Hahn 1979, als er Direktor des Goethe-Schiller-Archivs in Weimar war, nachwies, hatte Goethe im gern verklärten Jahr 1794 bereits vor dem Treffen eine amtliche Akte Schiller angelegt. Und zwar, als Schiller ihn aufforderte, an den »Horen« mitzuarbeiten, dieses Projekt wurde von der Obrigkeit nämlich mit Misstrauen verfolgt. Scheinheilig hatte Goethe zwar zugesagt, vielleicht aber anfangs nur in der Absicht, das Ganze besser unter Kontrolle zu haben.

Natürlich möchte keiner von beiden zugeben, das Treffen eingefädelt zu haben, so arbeiten sie emsig daran, ihre Freundschaft der Nachwelt als nahezu göttliche Fügung zu präsentieren.

Und Lotte? Zuerst einmal ist und bleibt sie die Unschuldige: Sie ahnt von den beiderseitigen Strategien nichts. Sie glaubt wahrhaftig, der Götterfunke habe gezündet und endlich das Feuer entfacht, das so lange vorbereitet worden war. Sechs Jahre lang hatte sie vergebens versucht, Goethe und Schiller einander nahe zu bringen. Jetzt wird sie zufrieden sein, allerdings nicht so demütig dankbar, wie sie es früher gewesen wäre: Schiller ist inzwischen viel prominenter als Goethe. Das weiß er auch, und seine Äußerungen zum neuen Bund hören sich denn auch sehr selbstbewusst an: »Goethe, der mir nun endlich mit Vertrauen entgegenkommt«, berichtet er stolz von seinem Erfolg, fühle »jetzt ein Bedürfnis, sich an mich anzuschließen«. »... alle beiderseitigen Freunde waren froh«, konstatiert Goethe.

Bereits am 21. Juli laden die Humboldts ihn zusammen mit Schiller und Lotte zum Abendessen ein.

Nun ist der Gedankenaustausch zwischen den zwei Männern zustande gekommen, die bekannt hatten, einander zu hassen. Dass sie einander trotzdem entdecken, dass die Annäherung überhaupt möglich ist, haben sie niemand anderem zu verdanken als Lotte, die mit eiserner Diskretion dem einen verschwieg, was der andere an Gift über ihn verspritzte.

»Ich bin wie Rahel«, hatte sie gesagt; »wie sie ihre Hausgötter vor Feinden verbarg, so bewahre ich die Meinung über meine Freunde und ihre Produkte und führe Krieg mit fremden Göttern.« Wäre Goethe zu Ohren gekommen, dass Schiller ihn eine *stolze Prude* genannt hatte, der man *ein Kind machen* müsse, um sie zu *demütigen*, wäre jede Freundschaft unmöglich geworden.

Die Beziehung zwischen Schiller und Goethe wird der Nachwelt nicht nur an die tausend Briefe bescheren, sie bringt auch für die beiden Frauen große Veränderungen mit sich. Die aber sehen bei Christiane Vulpius ganz anders aus als bei Lotte.

Vom Bettschatz der
frühen Jahre zur
sinnlichen Matrone
geworden:
Christiane Vulpius
mit ihrem Sohn
August.

Christiane wird ihren Goethe mehr und mehr an Schiller verlieren. Lotte gewinnt Goethe dazu. Goethe wird immer häufiger abwesend sein von seinem Haushalt, seiner Lebensgefährtin, seinem Sohn in Weimar und die Wohnung im Jenaer Schloss nutzen, um Schiller nahe zu sein. Er wird Christiane aus diesem Verhältnis heraushalten, sie weder in Briefen noch bei Besuchen daran beteiligen, wird sie zunehmend zu seiner Haushälterin herabwürdigen, die ihn auch in Jena mit seinen überlebensnotwendigen Delikatessen von Champagner und Bordeaux bis zum Olivenöl, dem Lachs, der Gänseleberpastete und »Servelatwurst« zu versorgen hat. Anfangs meldet sie nur leise an, »das Bübchen« vermisse seinen Vater, schließlich wird sie deutlicher und bekommt dafür die Quittung: Goethe wird abweisend und verweigert sich. Bis Christiane sich demütig fügt und mit dem zufrieden gibt, was der Meister ihr an Aufmerksamkeit zuteilt.

»Stets enthalten Goethes Briefe an Schiller auch Grüße an dessen Frau, zuweilen auch kleine Mitteilungen. Gelegentlich schreibt Charlotte an Goethe, wenn Schiller krank oder verhindert ist. Christiane dagegen wird in den tausend Briefen, die sie wechseln, kaum erwähnt. Goethe beendet keinen seiner Briefe mit Grüßen von seiner Frau«, schreibt Sigrid Damm. Verständlich, dass die Verteidiger Christianes das als grobe Ungerechtigkeit empfinden müssen und nach dem Schuldigen suchen, der Christiane zur Paria macht. Zumindest für Sigrid Damm ist es Lotte Schiller.

Klar ist, beide Frauen könnten eifersüchtig sein. Denn über das Verhältnis Goethe/Schiller wird bald geredet, als handele es sich um eine Liebesbeziehung ohne Geschlechtsverkehr. »Goethe behandelte den kränklichen, oft launischen Dichter wie ein zärtlicher Liebhaber«, lästert Friedrich Schlegel. Und Lotte? Wird sie verdrängt von jenem Mann, den sie so dringend herbeigewünscht hat?

Wie sie selbst sich eine funktionierende Zweierbeziehung vorstellt und wie die übliche schlechte in ihren Augen aussieht, hat sie aufgeschrieben. »Die Ehe ist ... ein Vertrag, das Leben zu teilen, zu erleichtern, zu verschönen, den zwei Menschen zusammen errichten. Wie oft aber bindet Leichtsinn dieses Band. Und unter tausend vielleicht gibt es nur ein Paar, die *miteinander* leben, nicht *nebeneinander*.«

Dass Lotte von Goethes Liaison mit Christiane nichts hält, ist klar: Dieses *Band* hat für sie der *Leichtsinn* gebunden. Kein Wunder, dass die beiden *nebeneinander*, nicht *miteinander* leben. Aber wird Schiller nun seinerseits viel mehr *mit* Goethe und *neben* Lotte leben?

Die Chronisten werden das jedenfalls später unterstellen. »Das Tiefste, was die Gattin dem Gatten als Freund zu bieten hat«, behauptet Höffner in dem Buch über »Die Frauen in Schillers Leben«, »lag nicht innerhalb von Lottes geistigem Vermögen. Er begehrte es auch nicht von ihr. Seine Freunde waren Männer, die ihm das reichlich schenkten, worin Lotte notwendig versagen musste: Körner, Humboldt und vor allem Goethe.«

Schiller war offenbar anderer Ansicht. Und Goethe auch.

XVII

Das Chaos eines offenen Hauses

Wie Lotte ihr Leben
für die Freunde umbaut

Das Gelb der Wände ist schmutzig, die Böden sind morsch, die
Fensterstöcke blatternarbig. Es riecht nach dem billigen Tabak
von Schillers Pfeife, nach Zwiebeln, Knoblauch und abgestan-
denem Bier.

Bräunliche Flecken überall und Brösel vom Schnupftabak.
Ein Kleinkind krabbelt, sabbert, schreit. Und dauernd ist ein
Husten oder Keuchen von irgendwo zu hören. Der Hausherr
läuft im Negligé herum mit struppigen Haaren und wer, um
ihn nicht ansehen zu müssen, aus dem Fenster schaut, sieht auf
einen eintönigen, trostlosen Platz.

Die Wohnung unterm Markt ist nicht geeignet für anspruchsvolle Besucher. Nicht für eine nervöse, verwöhnte Diva
wie Goethe. Zu Hause am Frauenplan hat er aufwändig umbauen lassen. Das Treppenhaus ist mondän, so schön, dass man
es kaum verlassen will. Alles ist gepflegt, die schellackpolierten
Kommoden, Sekretäre und Schränke schimmern, die Böden
sind gewienert, die Fensterkreuze adrett und makellos weiß. Jedes Detail ist durchdacht. Das Esszimmer ist grün gestrichen,
weil diese Farbe dem Hausherrn das Gefühl »realer Befriedigung« gibt. Das so genannte Deckenzimmer beeindruckt mit
seiner barocken Stuckdecke, das nach römischer Art gewölbte
Zimmer mit Blätter- und Blütenornamenten, die antiken Vor-
bildern nachempfunden wurden; alles ist erlesen eingerichtet
und zeigt mit museumsreifen Sammlerstücken, dass hier die
Kultur zu Hause ist.

Wie soll sich so ein Mann wohl fühlen in Schillers Haushalt, wo er als Bierverächter, Ordnung liebender und unduldsamer Nichtraucher so vieles hasst? Goethe erfasst die Verhältnisse rasch. Er sieht, dass bei Schillers kein Geld vorhanden ist für ausgiebige Menüs, wie er sie in Weimar zelebriert, ausgetüftelte Zeremonien, raffiniert bis in die Sitzordnung. Schiller wäre auch außerstande, elegant vorzulegen, wie Goethe das bei seinen Gästen praktiziert. Doch der verwöhnte Geheimrat nimmt das alles hin. Die Kränklichkeit seines Freundes, die ihm widerwärtigen Gerüche und Geräusche, die mangelnde Eleganz. So viel Toleranz lässt auf eine gewisse Stagnation schließen. Es ist Winter geworden in seinem Kopf und seiner Seele, obwohl er erst fünfundvierzig ist. »Für mich insbesondere war es ein neuer Frühling«, sagt er über die Begegnung mit Schiller, es kommt Bewegung in seine in Selbstgefälligkeit erstarrten Gedanken. Dafür ist er bereit, sich wochenlang jeden Tag mittags und abends in diesem Haushalt aufzuhalten, sich irgendwo einen Platz zu suchen und sich still zu beschäftigen, wenn Schiller keine Kraft und Lotte keine Zeit für ihn hat.

Und Lotte? Dass Goethe ihren Mann absorbieren wird, dass er Schiller weniger aufmerksam sein lässt für sie und ihre Probleme, ist ihr sicher von Anfang an bewusst gewesen. Doch sie ist nicht eifersüchtig auf den Liebhaber ihres Mannes, sie ist erleichtert. Goethe raucht nicht, spielt nicht, hat einen geordneten Tagesablauf und macht trotz seines Übergewichts einen gepflegten Eindruck. Also kann er auf ihren Mann nur einen guten Einfluss haben. Und weil Lotte über die aktuellen Zustände in Weimar genau informiert ist, weiß sie, warum er sich lieber in ihren wenig schönen Räumlichkeiten herumtreibt als in seinem prächtigen Zuhause. Warum er nicht wie ein Fremder groß begrüßt und bewirtet, sondern als Familienmitglied behandelt werden will. Goethe genießt es, dass hier alles harmonisch ist, intakt und einheitlich. Er selber nämlich lebt in Weimar zwischen zwei Welten, gehört zu beiden und zu keiner. Das eine ist die Welt von Christiane, dieser herzlichen, zupackenden, unternehmungslustigen Frau, die hochzufrieden ist, wenn sie mit ihren Schauspielerfreunden zum Tanzen gehen darf und jauchzt, wenn Goethe ihr einen Ausflug mit dem Schlitten oder der Kutsche bewilligt und bezahlt – dabei verdient sie ihr eigenes Geld mit dem, was sie aus ihrem Garten an Artischocken, Spargel und Schwarzwurzeln verkauft. Goethe kostet die sinnlichen Qualitäten seiner Christiane weidlich aus, aber der Gesellschaft, der so genannten besseren, enthält er sie vor. Dass er sie nicht zu heiraten gedenkt, muss von außen als Eingeständnis gedeutet werden: Offenbar spürt er, wie wenig diese Frau zu ihm passt. Sie zu ignorieren ist also erlaubt, sogar geboten.

Und dann gibt es die andere Welt, wo er nicht um seiner selbst willen gefragt ist, sondern seines Geistes, seines Rufs, seines Renommees wegen. Keine der beiden Welten will er, kann er aufgeben. Goethe hat die Ohrfeige nicht vergessen, die ihm sein Intimfreund, der Herzog, verpasst hat, als er allzu herausfordernd mit der hochschwangeren Freundin promenierte – »Ab in die Vorstadt«, hatte es geheißen. Und Christiane wird nach wie vor von den meisten Menschen aus seinem Umkreis nicht akzeptiert, was bedeutet, dass Goethe trotz seiner privaten Einladungen ziemlich isoliert lebt. Später wird sie vielleicht von einem jugendlichen Freund wie Heinrich Voß angenommen, aber auch der wird berichten, bei welchen Themen Christiane mitreden kann. »Ein andermal bei Tische hielten wir Philistergespräche über Rindfleisch, Kartoffeln, Marzipan und Sellerie, woran auch die Vulpius teilnahm.«

Bei Schillers dreht sich das Gespräch aber selten um Rindfleisch, Kartoffeln, Marzipan und Sellerie. Lotte ist bekennende Hausfrau, stolz auf ihre Sparsamkeit, doch keine, die wie Christiane selbst schlachten lässt, selbst Würste macht und selcht, die bis zu den Ellenbogen in der Arbeit steht, im Teig, im Brät oder im Kraut – das ist ihr zu derb. Dass sie immer mit am Tisch sitzt, dass sie auch bei den Diskussionen nach dem Essen mitredet, ist für Goethe selbstverständlich; »seine Gattin, die ich von ihrer Kindheit auf zu lieben und zu schätzen gewohnt war, trug das ihrige bei zu dauerndem Verständnis«.

Schiller hingegen fordert Verständnis von allen, auch von seinem Freund. Schon ein paar Wochen nach dem legendären Gipfeltreffen warnt er Goethe davor, sich im Geringsten auf ihn zu verlassen: »Leider nötigen mich meine Krämpfe gewöhnlich, den ganzen Morgen dem Schlaf zu widmen, weil sie mir des Nachts keine Ruhe lassen, und überhaupt ward es mir nie so gut, auch den Tag über auf eine *bestimmte* Stunde sicher zählen zu dürfen. ... Die Ordnung, die jedem andern Menschen wohl macht, ist mein gefährlichster Feind, denn ich darf nur in einer bestimmten Zeit etwas bestimmtes vornehmen *müssen*, so bin ich sicher, dass es mir nicht möglich sein wird.« Das heißt: Kommen Sie ruhig, aber gehen Sie nicht davon aus, dass ich auch da bin für Sie.

Dass Lotte trotz Schillers miserablem Zustand einverstanden ist, mit Goethe als Dauergast zu leben, ist kein Zeichen von Schwäche, sondern von Einfühlung. Sie weiß, dass ihr Mann, ob das Geld dazu da ist oder nicht, ob er schwer krank oder halb krank ist, Menschen um sich braucht. Nicht wenn er arbeitet, da möchte er am liebsten in Watte gepackt und von allem Menschlichen verschont werden, aber davor und danach will er sich anregen lassen, oft auch ablenken von seinen Schmerzen. Lotte, von zu Hause an formvollendetes Gastgeben gewöhnt, hat Schiller und den Finanzen zuliebe auf alle Formen zu verzichten gelernt. Sie führt keinen gepflegten Haushalt, aber ein offenes Haus, weil sie sich geschlossene Gesellschaften nicht leisten kann. Unangemeldete Gäste können keinen gedeckten Tisch erwarten. Und es gelingt ihr, das nicht als Verlust, sondern als Gewinn hinzustellen, als Gewinn an Freiheit und Selbstverständlichkeit.

»Man brauchte nichts zu sprechen, wenn man kam, konnte man sich schweigend auf den Sofa setzen und ein Buch nehmen, oder auch nicht: man tat, was man wollte und einem gefiel, und gerade das war die Seele des Umgangs. Jeder sprach nur, was ihn interessierte«, beschreibt Göritz die Atmosphäre. Wenn Schiller sich in Weimar aufhält, sieht alles ganz anders aus. Das zeigt sich bereits bei dem ersten Besuch im verklärten

Jahr 1794. Lotte erfreut im September ihre Mutter mit sich und dem Enkelkind und verschont Schiller vor dem Geschrei des Kleinen, weil er zahnt; Schiller erfreut Goethe mit seiner Präsenz. Und Lotte ist nur froh darüber, denn die Nachrichten aus den Tagen, an denen er allein in Jena hockte und vermeldete, »ich habe wenig Appetit und gehe manchmal ungegessen schlafen«, hatten sie beunruhigt. »Ich bin recht in Sorge, Liebster, dass Du nicht gut versorgt wirst ... Die unordentliche Diät könnte Dir doch schaden. Bei Goethe wirst Du ordentlicher leben müssen, hoffentlich.«

Das muss er. Und er hat sich getäuscht, wenn er vermutete, er werde dort »doch einige Bequemlichkeit vermissen«. Lotte hat es besser gewusst: »Ich freue mich darauf, dass Du mit ihm leben wirst, er wird Dir viel schönen Genuss gewähren«, schrieb sie.

Am 16. September, als er sich bereits seit drei Tagen bei Goethe aufhält, verrät Schiller, wie sehr er in Goethes Namen verwöhnt wird: »Ich habe alle Bequemlichkeiten, die man außer seinem Hause erwarten kann, und wohne in einer Reihe von drei Zimmern, vorn hinaus.« Doch die Hausfrau hat nichts von dem Besucher, denn die »meiste Zeit ... bin ich fast immer mit G. zusammen gewesen«; manchmal sind wir »von ½ 12, wo ich angezogen war, bis nachts um 11 Uhr ununterbrochen beisammen«. Kulinarisch wird er verwöhnt wie im Märchen; wer das Tischleindeckdich bedient, sieht er nicht. »In seinem Hause sah ich noch niemand als ihn.«

Christiane sorgt für eine Umstellung von Schillers Ernährung, die ihm gut tut, wenngleich moderne Diätologen entsetzt darüber wären: kein Obst, viel Wein, heißt das Erfolgsrezept. »Meine guten Nächte sind vielleicht meiner gänzlichen Enthaltung von Kaffee, Tee und Obst zuzuschreiben, und vermutlich auch dem ordentlichen Abendessen, wo ich immer Wein und niemals Bier trinke«, berichtet Schiller seiner Frau zufrieden. »Überhaupt trinke ich des Tags mehr Wein als gewöhnlich, und dieser scheint mir besser als warme Getränke zu bekommen.« Und er verschont sie auch nicht mit Details: »Gemüse esse ich mittags und abends und doch vermehren sie meine Blähungen nicht.«

Goethe will Schiller nicht teilen, er denkt nicht daran, die intensiven Gespräche während der Mahlzeiten durch Christianes Gegenwart zu banalisieren. »Schiller ist schon acht Tage bei mir«, schreibt Goethe an den Herzog, »und bringt durch seinen Anteil viel Leben in meine oft stockenden Ideen.«

Zwei Wochen bleibt Schiller in Goethes Haus und moniert nicht, dass die Dame des Hauses sich niemals zeigt. Aber es wird wohl so sein, wie Voß voller Sympathie schreibt, dass Christiane solche Dispute wirklich zu Tode langweilen. Sie hat einen eigenen Freundeskreis, ihr eigenes Freizeitvergnügen und ihren eigenen Lebensstil gefunden, *neben*, nicht *mit* Goethe. Christiane ordnet im Hintergrund, Lotte steht im Vordergrund, ob sie will oder nicht. Sie kann sich gar nicht darum drücken, die tragende Säule des desolaten Schiller'schen Haushalts zu sein. Beneidenswert ist sie deswegen bestimmt nicht. Doch Lotte, trotz aller Freiheit, die man ihr ließ, dazu erzogen, die Etikette zu beherrschen, formvollendet aufzutreten und die gängigen Anstandsregeln zu beachten, findet sich souverän damit ab, in diesem formlosen Haushalt zu existieren. Leicht kann da ein Uneingeweihter in schreckliche Peinlichkeiten geraten.

Hölderlin ergeht es so bei seinem ersten Besuch. »Ich trat hinein, wurde freundlich begrüßt, und bemerkte kaum im Hintergrunde einen Fremden, bei dem keine Miene, auch nachher lange kein Laut etwas besonderes ahnden ließ. Schiller nannte mich ihm, nannte ihn auch mir, aber ich verstand seinen Namen nicht. Kalt, fast ohne einen Blick auf ihn begrüßte ich ihn, und war im Innern und Äußern mit Schillern beschäftigt; der Fremde sprach lange kein Wort.« Dann zeigt Schiller dem Mann Hölderlins »Hyperion«-Fragment, der Mann blättert desinteressiert darin, fragt Hölderlin aber nicht darüber aus, sondern über Frau von Kalb, bei der er den Hauslehrer spielt durch Schillers Vermittlung. Hölderlin antwortet »so einsilbig als ich selten gewohnt bin«. Später erfährt er, dass der Fremde Goethe ist. »Nachher speist ich bei Schiller zu Nacht, wo dieser mich so viel möglich tröstete ...«

Wärme findet jeder Freund hier, Ordnung aber nicht. Schiller spürt wohl, dass er allmählich verwahrlost, und beschließt im Februar 1795, erneut umzuziehen. »Es ist mir eine sehr angenehme Aussicht, dieses Frühjahr eine andere Wohnung zu beziehen, weil die schmutzigen gelben Wände und der einförmige Markt die einzigen Gegenstände sind, die ich schon seit vier Monaten vor Augen habe. Wir ziehen zu Griesbach und erhalten eine der schönsten Wohnungen, die in Jena zu finden sind.«

Im April, nach nur elf Monaten, muss Lotte also schon wieder einen Umzug organisieren.

Mit dem neuen Heim ändern sich die äußeren Umstände, aber an seinem Lebensstil ändert Schiller nichts. Er macht Lotte zum Empfangschef, überlässt es ihr, abzuwimmeln oder einzulassen, unterlässt es aber, sie genau zu informieren, wen er nun sehen will und wen nicht. »Ich kam zur Schiller und fand sie durch meine Erscheinung ein wenig brouilliert«, erinnert sich Hölderlin; »es ergab sich bald, dass ihr Mann einen Gast angekündigt hatte, und sie wusste nicht, wer es sei, und mochte mich für störend halten. Schiller kam, und zwar wirklich im Négligé. Er trug einen langen alten Tuchrock, an welchem viele Knöpfe fehlten, Schlafschuhe und offnen Hemdkragen. Das Hemd war weiß, aber nicht eben fein. Die Frau ward sehr heiter überrascht und beruhigt, als er mich als den angekündigten Gast vorstellte. Er war sehr liebenswürdig und sprach viel, eben wie Fichte auch von den kleinsten Trivialitäten.«

Manche Freunde des Hauses wundern sich, wie geduldig Lotte das alles Tag für Tag mitmacht. Den ganzen Nachmittag, erinnert sich ein Buchhändler, der zu Besuch kommt, hat sie eintrudelnde Gäste bewirtet, wie üblich mit Tee und Butterbrot. Aber Schiller hat noch nicht genug. Am Abend wünscht er sich ein schwäbisches Essen für seine schwäbischen Freunde. Zu fünft sitzen sie am Tisch, Schiller langt gewaltig zu und redet, argumentiert, gestikuliert. Plötzlich fällt sein Kinn auf die Brust, die Schultern klappen vor, der Atem geht ruhig. Schiller schläft. »Manchmal aber überfiel seine Natur … mitten im Gespräche der Schlaf und zwar ohne alle Vorboten von Schläfrigkeit; er sank im Stuhle plötzlich zusammen und musste von den Seinigen schlafend zu Bette getragen werden.«

Die meisten Gäste wissen Lottes Geduld und Schillers väterliche Fürsorge für junge Kollegen zu schätzen, andere aber nutzen sie schamlos aus. Spielen Schiller gegen Lotte aus, profitieren von seinem Ruhm, seinen Beziehungen und den Aufträgen, die er zu vergeben hat, spielen Lotte aber hintenherum aufs Übelste mit, und manchmal auch Schiller selbst.

Baggesen, der Geldsegen bringende Verehrer aus Dänemark, hatte Schiller zum Beispiel eine Freundin, die Kopenhagener Dichterin Friederike Brun, mit einem hymnischen Brief empfohlen. »Sie gehört wirklich in das Blumenbeet der seltensten Himmelspflanzen.« Lotte öffnet also der Dichterin, die fast gleich alt ist wie sie, Haus und Herz, doch noch am selben Tag notiert die Brun in ihr Tagebuch: »Schiller. Etwas auf Stelzen, ganz wie ich ihn mir gedacht, Schwäche und Kraft wunderlich vereinigt. Schwäche der abgenutzten Organe und hervorblitzende Kraft des Genies. Nichts Liebe, noch viel weniger Zutrauen Erweckendes. Schönes Ebenmaß und Adel der festen Teile des Gesichts. Lebhafter, doch unsteter und nicht freier Blick der Augen.« Für ihre Gastgeberin hat sie nur einen abschätzigen Halbsatz übrig. »Die Frau gutmütig offen und nur dadurch angenehm.« Trotzdem wird Friederike Brun, ganz die berechnende Karrieristin, in den nächsten Jahren gerade Lotte benutzen, um sich selbst bei Schiller Gehör und ihren Gedichten Aufnahme in die »Horen« zu verschaffen.

Weder Schiller noch Lotte scheinen anfangs zu spüren, wie sie von Falschheit umspült werden, dass selbst vertraute Menschen doppelbödig sind, undurchsichtig und unaufrichtig. Auch Goethe ist für sie nur der Freund, nicht der Politiker, als der er bezahlt wird. Das Bild, das sie sich von ihm machen wollen, ist eben das des freien Geistes.

Die Studentenunruhen in Jena haben im Mai 1795 bedrohliche Ausmaße angenommen. Die Schillers wissen glücklicherweise nicht, dass der Herzog seinem Minister Goethe durch Voigt anraten lässt, es sei schlau, »sehr viel Geld auf heimlich zu bestellende Ausspäher jährlich anzuwenden«.

Die Ahnungslosigkeit und Vertrauensseligkeit Lottes verführte viele dazu, sie auch für eine Frau zu halten, die feine Anspielungen überhört und für Ironie ohnehin kein Ohr hat. Ein Stecknadel-Briefchen genügt, um das Gegenteil zu beweisen. Goethe hat ihn Lotte aus Karlsbad mitgebracht und ihn Schiller, zusammen mit einer neuen Lieferung des »Wilhelm-Meister«-Manuskripts, als Geschenk für Lotte übergeben. Kein besonders galantes, geschweige denn elegantes oder angemessenes Geschenk für eine Frau, bei der er wochenlang ein- bis zweimal täglich zu Gast gewesen ist. Und Lottes indirekte Reaktion lässt an Untertönen nichts zu wünschen übrig: »Meine Frau wünscht zu erfahren«, schreibt Schiller in Lottes Namen, »ob die Nadeln, in die Sie das sechste Buch neulich verpackt haben, Symbole von Gewissensbissen vorstellen sollen.« Und Goethe beschwichtigt hilflos: »Sagen Sie der lieben Frau, dass sie meine symbolischen Nadeln gesund brauchen und verlieren möge.«

Lotte ist nicht naiv, aber geradezu süchtig nach Harmonie. Es freut sie, dass die Eiszeit mit Schwester samt Schwager einem Ende zugeht, ein Kleinkind wirkt sich eben immer herzerwärmend aus: Am 10. September 1795 hatte Karoline in Stein am Rhein ihren Sohn Adolf geboren. Und noch im Herbst führten die Wolzogens den Nachwuchs erfolgreich in Jena vor.

Es beglückt Lotte auch, wie froh Charlotte von Stein darüber ist, dass die Freundschaft von Schiller und Goethe für eine Annäherung zwischen ihr und dem ehemaligen Verehrer sorgt, »denn seitdem scheint er mich wieder ein klein wenig in der Welt zu bemerken. Es kommt mir vor, er sei einige Jahre auf eine Südseeinsel verschlagen gewesen und fange nun an, auf den Weg wieder nach Hause zu denken.«

Doch Lotte weiß auch, dass Schillers Aktivitäten neue Aversionen sprießen lassen, die sich rasch zu Feindschaften auswachsen können. Die »Dezenz« bekommt es zu spüren, dass Schiller das Schamgefühl mancher Damen und Herren verletzt hat, weil er in seinen »Horen« Goethes »Römische Elegien« veröffentlicht hat. Sogar den Herzog haben sie verärgert, der meint, es wäre doch besser gewesen, »einige zu rüstige Gedanken, die er wörtlich ausgedrückt, bloß erraten zu lassen« – ausgerechnet er, der in dieser Zeit die Gesellschafterin seiner Mutter, die blutjunge Sängerin Louise Rudorf, geschwängert hat. Selbst die gesittete Frau von Stein findet Karl Augusts moralische Empörung angesichts seines Lebenswandels lächerlich und gesteht, sie begreife nicht, »wie unsern gnädigsten Herrn just einen Moment diese pedantische Sittlichkeit überfallen hat«.

Herder hat Schillers Publikation angeblich zu der Äußerung verlockt, die »Horen« müssten fortan mit einem »u« geschrieben werden, und Böttiger schreibt mit kaum unerdrückter Schadenfreude: »alle ehrbaren Frauen sind empört über die bordellmäßige Nacktheit«. Sogar der zahme Jacobi erklärt Schiller: »Es hat mich sehr gewundert, dass Sie die Elegien unseres Freundes Goethe in die Horen aufgenommen haben; das musste ja ein gewaltiges Geschrei vornehmlich der Damen wider Ihre Monatsschrift erregen.«

Wäre Lotte die prüde Zicke, als die sie so gern geschildert wird, müsste sie sich nun in heller Aufregung befinden. Doch sie scheint sich daran nicht zu stoßen. Allerdings versucht sie, Urteile und Meinungen der Gesellschaft über die Zeitschrift, speziell Goethes umstrittenen Beitrag, einzuholen.

»Herders Urteil über die Elegien ist mir nicht bekannt geworden, aber ich will's Ihnen gewiss plaudern, wenn ich etwas höre, weil Sie es wünschen«, schreibt Frau von Stein an ihre Patentochter. Für sich selbst meint sie ziemlich beherrscht: »ich glaube, dass sie schön sind, sie tun mir aber nicht wohl«.

Schiller verteidigt sich entschieden und stellt fest, es sei eben ein Phänomen, dass die Frauenwelt alle Dichtung »vor den Richterstuhl der Empfindung« stelle. Klar, dass er dieses Phänomen ignoriert. Und Lotte vermeidet es klug, sich in diese Frauenwelt einordnen zu lassen.

Vielleicht macht der »Horen«-Krieg sie noch bedürftiger für Freundschaften, in denen sie sich sicher fühlen kann vor Häme. Bereitwillig öffnet sie sich einer neuen Nachbarin in Jena ohne jede vorsichtige Zurückhaltung, obwohl die Frau als skandalumwittert, scharfzüngig und in jeder Hinsicht brisant gilt. Caroline, geschiedene Böhmer, seit neuestem verheiratete Schlegel, ist mit ihrem Mann August Wilhelm hierher gezogen – auf Betreiben Schillers, der alles für ihn tut. Er räumt Schlegel den Weg frei zur Habilitation, er überhäuft ihn mit gut bezahlten Aufträgen für die »Horen« und vermittelt ihm Arbeiten für die »Jenaer Allgemeine Literaturzeitung«. Dabei fand Schiller August Wilhelms jüngeren Bruder Friedrich auf Anhieb unausstehlich. Als er ihn bei Körners 1792 zum ersten Mal erlebte, war sein Urteil über das zwanzigjährige aufsässige Genie hart: »Ein unbescheidener kalter Witzling«. Ungünstigerweise war das Friedrich sofort zu Ohren gekommen und er hatte umgehend zurückgetreten und gelästert über die »wütende Art wie Schiller, der sich durch Weintrinken begeistert.«

Doch Schiller überträgt seine Antipathie gegen den jüngeren Bruder nicht auf den älteren. August Wilhelm und seine als bissig verschriene Frau äußern sich ihrerseits wohlwollend über ihre Nachbarn, zumal Lotte, die schon im Juli ihr zweites Kind erwartet, sich darum gekümmert hat, dass Schlegels einen freundlichen Einstieg in Jena haben. Hochschwanger hatte sie sich noch um Personal für Caroline bemüht. »Die Schiller hat noch glücklich ein Mädchen für mich aus Rudolstadt bekommen.« Am 11. Juli 1796 berichtet Caroline: »Vorgestern nach Tisch gingen wir zu Schillers … Ich hatte mir alles grade so gedacht, wie es war – nur schöner fand ich Schillern, und sein Knabe ist prächtig. Eben gingen wir hin, da kam man uns mit der Nachricht entgegen, dass sie von einem zweiten Knaben vor einer Viertelstunde entbunden sei.«

Schiller selbst vermeldet seinem Intimus Körner nur knapp, dass Lotte ihm seinen zweiten Sohn Ernst geboren hat: »Die Niederkunft der kleinen Frau« sei »über Erwarten geschwind« vor sich gegangen und seine Freude sei »doppelt, denn der neue

Lottes zweiter Sohn, später Jurist: Ernst Schiller als
Kind in einer aquarellierten Zeichnung, vermutlich
von Johann Heinrich Meyer.

Ankömmling ist ein Junge«. Danach berichtet er noch, dass
Lotte »gegen ihre Wünsche das Stillen aufgeben muss«, weil die
Milch, »welche überhaupt sparsam genug kam«, schon zwölf
Tage nach der Geburt ausblieb.

Während Schiller über seine Zahnschmerzen jammert und den
Tod seines Vaters beklagt, schreibt Goethe Ende September aus
Jena, wo er immer noch wohnt: »Ich werde wohl noch einige

Zeit hier bleiben, denn ich habe nicht den Mut den guten Schiller in seiner gegenwärtigen Lage zu verlassen, sein Vater ist vor kurzem gestorben und sein jüngster Knabe scheint auch in kurzem wieder abscheiden zu wollen.« *In kurzem wieder abscheiden?* Warum verliert Schiller kein Wort darüber, dass es eine Zeit lang so aussah, als würde der kleine Sohn sterben? Das ist für ihn offenbar Lottes Ressort. Und sie bewältigt es ohne jedes Selbstmitleid. Das imponiert auch Caroline Schlegel, denn sie beurteilt Lotte sogar besser als ihre Namenskollegin Karoline von Wolzogen, die sie bei Schillers kennen gelernt hat: »Die Schwester ist nicht halb so natürlich wie die Schiller und kann einem ... Langeweile machen.«

Die Beziehung zu den Schlegels, die sich im Roten Turm eingemietet haben, beginnt so friedlich und harmonisch, wie Lotte sie sich erträumt. Und es scheint unvorstellbar, dass sie Caroline später nur noch als »das Übel« und Schiller sie nur noch als »Dame Luzifer« bezeichnen wird.

Über August Wilhelm äußert sich Schiller aber nur wohlwollend.»Schlegel ist hier und gefällt mir recht wohl. Er hat mehr Politur als der jüngere Bruder, ohne Flachheit.« Auch Goethe gegenüber lobt er den Mitarbeiter:»er macht einen recht guten Eindruck und verspricht viel«. Seinen Freund Humboldt lässt er ebenfalls seine gute Meinung über August Wilhelm wissen. Zufrieden antwortet der: »Dass Ihnen Schlegels Gesellschaft fortwährend gefällt, macht mir große Freude. Ich hoffe, dass auch seine Frau für Lotte und Li ein angenehmer Umgang sein soll. Ich selbst kenne sie zwar nicht, aber sie ist mir sehr gerühmt worden.« Was die so gerühmte Caroline angeht, ist Schiller allerdings schon bald vorsichtig:»Diese hat viele Talente zur Konversation, und man kann leicht mit ihr leben; es kommt nun darauf an, ob eine längere Bekanntschaft, wenn sie besonders zur Vertraulichkeit werden sollte, nicht irgendeinen Dorn entdecken wird.«

Den jüngeren Bruder lässt Schiller aber nach wie vor nicht gelten, daran kann auch Körner, der die überragende Intelligenz Friedrichs erkennt, nichts ändern. »Ich fürchte«, urteilt

Schiller, »er hat zum Schriftsteller kein Talent.« Kein Wunder, dass Friedrich das Lager wechselt und vom Schiller-Verehrer zum scharfen Schiller-Kritiker wird. Doch während Friedrich kein Geheimnis daraus macht, wo er steht, entwickelt sich sein braver Bruder zu einem Intriganten, der mit verdeckten Karten spielt. Friedrich verfasst eine zersetzende Kritik zu Schillers »Musenalmanach 1795«, die im »Journal Deutschland« erscheint; August Wilhelm tut so, als habe er keinen blassen Dunst davon. Der Briefwechsel der beiden verrät aber, dass August Wilhelm nicht nur eingeweiht, sondern beteiligt ist am Verriss seines wichtigsten Auftraggebers. Er hat ein paar besonders giftige Bemerkungen dazu beigesteuert, die Friedrich freudig aufgegriffen und eingebaut hat.

Der Jüngere ahnt, dass sich der Ältere unbedingt freihalten muss vom geringsten Verdacht, weil er es sich sonst mit Schiller verdirbt. Er warnt ihn, seine Bemerkungen anderweitig fallen zu lassen. »Hüte Dich also, sie zu äußern. Man könnte sonst argwöhnen, Du habest noch mehr Teil an dem Frevel.«

Schiller durchschaut August Wilhelms Verlogenheit sicher eher als Lotte. Er selbst hat einen Hang zur Unaufrichtigkeit. Jetzt lässt er zwar seine ehemalige Geliebte, Charlotte von Kalb, die Taufpatin von Ernst spielen, warnt seinen Freund Körner aber gleichzeitig vor deren Besuch: »Du wirst Dich hoffentlich hüten, ihr Dein Logis anzubieten. ... eine engere Liaison ist nicht anzuraten.«

Schiller beginnt Caroline zu misstrauen, Lotte, die zunächst gut über andere denkt, nicht. Ihr Argwohn wird auch nicht geweckt, als das Ehepaar Schlegel sich penetrant bei ihnen einschmeichelt, wohl aus Angst, August Wilhelm könnte mit Schillers Sympathien auch seine lukrativen Aufträge verlieren. »Wir verehren und lieben Sie so aufrichtig, dass diese grade und feste Gesinnung uns auch auf einen graden Weg führte, wenn noch soviel anscheinende Kollisionen da waren«, schreibt Caroline in beider Namen heuchlerisch an Schiller. »Vergeben Sie mir, dass ich diese Versicherung jetzt nicht unterdrücken kann, da Schlegel in Gefahr ist, ein Glück einzubüßen, wovon ich weiß, wie sehr es ihm am Herzen liegt.« Auch Lotte überschüttet sie mit süßer Freundlichkeit, obwohl sie anderweitig klipp und klar behauptet: »Es gibt keine Freundschaft unter Weibern.«

Lotte und Caroline: zwei Frauen, die sich vom Wesen her abstoßen. Caroline geht es darum, ihre eigenen Ziele zu erreichen, Lotte nur darum, Schiller dabei zu unterstützen, dass er seine erreicht. Caroline ist ein Aufbruchsgeist, Lotte ist konservativ. Trotzdem wird sie Carolines Verrat schmerzen. Es braucht lange, bis sie sich von der Illusion verabschiedet, einem natürlichen, warmherzigen Menschen wie ihr könne niemand übel wollen.

Der Ton in Jena und Weimar wird zunehmend schärfer. Und die Welt um Lotte wird kälter. Ständig werden neue Fronten eröffnet. Dass Schiller daran beteiligt ist, weiß seine Frau. Spielt und schmust er mit Ernst, seinem zweiten Kind, ist er ganz der milde Vater, doch ist er mit Goethe zusammen, wetzen die beiden ihren Geist aneinander, so lange, bis die Klinge scharf genug ist, unliebsame Kollegen damit zu verletzen. Und dabei produzieren die beiden Freunde neuerdings einen Höllenlärm. Kaum ist der mittlerweile ziemlich dicke Dauergast Goethe im Haus und hat sich mit ihrem Mann zurückgezogen, geht es los. In unregelmäßigen Abständen stampfen sie mit den Füßen auf den Boden und ihr brüllendes Gelächter durchdringt alle Türen und Wände. Auch die Griesbachs in der Etage darüber wissen dann: »Aha, wieder eine Xenie gelungen.«

Die Epigramme, die sie verfassen, nennen sich zwar nach antikem Vorbild Xenien, also Gastgeschenke, aber keiner möchte sie geschenkt haben. Schiller und Goethe betreiben damit gnadenlose Gesellschaftskritik und nutzen die Verse zu persönlichen Rachefeldzügen. Wen sie nicht leiden können, der bekommt sein Fett ab. Und auch wenn keine Namen genannt werden, versteht jeder in Jena und Weimar, wer gemeint ist und meistens auch, warum dieser oder jener fertig gemacht wird.

»Wenn Du den Almanach siehst«, schreibt Caroline Schlegel ihrer Freundin Luise Gotter, »so wirst Du auch sehn, wie er [Goethe] sich seither mit dem Totschlagen abgegeben hat. Er ist mit einer Fliegenklappe umhergegangen, und wo es zuklappte, da wurde ein Epigramm. Schiller hat ihm treulich geholfen und gibt so drollige Beute von sich, aber er ist giftiger.« Caroline Schlegel kapiert sofort, auf wen die Xenie gemünzt ist, in der es heißt: »Lange neckt Ihr uns schon, doch immer heimlich und tückisch. / Krieg verlangt Ihr ja; führt ihn nun offen, den Krieg.«

Doch nicht genug mit solchen Kriegserklärungen. Schiller wird direkter, bezeichnet die Brüder Schlegel als »Laffen«, worauf die Schiller als »einen kleinen Geist, einen bloßen Anempfinder« schmähen, dessen »bleiernmoralische Werke« ungenießbar seien. Das klingt böse, die Kluft wird unüberbrückbar. Die Parteien formieren sich. Goethe, Schiller, Novalis auf der einen, die Schlegels und Tieck auf der anderen Seite.

Goethe beschimpft Friedrich Schlegel, den er so lange in Schutz genommen hatte, als »Brennessel«, Novalis schmäht ihn als einen »hypermystischen, hypermodernen Hyperzyniker«. Bei Schlegels zu Hause werden gallige Parodien auf Schillers Gedichte verfertigt, bei Schillers wird über die Schlegels hergezogen. Er finde, geifert Schiller, in den Werken der Romantiker »Dürre, Trockenheit und sachlose Wortstrenge«; er greift sie an als »egoistisch«, voll »widerwärtiger Ingredienzien« und wirft ihnen »Unverschämtheit, Unwissenheit und Oberflächlichkeit« vor.

Lotte steht wie immer hinter ihm, lehnt die Romantiker ebenso heftig ab wie er. Doch angenehm ist es ihr nicht, dass nun in dem kleinen Jena so viel Gift verspritzt wird. Sie will gar nicht so genau wissen, wer alles gegen sie und Schiller intrigiert. Und Caroline, die doch den Schillers versichert hat, »wir verehren und lieben Sie so aufrichtig, dass diese grade und feste Gesinnung uns auch auf einen graden Weg führte«, wird bereits ein Jahr später, im Oktober 1798, an Friedrich Schlegel schreiben: »Schiller hat doch in Jahren zu Stande gebracht, was Goethe vielleicht … in einem Nachmittag hätte geschrieben. Er hat sich (dies kommt von Wilhelm) dem Teufel ergeben, um den Realisten zu machen und sich die Sentimentalität vom Leibe zu halten.«

Doch es soll noch schlimmer kommen. Schiller wird zum Spottobjekt des Schlegel-Kreises, jede neue Nummer des Almanachs wird verspottet. »Schillers Musenkalender ist auch da …; über ein Gedicht von Schiller, das Lied von der Glocke, sind wir gestern Mittag fast von den Stühlen gefallen vor Lachen«, berichtet Caroline ihrer ältesten Tochter Auguste. Aus heutiger Perspektive durchaus verständlich, denn Schillers Schilderung häuslicher Idylle passt in ihrer Spießigkeit so gar nicht zu dem Image, mit dem er angetreten, mit dem er die Herzen, speziell die der Frauen, erobert hatte.

Gut, dass weder Lotte noch Schiller wissen, welche Parodien in dem Schlegel-Kreis auf die unsterblichen Werke gereimt werden. Noch besser, dass beide nie auf die Idee verfielen, dass sogar der brave Baggesen Schiller mit frechen Umdichtungen aufzieht. Lotte hat zwar Humor, aber wenn es um das Opus ihres Mannes geht, hört der Spaß auf.

Schiller ist es dann, der den Schlussstrich unter das Kapitel Brüder Schlegel zieht. »In meinem engen Bekanntenkreise muss eine volle Sicherheit und ein unbegrenztes Vertrauen sein, und das kann, nach dem, was geschehen, in unserm Verhältnis nicht stattfinden …« Gefährdet wird diese *volle Sicherheit* ständig durch Lottes Vertrauensseligkeit; doch gerade die macht ihren Charme aus.

Ihr Schwiegervater Caspar Schiller hatte sich bis zu seinem Ende besonders gefreut über jeden Brief »unserer liebsten Lotte, in welchem wie gewöhnlich ihr vortreffliches Herz offen da liegt«. Doch in Jena sind ein offenes Herz und ein offenes Haus mittlerweile zum Risiko geworden.

XVIII.

Die züchtige Hausfrau

Warum Lotte
nur Briefe schreiben darf

Eine Frau von neunundzwanzig Jahren. Interessiert, gescheit, gewandt und charmant, gut aussehend und mehrsprachig. Eine Frau, die mit jedem ins Gespräch käme, hätte sie dazu Gelegenheit. Aber ihr Mann hat jedes Interesse an Gesellschaft verloren. Verschwendete Zeit, vergeudete Kraft. Ob er spürt, dass seine Zeit bald vorbei ist und deshalb alle Energie auf seine Arbeit konzentriert? »Schiller lebt ein sonderbares Leben. Ausgemacht scheint es mir indessen, dass gerade diese Art von Existenz ihm nötig war, um das zu leisten, was er in den letzten drei Jahren geleistet hat, aber ich fürchte, er wird dabei zugrunde gehen«, hat der Rittmeister Karl Wilhelm von Funck schon Anfang des Jahres 1796 an Körner geschrieben. Schiller hat sein Dasein schlagartig geändert. Und Lotte bestimmt nicht gefragt, ob ihr das recht sei. Sie, die nur in der Natur glücklich ist, die den Frühling und Sommer von Kindheit an intensiv erlebt und genossen hat, muss den Wandel als beklemmend empfinden. Schiller wird zum einsamen Stubenhocker.

Auch Hausgast Goethe macht sich Sorgen um den Freund, der »wie immer nicht aus dem Hause zu bringen« ist, keine Beziehungen pflegt und gesellschaftlich ins Abseits gerät. »Ganz abgesondert von aller Gesellschaft lebt er in seiner eigenen Welt. Er kommt oft in mehreren Monaten nicht aus dem Zimmer, natürlich macht ihm nun schon die bloße Luft einen unangenehmen Eindruck. Doch würde ihn das nicht abhalten, zum Genuss der wirklichen Natur und des geselligen Lebens zurückzukehren, wenn er da irgendeinen Ersatz für den hohen Genuss, den ihm seine Abgezogenheit gewährt, finden könnte. Sein niedlicher Junge macht seine einzige Unterhaltung mit der Welt, und gerade war auch die Vaterliebe das einzige Band, welches ihn, ohne irgendeine Art von Sinnlichkeit einzumischen, doch von der Austerität und dem menschenfeindlichen Wesen eines Einsiedlers bewahren konnte.«

Mittlerweile ist längst das zweite Kind da, doch Schiller ändert nichts. Dass Lotte dieses Leben trostlos finden könnte, kommt ihm nicht in den Sinn, den seltenen Besuchern schon. »Seine Frau, die ohne den Ersatz zu finden, den ihm sein spekulatives Leben gibt, die Einsamkeit mit ihm teilt, erscheint mir in der Tat ehrwürdig«, schreibt einer bewundernd, »denn man sieht keinen Schatten von Unzufriedenheit an ihr.« Manche Freunde hätten sogar Verständnis dafür, wenn die brave Lotte die Lust überkäme, fremd zu gehen. »Sollte sie aber in der Länge einmal das Bedürfnis eines anderen männlichen Umgangs fühlen, wer könnte sie verdammen?«

Lotte aber hat offenbar keine Probleme damit, mit einem Mann zu leben, der in ihr durch seinen ausgeprägten Egoismus durchaus *das Bedürfnis eines anderen männlichen Umgangs* wecken könnte. »Schillers Gesundheit wie unsere Verhältnisse vergönnten es uns nicht, zu viel Gesellschaften zu sehen; denn man muss, um angenehm zu leben, wie ich es meine, nicht wieder in Gesellschaft gehen müssen, sondern immer nur den Menschen bei sich sehen, sonst verliert man die Freiheit, seinen Umgang zu wählen.«

Alle Spekulationen können aber nicht hinwegtäuschen über die Tatsache, dass Lottes Rolle im Drama Friedrich Schiller anstrengender ist denn je. Sie muss sich nicht nur um zwei Kinder und einen oft kindischen, kindlich-unvernünftigen Ehemann kümmern – Friedrich Schlegel kreidet ihm zu Recht seine »kindliche Empfindlichkeit« an –, sondern auch das, was Schiller und Goethe da seit einiger Zeit stampfend treiben, ertragen. Schiller will nämlich sein altes Vorhaben, den sich gottgleich gebenden Goethe in einen Menschen zu verwandeln, auf unerwartete Art umsetzen. *Eine stolze Prude, der man ein Kind machen muss, um sie vor der Welt zu demütigen*, hatte er Goethe vor einigen Jahren genannt. Jetzt kommt er zur Sache.

»Das Kind, welches Goethe und ich miteinander erzeugen, wird etwas ungezogen und ein sehr wilder Bastard sein. … das meiste ist wilde, gottlose Satire, besonders auf Schriftsteller und schriftstellerische Produkte«, schreibt er Körner stolz. Und verrät Humboldt, er zeuge gerade ein Werk von »genialischer Impudenz [Schamlosigkeit] und Gottlosigkeit«.

Biographen, die in Lotte die angepasste höhere Tochter sehen, behaupten, ihr sei diese schamlose Xenien-Schlammschlacht peinlich. Doch Zeitgenossen, die sie sehr gut kennen, sehen das ganz anders. Ausgerechnet Charlotte von Stein, eine über den Verdacht der Ironie in diesem Falle erhabene Freundin, unterstellt ihrer Patentochter, sie sei die Anstifterin zu den Xenien gewesen, und offenbart das ihrer Lotte unverblümt. »Was die Xenien betrifft, die ich nun gelesen habe, so sehe ich wohl, dass nicht mein alter Freund den Schiller dazu inspiriert hat, sondern Lollochen hat sie vermutlich alle selbst damals aus der Phantasie gemacht, als der Verleger kam und den noch nicht fertigen Kalender [das ›Taschenbuch auf das Jahr 1797 für Damen‹] holen wollte, und nun besinnt sie sich nicht mehr darauf«, schreibt sie. Charlotte von Stein weiß, wie scharf Lotte die so genannte Gesellschaft beobachtet, und kennt deren Charakterisierungen vieler Leute, die an Deutlichkeit nichts zu wünschen übrig lassen. Und sie sieht sehr wohl die Gefahr, dass Schiller sich mit diesem *Werk von genialer Impudenz und Gottlosigkeit* Feinde schaffen könnte. »… eigentlich ist mir's politisch nicht recht, dass die beiden guten Freunde diese Späße haben drucken lassen. Goethe schadet's nicht, aber Schiller könnte es in der Folge schaden, besonders im Holsteinischen … Ich denke freilich nicht wie eine Poetin, sondern hausmütterlich.«

Aufschlussreich ist, dass Lotte diesen Brief mit Schweigen beantwortet, Schillers Arbeit und Verhalten jedoch energisch gegen Angreifer und Kritiker verteidigt, auch gegen Freunde und Verwandte, die sich grob vernachlässigt fühlen. »Er hat jetzt eine Zeit, wo er so unendlich viele Geschäfte hat, dass er wenig ruhige Momente findet zum Brief schreiben«, entschuldigt sie ihren Mann beim Schwager Reinwald. »Ein steifer trockner Staatsmann, oder ein pedantischer Gelehrter, lacht wohl über die Geschäfte des Poeten und glaubt man könne eine poetische Idee auf eine andere Zeit im Gedächtnis behalten … Aber wer zusieht wie alles seinen Gang geht, der begreift es wohl und hat Nachsicht, wenn er nicht ein fleißiger Korrespondent ist.«

Lotte findet auch eine Erklärung dafür, dass Schiller kaum mehr aus dem Haus geht, keinen Anteil am politischen Geschehen nimmt und keine neuen Kontakte knüpfen will. »Das Wirkliche machte einen ängstlichen Eindruck auf ihn«, schreibt sie und fügt gelassen hinzu: »Man gewöhnt sich immer mehr daran, dass wir keine sogenannten Gesellschaften besuchen.« Schiller wird offensichtlich zum menschenscheuen Einsiedler.

»Für einen Fremden«, berichtet Göritz, »war es fast unmöglich, Eingang in's Schiller'sche Haus zu finden, und Besuche Durchreisender, selbst vornehmer Herren und Damen, zum Beispiel der Gräfin Stolberg, welche aufs Dringendste anfragen ließ, ob sie kommen dürfe, wurden rund abgeschlagen, oft nicht einmal nur abgelehnt. Auch solche, welche nicht in genauem Verhältnis mit dem Hause standen, wurden meist kalt aufgenommen. Man war froh, wenn sie wieder gingen. Schiller hatte am Ende fast die Fähigkeit verloren, mit andern als ganz intimen Freunden auch nur sich zu unterhalten.«

Schiller hat sein Haus zur Krankenstation gemacht, wo er sich mit Zahngeschwüren, Darmkoliken, Bronchitis und den vielzitierten »Krämpfen« herumschlägt und versucht, sich über seine Schmerzen hinwegzutrösten, besser gesagt: hinwegzuarbeiten, hinwegzutrinken. Seine einzige Verbindung nach außen ist Lotte. Sie hat die Information, Schiller hätte jede Lust am Ausgehen verloren, an alle Interessenten weiterzugeben. »Wer mit uns leben will muss in unsern Haus bei uns sein.«

In Jena bringt das organisatorisch keine Probleme. Längst hat Goethe sich an sein Dasein als Familienmitglied gewöhnt und für Lotte ist es selbstverständlich, dass er »alle Tage bei uns war«. Er kommt und geht, ohne Aufhebens zu machen, versorgt sich

Das Traumpaar der deutschen Geistesgeschichte:
Goethe und Schiller im Gespräch in einer Zeichnung
nach Johann Christian Reinhart.

mit dem, was er braucht, »taut ... beim Tee auf, wo er eine Zit-
rone und ein Glas Arrak bekommt und sich einen Punsch
macht« und wartet darauf, dass Schiller irgendwann in der Verfassung ist, mit ihm zu diskutieren – »ein interessanter Diskurs,
der oft bis in die Nacht fortdauert«.

Goethe wartet auf Schiller! Wahrscheinlich ist das für Lotte
ein stiller Triumph, denn so wie Schillers Feinde ihre Feinde

und seine Niederlagen ihre Niederlagen sind, sind seine Siege auch ihre Siege. *Die Ehe ist ein Vertrag, das Leben zu teilen.* Sie wird es auch genießen, zu sehen, wie viel besser ihr Mann neben dem Gott von Weimar wirkt. Goethe sei »entsetzlich dick, mit kurzen Armen, die er ganz gestreckt in beide Hosentaschen hielt«, bemerkt auch Charlotte von Stein, als sie die beiden bei Schillers sieht. »Er ist recht zur Erde geworden. Schiller ... sah neben ihm wie ein himmlischer Genius aus.«

Das sind die wenigen Süßigkeiten, mit denen Lotte sich selbst entschädigen muss für ein so gar nicht himmlisches Leben neben dem Genius. »Goethe ist der einzige, der die Zeit, wo er in Jena ist, viel mit Schillers lebt, er kommt alle Nachmittage um 4 Uhr und bleibt bis nach dem Abendessen«, beobachtet Funck. »Gewöhnlich tritt er schweigend herein, setzt sich nieder, stützt den Kopf auf, nimmt auch wohl ein Buch oder einen Bleistift und Tusche und zeichnet. Diese stille Szene unterbricht etwa der wilde Junge einmal, der Goethe mit der Peitsche ins Gesicht schlägt, dann springt dieser auf, zaust und schüttelt das Kind, schwört, dass er ihn einmal wurzeln oder mit seinem Kopf Kegel schieben müsse.«

Lotte, früher an Ruhe und Gelassenheit gewöhnt, lebt nun mit einem gastunfreundlichen Sohn und dem inzwischen rastlosen Mann. »Schiller selbst ... rennt unaufhörlich im Zimmer herum, setzen darf er sich gar nicht.« Anstrengende geistige Arbeit ist in seinen Augen das beste Mittel gegen Schmerzen. »Man sieht, in welcher ununterbrochenen Spannung er lebt und wie sehr der Geist bei ihm den Körper tyrannisiert, weil jeder Moment geistiger Erschlaffung bei ihm körperliche Krankheit hervorbringt. Aber eben deswegen ist er auch so schwer zu heilen, weil der an rastlose Tätigkeit gewöhnte Geist durch das Leiden des Körpers immer noch mehr angespornt wird und weil er am Anfang einer Kur erst krank gemacht werden müsste«, erklärt Funck besorgt dem gemeinsamen Freund Körner.

Lotte kann damit nur umgehen, weil sie Schiller, wie alle Menschen, die sie liebt, nicht zu erziehen versucht. Adlerskron, der ja oft und lang zu Gast gewesen war bei den Schillers, hat klar formuliert, was ihn an ihr beeindruckt. »Ihre Duldsamkeit und gütige Nachsicht ließ Sie meine Fehler noch nicht im wahren Lichte bemerken. Und dieses war mein Glück. Die Freundschaft, die Sie mir geschenkt haben, forderte mich auf, an mir selbst zu arbeiten, alles zu realisieren nach dem Muster, das Sie mir durch Ihre vortrefflichen Eigenschaften gegeben haben.« Schiller fühlt sich leider nicht aufgefordert, an sich *selbst zu arbeiten nach dem Muster* seiner vortrefflichen Frau. Er sieht keinen Anlass, seinen unvernünftigen, ungesunden Lebensrhythmus ihrem vernünftigen anzupassen. Es gibt also in Lottes Alltag keine Struktur, an die sie sich halten kann; für eine Frau, die sich selbst *pedantisch* nennt, ein permanentes Ärgernis.

Wirklich schwierig wird es jedoch, wenn Schiller nach Weimar will oder muss. »Seine Hypochondrie und seine Scheu vor dem Umgang mit Menschen war zu der Zeit, als Iffland auf dem Weimarschen Theater eine Suite von Vorstellungen gab, auf's Höchste gestiegen«, verrät ein Freund. »Schiller sollte auch dabei sein; nun entstand die große Frage, wie ihn hinüber bringen nach Weimar und wie es möglich machen, dass Schiller die Vorstellung seiner Räuber sehen könne, ohne selbst gesehen zu werden?«

Inzwischen geht man mit ihm, der es doch genossen hat, den Beifall seiner Verehrer zu erleben, ihre bewundernden Blicke zu spüren, um wie mit einer Diva. Jeder Sonderwunsch wird erfüllt, jede Marotte toleriert. Karl August lässt »eine grillierte Loge am Proszenium für ihn zurichten«, das heißt, er lässt ein feinmaschiges Gitter als Sichtschutz an der Loge anbringen, in der Schiller sitzen wird. Und Goethe ist keine Mühe zu groß, um dem verehrten Hypochonder alles recht zu machen. Er funktioniert sein Haus am Frauenplan zu einem Hotel um, in dem er den Schillers »ein ganzes Stockwerk allein einräumte«. Lotte hält sich mit den Söhnen zwar lieber bei Charlotte von Stein auf, aber auch ihr entgeht nicht, wie Goethe den Freund umsorgt.

»Schiller wurde von Goethe mit beispielloser Schonung behandelt«, stellen die Freunde und Bekannten fest; seine Menschenscheu wird respektiert. »Kleine Mittagessen, wobei fünf bis sechs Personen im ganzen waren, wurden täglich von ihm gegeben«, erinnert sich Göritz. »So saß ich mehrere Male mit Schiller, Goethe, Iffland und noch einem oder dem andern zusammen; es wurden alle Besuche verbeten.«

Goethe lässt sich die aufwändigsten Inszenierungen einfallen, nur um Schiller bei Laune zu halten; schließlich geht es um seine Muse, seine Inspirationsquelle, und wenn die versiegt, trocknet auch er aus.

»Goethe gab eines abends eine große Gesellschaft nach der Komödie, wo man an kleinen Tischen zu vier Personen aß und wozu auch der Herzog und der Hof kamen. Man versammelte sich in einem Saal, an den mehrere Nebenzimmer stießen. Im hintersten, dessen Türe nicht geöffnet war, befand sich Schiller; nur einer oder zwei seiner näheren Bekannten gingen zu ihm hinein. Ihnen folgten andere, und so bereitete man ihn darauf vor, dass auch diese Türe geöffnet werden konnte und er nach und nach an den Anblick einer größern Gesellschaft gewöhnt wurde.«

Doch all die Rücksichtnahme, die ganze Sonderbehandlung bescheren Lotte keinen gut gelaunten Mann. »Die Vorstellung seiner Räuber, bei der sich Iffland und alle Mitspielenden die größte Mühe gaben, missfiel fast allgemein. Schiller ... war nach der Vorstellung mürrisch und kränker.«

Zurück in Jena, macht er weiter wie vorher. Und auch wenn seine Zärtlichkeit den Kindern gegenüber oft betont wird, unter einem guten Familienvater stellt man sich doch etwas anderes vor. »... ich traf ihn oft Nachmittags um zwei Uhr als eben aufgestanden und frühstückend an«, berichtet Göritz, »so wurde das Mittagessen auf Abend acht zurückgeschoben und die Nächte meistens dem Studieren gewidmet.« Wenn er endlich einmal ausgeht, ausgehungert nach Amüsement, endet es im Exzess, und weil der Exzess ihm schadet, geht er so lange nicht mehr aus, bis er wieder ausgehungert ist und wieder einem Exzess verfällt. »Seine Scheu vor Fremden wurde damals täglich größer, und er kam jahrelang nicht aus dem Hause. Darin bestärkte ihn noch mehr die Erfahrung, dass es ihm meist übel bekam, wenn er einmal ausging. Die Ursache lag aber nicht im Genuss der freien Luft, sondern in dem Übermaß, das er sich gewöhnlich erlaubte; denn er wollte alsdann genießen wie ein Gesunder.«

Lotte, die gern an Bällen, Soireen und anderen gesellschaftlichen Verpflichtungen teilgenommen hatte, muss sich diese Vergnügungen nun fast immer versagen, denn »von den geräuschvollen, tobenden Freuden des Lebens war Schiller kein Freund«, weiß sein Verehrer Döring. Und Schiller will auch nicht, dass Lotte eine Freundin solcher Amüsements ist. »Eine leichtsinnige, nach sinnlichen Freuden haschende, Zerstreuung liebende Gattin hätte für Schillern nicht getaugt. Er schien mir oft ein zu strenger, unwilliger Richter ihrer Handlungen zu sein. Sie tanzte nicht, war aber einmal mit einigen ihrer Freundinnen auf einem Ball im akademischen Hause in Jena. Es konnte Jahre anstehen, bis sie so etwas unternahm. Gros und ich hatten uns Abends nach Tische mit Schiller in seinem Haus zum Spiel gesetzt, und spielten fort, bis sie kam. Es war Morgens um drei Uhr. Ich vergesse die Kälte und den missbilligenden Ton, womit er sie empfing, in meinem Leben nicht. Sie hätte mit großem Rechte antworten können: ›Und Du, dessen Gesundheit so sehr geschwächt ist, spielst die Nacht fort und zerstörst sie vollends?‹ Sie nahm den Verweis über ihr spätes Kommen sehr sanft und schwieg als ihre freundlichen Entschuldigungen nichts halfen ganz.«

Bei allen Nachteilen, bei aller Missachtung, die Christiane Vulpius bei Goethe auszuhalten hatte: Er ließ ihr die Lust am Tanzen. Sie erotisierte ihn sogar. »Schicke mir bei nächster Gelegenheit Deine letzten, neuen, schon durchgetanzten Schuhe, von denen Du mir schreibst, dass ich nur wieder etwas von Dir habe und an mein Herz drücken kann«, wird er noch mit vierundfünfzig seine siebenunddreißigjährige Lebensgefährtin bitten. Schiller hingegen gönnt Lotte kein Vergnügen. Er braucht das Gefühl, sie jeden Moment abrufbar zu wissen. Und Lotte gibt es ihm. Sie ist oft nicht mehr und nicht weniger als Schillers Stütze. Ohne sie fiele er um.

Doch muss dieses Leben eine Frau nicht deprimieren, die kritisch denkt, gerne diskutiert, die schreiben, zeichnen und übersetzen kann? Umso mehr, als vor ihren Augen und mit Schillers Hilfe eine andere Frau gerade Karriere als Schriftstellerin macht: Lottes Schwester Karoline?

Ihr Roman »Agnes von Lilien« erscheint in mehreren Folgen in den »Horen«, allerdings ohne Autorennamen. Und die chère mère platzt fast vor Stolz auf die große Tochter. »Du hast gar keinen Begriff davon, was sie wohl ist und gut aussieht und für alle Menschen jetzt angenehm ist … Der Frau ihr Werk macht großes Glück hier.« Mutter Lengefeld kostet es aus, das Geheimnis zu kennen. Es amüsiert sie, dass die Leute alle über die »schöne Historie« in den »Horen« reden, über den Verfasser rätseln und sich bei ihr erkundigen, ob sie wisse, wem das Ganze zuzuschreiben sei; »ich tat, als wüsste ich nichts davon …«. Sie hat Angst, Beulwitz' Schwester Ulrike könnte erraten, dass Karoline, die sich monatelang an den Schreibtisch zurückgezogen hat, die Verfasserin der »Agnes von Lilien« ist. »Mein ganzer Spaß wäre verdorben, wenn sie dahinter kommen sollte …« Sie kommt dahinter: »Die dumme Ulrike hat mir hier meinen Spaß verdorben«, … aber nicht Schiller den Stolz auf seine Entdeckung.

»Mit der Agnes von Lilien werden wir, scheint es, viel Glück machen; denn alle Stimmen, die ich hier darüber hören konnte, haben sich dafür erklärt«, vermeldet er stolz an Goethe. »Sollten Sie es aber denken, dass unsere großen hiesigen Kritiker, die Schlegels, nicht einen Augenblick daran gezweifelt haben, dass das Produkt von Ihnen sei? ja, die Madame Schlegel meinte, dass Sie noch keinen so reinen und vollkommenen weiblichen Charakter erschaffen hätten.«

Schiller sieht sich immer mehr als Mäzen junger Talente – allerdings ausschließlich weiblicher. Er wird viele Frauen fördern und ermuntern, wird ihre Arbeiten redigieren und herausgeben. Die schöne Sophie, die den Jenaer Professor Mereau geheiratet hat und mit ihm todunglücklich ist, die liebenswerte, kapriziöse Amalie von Imhoff, die hinterlistige Dänin Friederike Brun, die blutjunge Luise Brachmann und seine Schwägerin Karoline von Wolzogen. Für heutige Ohren klingt es zwar mehr als herablassend, was Schiller zum Thema schreibende Frauen Goethe gegenüber bemerkt – »Ich muss mich doch wirklich darüber wundern, wie unsere Weiber jetzt, auf bloß dilettantische Weise, eine gewisse Schreibgeschicklichkeit sich zu verschaffen wissen, die der Kunst nahe kommt« –, doch verglichen mit der damals üblichen Einstellung männlicher Dichter und Philosophen, hört sich Schillers Äußerung fast feministisch an.

Typisch für die Zeit ist sehr viel mehr Goethes Haltung: »Die Weiber, auch die gebildetsten, haben mehr Appetit als Geschmack. – Sie möchten lieber alles ankosten, es zieht sie das neue an. Sie unterscheiden nicht zwischen dem, was sie anzieht, was gefällt, was man billigt, sie werfen alles in eine Masse.« Und der Schiller-Spezialist Hans Heinrich Borcherdt schreibt, »dass Schiller die Jüngerschaft, die er bei der jungen Generation ersehnte, nur bei Frauen finden konnte«, sei eine »innere Gesetzmäßigkeit«, weil Schillers Charakter, »sein ganzes Temperament so ausgesprochen männlich war, dass es nur auf Frauen lösend und geistig befruchtend zu wirken vermochte«.

Doch es ist nicht allein Männlichkeit, es ist auch Berechnung, aus der heraus Schiller manche Frauen fördert. Sogar Charlotte von Stein, weder jung noch talentiert, wird von ihm bei ihren schriftstellerischen Versuchen unterstützt. Ihr Trauerspiel »Dido« ist objektiv betrachtet ein holprig gereimtes Antiken-Dramolett, doch handelt es sich um ein Schlüsselstück mit beigelegtem Schlüssel: Der Vorwurf männlicher Untreue, um den sich darin alles dreht und wendet, gilt selbstverständlich Goethe.

Lotte bekommt das Manuskript als eine der Ersten zu lesen und damit auch Schiller. Charlotte von Stein erklärt ihrem Patenkind zwar vorbeugend: »Schiller wird's keinen Spaß machen, denn wie kann dem Meister so etwas gefallen?« Doch der Meister antwortet umgehend, ihre »Dido« sei unbeschreiblich interessant, weil es »eine produktive Kraft, nämlich eine Macht beweist, sein eigenes Empfinden zum Gegenstand eines heiteren und ruhigen Spiels zu machen«.

Schillers Lob muss die Autorin verblüffen, denn sie schätzt ihre Qualitäten selbst realistisch ein. Was soll sie sich denken, wenn Schiller schwärmt: »Ich habe weniges, ja vielleicht noch nie etwas im meinem Leben gelesen, was mir die Seele, aus der es floß, so rein und klar und so wahr und prunklos überliefert hätte.« Wenn es gedruckt werden sollte, meint er, würde er sich gern noch als Lektor der Sache annehmen »der Orthographie wegen …, worin es einige kleine Unrichtigkeiten hat«.

Wirklich gut hat Schiller das Stück mit Sicherheit nicht gefunden, denn er macht keinen Finger krumm, dessen Veröffentlichung zu erreichen. Seine Begeisterung ist unecht, aber sie ist gewitzt; es zeigt sich, dass er gelernt hat, nach den Gesetzen der Weimarer Gesellschaft zu agieren und das Ziel nicht direkt, sondern von der Bande her anzuspielen. Trotz des freundschaftlichen Gesäusels, trotz des intensiven und konstruktiven Gedankenaustauschs mit Goethe, sieht er in dem Kollegen mehr denn je den Konkurrenten – als Dramatiker. Goethe ist nämlich der Ansicht, Schiller könne manches, nur ganz bestimmt keine Dramen schreiben. Und diese Ansicht teilt er anderen gerne mit.

Offenbar freut es Schiller, dass Goethe in der »Dido« abgestraft wird; er genießt es vielleicht auch, Mitwisser zu sein in dieser delikaten Sache. Vor allem aber will er sich mit den heuchlerischen Komplimenten bei Charlotte von Stein beliebt machen. Er weiß, dass sie ihn nach wie vor nicht besonders mag, jedoch seiner Karriere bei Hof nützlich sein könnte; für die tut er selbst zwar wenig, aber es liegt ihm, was er niemals zugäbe, enorm viel daran. In allem ist er mit Goethe nun gleichgezogen. Nur in diesem Punkt noch nicht.

Tatsache ist: Schiller fördert weibliche Talente, ob aus Eigennutz wie bei Frau von Stein, aus Überzeugung wie bei Mereau, Brun oder Brachmann oder aus einem gewissen Populismus ist einerlei, schließlich weiß er, dass die weiblichen Leser all der grassierenden Almanachs, Monatsschriften und Kalender nichts lieber lesen als Beiträge weiblicher Autoren. Seine Frau aber, die ihm Beweise dafür geliefert hat, dass sie schreiben kann, deren

Tagebuch aus der Schweiz Schiller aufmerksam studiert hat und deren wenige lyrische Versuche zwar alles andere als genial sind, aber nicht schlechter als vieles, was er im »Musenalmanach« drucken lässt, ermuntert er keineswegs. Im Gegenteil: Lotte hat keine anderen Interessen zu haben als die, eine perfekte Ehefrau, Hausfrau und Mutter zu sein. Und er will bei ihr keine anderen Talente sehen als die häuslichen.

Und drinnen waltet die züchtige Hausfrau, | Die Mutter der Kinder, | Und herrschet weise | Im häuslichen Kreise.

Natürlich wäre Lotte niemals vom Stuhl gefallen vor Lachen. Niemals bei einem Werk ihres angeheirateten Helden.

XIX.

Der Sonderling und das Muttertier

Warum Lotte dick und passiv wird

Auch Genies kennen biedere Träume. Sie kennen die Sehnsucht nach Sicherheit und Geborgenheit. Nach Besitz, Ordnung, Ruhe. Schiller träumt von einem Eigenheim. »... wir wünschten hauptsächlich ein Haus mit Garten oder besser Garten mit Haus. Denn das Nötigere war der Garten«, schreibt Lotte an Fritz von Stein. »Schiller fühlt jetzt auf das Lebhafteste was er entbehrt, dass er immer in der Stube eingeschlossen ist, und wie er sich nur durch eine Wohnung im Freien wieder an die Luft gewöhnen kann. Da fand sich nun in Weimar nichts, und hier haben wir einen Garten im Handel, der alle Vorzüge hat, gesunde, trockne Lage, schöne Aussicht, nicht zu weit von der Stadt entlegen.«

Der Garten mit Haus liegt hinter dem »Gasthof zum gelben Engel«, hoch über der Leutra, einem Fluss, der eher ein Bach genannt werden sollte. Frei geht der Blick von dort hinaus ins Land. 1150 Reichstaler hat das Ganze gekostet, ungefähr eineinhalb Jahreseinkommen von Schiller, alles zusammengezählt. Geholfen hat, dezent wie üblich, der Verleger Cotta, der auch noch einen Waschtisch für Lotte und einen Blitzableiter spendiert.

Der Auszug, den Lotte von nun an jeden Sommer zu bewerkstelligen hat – im Winter wohnen sie weiterhin bei den Griesbachs im Haus –, ist auch eine Flucht. Eine Flucht vor dem Klatsch, den Intrigen, der Enge von Jena – alldem will Lotte entkommen. »Auch Schiller würde es in der Länge bedrückend fühlen, wenn er sich in gesellige Verhältnisse verwickelt fühlte, die seine innere Tätigkeit vermindern könnten. Für unsrer Beider Neigung wäre es eigentlich am schönsten in einer gar großen Stadt zu leben, wo man kleine Zirkel um sich haben könnte und das Gewühl und Bewegungen der Menge von weitem beobachten kann, ohne sich zu vermischen mit ihm.«

Der Traum von der Großstadt soll für Lotte wie Schiller niemals wahr werden, aber der von der Idylle außerhalb Jenas ist in Erfüllung gegangen: ein Garten in seiner Sommerpracht. Gestutzte Buchsbaumhecken, gepflegte Blumenrabatten, üppige Gemüsebeete, ein Steintisch im Schatten hoher Bäume, frisch gemähtes Gras. Es sieht nach Ordnung aus und man meint, den Frieden förmlich zu riechen. 1796 hat Karl August den Beitritt Sachsens zum preußischen Sonderfrieden mit Frankreich durchgesetzt und sichert damit ein Jahrzehnt des Friedens. Schiller soll nicht mehr erleben müssen, wie es endet, mit dem blutigen siegreichen Feldzug der Franzosen im Jahr 1806.

Macht dieser Frieden die Menschen im Land auch friedlich? Manchmal sieht es so aus. In der Familie Schiller-Lengefeld-Wolzogen jedenfalls. Schiller hat bei Goethe und Goethe bei Karl August ein Wort für Wilhelm von Wolzogen eingelegt, und der hat daraufhin endlich eine Stelle als Kammerherr und Kammerrat in weimarisch-sächsischen Diensten bekommen. Sogar die chère mère, die nörgelte, »Wolzogen gefällt mir nicht« und dauernd geunkt hat, »Gott gebe, dass Karolinen ihr Schritt nie gereuen möge«, ist nun endlich zufrieden. Zum Ausgleich steuert Wolzogen seine in Paris gesammelten Erfahrungen als Freizeitarchitekt bei und warnt davor, die Umbaumaßnahmen übers Knie zu brechen, auch wenn ihn die Talente seines neuen Dieners, des neunzehnjährigen Georg Gottfried Rudolph, dazu verlocken. Der kann nämlich nicht nur gut abschreiben und Diktate aufnehmen, sondern auch gut schreinern und bauen.

»Das Haus ist jetzt nicht mit der ganzen Familie zu bewohnen, aber es läßt sich artig machen«, hat Lotte noch harmlos gemeint. Doch artig ist der Baustellenlärm nicht, den sie auszuhalten hat. Für den Preis aber, hier wieder etwas von dem genießen zu können, was ihr den Sommer in Rudolstadt Jahr für Jahr verklärt hat, hält sie ihn gern aus. Und freut sich, im Garten, wie damals zu Hause, Freunde, Bekannte und Verehrer zu bewirten.

Schiller aber wird täglich wunderlicher, schrulliger, verschlossener, und das weckt Aggressionen. Junge Menschen zieht es nur noch selten in sein Haus; er mauert sich ein und lebt »so wenig zugänglich ..., dass die Studierenden sich begnügten, nach den Fenstern seiner Wohnung hinaufzublicken«.

Charlotte von Kalb, die einen immer stärkeren Drang zu immer jüngeren Dichtern entwickelt, warnt ihren Schützling Jean Paul, Schiller sei ignorant und Lotte völlig ahnungslos: »*Er hat Sie in Ihren Schriften nicht erkannt und sie kann es nicht.*« Und als Jean Paul dann endlich zu Schiller vordringt, ist sein Eindruck von dem Genie im wahren Wortsinn ein abstoßender. »Ich trat gestern vor den felsigten Schiller, an dem wie an einer Klippe alle Fremde zurückspringen. Seine Gestalt ist verworren, hartkräftig, voll Ecksteine, voll scharfer, schneidender Kräfte, aber ohne Liebe.« Und es kann Jean Pauls Urteil auch nicht mildern, dass Schiller »ungewöhnlich gefällig« zu ihm ist und ihm eine Mitarbeit an den »Horen« anbietet.

Auch Schelling ist nicht entzückt von dem aus der Ferne angebeteten Dichter. »... lange könnte ich's bei ihm nicht aushalten«, schreibt er seinen Eltern nach dem ersten Besuch. »Es ist erstaunend, wie dieser berühmte Schriftsteller im Sprechen so furchtsam sein kann. Er ist blöde und schlägt die Augen unter, was soll da ein andrer neben ihm? Seine Furchtsamkeit macht den, mit dem er spricht, noch furchtsamer ... Schlägt er die Augen auf, so ist etwas Durchdringendes, Vernichtendes in seinem Blick, das ich noch bei niemandem sonst bemerkt habe. Ich weiß nicht, ob dies nur bei der ersten Zusammenkunft der Fall ist ... Schiller kann nichts Uninteressantes sagen, aber was er sagt, scheint ihn Anstrengung zu kosten. Man scheut sich, ihn in diesen Zustand zu versetzen. Man wird nicht froh in seinem Umgang.«

Es sorgt auch nicht für Beliebtheit, dass Schiller auf einmal geizig ist, ein bis heute vertrautes Symptom bei Hausbesitzern, die sich übernommen haben. Göritz, der ihn als laxen Rechner kennt, stellt gegen das Ende seines Jenaaufenthalts 1797 fest: »Auf einmal … befleißigte er sich in einer Genauigkeit, die ans Kleinliche grenzte und er forderte den halben Heller, den er auch ausbezahlte.« In seinem ganzen Verhalten und Denken wird Schiller zunehmend extremer. »Er sieht alles gefärbt, verzerrt und ungeheuer«, behauptet Friedrich Schlegel.

Versucht Lotte nun, die scharfen Kanten des *felsigten Schiller* auszugleichen? Wird sie deswegen immer nachgiebiger, weicher, biederer? Charlotte von Stein hat die Veränderung schon bald mit Unbehagen bemerkt. »Sie ist doch eine wirkliche Hausfrau geworden, mehr als ich ihr zugetraut«, gesteht sie ihrem Sohn Fritz; »ich wünschte, sie wäre es mit ein bisschen mehr Grazie. Sie ist ein engelgutes Wesen; ihre ganze Existenz scheint ihr nur um des Mannes und Karlchens Willen da zu sein.«

In Lottes Briefen geht es nur noch um die Krankheiten der Kinder, um den Haushalt, um den Nutzgarten, den sie ihren Garten nennt, weil sie allein die Arbeit damit hat. »Ich habe diesen meinen Garten noch anlegen lassen, wozu es dieses Frühjahr zu spät war, zumal ein großes Spargelbeet«, berichtet sie ihrer Schwägerin Christophine. »Die Bäume sollen diesen Herbst noch verbessert werden. Wir haben doch etwas Zwetschen bekommen. Schiller hat geschüttelt und unser kleiner Karl hat aufgelesen …« Lotte gräbt, pflanzt, gießt und jätet. Schiller erntet mal etwas Obst, flaniert, diskutiert, liest im Garten. Und Lotte findet das völlig in Ordnung. »Schiller geht alle Tage in den Garten, darüber bin ich sehr froh, und es wird einen guten Einfluß auf seine Gesundheit haben.«

Auch Christophine kann es nicht entgehen, was fast jeder bemerkt: *ihre ganze Existenz scheint nur um des Mannes … da zu sein.* Und Dekan Göritz, der Lotte ja schon seit Jahren kennt, stellt fest, dass sie mittlerweile »ganz keinen andern Willen hat, als den des Mannes, und an seiner Größe hinaufstaunt«. Die Sparsamkeit wird für sie zum Selbstzweck, Sonderangebote werden zu Lottes zentralem Gesprächsinhalt. Schiller macht sich lustig darüber und legt seinem Sohn Karl, der bei Frau Griesbach gratulieren soll, das in den Mund, was er selber denkt: »Ich bringe nichts als ein Gedicht, / Zu Deines Tages Feier. / Denn alles, wie die Mutter spricht, / Ist so entsetzlich teuer.«

Lotte rechtfertigt sich vorbeugend in Briefen an Freunde oder an Schillers Familie. »Ich richte mein Hauswesen so ein, dass Alles in einem gewissen Maße bleibt. Ich halte dafür, man muss nie daran erinnert werden und man muss sich und andern nie merken lassen, was man sich versagt, weil man das Leben sonst weniger genießt, wenn man sich immer von Entbehrungen vorspricht. Ich selbst könnte viel entbehren und habe wenig Bedürfnisse. ... Es gibt hier eine Kaffeefabrik, wo das Pfund 4 gr. kostet, den man mit dem ordentlichen Kaffee vermischt. Ich mag ihn aber doch nicht. Ich trinke so wenig Kaffee, weil ich ihn nur früh trinke, so dass es kein großer Vorteil sein würde und Schiller trinkt den reinen Kaffee am liebsten.«

Jean Paul drückt sich da deftiger aus: »Schiller säuft sechs Lot Kaffee auf 1 Tasse und braucht Malaga und alles ...« Lotte spart also vor allem bei sich. Und beschäftigt ihr Hirn mit Sparmaßnahmen. »Ich lasse mir immer meinen Vorrat von Kaffee und Zucker von der Leipziger Messe kommen und gewinne dadurch eine Karolin des Jahrs, die es mehr kosten würde, wenn ich Alles hier kaufte.«

Von Schiller ist Lotte selten genug getrennt, so dass sie ihm selten genug schreibt. Wenn sie aber mit den Kindern in Rudolstadt Besuch macht, dann ist aus ihren Briefen an ihn die tiefe Liebe nach wie vor herauszuhören: »Es ist mir wie ein Traum, dass ich an Dich schreibe, mein Lieber, und ich kann es doch nicht recht glauben. ... Es hat mir einen Entschluss gekostet, Dich zu verlassen, Liebster, mehr als ich dachte und hätte ich meinen Gefühlen gefolgt, so wäre ich bei Dir geblieben.« Doch die hausfrauliche Sorge mischt sich dazwischen. »Sei so gut, sag der Christine, dass sie meine Stube scheuert, wenn Du sie nicht eben brauchst.«

Wird Lotte zu einer zweiten Christiane Vulpius, nur mit weniger Erotik? Es sieht ganz danach aus. Im Frühling ist sie mit der Pflege ihres Spargels beschäftigt, dann mit Kräutern und

Gemüse, wie Schillers geliebtem Mangold, im Sommer und Herbst wird eingeweckt und getrocknet nach den Rezepten der chère mère. Nicht erstaunlich bei so vielen hausfraulichen Aktivitäten, dass Schiller, obwohl er seine Zimmer im Dachgeschoss hat, wo der Blick aufs Mühltal und die Saalelandschaft am schönsten und die Ruhe am größten ist, die Küche aus dem Haus haben möchte, aber selbstverständlich nicht deren Produkte. »Ich liebe sehr«, sagt er, »dass die Hauswirtschaft ordentlich geht; aber ich mag das Knarren der Räder nicht hören.« Goethe ist da keinen Deut besser. Genuss ja, aber bitte nichts von den störenden Begleiterscheinungen. Zufrieden vermeldet er seiner Christiane zwar: »Schillers versorgen mich mit Braten und Dein Öl macht mir den Salat wieder schmackhaft, wodurch ich nun für den Mittag völlig geborgen bin. Abends bin ich bei Schiller im Garten, wo wir bisher viel interessantes zusammen gelesen und gesprochen haben.« Und natürlich auch gegessen und getrunken.

Im Jahr 1798 ist Goethe insgesamt 14 Wochen, also dreieinhalb Monate in Jena, vielleicht auch als staatlicher Überwachungsdienst, denn der Atheismusstreit tobt in Jena, die Angriffe gegen Fichte werden aggressiv, der Vorwurf, er sei ein Jakobiner, der geistigen Sprengstoff herstellt, wird unüberhörbar. Es hilft nichts, dass Fichte sich wehrt: »Es ist nicht mein Atheismus, den sie verfolgen, es ist mein Demokratismus.« Die Kollegen verstehen es rasch: Wer für Fichte ist, ist gegen den Staat. Und Lotte als engste Vertraute der Johanna Fichte bekommt das besonders zu spüren. Die beiden Freundinnen können ihre Nähe nur wahren, wenn sie konsequent Scheuklappen tragen.

Was der geheime Rat Goethe in Jena politisch treibt, will Lotte gar nicht wissen und er will es sie nicht wissen lassen, denn er ist auf ihre Gastfreundschaft angewiesen. Doch er schimpft auf die Unternehmungen seiner Gastgeber, vor allem auf die frei stehende Küche, die Schiller in der Nordwestecke des Gartens hat errichten lassen. Bitter beklagt er sich bei Meyer: »Leider bringt mich seine Gartenbaukunst ganz zur Verzweiflung. Die neue Küche liegt gerade so, dass der N.W. Wind, der gerade mitunter an den schönsten Abenden weht, den Rauch und besonders den Fettgeruch über den ganzen Garten verbreitet, so dass man nirgends Rettung finden kann.«

Was soll Lotte dazu sagen, die mit ihren beiden Mädchen rund um die Uhr in Wäschedampf und Küchendunst steht? Und zwischendrin die Verwüstungen reparieren muss, die ihre Kinder im Garten anrichten? Ihr ältester Sohn erinnert sich später noch gut, »dass ein Franziskaner-Mönch, bei meinem Vater war, u. mit diesem längere Zeit im Garten auf und ab in lebhaftem Gespräche ging. Mir Knaben war dies langweilig und ich machte mir das Vergnügen auf einem Stecken im ganzen Garten herumzugaloppieren, wobei ich natürlich wenig Rücksicht auf die Rabatten u. Blumen nahm und dabei manches verdarb. Als endlich der Mönch wegging, sahe mein Vater was ich während dieser Zeit angerichtet hatte, und dies zog mir eine kleine Züchtigung zu.« Sonst aber ist Schiller grundgütig mit seinen Söhnen, schon aus philosophischen Gründen, denn er ist der Ansicht: »Der Geist des Zeitalters ist am deutlichsten an Kindern zu bemerken, wenn wir aufmerksam genug sind, darauf Achtung zu geben.«

Lotte aber kann es sich nicht gönnen, den Zeitgeist an ihren Kindern zu beobachten, sie ist damit beschäftigt, die beiden zu erziehen und am offenbar zeitgeistigen Streiten und Prügeln zu hindern. »Ich habe schon recht zu tun mit den beiden gewalttätigen Knaben und muss oft recht ernsthaft scheinen und Frieden stiften«, klagt sie Fritz von Stein, nicht aber Schiller. Ihm gegenüber frisst sie ihre Sorgen lieber in sich hinein, was unübersehbar geworden ist. »Ich selbst bin wohl und werde so dick, dass ich auch die Welt gemütlicher ansehen lerne«, äußert sie, »weil ich ruhiger bin und gleichmütiger, aber doch hoffe ich durchaus nicht phlegmatisch zu werden.«

Was ihr völlig fehlt und was sie früher davon abgehalten hat, fett zu werden, ist jegliche geistige Anregung. Schiller zieht sich für seine Arbeit sogar räumlich weiter und weiter zurück. Er hat das vorhandene Badehaus im Garten einen Stock erhöhen lassen und diese so genannte Gartenzinne ist sein Elfenbein-

Ihr Blick auf seine Dichterklause. Charlotte Schiller: Ansicht der Gartenzinne (Gartenhaus) in Jena. Sepiazeichnung.

turm. Dass er dort wie in einem Schaufenster sitzt, macht ihm nichts aus, er selbst bemerkt es wohl kaum; andere aber bemerken es schon.

»Auf der diesem Gartenhäuschen gegenüber liegenden Anhöhe ward er hier wohl nicht selten durch seine erleuchteten Fenster von den Jenensern in der nächtlichen Arbeit belauscht«, schreibt Li bei einem Besuch ihrem Wilhelm. »Neben sich hatte er, um sich munter zu erhalten, eine Tasse Kaffee oder Weinschokolade, zuweilen auch eine Flasche alten Rheinweins oder Champagner stehen. Da hörte man ihn denn oft durch die Nachtstille sich die eben geschaffenen Verse rezitieren, sah ihn bald in lautem Selbstgespräch in der Stube auf- und niedergehen, bald sich in den Sessel werfen und schreiben, zuweilen bis früh vier, fünf Uhr am Schreibtische; im Sommer bis gegen drei Uhr.«

Lotte darf zwar vorbeischauen im Elfenbeinturm und sich um die Versorgung des Genies kümmern, doch als Gesprächspartner ist nur Goethe zugelassen. Der geht mit seiner Christiane schließlich genauso um. Aber während Lotte ihren Mann wenigstens in der Nähe weiß, sitzt die ledige Mutter Vulpius allein in Weimar und muss sich das Gerücht anhören, Goethe werde sie wohl demnächst sitzen lassen. Als sie sich beklagt, wimmelt er sie ab: »... ich bitte Dich recht herzlich, mein liebes Kind ..., Dir das Leben nicht zu verderben, noch verderben zu lassen. Du weißt, dass ich zu Hause nicht zur Sammlung kommen kann, meine schwere Arbeit [er sitzt an ›Hermann und Dorothea‹] zu endigen.«

Lotte wäre empört, verglich jemand sie, die Belesene, mit Christiane, doch bei beiden ist das Blickfeld inzwischen beschränkt. Immerhin gibt es in Lottes Umgebung jemanden, der es bedauert und bekämpft, dass ihre Welt nur noch vom Herd bis zum Gartenzaun, vom Kinderbett zum Krankenbett reicht. Schon kurz vor der Geburt von Lottes zweitem Sohns Ernst hatte Charlotte von Stein der Patentochter Mitgefühl bekundet: »Niemand kann besser Ihre Leiden fühlen als ich, denn mir war dieses Geschäfte auf eine schwere Art auferlegt. Von Tränen ermüdet schlief ich nur ein und schleppte mich wieder beim Erwachen einen Tag, und schwer lag der Gedanke auf mir, warum die Natur ihr halbes Geschlecht zu dieser Pein bestimmt habe.« Und sie sogar ein wenig aufgestachelt: »Man sollte den Weibern deswegen viele andere Vorzüge des Lebens lassen, aber auch darin hat man sie gekürzt, und man glaubt nicht, wie zu so viel tausend kleinen Geschäften des Lebens, die wir besorgen müssen, mehr Geisteskraft muss aufgewendet werden, die uns für nichts angerechnet wird, als die eines Genies, der Ehre und Ruhm einerntet.«

Bewirkt haben diese Vorhaltungen nichts. Lottes Kinn ist schwer geworden, ihre zierliche Figur, die ihren Verehrern so gut gefallen hat, matronenhaft. »Meine alten Bekannten lachen über mich, so findet man mich verändert«, gibt sie selber zu. Freunde, die ohnehin nicht viel von ihren geistigen Qualitäten hielten, reden nun noch abfälliger von ihr. Sie kommen

Schillers Geist und Lottes Versorgung wegen. Wenn zum Beispiel die Humboldts, die schon bald wieder weggezogen sind aus Jena, zu Besuch kommen, blüht Schiller auf. Und Lotte tischt auf. Wilhelm von Burgsdorff, ein Freund der Humboldts, berichtet Rahel Levin: »Humboldts sind alle Abende regelmäßig zu Schiller, von 8 bis nach 10 Uhr. … Humboldt ist ihm … sehr viel wert.« Was Humboldt seine Gastgeberin Lotte Schiller wert ist, verrät er später, Jahre nach Schillers Tod, als er sich mit Karoline von Wolzogen in Naumburg treffen will und Lotte unverhofft mitkommt. »Ich hätte sie freilich lieber allein als mit Lolo gesehen, aber da Lolo ziemlich cavalierement behandelt wird und sie gewohnt ist, zu sprechen, ohne dass man darauf hört, so stört sie nicht viel.« Sie stört auch in Jena nicht viel, weil sie mit ihrem Haushalt voll beschäftigt ist und auch mit ihrer dritten Schwangerschaft.

Für Charlotte von Stein muss es eine Schreckensvision sein, ihre gehätschelte Patentochter auf Christianes Niveau herabgesunken zu sehen – so empfindet sie es jedenfalls. Und sie wird nicht müde, deren mangelnden Stil anzuprangern und Lotte so indirekt davor zu warnen, bloß nicht eine so peinliche Figur zu werden. »Stellen Sie sich vor, dass die Jungfer Vulpius mir eine Torte zum Geburtstag geschickt hat! Goethe ist ein ungeschickter Mensch …; konnte er nicht ein Zettelchen dazu schreiben, anstatt dass die Magd mit dem stattlichen Kuchen und einem Kompliment von der Mlle. V[ulpius], eben da ich Besuch hatte, mir ins Kabinett trat? Das gibt nun eine ordentliche Stadtgeschichte, wo ich drüber ausgelacht werde.«

Die Stein weiß nicht, dass Goethe gerade erst alle Briefe und Zettel Christianes aus der ersten Zeit ihrer Liebe verbrannt hat, sie weiß wahrscheinlich auch nicht, dass er Christiane und den Sohn August, wenn sie ihn in Jena besuchen, nicht zu sich ins Schloss nimmt, sondern gegenüber im »Schwarzen Bären« übernachten lässt. Aber sie weiß nur zu gut, dass Goethe seine Christiane von gebildeten Kreisen fern hält.

Frau von Stein befürchtet offenbar, dass auch Schiller seine Lotte zur Haushälterin herabwürdigen könnte, die nicht mehr teilnimmt an seiner Arbeit, die nicht mehr zwischen den gelehrten Frauen und Männern am Tisch sitzen darf, oder der zumindest keiner, der Anspruch hat, noch zuhört.

Christiane schreibt, wie sie redet: breites Weimarisch. Das »Bustawieren« hat sie nicht gelernt, auch wenn der Bruder studiert hat, deshalb muss man ihre Briefe laut lesen, um zu erraten, dass *Grüsick* Kritik bedeutet, *Arckam* Organ und *Eck Sembelar* Exemplar oder mit *Dehdansang* der Tanztee, der Thé dansant, gemeint ist. Das unterscheidet die gebildete Lotte von der als *Vulpia* Geschmähten. Trotzdem hält Charlotte von Stein es für angebracht, Lotte wachzurütteln. Als Beispiel dafür, wie es endet, wenn eine Frau von Anspruch völlig aufgeht in Haushalt und Sippe, nennt sie ihre eigene Mutter. »Sie gefiel sich so wohl in den beständigen Aufopferungen, die sie zu machen hatte, dass, nachdem sie nach vielen Jahren zu ihrem eigenen freiwilligen Genuß kam, sie eine Öde in sich empfand, die sie noch bis jetzt nicht ganz überwinden kann.« Sie schlägt sogar feministische Töne an: »Überhaupt, glaube ich, hat die Natur dafür gesorgt, dass in unserm Geschlecht die ganze Tugend soll wohnend bleiben, indem bei uns kein Stolz und Ruhm eine Triebfeder sein kann; denn unsere zu bearbeitenden Aufgaben, eben wegen ihrer tausendfältigen Kleinlichkeit etwas drückend auszuüben und doch so notwendig im Leben, sind weder der Stoff für einen Dichter noch des Geschichtsschreibers; aufs höchste können sie einmal so nebenher wie die Wäsche der Nausikaa und das Gewebe der Penelope angeführt werden, denn die beste Hausfrau ist die allerunbedeutendste für die Welt.«

Doch nicht für alle ist Lotte die *allerunbedeutendste* Hausfrau. Denn sie verfügt über eine Qualität, die ohne große Worte ihre Wirkung zeitigt: Wärme. Auffallend oft fällt das Wort »kalt«, wenn von den Menschen in Schillers Umfeld oder von ihm selbst die Rede ist. Als *kalten Witzling* bezeichnete er Friedrich Schlegel, *kalt* nennt Hölderlin sich selbst im Gespräch mit Goethe, ähnliche Empfindungen haben viele Besucher Schiller gegenüber. »Schiller ist kalt!«, schreibt Jean Paul an eine Freundin. »Fühlen Sie das jetzt nicht, Sie werden es noch fühlen! Schiller ist Eis, er ist ein Gletscher im Sonnenstrahl mit göttlichem Farbenspiel, warmen Purpurtönen; eilen Sie hin, Sie finden weder Glut noch Leben ...« Ist Lotte also nur das, als was Kokoschka später die kluge Frau eines anderen Genies, des Komponisten Arnold Schönberg, bezeichnen wird – ein *wärmender Ofen*?

Für manche liefert sie wirklich vor allem die mentale Zusatzwärme. »Du, meine liebe Lolo«, schreibt Körners Schwägerin, die Künstlerin Dora Stock, nach dem harten Winter 1797, »warst mir immer gegenwärtig, und es wurde mir wärmer, wenn ich Dich mir wohlbehalten am Ofen dachte«. Es gibt aber auch feinfühlige Menschen, die spüren, dass Lottes Wärme aus großer Seelentiefe kommt, aus einem ungewöhnlich einfühlsamen und mitfühlenden Wesen.

Novalis, zum Beispiel, der so früh seine blutjunge Braut Sophie verliert, rühmt seinem Freund Woltmann gegenüber »die gute, liebe Schiller, der ich so dankbar für ihr Gefühl für Sophie bin«, denn »Sophie hat mir innig von ihr gesprochen.« Und an Lotte selbst schreibt er: »Sie erhalten hier eine Locke meiner verewigten Freundin. Sophie erinnerte sich oft in den letzten Tagen Ihrer Liebe und Anteilnahme. Sie schien sich Hoffnung auf einen nähern Umgang mit Ihnen zu machen. Dieses kleine Andenken an das köstliche Mädchen wird Ihnen gewiss lieb sein. Möchte es Ihnen zugleich ein Beweis sein, wie herrlich ich Sie verehre, wie unvergesslich mir Ihr Gefühl für Söphchen sein wird.«

Lottes liebevoller Umgangsstil hat es jedoch nicht verhindert, dass Schiller vereinsamt und damit auch sie selbst. Schon 1797 hat er bekannt, er sei »diesen Sommer ziemlich allein« gewesen; »außer dass ich mit meinem Schwager und meiner Schwägerin, die jetzt in Weimar etabliert sind, in einer angenehmen Verbindung lebe«.

Karl August Böttiger nennt Schillers Dasein eine »Stubenexistenz«. Ein Mann, der keine zehn Jahre zuvor noch Körner erklärt hatte: »... ich fastete lieber, als dass ich nicht in Gesellschaft (großer oder auserlesen guter) speiste«. Sein Desinteresse allem Neuen, auch berechtigter Kritik gegenüber, hat ihn verholzen, erstarren lassen. Und mit unbeweglichen Menschen ist es schwer, Kontakt zu knüpfen. Schiller kapselt sich ein und blendet aus. Er habe, behauptet Lotte, »nichts gelesen von Allem was gegen die Xenien geschrieben. Er las überhaupt nicht gern das Neuere, und die Stimme der deutschen Journale war ihm ein widriger Ton.« Das stimmt zwar nicht, denn wie seine Briefe an Goethe beweisen, hat er durchaus die Gegenschriften verfolgt, aber nicht daran gedacht, darauf zu reagieren. Eine schlaue Entscheidung, wie sogar der damals sensationell erfolgreiche Kotzebue eingestehen muss. »Hätte ich, wie Goethe und Schiller, es über mich gewinnen können, Angriffe nie zu erwidern, so würden diese Angriffe kaum bemerkt worden sein. Dieser Enthaltsamkeit haben Goethe und Schiller es größtenteils zu danken, dass man sie so ruhig ihres Ruhmes hat genießen lassen.«

Der Ruhm Schillers ist offensichtlich. Die vielen Balladen, die er in der Gartenzinne dichtet, ob »Der Taucher« oder »Die Kraniche des Ibikus«, »Der Ring des Polykrates« oder »Der Handschuh«, steigen sofort zu Publikumslieblingen auf; jeder kennt sie, jeder kann sie auswendig. Und der spektakuläre Erfolg des »Wallenstein« hat ihn auch in Weimar zu einem Idol werden lassen, das nicht nur körperlich Goethe überragt. Goethe bekommt das zwangsläufig mit, was sein »reges und schönes Verhältnis« mit Schiller durchaus beeinträchtigt. Göritz registriert, wie viele aus dem Umkreis, sehr wohl, es sei von Goethes Seite »ein wenig Künstlerneid manchmal eingeflossen«, und er betont: »Wenigstens weiß ich bestimmt, dass Goethe über mehrere Arbeiten Schillers, besonders über Wallenstein, gegen Andere urteilte, er überzeuge sich nun immer mehr, dass Schiller nie etwas Erträgliches in diesem Fach liefern werde.« Und das schreibt er, nachdem er im September in Jena fünf Tage lang mit Schiller die Uraufführung vorbereitet hatte.

Der »Wallenstein« war von Anfang an ein Erfolg; das Weimarer Publikum teilt Goethes Ansicht nicht, dass Schiller *nie etwas Erträgliches in diesem Fach liefern werde.* Hochzufrieden berichtet Lotte ihrer Schwägerin Christophine, wie gut auch der zweite Teil von »Wallenstein« angekommen sei. »Es schluchzte Alles im Theater; selbst die Schauspieler mussten weinen, und bei den Proben ... konnten sie vor Weinen nicht fortsprechen. ... Mich selbst hat die Vorstellung so gerührt, dass ich mich nicht zu fassen wusste; ob ich gleich Alles kannte und Schiller mir es mehr wie einmal gelesen hatte ...«

Dass Schiller geliebt und bewundert wird, stört Goethe, zumal er unter einer schweren Schaffenskrise leidet; »alle Produktivität hat ihn diesen Sommer verlassen«, schreibt Schiller seinem Freund Körner. Und auch das silberne Kaffeeservice, das die Herzogin für Schiller aus Begeisterung über den »Wallenstein« hat anfertigen lassen, muss Goethe ein Dorn im Auge sein.

Schiller kann der Neid des Freundes nicht verborgen bleiben, und das muss sein Gefühl, im Grunde völlig verlassen zu sein, noch verstärken. Doch er braucht Goethe, er kann nicht mimosenhaft reagieren. Goethe ist sein einziger Gesprächspartner; die Nähe zur Jugend, zu den Neuerern, zur Avantgarde hat Schiller ganz verloren. Und die weiblichen Autoren, die er fördert, sind bei aller Begabung zu sehr auf Schillers Linie eingeschworen; sie sind jünger als er, aber nicht wirklich anders und daher nicht befruchtend. Dabei könnte es jetzt für Schiller in Jena anregender sein denn je. Die Romantiker um Tieck bringen Abwechslung ins Stadtbild und neue Ideen ins geistige Leben. Ihre Frauen tragen lange, weich fließende Kleider, einfarbig und pastellig, die nur lässig unter dem Busen gebunden sind, haben keinen Schmuck und lassen die Haare, wie sie wachsen, lang, offen, oft so, dass es ganz unfrisiert ausschaut. Auch die Männer haben es lieber bequem als formell, laufen in weiten langen Hosen herum, ohne Perücke, ohne Zopf, ohne Kragen, ohne das übliche Gerüsche vor der Brust. Beide Schlegels lesen an der Universität, Clemens Brentano beginnt 1798 sein Studium an der Salana, 1799 zieht Tieck hierher.

Doch die Ideen dieser Avantgardisten sind Schiller so zuwider wie die Menschen, die sie geboren haben. Er ist stur, nachtragend und intolerant, so dass Goethe pikiert bemerkt, Schiller habe seine »allgemeine Toleranz, sogar die Fördernis dessen was ich nicht mochte, nicht gefallen«. Und Schiller verliert nicht nur jede Lust an neuen Kontakten, sondern auch den guten Ton.

Dorothea Veit, eine der gescheitesten Frauen der Zeit, berichtet Schleiermacher angesäuert aus Jena: »Ungeheuer ist es, dass Goethe hier ist, und ich ihn wohl nicht sehen werde. Denn man scheut sich, ihn einzuladen, weil er, wie billig, das Besehen hasst, und er geht zu niemandem als zu Schiller. ... Zu Schiller geht man nicht; also ich werde in Rom gewesen sein, ohne dem Papst den Pantoffel geküsst zu haben.« Klatsch über die beiden wird ihr aber offenbar ausreichend zugetragen, denn sie notiert in ihr Tagebuch: »Goethe sowohl als Schiller können sehr leicht in Verlegenheit *vis-à-vis certaines personnes* geraten, aber der ganze Unterschied ist nur, dass Goethe dann höflich, Schiller aber grob wird.«

Die Atmosphäre im Hause Schiller ist streitbar und reizbar. »Noch in keinem Jahr stritt und trank ich so viel«, gesteht Anfang 1799 Jean Paul seinem Freund Christian Otto. »Mit Schiller neulich bis um zwölf Uhr nachts; und mit ihm und Goethe und der Kalb.« Dass Schillers ehemals geliebte, danach geschmähte und verleumdete Charlotte von Kalb jetzt wieder zu den wenigen Besuchern gehört, muss Lotte einfach schlucken.

Und sie versteht, wie immer. Versteht, dass Schiller sich wohl doch mitverantwortlich dafür fühlt, dass die so übel abservierte Frau zusehends verfällt: »Die Charlotte Kalb hör ich soll wirklich in Gefahr sein blind zu werden«, schreibt er an Goethe. Vielleicht fällt es Lotte leichter, weil die Kalb als Gefährtin von Jean Paul auftritt, der allerdings deren Heiratsanträge ablehnt. Vielleicht hat sie auch einfach Mitleid mit der einst umschwärmten Schönheit, deren Mann eine andere Frau geschwängert und Charlotte finanziell völlig ruiniert hat. Vielleicht ist Lotte aber auch froh, dass es noch ein paar vertraute Gesichter gibt, denn sie hat zu misstrauen gelernt: »Jetzt finde ich gar keine Stimme mehr für neue Freunde in meinem Herzen; ich erhalte mir lieber das Andenken an die, die ich besitze und möchte keine neuen erwerben ...«

Aus Lottes Briefen ist herauszuhören, dass sie depressive Anwandlungen hat. Sie weiß, dass sie in absehbarer Zeit ihre engste Freundin Johanna aus ihrer Nähe verlieren wird. Im April 1799 ist Fichte unter skandalösen Umständen entlassen worden, im Juli ist er nach Berlin verschwunden. Johanna sitzt mit dem kranken Kind in Jena fest als die Frau eines Verfemten, versucht, das Haus zu verkaufen, das mit Hypotheken belastet ist, und findet bei niemandem als Lotte Trost. Und Schiller ist oft in Weimar, meist ohne sie. Er liest ihr zwar vor aus dem, was gerade entsteht, doch er diskutiert wenn schon, dann am liebsten außer Haus, bei seiner Schwägerin Karoline. »Mit Schiller stritt ich oft bei der Wolzogen bis nachts um zwölf Uhr«, berichtet Jean Paul.

Lottes Gesichtskreis engt sich immer mehr ein auf den Haushalt, die Kinder, die Schwangerschaft. Und Schiller übersieht, dass Lotte sich verändert. Die menschlichen Enttäuschungen sind ihr wohl mittlerweile ins Gesicht geschrieben. Wenn eine Frau von dreiunddreißig Jahren sagt, sie habe *keine Stimme mehr für neue Freunde*, muss das seine Spuren hinterlassen. Ihren mädchenhaften Charme hat sie äußerlich anscheinend eingebüßt, die Nase ist prägnanter geworden, das Profil schärfer. »Schillers Kopf ist der Schillern frappant ähnlich geworden, zum Beweis des Satzes, dass Eheleute immer große Ähnlichkeit miteinander haben, oder wenigstens kriegen ...«, lästert Caroline Schlegel. Und wenn Friedrich Schlegel den Schiller dieser Jahre als »kranken Uhu« beschreibt, wird wohl Lotte nichts mehr von ihrem jugendlichen Schmelz besitzen, auch wenn sie noch immer ihre schönen dunklen Locken offen trägt.

Dass Schiller der Stadt, mit der Atmosphäre aus Missgunst und Misstrauen, den Rücken kehren will, ist nicht erstaunlich. Li hatte schon lange zuvor bei ihrem Besuch bemerkt, dass er in Jena keinerlei Kontakte, kein menschliches Zuhause mehr hat. »Der Arme — wenn Goethe wieder nach Italien geht und wir auch dort sind, so muss er auch in der Tat auf einen andern Wohnort denken.« Schiller denkt sehr bald daran. Und Lotte hat sich, hochschwanger, mit der Umsetzung der Gedanken zu beschäftigen.

Nur: Was erwartet sich Schiller von einem Umzug nach Weimar? Schon drei Jahre zuvor hat Jean Paul gestöhnt: »Weimar ist für mich eine untergesunkene atlantische Insel; ich kann mir kaum denken, dass ich einmal an diesem ... Ufer ausstieg.« Und Schiller hat emsig daran gearbeitet, die Erde in Weimar zu verbrennen, bevor er sie betritt. Den ehemals umgarnten Wieland hat er in den »Xenien« lächerlich gemacht als die »zierliche Jungfrau zu Weimar« und ungeniert gelästert: »Wieland ist wirklich alt. Vor seinem Tode sollte er eine strenge Revision seiner Werke unternehmen.«

Mit Herder hat er sich offen angelegt, wobei die Aggression zuerst einmal von dem beleidigten Herder ausging. Der sieht sich durch Schiller von Goethes Seite verdrängt und reagiert wie eine eifersüchtige ausrangierte Geliebte. Vielleicht um Goethe daran zu hindern, rückfällig zu werden und ihn wieder gegen den bewährten alten Freund als Intimus auszutauschen, zieht Schiller rücksichtslos über Herder her. »Herder ist jetzt eine ganz pathologische Natur, und was er schreibt, kommt mir bloß vor wie ein Krankheitsstoff, den diese auswirft, ohne dadurch gesund zu werden. Was mir an ihm fatal und wirklich ekelhaft ist, das ist die feige Schlaffheit, bei einem innern Trotz und Heftigkeit. Er hat einen giftigen Neid auf alles Gute und Energische ... aber er wagt sich nicht recht heraus ... und beißt nur zuweilen einen in die Waden.«

Lotte muss sich also vor einigen Peinlichkeiten fürchten, denen in Weimar nicht zu entkommen sein wird: Ihr ehemaliger Verehrer Knebel, mittlerweile vierundfünfzig, hat sich, ohne dazu aufgefordert worden zu sein, als Abladeplatz des Herzogs betätigt. Er hat nicht nur die einundzwanzigjährige Luise Roudorf, ehemalige Geliebte Karl Augusts, geheiratet, sondern gleich noch deren gemeinsamen Sohn Karl Wilhelm adoptiert. Knebel als Stiefvater eines hochadligen Bastards? Das kann nicht gut gehen. Dabei müsste der Herzog eigentlich dankbar sein, denn er hat eine neue Mätresse, eine Blondine mit aufregenden Formen und einer aufregenden Stimme: die Sängerin Karoline Jagemann. Doch Karl August regt sich genauso über Knebels unerbetene Rettungsaktion auf wie die ehrenwerten Weimarer, unter ihnen Knebels Schwester Henriette und Charlotte von Stein, die Knebel mit Goethe in einen Topf wirft und verkocht. »Es ist doch schade, dass zwei so interessante Männer für die Gesellschaft sich beide in ihren Wahlen so beschimpft haben.« Auch wenn Knebel sich vorsichtshalber nach Ilmenau zurückgezogen hat, bleibt der Skandal in Weimar stehen wie dicke Luft. Friedlich und freundlich wird es dort nicht sein. Die Gerüchteküche ist ungemütlich heiß. Und die potenziellen neuen Frauenbekanntschaften wenig verlockend.

Lotte selbst urteilt, nachdem sie fünf Wochen in Weimar war, nicht gerade mild. Sie bezeichnet die Frau des Dekans Göritz, der in Jena häufig zu Gast war bei den Schillers, als »unter uns sehr beschränkt und wenig kultiviert«. Und Charlotte von Stein verrät ihrer Patentochter von sich aus, dass sie sich zunehmend streitsüchtiger, nachtragender und schlicht unausstehlich vorkomme. »... mein Liebes, das ich sehr vermisse. Keine so treue, liebevolle, mir wohltuende Freundin betritt meine Schwelle; nach Ihnen die einzige Herzogin Luise, die es aufrichtig gut mit mir meint, aber ich kann ihr immer nichts recht machen, und wir leben in ewigem Streit. Letzt sagte sie mir, sie könnte sich recht vorstellen, dass mich Goethe nicht hätte können lieb behalten ...«

Trotz der Aussicht, sich in Weimar mit beschränkten oder streitsüchtigen Geschlechtsgenossinnen herumschlagen zu müssen, trotz der Gefahr, von ihrer geliebten Patin allzu sehr vereinnahmt zu werden, sperrt sich Lotte nicht gegen den Ortswechsel. Sie führt auch nicht ins Feld, dass die ganze Packerei kurz nach der Geburt ihres dritten Kindes stattfinden muss, also wieder einmal zu einem denkbar ungünstigen Zeitpunkt. Und sie beschwert sich auch nicht darüber, dass es für sie sehr viel aufwändiger sein wird in Zukunft, zwei Haushalte zu führen, denn geplant ist, nur die Wohnung bei den Griesbachs aufzugeben, aber das Gartenhaus weiterhin für das Sommerhalbjahr zu behalten. Das heißt, Lotte wird nun sechs Monate in Weimar, sechs Monate in Jena zubringen und regelmäßig mit

Sack, Pack und Kindern den Standort wechseln müssen. Warum fügt sie sich so klaglos?

Damit Schiller es noch bequemer hat, dauernd mit Goethe zusammen zu sein, könnte ein Motiv sein; »es wird«, schreibt er dem Freund voller Optimismus, »meiner Existenz einen ganz anderen Schwung geben, wenn wir wieder zusammen sind; denn Sie wissen mich immer nach außen zu treiben«. Vielleicht stimmt auch Lotte zu, weil sie es für richtig hält, dass Schiller in Weimar präsent ist, wenn er dort weiterhin als Dramatiker anerkannt werden und die Proben seiner Uraufführungen leiten will. Und sie sieht ja, wie ihn diese Erfolge am Theater aufbauen, seelisch wie körperlich. Es ist, als wüchsen mit dem Selbstbewusstsein des erfolgreichen Bühnenautors auch seine Widerstandskräfte. »Über Schiller würden Sie sich recht freuen mit mir«, hat sie Ende Juli 1799 an Fischenich geschrieben. »Er ist ein ganz anderer Mensch, so lebhaft, tätig, und hat viel weniger mit seinen Übeln zu kämpfen.«

Schon seiner Karriere wegen befürwortet sie also den Umzug nach Weimar. Doch möglicherweise ist Lotte auch zu Ohren gekommen, dass Schiller es in Jena kaum mehr aushält und Pläne macht, sich abzusetzen. Heimliche Pläne, versteht sich, über die Jean Paul unheimlich gerne klatscht. Als Liebhaber der Kalb, die er, der Autor des »Titan«, »die Titanide« nennt, hat er Kontakt zu Schiller bekommen und nutzt diese Nähe zu indiskreten Beobachtungen. »Schiller ... nähert sich sehr der Titanide und sagte schon 3 mal zu ihr: ›Wir müssen mit einander nach Paris.‹« In den Augen Jean Pauls offenbart sich Schiller damit als Opfer einer Mode, die in Jena und Weimar grassiert. »Hier ist alles revolutionär-kühn und Gattinnen gelten nichts. Wieland nimmt im Frühling, um aufzuleben, seine erste Geliebte die La Roche ins Haus und die Titanide stellte seiner Frau den Nutzen vor.«

Dass Schiller an die Titanide neuerdings in einem auffallend zärtlichen Ton schreibt, weiß Lotte selbstverständlich nicht. »Charlottens Geist und Herz können sich nie verleugnen«, schmeichelt er. »Ihr Andenken, teure Freundin, wird seinen vollen Wert für mich behalten. ... es ist mir ein teures Pfand Ihres Wohlwollens und Ihrer treuen Freundschaft.« Es bleibt zwar eine Unterstellung des klatschsüchtigen Jean Paul, Schiller erwäge ernsthaft, mit der Ex-Geliebten nach Paris zu gehen. Doch Gerüchte dieser Art dringen durch jede Ritze. Es ist denkbar, dass Lotte davon erfährt. Allerdings müsste sie sich sehr wundern, sogar entrüsten über die neuen literarischen Vorbilder, die ihr Mann angeblich hat und die für ihn der Grund sein sollen, nach Paris zu reisen. »Schiller achtet unendlich den fürchterlichen Rétif de la Bretonne … und will ihn zu sehen, hin.« Ausgerechnet Rétif, den erotikbesessenen, stellenweise pornographischen Skandalautor soll Schiller sehen wollen, dessen Werke in Frankreich zwar bestens, aber meistens unterm Ladentisch verkauft werden, weil die Zensur sie verbietet?

Wie viel Lotte davon hört, wie viel sie davon glaubt, wissen wir nicht. »Mir gab die Liebe Kraft, zu ahnen und zu verstehen.« Nun ahnt und versteht sie, dass Schiller einen Ortswechsel braucht. Und sie will mitmachen.

XX.

Besser tot als unglücklich

Warum Frau von Stein auf die Idee kommt,
Lottes Leben wäre verpfuscht

Im September 1799 ist Schiller voller Optimismus. Lotte hat
zwar wegen der Schwangerschaft »viel von Krämpfen zu leiden«, aber die Zukunft sieht rosig aus. Schiller rechnet sich das
kostspielige Weimar schön. Nicht nur, weil Karl August sein festes Jahreseinkommen auf 400 Taler verdoppelt und ihm eine
kostenlose Holzlieferung als Zusatzvergünstigung versprochen
hat, »welches mir bei dem teuren Holzpreise in Weimar sehr
zustatten kommt«, sondern auch weil er in euphorischer Stimmung und überzeugt ist, in Weimar wäre für ihn das Leben in
Zukunft billiger. »Ich werde ... besonders mehr als bisher in
Gesellschaft leben. Obgleich Weimar ein teurerer Ort ist als
Jena, so kann ich von dem, was mich der dortige Aufenthalt
mehr kostet, doch all das abrechnen, was es mich in Jena kostet,
ein kleines Haus zu machen. Denn da ich nicht ausgehe, so sah
ich alles bei mir, und musste oft bewirten. Dies fällt in Weimar
weg.«

Wenn man bedenkt, wie oft Schiller und Lotte in der letzten
Zeit betont haben, einsam zu leben und wenig neue Gesichter
zu sehen, und wie viele Interessenten gar nicht vorgedrungen
waren zu Schiller, muss einen diese Rechnung erstaunen. Der
einzige Gast, der wochen-, sogar monatelang durchgefüttert
wurde, ist Goethe. Ist Schillers Bemerkung auf ihn gemünzt?
Entnervt und reut es ihn, den wohlhabenden Geheimrat dauernd gratis verköstigt zu haben, der sich dann bei der Zwischen-
mahlzeit im Schloss mit Lachs und Gänseleberpastete kasteit
hat? Goethes Bauch ist immer dicker geworden, Schillers nicht.

Aufschlussreich ist auch, dass Schiller nun verkündet, er wolle *mehr als bisher in Gesellschaft leben*. Ist er besorgt über seine Vereinsamung? Hat er Angst, wie Goethe zu erstarren? Ist er kontaktfreudiger, weil es ihm gesundheitlich besser geht oder weil er in Weimar anderen Leuten als den verhassten Romantikern begegnet?

Jedenfalls rechnet Schiller noch Ende September mit neuen Erfolgen und Bekanntschaften, aber bestimmt nicht mit einer Katastrophe.

Am 11. Oktober bringt Lotte ihre erste Tochter zu Welt, vier Tage später wird das Kind auf die Namen Karoline Louise Friederike getauft. Bei der Taufe sind alle Paten bis auf Goethe zugegen und freuen sich über das gesunde Kind. Es sieht aus, als könnte nichts passieren.

Längst hat Schiller sich daran gewöhnt, dass die Geburten gut verlaufen. Bis jetzt hat Lotte auch nie gejammert oder irgendeine Sonderbehandlung beansprucht. Sein Husten ist immer wichtiger gewesen als ihre geschwollenen Beine, ihre Rückenschmerzen, ihre Müdigkeit im siebten, achten, neunten Monat. Aber Schiller ist nicht rücksichtslos, im Gegenteil: Er äußert sich häufig besorgt über ihre Gesundheit. Lotte selbst ist es, die vorgibt, unkompliziert und belastbar zu sein. Und offenbar ist sie es; sie übersteht die schwere Geburt blendend.

Charlotte von Stein gratuliert sofort: »Sehr angenehm hat mich die Nachricht in Weimar empfangen, dass Sie, liebe Lolo, ein Töchterchen haben.« Dabei hat sie im Jahr zuvor zur Geburt eines Jungen den generellen Kommentar abgegeben, Töchter wären das Letzte, was sie sich und anderen wünsche. »Ich bin sehr froh, dass es keine Tochter ist, denn ich möchte nicht gern eine haben. Ich habe so viele Gründe, die mich die Söhne mehr lieben machen, teils aus anderen, teils auch meinen Neigungen nach. Es würde mir recht viel Aufopferung kosten, eine große Tochter um mich zu sehen, weil ich zu hohe Begriffe habe von dem, wie unser Geschlecht sein könnte, und durch alles, was die Frauen umgibt, wird ihre Bildung verhindert so zu sein, wie es meine idealistische Weiblichkeit sein sollte.« Sie halte es nicht

Lebensgefährliche Geburt: Karoline Schiller, Lottes drittes Kind, mit Kreide gezeichnet von Schillers ältester Schwester, Christophine Reinwald.

aus, meinte sie, eine Tochter »den gewöhnlichen Weg ohne Rettung wandeln zu sehen«. Frau von Stein weiß allerdings nicht, wovon sie redet; denn ihre vier Töchter sind alle früh gestorben, nur zwei der drei Söhne sind erwachsen geworden.

Lotte hat bestimmt nicht vergessen, was die Stein ihr so ausführlich erklärt hat. Und hat nun vielleicht Angst, ihre Tochter *den gewöhnlichen Weg ohne Rettung wandeln zu sehen*. Den ungewöhnlichen Weg, den Karoline geht und den Charlotte von Stein vermutlich als den der Rettung, modern gesagt: der Selbstverwirklichung betrachtet, findet Lotte aber auch nicht erstrebenswert. Ob solche Zweifel und seelischen Nöte eine Rolle spielen bei dem, was Lotte nun erleiden muss, ist nicht zu klären. Eine »ambivalente Einstellung zur Geburt« gilt durchaus als möglicher Auslöser für das, was Schiller, wie damals üblich, »Nervenfieber« nennt. »Postpartale Psychose« oder »Wochenbett-Psychose« nennt es die moderne Psychiatrie und betont, dass dieses Phänomen, das in der Antike bereits beschrieben worden ist, rein hormonelle Gründe haben kann.

Zwölf Tage nach der Geburt zeigen sich bei Lotte erste Symptome; sie ist von so heftigen Wahnvorstellungen besessen, dass sie niemanden außer Schiller und der angstvollen Mutter Lengefeld, die sofort angereist ist, an ihrem Bett duldet. Beide lösen sich bei den Tag- und Nachtwachen ab. Der Arzt Schiller weiß nicht, dass es sich bei Lottes Krankheit um eine Durchgangspsychose handelt, die ohne jede Behandlung vorübergeht. Und der Hausarzt Dr. Stark entfaltet einen wilden Aktionismus, verordnet Chinarinde, Opium, Kampfer und Moschus, alles sinnlos und wirkungslos. Schiller kümmert sich aufopfernd um Lotte.

Seine Schwiegermutter preist seine »treue unermüdete Sorgfalt für meine geliebte Lolo« und betont, es beruhige sie, »meine liebe Tochter unter allen Schicksalen des Lebens an Ihrer sanften und teilnehmenden Hand glücklich und versorgt zu wissen«. Besonders Frau Griesbach, der »Lorbeerkranz«, ist von Schillers Fürsorge tief beeindruckt und redet auch darüber. »Sie erzählte mir oft von dem traurigen Zustand der Schiller, und wie der Gatte sich so teilnehmend, so sorgsam bewiesen; ohne Schuh an den Füßen habe er sich ihrem Lager genaht«, erinnert sich der Philosophiestudent Abeken. Auch Herr Lorbeerkranz, der alte Griesbach, rühmt »Schiller den Krankenpfleger« noch Jahre später in den höchsten Tönen. Dass die Hauswirtin Griesbach, die von Schiller rüde verspottet wurde, im Hintergrund die Versorgung der Familie gewährleistet, sich um die Küche und die Kinder kümmert, wird darüber beinahe vergessen. Auch an anderen Hilfsangeboten fehlt es nicht.

Es zeigt sich, wie sehr Lotte geliebt wird. Doch ihre Genesung zieht sich hin. Am 1. November meldet sich Schiller zum ersten Mal schriftlich bei Körner zu Lottes Zustand. »Seit vorgestern erklärt der Arzt sie außer Lebensgefahr, auch versichert er uns, dass ihre Kopfkrankheit keine dauernden Folgen haben werde;

aber der Zustand ist nichtsdestoweniger schrecklich, oft fürchte ich das Schlimmste ...«

Darüber, was *das Schlimmste* für Lotte wäre, gehen die Meinungen jedoch weit auseinander. Charlotte von Stein, die den völlig erschöpften Schiller und die müde Mutter ablöst und Lotte zu sich nimmt, schreibt an ihren Sohn Fritz: »Wie leid täte sie mir, wenn sie stürbe. Und doch würde ihr wohler sein als in der immer angespannten unnatürlichen Existenz mit einem schönen Geist. Gesagt hat sie's mir nie; ich fühle es aber allzu oft, dass sie nicht glücklich ist. Die schönen Geister trocknen einem das Leben aus.«

Der erste Brief, den Lotte schreibt, klingt wahrhaftig ausgetrocknet. Genauer gesagt: schwer depressiv und noch immer verwirrt. Es ist Karoline, der sie am 22. November 1799, ihrem eigenen Geburtstag, klagt: »... die Wirklichkeit liegt noch in einem trüben Teppich über uns. Und es kommt vielleicht auch nichts mehr herüber. Aber einsam unter Euch in den schönen Kranz je zu gehen ohne je wieder zu erblicken was mir lieb war, ist mir trauriger als je ... Lebet Lieben wohl und gedenket mein. Vielleicht sehen wir uns wieder. Aber eh dies geschieht, so bleibt doch vielleicht mir ein tröstendes Gesicht übrig und ich traue gern dem Glanz eines schönen Sterns, der mir in der Finsternis oft schon freundlich lachte.« In Ordnung ist sie also noch nicht wieder; schließlich hat Schiller vier Tage zuvor noch an Goethe vermeldet: »Den Tag über hat die arme Frau wieder mit ihren Einbildungen zu tun gehabt und uns oft sehr betrübt.« Und Johanna Fichte hat an demselben Tag ihrem Mann nach Berlin geschrieben: »Schillers Frau ist nun seit 5 Wochen, in einem verwirrten Zustand; der Arzt macht aber Hoffnung, dass sie sich wieder erholen wird, auch ist sie Stunden lang wieder bei Besinnung.« Johanna weiß auch, dass ein weiterer, blutjunger Arzt konsultiert worden ist. »Hartbauer [gemeint ist Franz Joseph Harbaur] ist da, ... er wacht alle Nacht von 1 Uhr bis am Morgen bei der Schillerin.«

Ohne darüber zu reden, ist inzwischen Goethes Christiane eingesprungen und hat für drei Wochen den fünfjährigen Karl übernommen, der sich bei ihr wohl fühlt. »Er hat sich so an mich gewöhnt, das er überall mit mir herumgeht, und mich nur seine gute damela nennt«, berichtet sie Goethe, ohne ihm zu verübeln, dass er sie aufgefordert hat, einer Frau, die sie kaum kennt, diesen Dienst zu erweisen. Goethe macht sich, wie so oft, auf Christianes Rechnung beliebt.

Als Lotte wieder auf den Beinen und bei Sinnen ist, hat sie sehr viel Gewicht verloren. Dass sie in den Wochen, in denen sie halluzinierte, nicht ans Essen dachte, freut sie. »Ich selbst habe mich ziemlich erholt; ich bin nicht mehr so stark, aber ich sehe wieder aus wie sonst und fühle mich auch leicht. Ich hatte oft eine Sorge in meiner Krankheit, es dünkte mich, ich sähe ganz alt aus; meine Augen waren unbeweglich und mein ganzes Gesicht verzogen«, schreibt sie an Fritz von Stein. Aber sie gibt zu, dass ihre Wahnvorstellungen noch nicht ganz gelöscht sind. »Viele meiner Phantasien kommen mir wieder jetzt wie Träume ins Gedächtnis«, gesteht sie dem Nenn-Bruder. Und verrät, angestrengt lustig: »Sie haben mich auch in der Phantasie einmal betrübt. Sie sind auf einem Schimmel vor meinem Bett herum geritten und haben laut gerufen, dass die Lolo Sie nichts kümmerte, das habe ich sehr übel genommen.« Genau das ist wohl ihre Angst, ihr Trauma: dass sie die anderen *nichts kümmert*. Dass sie sorgt und versorgt, aber keiner besorgt ist um sie.

Kaum wieder bei Kräften, muss Lotte mithelfen, die drohende finanzielle Katastrophe abzuwenden. Denn Schiller hat sehr viel Zeit an ihrem Bett verbracht, die er dringend für seine »Maria Stuart« gebraucht hätte und für die gut bezahlten Aufträge der Zeitschriftenverleger. Es sieht so aus, als müssten die beiden ihren Plan, nach Weimar zu ziehen, aufgeben oder zumindest aufschieben. »... dieser Zustand der Frau hat Schiller sehr mitgenommen«, berichtet Johanna ihrem Mann, »er kann gar nicht arbeiten und wird jetzt auch nicht nach Weimar gehen.«

Die Schillers sind völlig pleite, denn der Alleinverdiener ist wochenlang ausgefallen. An der Seite seiner Schwägerin wäre Schiller jetzt besser dran. »Sie hat indes mit ihrer Schriftstellerei

1000 Taler verdient, welche Geschicklichkeit, wenn sie sie alle Jahre besitzt, viel wert ist«, hat Charlotte von Steins ältester Sohn Karl, beeindruckt von Karoline, seinem Bruder Fritz geschrieben. Die weiblichen Autoren beginnen, sich durchzusetzen und ordentliche Honorare zu kassieren. Auch unter ihren Geschlechtsgenossinnen finden sie Unterstützung. »Ich glaube«, hat die Stein ihrer Lotte erklärt, »dass, wenn ebensoviel Frauen Schriftstellerinnen wären, als Männer es sind, und wir nicht durch tausend Kleinigkeiten in unserer Haushaltung herabgestimmt würden, man vielleicht auch einige gute darunter finden würde, denn wie wenige gute gibt es nicht unter den Autoren ohne Zahl.«

Doch es sieht so aus, als dächte Lotte nicht daran, schriftstellerische Versuche zu unternehmen. Nicht nur, weil Schiller das nicht recht wäre, der unumwunden gesagt hat, was er über *die gelehrten Frauen* denkt, sondern auch, weil sie sich das nicht zutraut. Da hilft es wenig, dass die Patin sie herausfordert: »Ich kann über unser Geschlecht nicht so bescheiden sein, wie Sie es sind.« Mit niemandem spricht Lotte ein Wort darüber, was sie sich bei aller Bescheidenheit zutrauen muss.

Schon im Mai 1799 hatte sich abgezeichnet, dass Schiller mehr banale Aufträge annehmen muss, um an schnelles Geld zu kommen. Und als Cotta ihn in Jena besucht und um Beiträge für seine Monatsschrift »Flora« gebeten hatte, kam Schillers Zusage verdächtig rasch. Bereits damals hatte er weder Lust noch Zeit, für dieses Organ, »Teutschlands Töchtern geweiht«, zu schreiben, aber er versprach neben Beiträgen seiner Schwägerin Karoline auch noch sechs aus dem Französischen übersetzte Geschichten. Hätte der Verleger nur einmal Schiller, »der sich beinahe gar nicht im Französischen ausdrücken konnte«, reden hören, wäre er misstrauisch geworden. Gut außerdem, dass Cotta nicht weiß, dass sich in demselben Monat sein Konkurrent, der Berliner Verleger Friedrich Gottlieb Unger, ebenfalls an Schiller gewandt hat, weil er Stoff braucht für sein »Journal der Romane«. Und dass Schiller ihm vollmundig geantwortet hat: »Zu Ihrer Sammlung von Romanen werde ich gern meinen Beitrag geben, sobald sich Stoff und Stimmung zu einer solchen Arbeit bei mir findet, und ich habe auch nichts dagegen, wenn Sie mich unter der Zahl derer, die dazu beitragen wollen, nennen.«

Schiller weiß, dass sein Name zieht und dass er den Preis, den er verlangen will, hochtreiben kann. Er weiß allerdings nicht, wie und wann er sein Wort halten und all das liefern soll.

Doch er hat ja Lotte, die perfekt Französisch spricht, liest, schreibt. Die Hausfrau darf eben nicht nur züchtig walten, sondern, solange sie sich nicht als *berühmte* oder *gelehrte Frau* aufspielt, auch etwas für die Finanzen tun.

> Und regt ohn' Ende
> Die fleißigen Hände,
> Und mehret den Gewinn
> Mit ordnendem Sinn ...

Lotte *mehret*. Während ihrer letzten Schwangerschaftsmonate hatte sie begonnen, Schillers Arbeit zu erledigen, ohne das irgendwem auszuplaudern. Vielleicht erklärt das, warum sie im Juli 1799 an Fischenich schrieb: »Ich kann fast gar nicht mehr zeichnen; ich habe zu wenig Ruhe ...« Offenbar ist sie noch rechtzeitig vor den Wehen mit einem ersten Teil der Übersetzungen fertig geworden, denn bereits einen Tag nach Karolines Geburt, am 12. Oktober, hat Schiller sich bei Cotta gemeldet und einen sofortigen Vorschuss gefordert. »Ich frage nun noch bei Ihnen an, ob ich Ihnen die sechs Erzählungen für die ›Flora‹, wovon ich bei Ihrem Hiersein sprach, zusenden soll und ob Sie auf solche abschläglicher Weise gleich etwas bezahlen wollen, den Bogen 1 Carolin gerechnet, denn jetzt muss ich sie weggeben, um sie zu Gelde zu machen, an Sie oder an Unger, denn der Übersetzer hat bisher aus meinem Beutel gelebt.«

Cotta hat wie immer großzügig reagiert, hat am 1. November versprochen, er stelle sein Geld natürlich »jetzt und stets« zu Schillers Verfügung und umgehend gezahlt; am 18. November 1799 dankt ihm Schiller: »Empfangen Sie meinen besten Dank für die 200 Laubtaler, die ich, durch ihre Güte, vorgestern ... erhalten habe. Die Erzählungen werden 18 bis 20 Bogen ausmachen, und soviel Carolin würde ich mir also, wenn Sie das Manuskript erhalten haben, noch ausbitten.« Also rechnet er diesen Vorschuss keineswegs auf die sechs Erzählungen an, sondern erbittet sich dafür einen gesonderten Betrag. Der 18. November ist jener Tag, an dem er Körner geschrieben hat: »Seit einigen Tagen bessert es sich mit meiner Frau, aber langsam und mit kaum merklichen Schritten.«

Kaum werden die Schritte merklich, muss sich Lotte, den Säugling neben sich, den Umzug vor sich, wieder an die Arbeit machen. Auch in Berlin wartet der Verleger auf die versprochenen Texte für sein »Journal der Romane«.

Lotte liefert diskret, pünktlich und anonym. Damit dass Schiller sie verleugnet, hat sie wohl kaum Probleme; schließlich begreift sie sich mit ihm als Schicksalsgemeinschaft. »Dieses geistige Mitwirken, Fortschreiten, war ein Band, das uns immer fester verband.« Erstaunlich aber ist, wie die Nachwelt mit diesen Arbeiten Lottes umgeht. Ihre Biographen verschweigen fast alle die Übersetzungen völlig. Sicher sind sie für die Literaturgeschichte ohne Bedeutung, nicht aber für das Leben der Schillers, für deren Überleben und damit für Schillers eigene Arbeit. Nur wenige Autoren wundern sich über den laxen Umgang mit Lottes literarischer Arbeit und fragen sich: Wo sind die Originale?

Allein das Argument, dass Lottes Übersetzungen in Schillers Gesammelte Werke eingehen und in den Band 16 der Schiller-Nationalausgabe aufgenommen sind, ist windig. Schiller habe die Übersetzungen Lottes korrigiert und überarbeitet, heißt es. Seine Änderungen seien im Apparat nachgewiesen und sie seien »erheblich«. Doch das sind sie nicht. Zum größten Teil sind sie entbehrlich, oft sind sie willkürlich und wirken so, als habe er aus schlechtem Gewissen irgendetwas dafür leisten wollen, dass er das Geld kassiert.

Dass seine Frau nicht dichten soll, aber übersetzen darf, passt durchaus ins Bild. Schließlich hat er schon 1795 an Humboldt geschrieben, »gegen den Mann gehalten, ist die Frau zwar ein wirklicher, aber ein weniger gehaltreicher Mensch«.

Lotte erachtet das, was sie leistet und wie ihr Mann damit umgeht, keiner Erwähnung wert. Was für sie zählt, ist, dass im Privatleben alles stimmt. Und als Vater ist Schiller überzeugend. Er ist nicht der aufregend vielseitige Lehrmeister, wie Goethe es für den kleinen Fritz von Stein war, einer, der zeigt, fragt, erklärt und aufklärt – in den Grenzen des Erlaubten. Schiller ist ein Vater, wie ihn sich die Frauen heute wünschen: liebevoll, kindlich, kindisch. Einer, der nicht dauernd daran denkt, was aus den Kindern einmal werden soll, sondern auskosten will, was sie jetzt gerade sind. Frau Griesbach verbreitet mit Begeisterung, wie Schiller, als er noch in Jena in ihrem Hause wohnte, mit seinem Knaben gespielt habe. Eines seiner Lieblingsspiele mit ihm sei Löwe und Hund gewesen, und bald habe Schiller, bald sein Karl den Löwen gegeben, und alle beide seien dann auf allen vieren im Zimmer herumgekrochen. Der junge Heinrich Voß hat ähnliches beobachtet, und das Genie macht genau damit bei ihm Punkte. »So habe auch ich ihn mehrmals gefunden, dass er auf der Erde lag und mit einem seiner Kinder spielte, und dann kam er mir größer vor als jener König, der so von seinem spanischen Ambassadeur überrascht wurde.«

Schillers Verehrer allerdings wollen diesen Eindruck gewinnen, sie haben keine Lust, hinter die Kulissen zu blicken und enttäuscht zu werden. Denn das, was sich auf der Familienbühne abspielt, verleiht dem Genie zum Nimbus einen Sympathie-Bonus. »Am heitersten war Schiller bei Tische, wenn er sein Häufchen beisammen hatte«, schwärmt Voß. »Dann saß er beständig zwischen 2 seiner Kinder und liebkoste und tändelte mit ihnen bei jeder Gelegenheit. Die Kinder hatten ihn auch unbeschreiblich lieb. Wenn eines zu ihm ins Zimmer kam, so kletterte es an ihm hinan, um ihn zu küssen, und manchmal kostete es Mühe, zum Zweck zu kommen, denn Schiller war sehr lang, und tat im geringsten nichts, um es den Kindern zu erleichtern, zu seinem Munde empor zu klettern.«

Was sie nicht wissen, sehen und hören wollen, ist, wie unzuverlässig und unberechenbar die Zärtlichkeiten des Mustervaters sind. Es interessiert sie wohl auch nicht, dass Schillers Kinderliebe schlagartig aufhört, wenn die lieben Kleinen ihn am Schlafen hindern. Doch Karl Schiller erinnert sich, wie er und seine Geschwister den egomanen, rücksichtslosen Lebensrhythmus ihres Vaters büßen mussten:

»Einmal waren mein Bruder Schwester u. ich zur Mittagszeit in unserem Zimmer, wo auch gegessen ward, wir waren alle hungrig, allein der Vater schlief noch. Wir wohnten über seinem Schlafzimmer und um uns den Hunger zu vertreiben sprangen wir in der Stube um den runden Tisch herum; hierdurch wurde mein Vater aufgeweckt, u. schellte seinen Diener; ich in der Freude, dass der Vater wach war eilte hinunter um ihm einen guten Morgen zu sagen, seine Zimmertür war noch verschlossen, ich klopfte, worauf er fragte, ›wer ist da?‹ Ich antwortete ›Ich!‹ ›Wer ist Ich?‹, fragte er, worauf ich sagte der ›Karl‹! Hierauf öffnete er die Tür. Statt mir aber einen freundlichen guten Morgen zu sagen, sagte er in dem er mich am Kragen packte u. mir einige leichte Schläge gab: ›Wart ich will Euch den Lermen vertreiben, wodurch ihr mich geweckt habt.‹«

Der Familienalltag im Haus Schiller war also eher nicht als wohlgeordnete Idylle zu bezeichnen. »Die Abende brachten wir, wenn nicht Freunde zugegen waren, auf des Vaters Arbeitszimmer zu während er aß (da er selten zu Mittag wegen des späten Aufstehens aß, verband er das Mittags- und Abendessen gewöhnlich).«

Lotte hat sich ans tägliche Chaos längst gewöhnt. Sie gewöhnt sich an alles, auch daran, dass sie jetzt Haushaltsgeld verdienen muss. »Ich wusste mir«, äußert sie später, »seinen Charakter, die Triebfedern seines Handelns zu erklären, zurechtzulegen wie niemand.« Doch in Weimar wird sie mit dem Zurechtlegen der Triebfedern kaum mehr nachkommen. Denn Lotte will nicht sehen, dass die wichtigste Triebfeder Schillers sein Egoismus ist.

XXI

Graubrot für Mutter, Flusskrebse für Vater

Wie Lotte ihrem Mann jede Freiheit lässt

Sie ist da, ohne da zu sein. Es riecht nach ihr, nach ihrem Alltag, ihren Sehnsüchten, ihrem Parfum, ihren Gästen. Sogar einige Möbel von ihr stehen noch herum und werden auch stehen bleiben. Wahrscheinlich als Alibi für eine Ablösesumme, von der keiner redet, schließlich ist die adlige Vormieterin unverschuldet bankrott, durch die Spekulationen ihres verhassten Ehemanns.

Charlotte von Kalb wird also weiterhin da sein, auch wenn sie bereits vor vier Monaten ausgezogen ist. Als eine vielfach gedemütigte, auch von Jean Paul verschmähte Frau ist sie mit achtunddreißig Jahren nach Kalbsrieth zurückgekehrt, auf das Gut ihres Mannes, wo sie versuchen wird, einen Handel mit den restlichen Weinbeständen im Keller zu betreiben und einen Roman zu schreiben und zwischendrin Bettelbriefe an alle, die sie kennt.

Kein Wunder, dass Lotte sich zuerst sträubt, ausgerechnet diese Wohnung zu übernehmen. Schließlich könnte sie die lange Geschichte der Liebe zwischen Charlotte von Kalb und Schiller erzählen. Über zwölf Jahre ist es her, dass die unglücklich verheiratete Frau des Majors von Kalb die zweite Etage in diesem Haus in der Windischengasse A 71 (heute Nr. 8) gemietet hatte, um Schiller nah zu sein, der damals nur ein paar Gehminuten entfernt im Haus von Kaufmann Keil, neben dem »Schwanen«, hauste.

Eigentlich war dieses Haus des Perückenmachers Müller unter dem Niveau von Charlotte, einer geborenen Marschalk von Ostheim – ein schmuckloses Gebäude mit drei Geschossen und

Eigenheim mit Garten für einen Todgeweihten: Das Haus an der
Esplanade in Weimar.

ausgebauter Mansarde. Aber immerhin liegt es in einem der wenigen Winkel Weimars, die halbwegs städtisch wirken, weil die
Gebäude mehrere Etagen haben. Nur hier, in der Windischengasse, und gleich um die Ecke, am Markt, um die Stadtkirche
herum, in der Schlossgasse und der Breiten Gasse, sieht es nicht
aus wie auf einem Dorf. Die meisten Häuser sind zwar auch hier
mit Schindeln gedeckt – worüber man schon froh sein muss,
denn es hat lange gedauert, bis sich die Leute hier von ihren
Strohdächern verabschiedet haben, Brandgefahr hin oder her.
Doch die Lage ist zentral, die Straße hat einen gewissen Anspruch und die Miete ist niedrig.

Dass Lotte sich breitklopfen lässt, dem Einzug in diese Wohnung zuzustimmen, hat verschiedene Gründe. Nicht nur, dass

in der Etage darunter der Geheimrat von Schardt wohnt, Bruder ihrer Patin Charlotte von Stein, es zählt für Lotte auch, dass Goethe die Wohnung vermittelt hat, sich also ein anderer Geist über den von Schillers ehemaliger Geliebter legt. Und bald wird sie trotz der abgelösten Reliquien zufrieden feststellen: »man wird nicht mehr an sie erinnert.«

Der Optimismus, der Lotte und Schiller zunächst erfüllt, lässt ohnehin alles besser erscheinen, als es ist. Sie fühlen sich erwünscht, von Goethe jedenfalls. Und fast alle Freunde bestätigen die beiden in ihrer Entscheidung für Weimar. »Die Veränderung Eurer Wohnung ist mir um der Menschen willen sehr lieb. Ihr waret sehr, waret zu allein in Jena«, schreibt Li aus Barcelona.

Um der Menschen willen? Offenbar weiß Li über das aktuelle Klima in der Residenzstadt nicht Bescheid.

»Seit ich in Weimar war und hörte, dass Herder das schlecht findet, was Goethe und Schiller gut und umgekehrt, … so frag ich nach keinem einzigen Urteil über mich«, hat Jean Paul das Hickhack beschrieben. »Schiller findet nichts an Thümmel – Herder nichts an Schleiermacher und Tieck, Schlegel alles. – Herder findet meinen neuen Stil klassisch, Merkel schlecht – Goethe die matte ›Genoveva‹ gut und den ›Wallenstein‹ – Wieland anfangs alles zu gut dann zu schlecht – und so geht alles erbärmlich durcheinander.«

Auch obszöne Bemerkungen sind an der Tagesordnung. Ungeniert wird darüber gekichert, dass Johann Daniel Falk Schiller Recht gibt, der Wieland zur zierlichen Jungfrau erklärt hat, weil der wirklich »nur ein Viertel Mann« sei. Dennoch, geifert Falk, »ging alle seine Begeisterung vom Penis aus und daher kann er jetzt durchaus nicht mehr dichten«. Der berühmte Altphilologe Karl August Böttiger, zugegebenermaßen ein Klatschmaul, wird öffentlich »Arschgesicht« oder »Schmeißfliege« genannt, und keiner stößt sich an dem rüden Ton.

Schiller schon gar nicht, denn wie der neuerdings über Herder herzieht, ist an Grobheit kaum zu überbieten. »Herder verfällt wirklich zusehends und man möchte sich zuweilen im

Ernst fragen, ob einer, der sich jetzt so unendlich trivial, schwach und hohl zeigt, wirklich jemals außerordentlich gewesen sein kann«, lässt er sein Gift bei Goethe ab. Er ahnt, wie im Hause Herder über seine Dramen geredet wird.

Doch nicht die vergällte Atmosphäre in Weimar ist schuld daran, dass sich der Optimismus Schillers so rasch verflüchtigt, obwohl alles reibungslos anläuft. Das hat andere Gründe.

Er ist bereits am 3. Dezember 1799 umgezogen, mit Ernst, dem unverzichtbaren Georg Rudolph, mittlerweile einundzwanzig, und der unersetzlichen Christina Wetzel. Lotte erholt sich währenddessen noch im Haus der Frau von Stein und hat den Säugling Karoline und Karl bei sich. Die Wolzogens haben derweil Schiller ihre Perle, Wilhelmine Schwenke, ausgeliehen, und Schiller berichtet zufrieden: »Die Schwenkin hat ihre Sache ordentlich gemacht, und es fängt nun an recht freundlich und bewohnlich im Haus zu werden. Der lieben Lolo wird es gewiss wohl darin gefallen.« Vielleicht ist er ganz froh, dass er, bevor sie auftaucht, die Spuren der Charlotte von Kalb so weit verwischen kann, dass Lotte nicht mehr merkt, was nun neu erworben und was von der ehemaligen Konkurrentin übernommen ist. Schiller strengt sich als Hausmann jedenfalls ungewohnt an. »Du sollst das Zimmer morgen eingerichtet finden, Liebes. Ich halte es, auch des Badens wegen, einstweilen für das Beste, darin zu schlafen. Die Vorhänge habe ich bei der Griesbach bestellt ...«

Goethe macht sich bereits bemerkbar und pocht auf seine angestammten Rechte. »Gern hätte ich Dich heute abend besucht«, schreibt Schiller an Lotte, denn es wäre ja nur ein Katzensprung bis zum Haus der Steins, »aber Goethe schickte schon diesen Vormittag zu mir, dass ich den Abend mit ihm zubringen möchte.«

Am 16. Dezember zieht Lotte ein, am 17. sind beide gemeinsam, zusammen mit dem Herzog und der Herzogin, bei Goethe zum Tee eingeladen.

Doch bald sehen die Tage anders aus: Die meisten Nachmittage und Abende verbringt Schiller mit Goethe, angeblich um den Schluss der »Maria Stuart« zu besprechen. Vermutlich aber vor allem deswegen, weil er sich dort gern nach Strich und Faden verwöhnen lässt. »Sie finden geheizte und erleuchtete Zimmer, wahrscheinlich einige zurückgebliebene Freunde, etwas Kaltes und ein Glas Punsch«, lockt Goethe den Freund am Tag vor Heiligabend. Und am 29. Dezember flötet er: »Ich frage an, ob Sie mich heute ein wenig besuchen wollen? Sie können sich ins Haus bis an die große Treppe tragen lassen, damit Sie von der Kälte weniger leiden. Ein Gläschen Punsch soll der warmen Stube zu Hilfe kommen, ein frugales Abendessen steht nachher zu Befehl!« Ein so genanntes *frugales Abendessen* bei Goethe ist erfahrungsgemäß ein Festmahl verglichen mit dem, was bei Schillers auf den Tisch kommt.

Wie aber müssen es Christiane und Lotte empfinden, dass Schiller bei Goethe sogar – und zwar allein mit ihm – Silvester feiert? Dass die Frauen und Kinder ausgegrenzt werden? Goethes Brief vom Neujahrstag belegt, dass er die Feier ohne schlechtes Gewissen genossen hat. »Ich war im Stillen herzlich erfreut, gestern abend mit Ihnen das Jahr und, da wir einmal 99er sind, auch das Jahrhundert zu schließen.« Für Lotte, der die Familie so heilig ist wie das Zelebrieren solcher Feste, muss der Herrenabend noch verletzender gewesen sein als für die an solche Geschichten gewöhnte Christiane, die sich wahrscheinlich mit ihren Schauspielerfreunden woanders gut amüsiert hat.

Schillers kleine Fluchten haben bestimmt auch damit zu tun, dass die neue Wohnung sehr laut ist. Durch die relativ breite Windischengasse rattern vom Morgengrauen an Kutschen und Karren, das Geschrei und Geklapper vom nahen Markt schallt herüber und die vielen Geschäfte in der Gasse machen sich von der Frühe bis in den Abend geräuschvoll bemerkbar. Kein geeigneter Platz, um mit höchster Konzentration sein Drama zu vollenden.

Anspruchslose Arbeiten lassen sich verrichten, scheint Schiller sich zu sagen; er sieht die von Lotte übersetzten Erzählungen durch, zwei reichlich verworrene und sentimentale Geschichten, betitelt »Die Nonne« und »Die neue Pamela«. Schon am 5. Februar 1800 werden die redigierten Texte an den Verleger Cotta abgeschickt. Doch offenbar will Schiller verhindern, dass Cotta den Braten riecht und wittert, wer »der Übersetzer« wirklich ist, deshalb schickt er sicherheitshalber nur Abschriften an die Druckerei. Die Originale in Lottes, Cotta bereits vertrauter Handschrift verbleiben samt Schillers Änderungen bei ihr und finden sich später in ihrem Nachlass.

»Ich übersende Ihnen«, erklärt er dem Verleger im Begleitbrief, »einstweilen zwei Erzählungen und bitte nur, das Manuskript der Orthographie wegen noch durchsehen zu lassen, weil mir selbst die Zeit dazu gefehlt hatte.« Wem dazu die Zeit fehlte, ist Lotte, die schlägt sich mit einer winterlichen Grippe herum, sonst hätte sie zweifellos ihre Arbeit selbst korrigieren können.

Was Lotte aber auch vom Arbeiten abhält, ist ihre eigene Seelenlage. Ihrem Mann täuscht sie Optimismus vor, doch vor ihren engsten Freunden macht sie kein Geheimnis aus ihren Depressionen.

Ende Februar ist Schiller schon wieder krank, »der Anfang eines Schleim- und Nervenfiebers«, und Lotte ist, wie sie ihrer Rudolstädter Jugendfreundin Friederike von Gleichen gesteht, »oft so gedrückt, dass ich mich nach dem stillen Plätzchen sehnte, dem ich gerade erst entging«. Unmissverständlich ist mit dem *stillen Plätzchen* das Grab gemeint. Doch Schiller ahnt nicht, dass seine tapfer lächelnde Lotte von Todessehnsucht gepeinigt wird. Ihre eigenen Infekte und Katarrhe macht sie weitgehend unbemerkt ab, und wenn es sie mal aufs Bett wirft, wird darüber nicht groß geredet.

Kaum ist Lotte wieder auf den Beinen, macht sie sich offenbar ans Werk, denn Schiller verschickt schon wenige Wochen später zwei weitere aus dem Französischen übersetzte Erzählungen — allerdings nicht an Cotta, bei dem er im Wort steht und von dem er einen satten Vorschuss kassiert hat, sondern an dessen Berliner Konkurrenten Unger. Dem hatte er ja noch den Mund wässrig gemacht mit einem eigenen Text für sein »Journal der Romane«, nun muss er ihn, der bereits ungeduldig ist, mit irgendeiner Lieferung beruhigen.

Am 17. April 1800 schreibt er Unger, dass er und seine Frau todkrank gewesen seien, er daher erst jetzt dazu komme, etwas zu schicken. »Einstweilen, bis ich mich mit einem eigenen Beitrag vorrücken kann, welches noch diesen Sommer geschehen soll, sende ich Ihnen etwas von fremder Hand, das mir mitgeteilt und von mir durchgesehen worden«, erklärt er. »Es ist eine allerdings interessante Erzählung, die in der Sammlung der kleinen Romane keine schlechte Figur machen wird. Eine zweite Erzählung, die ich aber noch nicht durchgesehen habe, wird in kurzer Zeit nachfolgen.«

Auch Unger gegenüber verleugnet er Lotte konsequent. »Ich habe dem Verfasser in Ihrem Namen 10 Ldors für eine jede versprochen, ... und hoffe, dass Sie meine Zusagen die Ihrem eignen Anerbieten gemäß ist, ratifizieren werden.« *Fremd* ist ihm die *Hand* seiner Frau, die »Autun und Manon« und »Der Prozess« aus dem Französischen übersetzt hat, wahrhaftig nicht. Aber es ist nur folgerichtig, dass beide Novellen völlig anonym veröffentlicht werden, auch ohne Nennung des Übersetzers.

Unger war damit jedenfalls zuerst einmal zufrieden gestellt; einen eigenen Beitrag Schillers bekam er, wie zu erwarten, nie.

Goethe hat zu dieser Zeit schon längst kapiert, dass Schiller ein unsicherer Kandidat ist, was Beiträge zu irgendwelchen Zeitschriften angeht, und dass es klüger ist, nicht auf ihn zu zählen. »Von Schillern erhoffe ich lieber gar nichts«, verrät er seinem Freund Meyer. »Er ist herrlich, insofern von Erfindung und Durcharbeitung des Planes, von Aussichten nach allen Richtungen die Rede ist ...; aber Beistand zu einem bestimmten Zwecke muss man von ihm nicht erwarten.«

Goethe weiß also, wie er es angehen muss, um Schiller dennoch für sich einzuspannen.

Im Mai verreist der Geheimrat nach Leipzig, obwohl er sich als Intendant des Theaters um die Einstudierung von Schillers »Macbeth«-Version kümmern müsste; also springt Schiller ein und leitet die Proben, unentgeltlich, versteht sich. Ob es den geheimen Rat freut, dass die Uraufführung ein Publikumserfolg wird, ist nach seinen Äußerungen über Schillers letzte dramatische Werke zu bezweifeln. Sogar Charlotte von Stein hat er ungeniert sein Urteil über die »Piccolomini«, das zweite Teilstück der Wallenstein-Trilogie, anvertraut. »Da es ganz mit dem Verstand muss begriffen werden, wenn es so fortgeht, so fürchte ich, es wird keinen allgemeinen Effekt machen.« Kurz gefasst heißt das: nicht bühnenwirksam. Vielleicht ist es kein Zufall, dass er Schiller, indem er ihm die Probenarbeit antrug, daran gehindert hat, seine »Maria Stuart« zu einem Ende zu bringen.

Doch die Termine und die Verträge stehen. Lotte hat selbstverständlich ein Einsehen, dass Schiller aus der lauten Wohnung flieht und sich auf das Jagdschloss Ettersberg, wo der Herzog ihm Kost und Logis gratis anbietet, zurückzieht – obwohl seine Jüngste in Lebensgefahr schwebt. Verdacht auf Pocken. Lotte bringt die Zeit am Krankenbett zu, dauernd in Gefahr, sich selbst anzustecken, und bemüht, die beiden Älteren fern zu halten.

»Lasst mich wissen, was Ihr macht und wie sich das kleine Schätzchen mit den Blattern befindet«, erkundigt sich Schiller aus sicherem Abstand. Während Lotte sich und die Kinder sparsam mit dem Billigsten durchfüttert, schreibt der Gatte: »Die Kost hier ist recht gut« und man habe ihn »mit prächtigen Fischen und Krebsen traktiert«. Lotte dagegen hat nichts Lustiges zu berichten: »Das Karolinchen war eben bei mir und man sieht nichts Neues in seinem Gesicht. Die Wunden findet Huschke, wie sie sein sollen.« Und kurz danach: »Huschke meinte heut, da die Wunde der Kleinen noch eiterte, so könnte man vielleicht neues Blattergift hineinlegen, aber ich muss gestehen, dass ich daran keinen Glauben haben kann …«

Mag sein, dass die Pockennarben, die Schillers erste Tochter sich zuzieht, sie so entstellen, dass ihre Heiratsaussichten schon in der Kindheit schwinden. Jedenfalls wird Karoline erst mit neununddreißig Jahren einen Mann heiraten, der wenig Geld, aber sechs Kinder in die Ehe einbringt.

Schiller hält von Ettersberg aus seine Frau in Weimar mit allerlei Aufträgen und Bitten auf Trab. Mal soll sie Geld an einen Gläubiger senden, mal an ihn selber, mal soll sie zusätzliche

Erinnerung an Lottes
jugendlichen Charme:
Dieses Bildnis von Charlotte
von Lengefeld als Braut trug
Schiller immer als Schmuck-
anhänger an seiner Uhrkette.

Hemden, mal seinen Schlafrock für ihn einpacken und nach Ettersberg schicken.

Lotte erledigt alles wunsch- und termingerecht und macht sich nur um eines Sorgen: um das Wohlergehen ihres Manns. »Greife Dich ja nicht zu sehr an, Lieber, ich bitte Dich.«

Doch auch wenn es in ihren Briefen aus diesem Mai oft um die Kinder geht, zeigt sie sich nun auch wieder als die belesene, interessierte und kritische Partnerin, die sie ihm unbedingt sein will; »er fühlte, dass ich durch das Leben mit ihm seine Ansichten auf meinem eignen Weg gewann«, sagt sie später stolz. Und das heißt, dass sie nicht etwa auftragsgemäß Schillers Geschöpf geworden ist, das kritiklos alles von ihm übernimmt, sondern dass sie sich dem, was ihren Mann interessiert, auf eigene Faust annähert. In diesem Fall Herders Sicht von Kant.

Ausführlich berichtet Lotte ihrem Mann, dass sie »in Herders Buch gelesen habe, und gerade diesen Teil zuerst, wo er von den Künsten spricht. Ich habe darin viel Schönes gefunden und kann nicht begreifen, dass es sollte für schlecht gehalten werden.« Da sie weiß, wie ihr Mann über Herder redet, dass er ihn abkanzelt als *unendlich trivial, schwach und hohl*, ist das eine provozierende Äußerung. Es beeindruckt Lotte, die genau weiß, wie heftig Schiller seinen Kant verehrt, dass »Herder in seinen Widerlegungen mit Kraft, Feuer und Gefühl« die Schwachstellen des Königsbergers zeigt. »Was Kant über Musik zum Beispiel sagt, hat Herder sehr schön widerlegt und eine Abhandlung von Leibniz über die Musik hinzugesetzt, die sehr schön ist.«

Das ist nicht der Ton einer unterwürfigen Hausfrau, das ist der Ton jener Lotte Lengefeld, die sich schon als Braut Schillers darüber empört hat, dass man ihr kein eigenes Urteil zutraue. Im November 1789 hatte Beulwitz Lotte unterstellt, ihre Begeisterung für die »Anarchasis« sei wohl auf Schillers Mist gewachsen und, wie sie dem Bräutigam referiert, »Du würdest wohl mein Urteil geleitet haben. Es ist mir recht lächerlich! Und belustigt mich.«

Lotte ist nicht Schillers Geschöpf geworden, sie hat sich das bewahrt, was zutreffend Eigensinn heißt. Von ihren Sorgen und

Problemen redet sie jedoch kaum. Nur eines gibt sie offen zu: dass er ihr und den Kindern fehlt.

Am 17. Mai: »Diese kleine Abwesenheit dauert schon sehr lang, und mein Herz vermisst Dich, Lieber.«

Am 18. Mai: »… ich bin oft bei Dir, und möchte keine lange Trennung von Dir mir wünschen«.

Am 28. Mai: »… sei fleißig, damit Du bald wieder zu uns kömmst«.

Erst am 2. Juni ist er wieder da, gerade noch rechtzeitig, um die Uraufführung der »Maria Stuart« am 14. vorzubereiten und einen Zusammenstoß mit dem Herzog zu vermeiden, der es skandalös findet, eine Kommunionszene im Theater zu spielen, aber zu feige ist, das Schiller direkt zu sagen und es über Goethe ausrichten lässt. Schiller fügt sich den frommen Wünschen des Fürsten nur minimal, nur so weit wie unbedingt nötig, und wird mit einem überwältigenden Beifall belohnt und bestätigt.

»Das einstimmige Urteil von allen Zuhörern war, es sei das schönste Schauspiel, welches Deutschlands Bühne je dargestellt habe«, betont der Schauspieler Becker.

Doch von diesem Ruhm kann keiner abbeißen. Und als Lotte Ende Juni auf Erholungsurlaub zu ihrer Mutter nach Rudolstadt darf – sie hat nur Ernst bei sich und überlässt Karoline und Karl ihrem Mann, besser gesagt der guten Wetzel –, da holt sie gleich ein Bettelbrief Schillers ein. »… ich bin mit meinen Finanzen sehr auf der Neige … Könntest Du etwas mitbringen?« Das heißt: Könntest du deine Mutter anpumpen? Es muss Lotte peinlich sein, ihrer Mutter wieder einmal die mühsam abgesparten Reserven zu nehmen, einzugestehen, dass ihr Mann mit einundvierzig Jahren noch immer nicht imstande ist, seine Familie zu ernähren, aber sie hat keine andere Wahl.

Zurück in Weimar, gibt sie das Geld ab und muss sich sofort um Schillers »Krämpfe« kümmern. Nicht nur der Abstand zwischen seinen Zusammenbrüchen wird immer kürzer, auch die Überfälle von ungeladenen Schiller-Wallfahrern nehmen zu. Es muss Lotte wundern, dass Schiller, der sonst behauptet,

Schmeichler seien ihm zuwider, seine teils bewunderungsblöden Verehrer nicht auf die Nerven fallen, dass er sie vielmehr förmlich an die Brust zieht. Einen wie Balthasar Bang zum Beispiel, einen einundzwanzigjährigen dänischen Dichter, der über seine Begegnung mit Schiller im Juni 1800 schreibt, als habe er Gott gesehen: »Da stand er vor mir jener große Mann, die wahre Gottheit der Poesie, er, der vom Himmel herabgestiegen ist, um dem Menschengeschlechte die Fesseln der Prosa abzustreifen. ... Wie ich nun mit tränendem Auge zu ihm emporblickte, um mir jede Linie der teuren Züge einzuprägen, ... umfasste er mit seinen lieben Händen meinen Kopf und drückte mir einen Kuss auf die Stirn, wodurch ich für ewig dem Cultus der Musen geweiht wurde.«

Doch Lotte weiß: Sie hat einen Mann geheiratet, dessen Jugend aus Unterdrückung und Verunsicherung bestand und den nichts zuverlässiger aufbaut als rückhaltlose Bewunderung. Offiziell behauptet sie zwar, »für kleine Schmeicheleien, für Lob war er nicht empfänglich«, aber sie weiß es besser. Schiller braucht das so dringend wie die Weinschokolade und den Kaffee zur nächtlichen Arbeit. Er braucht dieses Schmalz der Verehrer, um sich zu schützen vor den ätzenden Bemerkungen ringsum. Beide wissen es, beide reden nicht darüber: Weimar ist ein Kaff voller Menschen, die sich anfeinden und nach Bestätigung dürsten, die satt austeilen und hungrig sind auf liebende Zuwendung. Es erstaunt nicht, dass Jean Paul seinem Freund Christian Otto im August dieses Jahres 1800 erklärt: »Weimar ekelt mich an.« Und nur einen Tag danach noch eines draufsetzt: »Weimar ist eine abgebrannte Stadt, auf deren heißer Asche ich nicht schlafe.« Seiner Illusionen beraubt verlässt er angewidert den Ort, wo die Schlammschlacht der Geistesgrößen zum Geschäft gehört.

Nicht nur Jean Paul, auch der Adel und alle, die es sich irgendwie leisten können, verlassen zumindest im August die Stadt. Der Sommer 1800 ist besonders drückend, die Luft steht stinkend in den Straßen. »Schiller flieht vor der Weimarer Stadthitze und zieht zu ungestörter Arbeit für kurze Zeit nach

Oberweimar«, notiert Gero von Wilpert unter dem Datum 14. August in seinen Schiller-Kalender. Dass Lotte mit allen drei Kindern in der stickigen Wohnung in der Windischengasse bleibt, wird natürlich nicht erwähnt. Die »Jungfrau von Orléans«, an der Schiller arbeitet, ist wichtiger als die Ehefrau. Und in diesem Werk ist ja das Wesentliche zum weiblichen Rollenverständnis nachzulesen: »Gehorsam ist des Weibes Pflicht auf Erden / Das harte Dulden ist ihr schweres Los, / Durch strengen Dienst muss sie geläutert werden.«

Lauter ist Lotte bereits, aber ihr *Dienst* wird trotzdem immer strenger.

Anfang des Jahres 1801 wird ihr eine erst zweiundzwanzigjährige Rudolstädter Cousine, Christiane von Wurmb, aus der Familie der chère mère geschickt, die, eine Zeit lang sogar samt ihrem Bruder Fritz, bei Schillers schläft, isst und trinkt. Und weil diese Christel, Hofdame in Rudolstadt, in Weimar ihre Stimme ausbilden lassen will – das macht sich so nett bei Hofgesellschaften –, müssen die bankrotten Schillers auch noch ein Klavier anschaffen. Und das alles zu einem Zeitpunkt, wo die Preise in Weimar besorgniserregend steigen. Sogar beim vermögenden Geheimrat gibt es Probleme mit dem Haushaltsgeld. Christiane Vulpius schreibt an ihn: »Wenn Du mir kein Geld schicken kannst, so schreib dem Professor, dass er einstweilen 3 Carolin gibt, bis Du wiederkommst; ich brauche es sehr notwendig. ... Es wird aber hier alle Tage teurer. Dass man bald mit aller guten Laune zuletzt missmutig werden muss. Ich bin auch recht verdrießlich, dass bei uns so viel aufgeht, und richte es doch so genau ein als möglich, und es will doch nicht reichen.«

Bei Schillers will es erst recht nicht reichen. Doch der Dichter entzieht sich dräuenden Haushaltsdebatten. »Eben bin ich im Begriff, auf einige Wochen nach Jena abzureisen, um dort in der Stille meines Gartenhauses mich zur Beendigung meiner Arbeit zu sammeln«, informiert er seinen Freund Körner am 5. März 1801. »Du hast schon einmal in einem Deiner Briefe sehr richtig geschrieben, dass ich hier mehr Zeit verliere, als in Jena.

Ich habe dies erfahren; und da noch außerdem eine sehr unruhige Straße, worin wir wohnen, und ein geräuschvolles Haus mich beim Arbeiten stören, so muss ich fliehen, um in Ruhe zu sein.«

Fast zwei Monate, bis Ende April, bleibt er im Gartenhaus, von Rudolph umsorgt. Charlotte muss den Lärm in Weimar eben aushalten. Und mit leisem Spott führt sie Schiller vor, dass man hier, trotz Straßen- und Kinderlärms, durchaus zum Schreiben kommen kann. »Damit doch jemand im Hause die Feder führt, bin ich auch mit meiner angefangenen Geschichte beschäftigt, die vielleicht doch so wird, dass man sie brauchen kann. Ich gehe streng zu Werke und lasse mir nichts hingehen, und so wollen wir sehen was heraus kommt.«

Zuerst einmal weniger als gedacht, denn Lottes junge Cousine Christiane ist hinderlich. »So lieb ich die Christel habe, so stört sie mich doch in meinem Schreiben, und da ich schon mit die Kinder zu tun habe, so bin ich freilich ruhiger wenn nicht auch noch ein andres Wesen, dass nicht Anteil an meinen Geschäften nehmen kann, meine Gedanken zerstreut. – Den nächsten Sommer will ich recht fleißig sein, und die Zeit, die mir die Kinder übrig lassen, zu brauchen suchen.« Verblüffend, wie selbstverständlich Lotte auf einmal von ihren *Geschäften* spricht und davon, sich für das Schreiben in Zukunft mehr Zeit nehmen zu wollen.

Schillers Reaktion ist gönnerhaft herablassend: »Arbeite Deine Geschichte nur mit dem möglichsten Fleiße aus, dass sie schon eine Gestalt hat, wenn Du sie mir mitteilst. Sie gibt uns dann eher Gelegenheit, das Wesentliche worauf es ankommt zur Sprache zu bringen und über die Grundsätze, nach denen verfahren werden muss, in Ordnung zu kommen.« Er entmutigt sie zwar nicht, gibt aber deutlich zu erkennen, dass nur er im Besitz des Herrschaftswissens ist, dass er allein die *Grundsätze, nach denen verfahren werden muss,* kennt. Und im Gegensatz zu den von Lotte nur übersetzten Erzählungen, die er schnellstmöglich an den Mann brachte, um abzukassieren, wird er sich um diese eigene Geschichte nicht im Geringsten kümmern und sie weder Cotta noch Unger anbieten, die für ihre Damenjournale doch dauernd nach neuem Stoff gieren und nicht allzu kritisch sind in der Auswahl.

Erst nach Lottes Tod wird die Novelle mit dem Titel »Die heimliche Heirat« veröffentlicht.

Unabhängig davon jedoch, was damit geschehen ist oder nicht: Die eigene Arbeit baut Lottes Selbstwertgefühl unüberhörbar auf. Dass sie kritisch urteilt, ist nicht neu, und wie sie sich über »Florentin«, den Roman von Dorothea Veit, geborene Mendelssohn, verheiratete Schlegel, äußert, erstaunt deshalb nicht. Sie bezeichnet ihn zwar als ein »Ragout« aus allen möglichen sattsam bekannten Vorlagen, erkennt aber »doch ein eignes zartes Wesen darin, das einem Interesse erweckt. Es ist artig zusammengestellt, man sieht auch den Diebstahl nicht so sichtlich, d. i. absichtlich, sondern nur, dass diese Ideen sehr lebhaft waren.«

Neu ist, wie zufrieden Lotte zugibt, was sie persönlich aufbaut, was sie genießt, dass sie in ihren Prinzipien der Kindererziehung durch das negative Beispiel ihrer beiden Gäste bestätigt wird. »Fritz ist ein recht guter Mensch, und erweckt einem das Gefühl des Wohlwollens, aber er ist doch verschlossner als die Schwester. Und sieht so gedrückt und abgelebt aus« – er ist dreiundzwanzig – »dass es einem betrübt. Ich habe bei diesen beiden Geschwistern rechte Beobachtungen über die Erziehungsweise gemacht, und mich über dem Onkel recht geärgert von neuen. Denn er ist allein Schuld daran, dass sie so sind, weil er sie so viel geprügelt hat. Sie werden niemals zeigen können dass sie froh sind, weil sie früher so viel Furcht hatten.« Und beinahe triumphierend schließt sie: »Unsere Kinder die wir Gottlob nicht so erzogen haben, gehen ordentlich unter denen herum als Wesen andrer Art. Sie zeigen ihr Wohlbehagen, ihren Schmerz, und haben kein physisches Übelsein zu fürchten. Man sieht es ihnen schon an, dass sie, weil es ihnen wohlgeht, auch wohlwollende und liebende Gemüter haben.«

Auch darin, wie Lotte über Cousine Christel redet, offenbart sich ein stabiles Selbstbewusstein. Sie, die immer Anteil nimmt, die immer bereit ist, sich einzufühlen und hineinzudenken in andere, erkennt nun, dass diese Eigenschaften zwar Kraft kosten und nicht unbedingt gewürdigt werden, aber für die eigene Entwicklung wichtig sind. Lotte bemerkt, dass teilnahmslose Menschen wie ihre kleine Cousine, offenbar schon ganz zur Hofdame verbogen, innerlich arm sind. »Übrigens ist die Christel wenn sie mit mir allein ist, recht gut, und vernünftig, nur geistvoll ist sie niemals (nach Schlegels Art zu reden). Daher eben auch der Mangel an Anteil an ihr und das Leblose. Sie wird einem nie was geben sondern nur, weil sie sich negativ verhält, nicht widerstrebend wirken.«

Kaum ist Schiller wieder im Haus, offenbart Christel allerdings eine aufdringliche Anteilnahme; sie läuft ihm beflissen hinterher und notiert jedes Wort, das er irgendwo und irgendwie fallen lässt, in ihrer private Aphorismen-Sammlung. »Ein frohes, heitres Gemüt ist die Quelle alles Edeln und Guten.« Oder: »Ernster, guter Wille ist eine große, die schönste Eigenschaft des Geistes.« Ob ihr Held das auch alles wirklich so gesagt hat, darf bezweifelt werden. Mag sein, dass es die reine Bewunderung für den berühmten Verwandten ist, die Christel zur kritiklosen Protokollantin macht, möglicherweise jedoch spekuliert sie auch damit, später einmal Geld mit den Texten oder zumindest sich selbst wichtig machen zu können.

Dass Schiller glaubt, es bringe dem Mädchen irgendetwas für seine geistige Entwicklung, wenn er sich auf sie einlässt, befindet Goethe für rührend, aber naiv. Später jedoch, fünfundzwanzig Jahre nach Schillers Tod, verklärt er auch das. »Schillern war eben diese Christus-Tendenz eingeboren, er berührt nichts Gemeines, ohne es zu veredeln.«

Dass Lotte unter all diesen Umständen nicht verbiestert, ist nicht zufällig. Sie weiß, dass Schiller sie schätzt und respektiert, ja, dass er sie in vielem zu würdigen weiß. Selbstverständlich ist das zu dieser Zeit keineswegs. Normal ist, wie Goethe mit seiner Christiane umgeht. Nur wenige äußern sich wie Lotte befremdet darüber. »Schiller ist fast täglich bei ihm«, schreibt sie Fritz von Stein. »Dass wir Frauen nicht so *sans façon* in seinem Haus

Eintritt haben können und wollen, hängt von seinen inneren Verhältnissen ab. Obgleich Schiller selbst nie die Dame des Hauses als Gesellschafterin sieht und sie nie bei Tisch erscheint, so können doch andere Menschen es nicht glauben, dass sie sich verbärge, wenn unsereins auch diese Gesellschaft teilte.« Das heißt: Lotte findet sich damit ab, dass bei Goethe öfter Herrenabende veranstaltet werden, ob aus intellektuellen Gründen oder nur, um sich ungehemmt verlustieren zu können. Aber sie hält es für selbstverständlich, dass sich in einem Kreis, zu dem auch die Ehefrauen der großen Geister gehören, die Lebensgefährtin des Gastgebers mit an den Tisch setzt. Sie kann es *nicht glauben*, dass Christiane *sich verbärge*, wenn doch eine Karoline von Wolzogen, eine Lotte Schiller oder eine der anderen Frauen in ihrem Alter zu Gast sind. Lotte findet es sogar riskant, dass Christiane sich in größerer Gesellschaft nicht zeigt, weil sie damit die Gerüchte schürt, Goethe sei des mittlerweile dicken, rustikal rotbackigen *Bettschatzes* überdrüssig. »Sie wissen am besten«, äußert sie, des Klatsches müde, »wie die Menschen hier sind, wie sie lauern usw. Man wäre vor tausend Erdichtungen nicht sicher.«

Lotte selbst ist ja vor *tausend Erdichtungen* keineswegs sicher. Ihr wird nicht nur immer wieder Adelsstolz unterstellt, sondern eine derart rigide Moral, dass sie dafür sogar die Freundschaft mit dem Herzog aufs Spiel setzt. Nur durch Goethes Vermittlung, hieß es damals schon und wird heute noch behauptet, sei Karoline Jagemann, Schauspielerin am Weimarer Theater und Mätresse Karl Augusts, wieder ins Schiller'sche Haus eingeladen worden, »nachdem Lotte es ihr in moralischer Entrüstung über das stadtbekannte Verhältnis verschlossen hatte«. In Wahrheit wurde Lotte wie so oft zum Sündenbock ihrer Schwester gemacht. Ihr lastet man an, was Karoline betrieben hat. Nicht Lotte, sondern Karoline hat die Jagemann ausgesperrt.

Was war geschehen?

Die Jagemann hatte beschlossen, Weimar zu verlassen, wieder wie früher in Mannheim ohne fürstliche Protektion Theater zu spielen und den Herzog damit freizugeben, was er sich ihrer Meinung nach heimlich wünschte – aus rein politischen Gründen. Karoline nun hatte die Schauspielerin ermuntert, sich von ihrem langjährigen Liebhaber dafür eine üppige Abfindung zahlen zu lassen. Und sie nahm den Fall selbst in die Hand, was aber bei Karl August schlecht ankam. Gerade reiche, hässliche Männer wollen ja um ihrer selbst willen geliebt werden. »Der Herzog schrieb mir, Frau v. Wolzogen habe ihm für die Erfüllung seiner Bitte die Bedingung gestellt, mir vierzigtausend Taler zu geben«, schreibt die Jagemann später, »und aus seinem veränderten Ton ging hervor, welchen befremdlichen Eindruck diese Eröffnung auf ihn gemacht hatte. Er wäre immer ein Bewunderer meiner vielseitigen schönen Eigenschaften gewesen, bemerke jetzt aber mit Staunen eine respektable Kalkulationsgabe, die seiner Neigung eine andere Richtung gäbe. So waren die schönen Motive meines Widerstandes entstellt und der Charakter meines Opfers vernichtet; in tiefer Entrüstung antwortete ich, dass Frau von Wolzogen in ihrer guten Meinung für mich zu weit gegangen sei und ein unzureichendes Mittel gewählt habe ...«

Als die Jagemann dann ziemlich bald aus Mannheim zurückkehrt, bekommt sie »ein Billet der Frau v. Wolzogen, die sich meinen Besuch verbat und allen ferneren Verkehr aufkündigte«.

Karoline also hat den Kontakt abgebrochen und Lotte überredet, ebenfalls der Jagemann ihre Gastfreundschaft zu verweigern. Karl August höchstpersönlich hat einen schriftlichen Beweis dafür hinterlassen, dass die Aussperrung seiner Geliebten von »der Wolzogen«, nicht von Lotte ausging. »Sie [Karoline] mischte sich ganz unberufenerweise in unsere Sachen, riet erst dafür und endlich dagegen und schrieb der Jagemann einen sehr groben Brief, in dem sie ihr alles fernere gesellschaftliche Verhältnis aufsagte. Da zogen sich auch Schillers zurück.«

Dabei will Lotte nur verhindern, dass Schiller sich verstrickt in das Intrigengespinst, von dem die Jagemann zwangsläufig umgeben ist. Schließlich weiß sie mehr über die Macht und Niedertracht der Gerüchtemacher als ihr Mann, sie hat Erfahrung mit dem Hof. Sie weiß, was man einfach ignorieren kann und wogegen man sich zur Wehr setzen muss. Als die Herzogin, deren Gunst für Schiller lebenswichtig ist, sagt, »sie wäre kompromittiert, wenn die Jagemann nicht spielte«, wird Lotte nervös; es geht um die Besetzung der Thekla in Schillers »Piccolomini«. Es erscheint vielleicht paradox, dass Karl Augusts Ehefrau die Geliebte ihres Mannes fördert, doch Macht hat ihre eigenen Gesetze und der Herzogin ist es lieber, Herrin über die Mätresse ihres Mannes zu sein, als gar nichts tun zu können. Aber natürlich wendet sie sich nicht an Schiller, sondern an dessen Schwägerin Karoline. Bei der, berichtet Lotte ihrem Mann, »hat sie sich sehr beklagt, dass Goethe und Du sie nicht unterstützt hättet, die Frau [Karoline] hat ihr erklärt, dass Du nicht frei beim Theater handeln könntest«. Und dann: »Es ist so ein Gewebe von Lügen und Bosheit in dem Ganzen, das man nicht durchschauen kann. Mir liegt nur am Herzen, Dich bei der Herzogin zu rechtfertigen.« Es ist nur allzu deutlich, wie sehr Lotte dieser ganze Klatsch ärgert und wie wenig sie Lust hat, den Überblick über den aktuellen Stand der Machenschaften zu behalten.

Schiller, wieder einmal zur Arbeit nach Jena geflohen, weiß, wovon er dort verschont bleibt. »Die Klatschereien in W. ... kommen mir hier in meiner Abgeschiedenheit doppelt lächerlich vor; an Ort und Stelle würden sie mich wahrscheinlich mehr ärgerlich machen.«

Lotte hält ihm jedoch auch diesen Ärger vom Hals und sogar das lästige Verfassen von Entschuldigungsbriefen. »Ich wollte Dir sagen, dass Du lieber nicht an die Herzogin schreiben sollst, sie hört jetzt sehr ungern über die Sache sprechen, und Du bist völlig gerechtfertigt ... Ein Brief würde sie verlegen machen, wenn Du sie siehst, ist es schon veraltet ... Da Du auch nicht der allerpromptteste Briefschreiber bist, so kannst Du Dich der Mühe überheben.«

Schiller atmet erlöst auf. »Meinen Brief an die Herzogin unterlasse ich recht gern. Sie wird zwar immer etwas böse auf mich sein ..., aber das vergisst sich zu meiner Wiedererscheinung im Komödienhause.«

Mit dieser *Wiedererscheinung* im Theater wird es aber zuerst einmal nichts, denn Karl August verhindert die lange geplante Uraufführung der »Jungfrau von Orléans«. Die Hauptrolle hätte nämlich wie üblich Karoline Jagemann zugestanden, deren Jungfräulichkeit er selbst schon vor vier Jahren beendet hat, so es nicht schon vorher geschehen war. Die Jagemann als jungfräuliche gottgeweihte Heldin Johanna hätte nur Gelächter statt Rührung zu erwarten. Der Gedanke aber, diese Traumrolle einer Kollegin im Haus zu überlassen, muss der Primadonna abwegig erscheinen. Der Herzog unternimmt also einen letzten Versuch: Er drängt Schiller, für seine Mätresse die »Jungfrau von Orléans« umzuschreiben. Schiller aber weigert sich, weil er »die theatralischen Zänkereien und verwickelten Privatverhältnisse« satt hat. Und Lotte ermuntert ihn nicht zum Einlenken, sie weiß sehr wohl, dass Schiller damit seine Würde als Dichter einbüßte und sich selbst zur willigen, bestechlichen Hofschranze herabwürdigte.

Also wird die Tragödie am 17. September 1801 nicht in Weimar, sondern in Leipzig, im Theater am Rudolstädter Tor, uraufgeführt. Letzte Konsequenz einer Kampagne, die Schiller nicht trotz, sondern durch Lotte unbeschadet überstanden hat. An seiner Seite darf sie nun einen unerwarteten Triumph erleben. Bis auf den letzten Platz ist das Theater ausverkauft. Und schon nach dem ersten Akt feiert das Publikum den Autor mit stehenden Ovationen. »Es lebe Friedrich Schiller«, brüllen die Besucher und das Orchester spielt spontan einen Tusch dazu. Als Schiller das Theater verlässt, bilden die Menschen ein Spalier, nehmen die Hüte ab und bejubeln den Dichter.

Ein Mann wie Goethe hätte wahrscheinlich einen solchen diplomatischen Slalomlauf, der durch alle Schikanen und Hindernisse hindurch zu einem Sieg führt, allein bewältigt. Schiller jedoch braucht dazu eine Frau wie Lotte, die genau weiß, wann wer überhört werden muss, wem was hinterbracht und was verschwiegen werden sollte, welche Briefe zu schreiben und welche zu unterlassen sind. Spaß kann einer grundsoliden Frau wie ihr dieser Sport auf dem Lügenparcours aber nicht machen.

Taktgefühl ist Lottes Stärke, Schiller hat es nicht und Goethe auch nicht immer, wie sie bald schmerzlich erleben muss. Im Winter 1801/02 verfällt er nämlich auf die Idee, bei sich jeden Mittwoch einen »cour d'amour« zusammenzutrommeln, bis auf die Schillers, Wolzogens und Meyers sind »lauter Hofgesichter« da. Es werden Paare gebildet und Lieder von Goethe und Schiller abgesungen. Eine etwas alberne Übung, die Schiller aber, wohlgemerkt, ausgesprochen nett findet.

Dann aber passiert Goethe ein Fauxpas; er bildet ein Paar aus Wilhelm von Wolzogen und Lotte und eines aus Schiller und Karoline. Was bleibt Lotte übrig, als gute Miene zum bösen Spiel zu machen.

Doch während Lotte sich weder über solche Entgleisungen noch über Schillers finanzielles Desaster beschwert, der allein für seine Kleidung in jenem Jahr mehr veranschlagt als für die der ganzen übrigen Familie, sieht er sich immer nur als Opfer. Er gibt zwar zu, dass seine drei Kinder ihm »große Freude« machen und ihm »eine neue Existenz« geben, er beklagt sich aber gleichzeitig über dieses »Gewicht, das sich an unser Dasein hängt, und ohne dasselbe würde ich manche Vorsätze ins Weite hinaus zustande gebracht haben; denn unter meinen Wünschen und Plänen war längst auch eine Reise nach Italien, wozu ich vorderhand keine Möglichkeit sehe«.

Tatsächlich halten die Kinder ihn immer wieder von der Arbeit und der Erholung, von Freunden und Diskussionen ab. Johann Gottfried Seume erzählt zum Beispiel, wie Schiller aus einem Freundeskreis in Kursachsen hektisch nach Weimar zurückgereist ist, wegen seiner kleinen Tochter; »und als ich einige Wochen nachher ihn besuchte, kam er mir im Vorhause mit dem lieblichen Ideal von Mädchen auf dem Arme entgegen und sagte: ›Sehen Sie, das ist das kleine närrische Geschöpf, das mich nicht ruhig bei Ihnen lassen wollte.‹«

Neidvoll muss Schiller zusehen, wie seine Schwägerin, Karoline, sich eine Parisreise ertrotzt. Karl von Stein beschreibt in einem Brief vom 30. Januar 1802 seinem Bruder Fritz, wie einer von Karolines gefürchteten Anfällen aussieht, mit denen sie jahrelang schon ihren ersten Mann und den Rest der Familie terrorisiert hat, aber auch viel erreicht.

Wolzogen, mittlerweile Diplomat im Dienst des Herzogs, muss aus beruflichen Gründen nach Paris, und Karoline will mit, obwohl die Stadt zu dieser Zeit noch ein gefährliches Pflaster ist. »Die Herrschaften welche von der [beabsichtigten] Reise Wind bekamen, bewegten Himmel und Erde, es der guten Frau abzuraten. Allein je mehr ihr Mann und ihre Freunde in sie drangen, je größer wurden ihre Verzückungen und Krämpfe. Die Arme flogen eins ums andere in die Luft und sie hopste auf dem Kanapé in regelmäßigen Intervallen in die Höhe als wenn sie auf einem galoppierenden Pferde säße. Du kannst Dir denken, dass man die Vorstellungen nicht nur aus Menschlichkeit, sondern auch aus Vorsicht einstellen musste, damit sie nicht vielleicht selbst gegen ihren Willen durch krampfhafte Bewegungen nach Paris geschleudert würde.«

Wie immer siegt Karolines Egoismus über die Vernunft. Im Mai 1802 vermeldet sie ihrer Schwester Lotte bereits triumphierend: »Der gute Alte [Wolzogen] hat mir überall Quartiere bestellt ...« Und im Juni reist sie wie geplant.

Lotte jedoch begehrt nicht heraus aus ihrem Kreis, aus der familiären Enge, aus dem bescheidenen Bewegungsfeld zwischen Rudolstadt, Jena, Weimar und Leipzig. Also wird gemunkelt, sie begehre gesellschaftlich nach oben, sie sei gierig auf den sozialen Aufstieg, die geborene Freifrau von Lengefeld werde zernagt von einem einzigen Ehrgeiz: Sie wolle endlich wieder zum Adel gehören. Um dieses Klischee zu bestätigen, ist allerdings eines nötig: Die Wahrheit muss frisiert werden.

XXII

». . . *Lolo und der Kinder willen*«

Warum Lotte nachgesagt wird,
Schillers Adelung zu betreiben

Anfang Februar 1802 bekommt Charlotte von Stein einen eigenartigen Brief. Die Handschrift ist ihr vertraut, doch der beleidigte Ton muss sie befremden. »Da ich nun zwei Jahre hier wohne, ohne nach Hofe eingeladen worden zu sein (denn auch am Hof der Herzogin Mutter war ich nie in größerer Gesellschaft), so wünschte ich auch fürs künftige wegen meiner Kränklichkeit davon ausgeschlossen zu bleiben.« Es ist offensichtlich, dass dieser Wunsch das Gegenteil von dem bedeutet, was da steht. Und es ist nicht Lotte, es ist Schiller, der sich bei Frau von Stein indirekt darüber beschwert, dass sie sich nicht genügend für ihn eingesetzt habe.

Bis heute wird immer wieder gemutmaßt, Lotte sei die treibende Kraft hinter diesem Appell gewesen, doch Schiller selbst ist es, der sich um die Aufnahme am Hof bemüht. Keiner kann ihm zwar vorwerfen, er habe nur das geringste Bedürfnis, auf dem höfischen Ball der Eitelkeiten mitzutanzen, aber er muss es mittlerweile als kränkend, sogar demütigend empfinden, dort noch immer nicht akzeptiert zu werden. Berühmt ist er, doch er will gesellschaftlich anerkannt sein, und zwar in Weimar. »Denn ich habe nun alle Gedanken an das Wegziehen von Weimar aufgegeben und denke hier zu leben und zu sterben.«

Trotzdem kann er nicht zugeben, wonach er lechzt, und versucht, völlig desinteressiert zu sein an einem Adelstitel. Dass Schiller an Dekorationen, die einem Geist wie ihm nichtig erscheinen müssten, gelegen ist, haben seine Freunde ja schon vor Jahren vorgeführt, als sie seine Gier auf einen Doktortitel bloßstellten. Doch er wird sich krampfhaft bemühen, das Interesse am Adelsdiplom ausschließlich seiner Frau unterzuschieben.

Dabei ist Lotte in diesem Vorfrühling mit Wichtigerem beschäftigt. Zuerst einmal damit, in Schillers Namen betteln zu gehen, bei ihrer Mutter, bei Goethe, wo immer etwas zu holen ist. Denn Schiller braucht, um im gesellschaftlichen Sinn endlich etwas darzustellen, außer dem Adel auch ein Eigenheim. Am 10. Februar erklärt er seinem Verleger Göschen: »Ich habe dieser Tage endlich einen alten Wunsch realisiert, ein eigenes Haus zu besitzen.«

Louise Lengefeld gibt ein Darlehen, obwohl sie sich das kaum leisten kann, auch Goethe schießt etwas zu, aber das reicht bei weitem nicht. Schiller muss beim Kammergutspächter Weidner aus Niederrossla einen Kredit von 2200 Talern aufnehmen – gegen Verpfändung des an der Esplanade liegenden Wohnhauses, das er erst kaufen will. Und die Griesbachs sind den Schillers noch immer so gewogen, dass sie sich um den zügigen Verkauf des Gartenhauses in Jena bemühen; der Erlös wird dringend benötigt.

Während Lotte den Umzug vorbereitet, fängt Schiller wieder einmal an zu rechnen: Es geht um seine Wirtschaftsausgaben für 1802. Doch ernst zu nehmen sind seine Aufstellungen nicht. Wenn er nämlich unter der Rubrik »Ich brauche«, in der nur die Haushaltungskosten aufgeführt sind, auf eine Summe von 1300 Taler kommt, dann beläuft sich unter der Rubrik »Ich empfange«, in der er seine Einkünfte auflistet, die Endsumme ebenfalls auf exakt 1300 Taler – Schiller mogelt sich die Rechnung zurecht.

Es ist ein *alter Traum*, den er sich erfüllt, der Traum vom eigenen Haus. Aber Schiller, der Träumer, muss nun aufwachen. Er hat zwar den Ehrgeiz, den Kindern diesen Besitz schuldenfrei zu hinterlassen, doch Lotte weiß, wie schnell er zusammenbricht unter zu vielen unerfreulichen Aufträgen, die er nur des Geldes wegen annimmt. Er ist nun mal keiner von den »Brotgelehr-

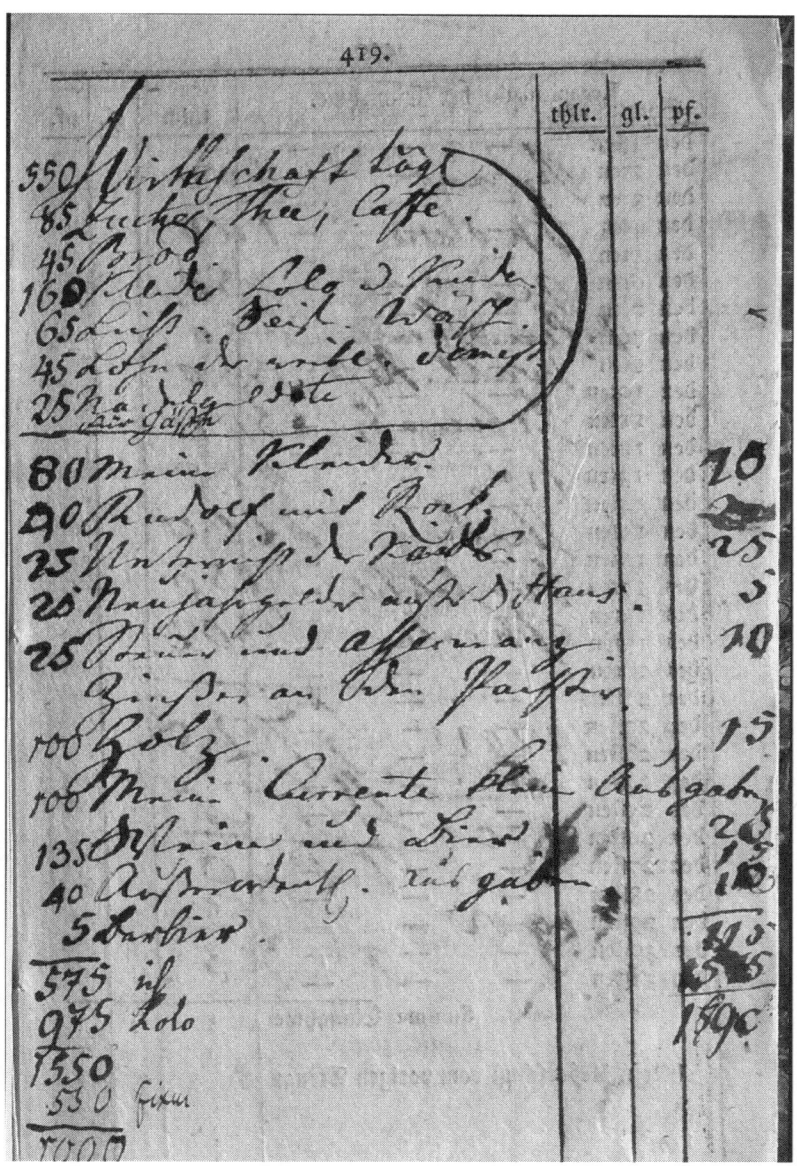

Hingebogene Bilanz: Kalendernotiz von Friedrich Schiller über die
Hauswirtschaftsausgaben 1802.

ten«, die er schon in seiner Antrittsvorlesung als unliebsame Art beurteilt hat. Was Lotte außerdem umtreibt, ist eine neue, groß angelegte Intrige, mit der Schiller nichts zu tun haben will, die aber seine Freundschaft mit Goethe aufs Äußerste gefährdet.

Es geht um Kotzebue, den, was die Beliebtheit betrifft, erfolgreichsten deutschen Bühnenautor dieser Zeit. Er wird von Goethe zwar, der vollen Kassen wegen, am Hoftheater aufgeführt, privat jedoch geschnitten und nie zu dem Mittwochskränzchen eingeladen. Jetzt hat er sich Rache geschworen. Selbstverständlich wird er, nach guter Weimarer Tradition, nicht direkt vorgehen, sondern auf seinem Umweg auch Schiller in seinen Feldzug verwickeln. Dabei hat Kotzebue durchaus ein Gespür für den richtigen Moment, denn die »Goethe-Verdrossenheit« in Weimar hat einen Höhepunkt erreicht und es bedarf keiner allzu großen Kraftanstrengung, die letzten Goethe-Anhänger umfallen zu lassen. Er plant für den Namenstag von »Friedrich« am 5. März eine Hommage auf Schiller, in der er als Deutschlands größtes Dichtergenie gefeiert, Goethe also auf die Ränge verwiesen werden soll. Schiller selbst soll auftreten als strahlender Höhepunkt. Dass er damit nebenbei auch noch Schiller gegen Goethe ausspielt, ist Kotzebue nur recht. Er kann damit rechnen, dass Goethe seinen Widerwillen gegen ihn auf Schiller übertragen wird, wenn der bei dem Ränkespiel mitmacht. Der Unfrieden in Weimar, das heißt die Unterhaltung der nächsten Jahre, ist gesichert.

Lotte, die weiß, wie ihr Mann über Kotzebue denkt und redet, kann sich nur wundern darüber, dass Schiller jede Beteiligung an dem Spektakel nicht sofort kategorisch ablehnt. Seit Jahren schon erzählt er, wie Senator Schübler bezeugt, »viel von Kotzebue, und dessen windichter Aufgeblasenheit. Sein Charakter sei einmal schlecht«. Und auch das, was über Kotzebues Schiller-Hommage bekannt wird, ist derart schauerlich, dass ein Mann mit Geschmack sich schleunigst aus der Affäre ziehen müsste. Geplant ist, wie Caroline Schlegel ihrem Mann berichtet, »eine Fete« im Weimarer Rathaus, »wo aus der Jungfrau, dem Don Carlos usw. Szenen aufgeführt werden sollten, ja sogar die Glocke dramatisch rezitiert, und man spricht von einer großen Glocke aus Pappe, die dafür verfertigt wurde«. Koetzebue hat mit seiner geschickten Hand für Intrigen die Prominenz Weimars gekonnt mit einbezogen. »Die Imhof, die Egloffstein und fast lauter Adelige« sind als Darsteller engagiert und haben sich sofort auf eigene Kosten Kostüme anfertigen lassen.

Es sieht danach aus, als habe Kotzebue richtig kalkuliert. »Es gehen die dümmsten Gerüchte und Urteile herum«, berichtet Caroline, »Goethe soll neidisch sein, nicht sowohl auf Kotzebue als vielmehr auf Schiller, weil es dem galt.«

Schiller sieht sich inzwischen in der Zwickmühle und verfällt auf eine schwache Notlösung: Er verkündet, wohlgemerkt nur in Goethes Haus, er werde sich krank schreiben lassen und bestimmt nicht anwesend sein. Doch er weiß, dass sich die Schlinge trotzdem zuzieht um seinen Hals.

Am Tag vor der Aufführung, als die Handwerker beim Bürgermeister Schulze den Schlüssel holen wollen, um die Bühne aufzubauen, geschieht jedoch etwas Unerwartetes: Schulze verweigert den Schlüssel und erklärt, »dass das Aufschlagen des dramatischen Gerüstes im neuen Saal des Stadthauses schlechterdings nicht zulässig sei, dieser sei erst ganz frisch eingerichtet und dekoriert, man könne ihn daher zu einem solchen tumultartigen Beginnen nicht einräumen«.

Schiller atmet auf. »Der 5. März ist mir glücklicher vorübergegangen als dem Cäsar der 15.« Gelassen sieht nun er mit an, wie »ganz Weimar über die Sache in Aufruhr« gerät, wie sich die Laiendarsteller aufregen, denn die hatten sich, »besonders die Damen, herrliche Sachen angeschafft, viele Ausgaben waren von allen Seiten gemacht«. Und wahrscheinlich amüsiert es ihn, dass Goethe nun auch noch in den Verdacht gerät, er habe als hoher Staatsbeamter den Bürgermeister dahingehend erpresst, den Saal nicht herzugeben. »So ist der Gott unter die Fischweiber geraten«, freut sich Dame Luzifer über Weimars neuesten Skandal.

Lotte allerdings spürt, dass die Sache damit nicht vorbei ist. Auf Goethe konzentriert sich, wie er in den »Annalen« 1802 bemerkt, »als dem einzigen feindlichen Prinzip«, dem einzigen verfügbaren Sündenbock für das rausgeschmissene Geld, »der heftigste Grimm«. Und gesellschaftlich gesehen hat Kotzebue, auch wenn »das ganze Fest in Trümmer« gegangen ist, Erfolg mit seiner Aktion: Das Mittwochskränzchen bei Goethe löst sich auf und die wichtigen Leute dinieren nun bei Kotzebue, »der es sich angelegen sein ließ, in Weimar ein sehr brillantes Haus zu machen«. An Schiller allerdings muss der Verdacht hängen bleiben, er sei mit Kotzebues Plan stillschweigend einverstanden gewesen und das wird Goethe ihm nicht verzeihen. Es muss Lotte beunruhigen, dass Goethe schweigt »wie eine Mauer«, nach Caroline Schlegels Eindruck.

Was Lotte aber nun unternimmt, muss jeder denkende Mensch lächerlich finden: Sie verfasst ein schülerhaft gereimtes Stück als Persiflage auf die geplatzte Feierlichkeit und überschreibt es »Der verunglückte 5. März«. Und das bekommt mit Sicherheit nicht nur Schiller, sondern vor allem derjenige gezeigt, für den es gemacht ist − Freund Goethe. Lotte rehabilitiert in diesem so genannten »Schwank«, der niemals aufgeführt wird, nämlich in braven Reimen ihren Mann, indem sie Kotzebues Unternehmen lächerlich macht. Sie lässt ihn als wichtigtuerischen »Firlefanz« auftreten und eine beleidigte »Dame« über Schiller sagen: »Der verbittet sich all unsre Ehre. / O, dass er doch wo anders wäre! / Hab' in meinem Leben niemand gesehen, / Der so schnöd gegen die Ehre, das muss ich gestehen.«

Doch nicht genug damit, dass Lotte solche Wiedergutmachungs-Aktionen betreibt, um die Freundschaft von Schiller und Goethe zu retten, sie muss auch wieder Zugeld mit Heimarbeit verdienen. Schiller schickt Cotta am 16. März »eine Erzählung, die mir zur Ansicht mitgeteilt worden und die Sie vielleicht für die Flora brauchen können. Sie ist nicht ohne Interesse und hat eine reine moralische Tendenz. Der Verfasser ist mit 4 Reichstalern für den gedruckten Bogen zufrieden.« Es handelt sich um die Erzählung »Die Brüder«, wahrscheinlich wieder eine Übersetzung, vielleicht auch eine Originalerzählung von Lotte, das Honorar geht jedenfalls direkt an Schiller und ist in seiner Kontenabrechnung für 1802 aufgeführt.

In der aktuellen Lage ist Schiller alles recht. Denn als sie am 29. April 1802 in das Haus an der Esplanade einziehen, ist er beängstigend hoch verschuldet. Und es ist abzusehen, dass der Schuldenberg wächst: Der zweigeschossige Bau ist erst 1777 errichtet worden, aber dringend eines Umbaus bedürftig. »… und nun ich ihn [den Besitz] als mein ansehe, wachsen mir neue Sorgen zu, wie ich ihn meinen Zuständen anpassen soll«, hat Schiller schon im Februar Goethe vorgejammert.

Direkt nach dem Einzug beginnen die Bauarbeiten unter ohrenbetäubendem Lärm. Das Dachgeschoss wird ausgebaut, die maroden Fußböden werden repariert; die teils brüchigen Fachwerkwände müssen ausgebessert werden, die Treppe wird verlegt. Unter die Schrägen im Dachgeschoss, Schillers Reich, werden Bücherregale eingebaut und in den Giebel wird ein Fenster gebrochen, damit er mehr Licht beim Schreiben hat. Für die hölzerne Tür, die von seinem Arbeitszimmer in seine Schlafkammer führt, wird eine leisere Tapetentür eingebaut, Wandschränke werden maßgeschreinert. Unter der Küche legt Schiller ein Weingewölbe an, in das man durch eine Klapptür im Fußboden hinuntersteigen kann. Die alten Stofftapeten in den Zimmern werden abgerissen, handgedruckte Papiertapeten und Bordüren aufgezogen, wie es gerade Mode ist.

Vier Monate dauern die Umbauarbeiten, was Schiller schier den Verstand raubt. Lotte versucht, alles abzuhalten von ihm, was ihn belasten könnte, und trägt fast zwei Wochen ein Geheimnis mit sich herum, das sie quält. Sie darf nicht weinen, sie darf sich nichts anmerken lassen, bis Schiller den ersten Umzugsstress überstanden hat. Dann erst verrät sie ihm, was sie von Cotta erfahren hatte, mit der Bitte, es ihrem Mann schonend beizubringen oder erst einmal zu verschweigen: Am Tag des Einzugs, am 29. April, ist seine Mutter gestorben. Lotte vermeidet damit zwar, dass er den Tod als böses Omen für das Leben im neuen Haus deutet, kann aber nicht verhindern, dass er zusammenbricht: Anfang Juni liegt er schon wieder im Bett mit »Katarrh, Fieber und Husten«, und als er wieder auf den Beinen ist, schreibt er zermürbt an Goethe: »Ich sehne mich sehr nach einem ruhigen Aufenthalt, denn bei mir geht es jetzt sehr lärmend zu, da oben und unten gehämmert wird, und der Boden zittert buchstäblich unter meinen Füßen.«

Von Lotte gibt es keine Klagen. »Ich habe seinen Geist, seine volle rege Tätigkeit unterhalten, indem ich nur für ihn lebte«, schreibt sie, »und suchte lieber, ihm das wirkliche Leben nicht drückend zu machen durch Störung seiner Wachsamkeit.«

Die Aufteilung des Hauses ist vermutlich von Lotte konzipiert, denn sie ist ganz darauf angelegt, jede Störung von Schillers *Wachsamkeit* zu verhindern. Seinem Diener Georg Gottfried Rudolph wird das Zimmer direkt neben dem Eingang zugewiesen, so dass er die unliebsamen Besucher abfangen und die erwünschten empfangen und nach oben führen, Boten abfertigen und losschicken kann und die ganze Kommunikation abwickeln, ohne den Meister zu behelligen. Auch die Küche, deren Geräusche und Gerüche Schiller nicht erträgt, liegt im Erdgeschoss, ebenso das Zimmer von Christine Wetzel, der Kinderfrau, und das der beiden lautstarken Söhne, die so unter Aufsicht stehen. In der ersten Etage spielt sich das Familienleben ab, dort ist der Salon, das Esszimmer, Charlottes Reich mit lila karierten Tapeten und direkt daneben das Zimmer der kleinen Tochter.

Schiller kann sich also im obersten Stock isolieren. »Schiller hängt an seinen Kindern mit der zärtlichsten Vaterliebe«, wird zwar immer wieder betont, aber so kann er die Vaterliebe dann beweisen, wenn es seine Arbeit gerade zulässt. Doch das Hämmern, Schleifen und Sägen der Handwerker dringt vorerst mühelos durch bis in sein Studierzimmer.

Allen, denen an Schiller etwas liegt, ist klar, dass er dringend der Aufmunterung bedarf. Und Charlotte von Stein hat wohl wunschgemäß funktioniert und dem Herzog einen Tipp gegeben. Im Juni jedenfalls bemüht der sich beim Kaiser um ein Adelsdiplom für Schiller, freilich nicht aus reiner Liebe zu dem Dichter, sondern aus reiner Freude am Weimarer Lieblingsspiel: der Intrige. Denn Schiller zu adeln heißt Herder eins auswischen. Der hat nämlich bereits im Vorjahr das pfalzgräfliche Adelspatent bekommen, aber Karl August weigert sich, es in

Sachsen-Weimar anzuerkennen, so dass Herder den Titel nicht führen darf. Und nachdem zwischen Herder und Schiller der Ton immer schärfer geworden ist, wird eine Nobilitierung Schillers für wüste Wortwechsel sorgen.

Christian Gottlieb von Voigt, die rechte Hand Karl Augusts, wickelt das Ganze mit bewährter Genauigkeit ab. Er verfasst die Begründung für die Verleihung und Schiller, der angeblich doch von gar nichts weiß, bekommt diese Eloge wohl zu sehen. Denn er lobt am 18. Juli überschwänglich das »brillante diplomatische Testimonium«. Dass Voigt, in anderen Belangen ein gnadenloser, herzloser Beamter, sich derart engagiert, hat menschliche Gründe: Er ist davon überzeugt, dass diese Ehrung »dem liebenswürdigen Mann irgend Ehre und Vergnügen bereitet«.

Lotte aber hat für derartige Äußerlichkeiten gar keine Zeit, denn ihr Haus ist mal wieder ein Lazarett. Nur Fritz von Stein, das »Brüderchen«, ist ihr so nah und vertraut, dass sie ihrem Herzen Luft zu machen wagt. »Seit mehreren Tagen ist es recht unheimlich in meinem stillen freundlichen Haus, weil alles krank ist«, schreibt sie am 1. Juli. »Die beiden Knaben haben eine Art Keuchhusten, der zumal Ernst sehr angreift. Ein Kranker nimmt schon alle meine Kräfte, und nun ist Schiller auch von einem garstigen Husten geplagt, der ihn übel mitnimmt. Es gibt vielleicht Momente, wenn alles um mich herum hustet, dass ich mir nicht mehr zu helfen weiß. Ich selbst bekomme aus Sympathie auch Husten, doch ist es nur selten.«

Sie kann sich solche Sympathien auch gar nicht leisten, denn noch immer hat sie sich mit den Handwerkern herumzuschlagen, und sorgt sich wieder nur um ihren Mann. »Der Einzug, das Arrangement des Hauses, die Veränderungen, die wir machen mussten, haben uns viel Zeit und Ruhe geraubt, besonders Schiller, der noch nicht zu einer fruchtbaren Stimmung kommen konnte. ... Ich fühle diese Stimmung immer mit, und mir ist nie wohler, als wenn ich Schillers Geist in einer Tätigkeit weiß, die ihn erhebt.«

Schiller macht sich kaum Gedanken darüber, wie Lotte ihn als Dauerpatienten und den ganzen Umbaulärm noch aushält, vielmehr beschäftigt ihn ein eigenes Problem: Wie kann er es verhindern, dass ihn seine Erhebung in den Adelsstand zum Gespött der intellektuellen Freunde werden lässt? Denn Missgunst ist bereits gesät. Goethe zum Beispiel neidet es dem Freund, dass er den Ruf hat, volksnah zu sein; dass er den auch noch als Herr von Schiller genießen wird, muss den Geheimrat ärgern. Schiller, wird er Eckermann später erklären, der »weit mehr ein Aristokrat war als ich, der aber mehr bedachte, was er sagte, als ich«, habe nun einmal »das merkwürdige Glück« besessen, »als ein besonderer Freund des Volkes zu gelten«. Dass er den Nachsatz »Ich gönne es ihm von Herzen« für nötig hielt, lässt vermuten, dass man allgemein etwas anderes dachte. Also nicht nur von Herders Seite wird Schiller die Ehrung Schereereien einbringen. Er beugt deshalb vor.

Am 7. September wird das Adelsdiplom für ihn ausgefertigt. Und kurz bevor er es im November 1802 erhält, lässt er hinter seinem Namen in den Weimarer Hof- und Adresskalender für 1803 eintragen »Bürger von Frankreich«. Ein klares Bekenntnis zur Demokratie. So einer kann doch nicht interessiert sein an einem Adelsdiplom. Dass er damit den Herzog vergrätzt, muss ihm bewusst sein. Und es klingt auch leicht besorgt, als er am 29. Oktober 1802 an seinen Schwager Franckh schreibt: »Die Zeitungen haben mir den Adel von Wien aus zuerkannt: ich selbst aber habe nichts von dorther erhalten.« Das Diplom ist also noch nicht da und Schiller leicht nervös.

Ende November 1802 ist es dann so weit und am 29. fühlt Schiller sich genötigt, seinem Freund Körner zu erklären, dass es im Grunde nur normal sei, dass er nun zum Adel gehöre. »denn es hatte etwas Sonderbares, dass von zwei Schwestern die eine einen vorzüglichen Rang am Hofe, die andere gar keinen Zutritt zu demselben hatte, obgleich meine Frau und ich sonst viele Verhältnisse mit dem Hof hatten. Dieses alles bringt dieser Adelsbrief nun ins Gleiche, weil meine Frau als eine Adlige von Geburt, dadurch in ihre Rechte, die sie vor unserer Heirat hatte, restituiert wird; denn sonst würde ihr mein Adel nichts geholfen haben. Für meine Frau hat die Sache einigen Vorteil, für meine Kinder kann sie ihn mit der Zukunft erhalten, für mich ist freilich nichts gewonnen.« Und Wilhelm von Humboldt gegenüber gibt er sich betont lässig: »Sie werden gelacht haben, da Sie von unserer Standeserhöhung hörten, es war ein Einfall von unserm Herzog, und da es geschehen ist, so kann ich's um der Lolo und der Kinder willen mir auch gefallen lassen.«

Aber nicht genug damit. Humboldt soll glauben, er habe nur Lottes wegen in diese ganze Sache eingewilligt. »Lolo ist jetzt recht in ihrem Element, da sie mit ihrer Schleppe am Hof herumschwänzelt«, giftet er. Seine Frau hingegen arbeitet wie immer in seinem Sinn. Ihr ist bewusst, dass Schiller als ehemaliger Revoluzzer komisch dastünde, wenn es so aussähe, als hätte er selbst sich um den Titel bemüht. »Aus dem Adelsdiplom kann jeder sehen, dass Schiller ganz unschuldig daran ist«, schreibt sie an Fritz von Stein. Und er, der Lotte gut kennt, ist sich auch klar darüber, dass sie von dem neuen Titel wenig hat: »Wenn Sie auch beide nichts gewonnen haben«, schreibt er, »so hat doch der Herzog und die Herzogin den Vorteil erlangt, Sie öfters zu sehen, und vielleicht kann es Ihren Kindern nützen.«

Lotte gibt aber auch offen zu, dass und warum sie die Nobilitierung freut: Ihr sei einfach »jeder Beweis einer öffentlichen Achtung, der Schiller widerfährt, erfreulich«. Ihrer Schwägerin Louise Franckh jedoch erklärt sie unmissverständlich: »Wie ich über diese Dinge dachte, habe ich gezeigt, und man wird mir, hoffe ich, nicht zutrauen, dass ich so etwas gesucht hätte.« Das schreibt Lotte, die angeblich *mit ihrer Schleppe am Hof herumschwänzelt*. Diese gehässige Bemerkung ihres Mannes hat sie zum Glück nicht gelesen, im März 1803 hat sie allerdings auch anderes im Kopf, als herumzuschwänzeln: Ihre Kinder sind von den Masern befallen worden, sie fiebern und weinen und müssen am Kratzen gehindert werden. Und Lotte hat sich bei ihnen angesteckt.

Schiller hat für seine Frau wenig Zeit, er ist mit seiner »Braut« beschäftigt und widmet sich ihr unter Umständen, die in Weimar sofort für Gerüchte sorgen. Am 19. März ist seine »Braut von Messina« am Hoftheater uraufgeführt worden, und nachdem die chère mère das Stück gesehen hat, schreibt sie ihrer Lotte aufgeregt: »Die Vizthum hat mir erzählt, dass wenn Schiller so was [gemeint sind die Chöre eines Dramas] arbeitete, ließ er die Stube mit schwarzen Vorhängen behängen.«

Daran, dass über Schillers Angewohnheiten überall geredet und geratscht wird, hat Lotte sich längst gewöhnt. Sie geht darauf gar nicht mehr ein. Sie lebt damit so abgeklärt wie mit ihrem unbelehrbaren Mann, der trotz seiner Anfälligkeit hemmungslos herumzieht und zecht. An eine Lesung des Dichters aus seiner »Jungfrau von Orléans« erinnert sich einer der Teilnehmer: »Die Vorlesung ... dauerte unausgesetzt bis spät in die Nacht hinein, wo von einer eigentlichen Wirkung wenig mehr die Rede sein konnte, zumal da auch der in Fülle genossene gute Wein bei Vielen seine narkotische Wirkung nicht verfehlte.«

Doch Fritz erfährt, wie es Lotte wirklich geht und wovon sie heimlich träumt. »Wenn ich nicht durch meine Familie gebunden wäre, durch meine eigne angegriffene Gesundheit, da ich beinahe beständig an Zahnweh und gichtigen Zufällen diesen Winter gelitten habe, so könnte ich den Wunsch beinahe nicht unterdrücken, die liebe Mutter [Charlotte von Stein] zu begleiten und ein paar Tage dort zu sein. ... Ein tröstlicher Zustand ist nirgends; meine unruhige Familie, die mich dann und wann aus meinen idealischen Vorstellungen, der Welt meiner Empfindungen stört, trägt nicht immer dazu bei mir frohe Vorstellungen zu geben (unter uns gesagt).«

Doch Lotte ist viel zu pflichtbewusst, um solche kleinen Fluchten ernsthaft zu erwägen. Sie fühlt sich ja nicht nur für Schiller und die Kinder, sondern auch für Freunde wie Goethe verantwortlich, der sich nach der Kotzebue-Affäre und den damit verbundenen Anwürfen von der Gesellschaft beleidigt zurückgezogen hat.

»Schiller ist der einzige Mensch, der ihn sieht wie sonst; er gibt dann und wann Concerts und Soupers, wo wir Damen zu ihm kommen; aber er will nicht öffentlich mehr erscheinen. Ob er diesen Vorsatz hält, wissen die Götter. Bewahren Sie es in Ihrem Herzen, was ich da sage.«

XXIII.

Schulmeisterlich und unbelehrbar

Was Lotte den Alltag
mit Schiller erschwert

Lauchstädt ist kein mondänes Bad. Aber es sorgt, wie andere Kurorte auch, für eine laszive Atmosphäre. Und so manche allein reisende Frau, in ihrer Ehe längst der Erotik entwöhnt, spürt, wie sie begehrt wird und wird dadurch selbst begehrlich. Auch Christiane Vulpius, mittlerweile dick geworden, genießt es, als gute Tänzerin umschwärmt zu werden, und aus ihren Briefen heim, nach Weimar, ist herauszuhören, wie gut ihr das tut. Goethe reagiert keineswegs angesäuert darauf, im Gegenteil: Dass seine Liebste dort so gut ankommt, obwohl sie die Mitte der Dreißig hinter sich hat, animiert ihn. Was er an sie schreibt, verrät: Er erlebt einen neuen Liebesfrühling und ist auf einmal wieder verrückt nach dieser Frau, mit der er seit fünfzehn Jahren zusammenlebt.

Auch Schiller ist zu dieser Zeit in Lauchstädt, weil dort am 11. Juli seine »Jungfrau von Orléans« aufgeführt wird und die Anwesenheit des Dichters für die Kurgäste eine Attraktion ist. Doch Lotte ist nicht dabei und er scheint die besondere Atmosphäre nicht zu bemerken. »Frühe wollen wir den Herrn Hofrat besuchen, um zu hören, ob es wahr ist, dass er fort will. Ich kann mir gar nicht vorstellen, wie es jemand hier nicht gefallen kann«, berichtet Christiane dem Geheimrat verständnislos. Dabei nutzt Schiller das Unterhaltungsprogramm vor Ort durchaus. Er, der Lotte den Ballbesuch vermiest hat, weil er *die edleren Genüsse des Geistes ... hinwegschwemmt* und die *bessern Menschen den Armseligen so nahe bringt*, lädt in Lauchstädt selbst zu einem Ball. »Nach der Komödie haben uns die Herren Offiziere und der

Herr Hofrat Schiller zu einem Souper und Ball bei Chryselius geladen«, berichtet Christiane. (Der Dresdner Karl Chryselius war Pächter der Lauchstädter Gastwirtschaft.)

Lotte schlägt sich währenddessen zu Hause mit den üblichen Problemen herum und gibt vor, nichts zu vermissen, weder Anregungen noch Änderungen. »Das Neue ist selten besser, ist mein Wahlspruch«, schreibt sie ihrem Schwager Wolzogen. Für eine Frau von noch nicht einmal sechsunddreißig Jahren eine sehr resignative Äußerung. Lotte jedoch vertritt tapfer die Ansicht, anstatt weit zu reisen, sollten die Menschen lieber einmal in sich gehen. »Es gibt soviel eingebildete Übel in den gesellschaftlichen Verhältnissen«, erklärt sie, »die ein einziger ruhiger Blick in sich selbst könnte vertreiben.«

Aber sie beschönigt nicht nur, sie gibt zu, dass die kleine Tochter ihr mehr Freude macht als die beiden Söhne und vermisst ihre Jüngste, als die bei der chère mère Ferien machen darf. »Es ist sonderbar, dass es mir erst jetzt auffällt, wie verschieden die Mädchens und Jungens auf das Gemüt wirken, es ist mir, als wäre etwas von mir genommen was mein Gemüt freundlich stimmte, und als wäre ich weniger heiter, weil ich das sanfte freundliche Gesicht nicht sehe. Die Jungens kündigen sich mehr als eine Macht an, und wirken meistens zerstörend.«

Gelassen ordnet sie ihren Alltag, organisiert, dass ihre Söhne zu Hause guten Unterricht bekommen, und zahlt dem Lehrer ein ordentliches Honorar dafür. »Wenn die Kinder alles bei ihm lernen, so ist es nicht viel, und ihm ist es doch eine bestimmte Einnahme. Ich habe auch die Stunden Ruhe, die mir wohl tut.«

In diesen Stunden liest sie, lernt Spanisch bei dem jungen Voß und schreibt – allerdings nur noch Briefe, denn Schiller ist der Familienberichterstattung müde und erklärt allen, Lolo werde das Notwendige mitteilen.

Dabei hätte er durchaus Zeit dafür in diesem Sommer, in dem er, zurück in Weimar, dauernd mit Goethe spazieren geht, spazieren fährt, isst und dabei selbstverständlich nichts anderes sucht als tiefsinnige Gespräche. Andreas Szluchovinyi, ein Lehrer aus Preßburg, erlebt im August bei seinem Besuch in der Stadt die hehren Freunde Schiller und Goethe: Von Gelächter, dem »Ton stürzender Kegel und … angestoßener Gläser« angelockt, gerät er in einen Garten, den er für den Biergarten eines Wirtshauses hält. Es muss sich jedoch um den der Schillers handeln, der hinten hinaus zur Windischengasse liegt und auch von dort betreten werden kann. Dort hat der Hausherr eine Kegelbahn anlegen lassen – für die Kinder, wie der Katalog des Schillerhauses gutgläubig vermerkt.

Die Gastgeberin Lotte oder ihre Hausangestellte hält er für eine Kellnerin, bestellt bei ihr Bier und schaut den Kegelbrüdern zu, die sich später als Wieland, Goethe und Schiller entpuppen und die er alle recht nett findet. »Am meisten jedoch zog mich mein freundlicher Wirt an, obgleich blass und leidend vom Aussehen …« Schiller leidet in diesem Moment vor allem daran, dass er miserabel kegelt und deswegen ständig Geld verliert. Der fremde Gast hält es nicht mehr aus und erklärt Schiller, dass er »die Kugel grundfalsch aufsetze«, macht ihm vor, wie's geht, und wird von Schiller zum Ersatzspieler ernannt. Nun blüht Schiller auf, denn der Preßburger holt für ihn einiges heraus; »dankend überreichte ich den Gewinn«.

Erst jetzt kapiert der Fremde, dass er in einer privaten Gesellschaft gelandet ist, wird von Schiller zum Abendessen eingeladen, noch immer ahnungslos, wer der bleiche Typ ist, und betrinkt sich mit der Runde. Als der Gast schließlich angeduselt Schillers »Hymnus an die Freude« zu grölen anfängt, gibt sich der Dichter zu erkennen. »Ich freue mich herzlich«, sagt er angeblich, »dass meiner Muse Sang auch Ungarns edle Söhne verstehen und lieben.«

Es mag bezweifelt werden, dass Schiller nach mehrstündigem Bierkonsum noch so spricht; sicher aber ist, dass er einen durchaus lustigen Sommer zu verleben scheint. Und dass Lotte ihm das zugesteht, obwohl doch die Arbeit am »Wilhelm Tell« drängt und die Finanzen im Argen liegen. In seinen Briefen aber jammert er über gähnende Langeweile. »Mein Leben ist so einförmig und leer an Begebenheiten, lieber Alter, dass ich Dir wirklich bloß aus Mangel an Stoff nicht viel schreibe«, beschwert er sich bei Wolzogen. »Jeder Tag ist dem andern gleich.«

Dabei hätte Schiller eine durchaus anregende Geschichte zu berichten, die harmlos beginnt, aber Aufsehen erregend endet. Im September besucht ihn eine Jungautorin, die er seit langem fördert, aber noch nie zu Gesicht bekommen hat – Louise Brachmann, die mit dreizehn eines ihrer Gedichte Novalis gezeigt hat und durch ihn schließlich an Schiller empfohlen worden ist. Der war begeistert, druckte die Werke der Junglyrikerin im »Musenalmanach« und den »Horen« ab und schrieb ihr zwei überschwängliche Briefe.

Als Louise nun ankündigt, sie komme im Sommer nach Weimar, lädt Schiller sie gleich zweimal hintereinander ein. »… erfüllen Sie bald die angenehme Hoffnung, die Ihr Brief mir gibt, Ihre persönliche Bekanntschaft zu machen«, lockt er im August. Und am 12. September wiederholt er: »Erfreuen Sie mich und meine Frau recht bald mit Ihrer Ankunft. Unsere herzliche Aufnahme wird Ihnen zeigen, wie sehr Sie uns beiden wert sind.« Und wirklich lädt er Louise zum Mittagessen ein, redet mit ihr über ihre literarischen Pläne, spürt aber nicht, was mit der mittlerweile sechsundzwanzigjährigen Verehrerin los ist. Dass er ihr Idol ist, weiß er, und das ist ihm mit Sicherheit nicht unangenehm. Was er nicht merkt, ist, dass die labile Louise an dem leidet, was die moderne Psychiatrie »Liebeswahn« nennt.

In Weimar verhält sie sich noch unauffällig, wahrscheinlich, weil Lotte anwesend ist. Dann aber, Lotte ist inzwischen in Rudolstadt und Schiller in Jena, trifft sie ihn – ob zufällig oder weil sie ihn verfolgt – dort ohne Gemahlin. Nun kennt die einsame junge Frau kein Halten mehr. »Die Brachmann habe ich in Jena«, schreibt er an Lotte, »in großer Gesellschaft gesehen und dieses schreckliche Abenteuer mit Not, aber glücklich überstanden. Freilich habe ich sie, mit kaltem Wasser begossen, heimgeschickt, sie wird mich nicht loben, aber ich konnte mir nicht anders helfen, denn um jeden Preis musste ich mir dieses Gespenst vom Halse schaffen.« Etwas Gespenstisches muss

Louise, die als blutjunges Mädchen noch ganz hübsch war, zu diesem Zeitpunkt bereits gehabt haben.

Sie entschuldigt sich bei Schiller schriftlich dafür, dass sie zu weit gegangen sei, bleibt aber dabei, Schiller sei die einzige große wahre Liebe ihres Lebens und niemand könne ihr verbieten, so zu empfinden. Schiller schweigt. Louise schreibt den nächsten Brief. Schiller schweigt. Und übergibt das ganze Problempaket seiner Frau.

Lottes Brief an Louise muss unmissverständlich gewesen sein, aber doch so herzlich, dass die sich ermutigt fühlt zu einem weiteren Versuch, den Angebeteten über seine Frau anzuspielen, und ihr ein achtseitiges Antwortschreiben zumutet, das zuckrig endet: »Erfreuen Sie mich bald mit einigen Zeilen Ihrer teuren Hand! Ewig mit der innigsten Verehrung und Liebe Ihre Louise Brachmann.«

Nun zeigen sich wieder einmal die menschlichen Qualitäten von Lotte Schiller; sie reagiert nicht wütend hilflos, wie später Christiane Vulpius, die auf Goethes klettenhaft anhängliche, jugendliche Verehrerin Bettine von Arnim mit hochrotem Kopf eindrischt. Lotte antwortet entschieden und psychologisch einfühlsam, aber nicht kalt. Eine »Dichterin, die die Welt philosophisch entwirft«, nennt Lotte die junge Frau und rät ihr, sich dann auch so zu benehmen. Sie gerate »zu leicht in Flammen … und wenn Sie mir wieder so etwas machen und zu bald in Angst und Sorge geraten, so schreibe ich gar nicht mehr …«. Doch als habe sie Angst, ihre leise Ironie könne falsch verstanden werden, fügt sie einen Nachsatz an: »Nur noch ein Wort in Ernst: wie leben Sie? Ich freute mich von Ihrer Lebensweise zu hören. Sie scheinen mehr Gesellschaft zu haben, als ich Ihrer Stadt zutraute, und es ist mir lieb wenn Sie die Winter Abende sich mit Musik ergötzen. … Leben Sie wohl, liebe Louise, und denken Sie meiner mit Teilnahme und Liebe.«

Vielleicht ahnt die einfühlsame Lotte bereits, dass die begabte Brachmann einem tragischen Ende entgegentorkelt. 1804 bereits ist Louise Brachmann total verarmt. Sie verfällt, verwahrlost und ertränkt sich schließlich.

Doch es gibt auch weniger problembelastete Frauen, mit denen Schiller nichts anzufangen weiß.

Im Winter 1803/04 reist eine Dame in Weimar an, die rund um die Uhr für Unterhaltung sorgt, eminente Bildung, sprühenden Witz und ein spannendes Leben zu bieten hat: die Tochter des ehemaligen französischen Finanzministers Necker, Madame de Staël. »Sie war als Gelehrte gebildet worden und so an Unterhaltung gewöhnt, dass es ihr ein Bedürfnis ward, immer Gesellschaft um sich zu haben«, erinnert sich der Kammermusiker, der bei ihr vorübergehend angestellt wird. »Daher fanden bei ihr auch täglich von 11 bis 1 Uhr Mittags grands levers im Döllstedt'schen Hause statt, zu welchen Weimars Zelebritäten ständig eingeladen waren … In diesen Zirkeln erschien Schiller nie.« Der Kammermusiker nimmt den Dichter aber in Schutz: »… daran war nur das ungenierte Benehmen der Frau von Staël schuld, in welchem selten eine Spur von jener weiblichen Sittsamkeit zu finden war, die Schiller von einer Dame zuerst erwartete«.

Schillers Ablehnung der Frau hängt wohl eher damit zusammen, dass er sich ihr gegenüber unsicher fühlt; »es kommt ihm ganz ungewohnt vor, galant sein zu müssen«, verrät Lotte. Und sie spricht ihrem Mann bestimmt aus dem Herzen, wenn sie meint, »wir deutschen Frauen … sind bequemere Freundinnen«. Der Hauptgrund für Schillers Aversion ist aber sicher, dass er gar nicht versteht, was die gescheite Frau sagt. Herzog Karl August schreibt, etwas besorgt um die Unterhaltung dieses Gastes, »Schiller lahmt an der französischen Sprache, dergestalt, dass diese Dame schwerlich vielen Genuss bei uns finden wird«. Schön kann allerdings der Herzog die Erfolgsautorin auch nicht finden. »Die Frau ist eine merkwürdige Erscheinung, entsetzlich hässlich, aber geistreich über alle Beschreibung. Sie hat das Haus der Gräfin von Werther, wo die Gespenster hausen, bezogen, weil ihr der Gasthof zu schmutzig war.« Er rühmt sie als »eine Frau von Geist und Herz« und betont, sie besitze »ein Feuer und eine geistige Umfassung der größeren Gegenstände, die ihresgleichen sucht«.

Lotte kann der gescheiten Französin folgen, die »voller Geist« sei, denn sie habe »noch nie jemanden so sprechen hören, so ohne Aufhören, aber dabei so gewählt«. Sie findet die Staël, die »roten Wein bei Tische« trinkt, zwar anstrengend, aber anregend: »Wir sind in einer ewigen Spannung des Geistes, während unsre Gemüter lieber zum stillen Nachdenken geneigt wären, müssen wir auf der Spitze stehen und Witz und Scharfsinn aufbieten, um der witzig belebten Staël die Spitze zu bieten. ... Bei der Staël hört man alles nicht ungern, weil sie eine schöne Sprache hat und kein unbedeutendes Wort sagt.«

Schiller entgehen die bedeutenden Worte. Auch Charlotte von Stein äußert, dass Schiller nur deswegen nicht mit der Staël diskutiert, weil ihm die sprachlichen Mittel dazu fehlen. »Sie kam gestern Abend mit Schiller in Streit über die Kantische Philosophie, aber leider kann Schiller nicht genug französisch, um sie darüber zu belehren.« Und Schiller hat doch immer das Bedürfnis, zu belehren. Auch das Theater betrachtet er als Kanzel, von der herab die Menschen belehrt werden müssen. »Schülert er noch so?«, hat Friedrich Schlegel sich einmal bei seinem Bruder erkundigt. Die Staël ist aber eine Frau, die keineswegs das Bedürfnis verspürt, sich belehren zu lassen, sie bräche in schallendes Gelächter aus, wenn einer ihr sagte: *Mein Geschöpf musst du sein!*

Die kluge Henriette Herz durchschaut das: »... von Schillers Ideal von Weiblichkeit war freilich Frau von Staël weit genug entfernt. Und eben der Mangel an Weiblichkeit ... mochte ihn hauptsächlich gegen sie eingenommen haben.«

Was Weiblichkeit für ihn heißt, hat er schließlich mehrmals geäußert, nicht nur im »Lob der Frauen«, auch in den Xenien.

Kraft erwart' ich vom Mann, des Gesetzes Würde behaupt' er;
Aber durch Anmut allein herrschet und herrsche das Weib.
Manche haben zwar geherrscht durch des Geistes Macht
    der Taten:
Aber dann haben sie dich, höchste der Kronen, entbehrt.

Doch so gerne Schiller *schülert* und belehrt: Er selbst bleibt unbelehrbar. Und niemand hat darunter mehr zu leiden als Lotte, die mit ansehen muss, wie ihr Mann sich zügig dem Tod entgegenarbeitet. Da hilft es wenig, wenn sie ihn schont, immer und unter allen Bedingungen.

»Diesen Morgen habe ich mit dem Bayerischen Officier Kaffee getrunken, der mich aus dem süßesten Schlaf [hat] aufwecken lassen, Schiller darf einmal nicht aufgeweckt werden, das ist eine Regel im Haus – da er eins von uns sprechen wollte, so weckte man mich. Ich habe mir halb im Schlaf von Dir erzählen lassen ...«, berichtet sie im Februar ihrem Schwager Wolzogen.

Schiller selbst aber denkt nicht daran, mit sich pfleglich oder auch nur vernünftig umzugehen. Die Beschreibungen seine Exzesse müssten für bösartige Erfindungen oder zumindest für maßlos übertrieben gehalten werden, stammten sie nicht oft von ein und derselben Person, die Schiller zu Hause als mustergültigen Familienvater erlebt und feiert. »Diesen Mann als Schriftsteller zu sehen«, schwärmt der junge Heinrich Voß, »ist groß und schön; größer und schöner aber ist, diesen Mann im Kreise seiner Familie zu sehen. Wie angenehm ist die Gattin! Wie allerliebst die Kinder! – Ich darf nun zu ihnen kommen, so oft ich will.«

Wenn Schiller aber ausgeht, schlägt er wie immer über die Stränge. Und auch das berichtet der junge Voß, der sich mit Glücksspielen wie Pharo und Poker so gut auskennt wie sein Idol. »August Bode, Hain und ich hatten Schiller auf die Maskerade eingeladen – und denke Dir den freundlichen Mann! Er folgte. Wir saßen in der Ecke dicht an dem Zimmer, wo die Pharobank ist, und pokulierten. Wir tranken laut seine Gesundheit und klingten an auf sein Wohlsein. Schiller ward so aufgeweckt, dass er sein Stück: ›So leben wir‹ intonierte, worüber sich einige Studenten, die zugegen waren, höchlichst verwunderten. Nachher gesellten sich noch ein Stück vier oder fünf zu uns, und wir hatten in Allem elf Flaschen Champagner getrunken.« Kein Wunder, dass Voß erklärt, Goethe jage ihm bei aller Sympathie und Herzlichkeit große Ehrfurcht ein, doch: »Mit Schiller geht es mir anders; da kann ich das Gefühl der frommen Ehrfurcht (missverstehe mich ja nicht) mitunter aufgeben.«

Lotte versucht wohl nicht mehr, ihn von solchen Saufrunden abzuhalten, obwohl sie besorgter sein muss denn je über seine Art, sich selber zu ruinieren: Sie ist zum vierten Mal schwanger und hat natürlich Angst davor, ihre Psychose könnte sich nach der Entbindung wiederholen. Ohnehin ist sie mit bald achtunddreißig eine für damalige Verhältnisse sehr späte Gebärende und weiß von Frauen, die im Kindbett gestorben sind. Kein Wunder, dass sich diese Sorgen in ihrem Gesicht abzeichnen.

»Karoline sieht sehr wohl und munter aus, ist auch ordentlich jugendlicher und hübscher geworden«, berichtet Li nach einem Besuch in Weimar am 18. April ihrem Mann. »Lolo aber erschien ungemein angegriffen und hatte um die Augen so tief liegende Züge. Sie kommt auch im Julius nieder. … Es ist Schiller und Karolinen gewaltig bange, dass sie wieder einen Anfall von Verrücktheit bekomme wie das vorige Mal und sie sieht auch furchtbar aus.«

In ebenjenem April ist außerdem die ganze Familie bis auf Schiller krank, so dass auch Voß ihn »sehr bekümmert über seine Kinder fand, nachher aber recht aufgeheitert wieder verließ«. Auch Schiller entgeht es nicht, dass die Situation gefährlich ist. »Es war seit vierzehn Tagen große Not bei uns«, schreibt er Körner, »weil alle drei Kinder und auch meine Frau an einer Art Keuchhusten mit Fieber darniederlagen; ich allein blieb gesund und habe mich tapfer gehalten.« Trotzdem denkt er nicht daran, seine geplante Reise nach Berlin aufzuschieben, bei der Lotte ihn begleiten muss.

Als er am 1. Mai dort eintrifft, ist die im siebten Monat Schwangere seelisch wie körperlich miserabel beieinander. Das kann freilich Schillers Euphorie für Berlin nicht beeinträchtigen, denn hier wird er gefeiert wie lange nicht. Prinz Louis Ferdinand veranstaltet zu seinen Ehren ein Galadiner und Lotte muss an seiner Seite zuschauen, wie er sich, wie so oft, übernimmt. »Von seinem Lieblingsweine – Montrachet, einem weißen Burgunder – wurde ihm nun wacker zugetrunken, und mit schwerem

Kopfe verließ der damals schon kränkelnde, an solche Üppigkeit nicht gewöhnte Dichter das überreiche Mahl.«

Schiller wird herumgereicht in den berühmten Salons, der »Wilhelm Tell« wird mit triumphalem Erfolg aufgeführt, Iffland bringt die »Jungfrau von Orléans« auf die Bühne, damit Schiller im Beifall baden kann, Königin Luise empfängt ihn und Lotte zur Audienz und erklärt, sie würde sich sehr wünschen, dass Schiller Berlin zu seinem Wohnsitz mache.

Schiller schmeichelt diese Idee und er schreibt Wolzogen, es gefalle ihm zu Hause doch schon länger »mit jedem Tage schlechter, und ich bin nicht willens, in Weimar zu sterben«. Und auch seinen Freund Körner bereitet er bereits auf einen Umzug vor. »Berlin gefällt mir und meiner Frau besser als wir erwarteten.«

Die Frau ist aber gar nicht um ihre Meinung gefragt worden und denkt auch nicht daran, sie zu äußern. Erst im Nachhinein gesteht sie ihrem Wahlbruder Fritz von Stein: »Ich wollte und durfte nicht Nein sagen, denn ich wollte Schiller seine ganze Freiheit lassen, und nichts für mich selber wünschen, da es die Existenz meiner Familie betraf, aber ich wäre recht unglücklich in Berlin gewesen. Die Natur dort hätte mich zur Verzweiflung gebracht. Sie wissen, dass es um uns herum auch nicht gerade schön ist, aber ich weinte fast, als ich die erste Bergspitze wieder erblickte.« Auch Fischenich gegenüber äußert sie sich später ähnlich: »... wir waren dieses Frühjahr in Berlin; man war sehr artig gegen Schiller und machte ihm vorteilhafte Anträge, dort zu bleiben. Mein ganzes Herz war verwundet bei diesen Aussichten; denn so trostlos wie die Natur, waren mir die nähern menschlichen Verhältnisse. Meiner Familie wegen hätte ich nicht dagegen sprechen können ...«

Dass Lotte in Berlin mit keinem Wort ihre Bedenken laut werden lässt, ist kennzeichnend für ihre Haltung: Sie spürt, wie es Schiller gut tut, derart umworben zu werden, und will seine reine Freude daran nicht eintrüben.

Schillers nach eigener Ansicht bester Freund verhält sich da weniger gönnerhaft. Nachdem Schiller am 17. Mai die Stadt verlassen hat, in Potsdam vom Königspaar zum Frühstück nach Sanssouci eingeladen und vom Kabinettsrat Beyme nochmals gedrängt worden ist, nach Berlin zu ziehen, meldet Humboldt mit kaum unterdrücktem Neid seiner Li: »Schillers Abreise ist ein wahrer Geniestreich. Schon öfter haben wir in ihm gesehen, wie es geht, wenn einer, der immer nur seinen Dichtungen lebt, auf einmal ins Leben eingreifen will. Fast alle Pläne, die wir bisher von ihm kannten, waren barock oder wurden so ausgeführt.« Schiller gegenüber lügt Humboldt, wie gern er ihn in Berlin sähe, wie vorteilhaft es für ihn wäre, in einer Großstadt zu arbeiten, Li aber erklärt er: »Ich zweifle daran, dass er Glück in Berlin macht. Man hat schon Vorurteil gegen ihn. Man wird ihn stolz und wenig angenehm finden, und er wird unzufrieden mit der Stadt und den Menschen zurückkommen, wenn nicht die Sucht, die man jetzt in Berlin zu haben scheint, auf einmal alles für Wissenschaft und Kunst zu tun, auch ihm nützlich wird.«

Nicht Schillers Genie ist also in Humboldts Augen der Grund dafür, dass er in Berlin so gefeiert worden ist, sondern eine Modekrankheit, die *Sucht, ... alles für Wissenschaft und Kunst zu tun.*

Schiller ahnt von solchen Hinterhältigkeiten ebenso wenig wie seine Frau.

Lotte hat beschlossen, ihr viertes Kind mit Hilfe des sattsam bekannten Dr. Stark in Jena zu gebären. Obwohl er Lottes Schwangerschaft vor elf Jahren erst im siebten Monat als solche erkannt hat – nicht eben ein Nachweis großer Kompetenz –, vergisst sie ihm anscheinend nicht, wie intensiv er sich um sie gekümmert hat, als sie nach Karolines Geburt jenes »Nervenfieber« durchlitt. Und dass sie alle fünf in Jena kostenlos wohnen können, hat sie auch schon arrangiert. Lottes sorgsam gepflegter Kontakt zum ehemaligen Hausgast Friedrich Immanuel Niethammer, mittlerweile Philosophiedozent und Hausbesitzer in Jena, macht sich jetzt bezahlt.

Und Schiller, in bester Stimmung durch den Erfolg der Berlinreise, beweist Lotte immerhin, dass er sich seiner Verantwortung als hochverschuldeter Hausbesitzer und Ernährer einer bald sechsköpfigen Familie bewusst ist. Noch bevor er mit Lotte und den Kindern nach Jena aufbricht, zeigt er ganz ungewohnte Talente: Geschickt nutzt er die Tatsache, dass er in Berlin umworben wird, und handelt mit Herzog Karl August eine Verdoppelung seines jährlichen Honorars auf 800 Taler aus. Außerdem lässt er sich von ihm eine weitere Erhöhung auf 1000 Taler pro Jahr in absehbarer Zeit garantieren. Mit diesem Vertrag in der Tasche beschließt er, Weimar treu zu bleiben, zu Lottes Erleichterung.

Als Schiller allerdings dem Kabinettsrat Beyme verkündet, er bleibe in Weimar, und so kühn wird, ihm gnädig anzubieten, für 2000 Taler mehrere Monate im Jahr die Stadt Berlin mit seiner Anwesenheit zu ehren, bekommt er eine deutliche Antwort: gar keine.

Lotte, die Schillers neues Verhandlungstalent beruhigen muss, wäre die Ruhe jedoch schnell wieder los, wüsste sie, wie viel Wein ihr Mann in diesem Juni bestellt. Dabei müsste er mit dem, was im Keller liegt, noch eine gute Weile auskommen. Am 30. Juni listet er auf, was alles in dem Gewölbe unter der Küche lagert: »61 Flaschen Malaga, 35 Flaschen Burgunder, 22 Flaschen Champagner, 10 Flaschen Weißer Portwein, 4 Flaschen Muskateller, 2 Flaschen Leistenwein, 17 Flaschen Ruster [also wohl Ruster Ausbruch, ein bis heute weltberühmter Süßwein], 6 Flaschen Ödenburger, 34 Flaschen Frankenwein, 5 Flaschen Rum und vier halbe Flaschen Falerner [Falerno, ein italienischer Rotwein, den Goethe sehr liebt].« Den Zechwein für alle Tage, der in Eimern geliefert wird, führt er in dieser Liste nicht an, nur in seinem Haushaltsbuch. Am 7. Juli ordert er einen Eimer Burgunder von Ramann für 39 Taler, zehn Tage später »½ Eimer desselben Burgunders«. Und das, wo er entschlossen ist, aus Kostengründen *ein kleines Haus* zu führen.

Am 19. Juli fahren die Schillers nach Jena ab. Alles scheint, von Lotte perfekt organisiert, glatt zu laufen. Doch kaum sind sie zwei Tage da, überfällt Schiller die Lust, mit Lotte einen Ausflug ins Dornburger Tal zu unternehmen, der Luft wegen, die in Jena stickig in den Straßen steht. Dabei müsste er wissen, dass es dort draußen am Abend schnell abkühlt, er müsste auch wis-

Karikatur oder Wahrheit?
Schiller als kranker
Kleinbürger im Jahr 1804,
gezeichnet von Johann
Gottfried Schadow.

sen, dass er, verschwitzt von dem heißen Tag, auf der Rückfahrt
frieren könnte, aber er zieht sich wie üblich zu leicht an und erkältet sich.

Am 24. liegt er mit »Krämpfen« im Unterleib, also schweren
Darmkoliken, im Bett. Und was Dr. Stark zu Schillers Zustand
meint, ist nicht ermunternd: Er glaubt an einen Darmver-
schluss und befürchtet, den Kranken nicht mehr länger als eine
halbe Stunde am Leben halten zu können. Während Schiller im
oberen Stock des Hauses vor Schmerzen brüllt, liegt Lotte im
unteren Stock in den Wehen. Dr. Stark, unterstützt von seinem
Fachkollegen und Neffen, hat allerdings keine Zeit für sie, er ist
ganz und gar mit Schiller beschäftigt. Lotte geht es gut, wird allgemein behauptet. Um die braucht sich niemand zu kümmern.
Nur Schiller macht allen Sorgen. »Der Frau wegen«, schreibt
Schiller-Verehrer Voß, war Starks Hilfe »unnötig, weil die Entbindung leicht gewesen ist, aber dem herrlichen Schiller hat sie
vielleicht das Leben gerettet.«

Am 25. Juli 1804 wird ohne Starks Unterstützung Emilie Henriette Louise geboren. Und Li von Dacheröden schreibt Humboldt am 14. August: »Lolo ist ... mit einer Tochter niedergekommen und sehr glücklich. Aber Schiller hat einen Tag vorher eine solche heftige Kolik gehabt, dass Stark und sein Neveu [Neffe] geglaubt haben, er sei nicht zu retten ... Er selbst soll immer laut geschrien haben: ›Ich halte es nicht mehr aus, wenn es nur schon aus wäre.‹«

Das Interesse der Freunde wie der Öffentlichkeit gilt allein dem gefährdeten Genie. Keine Zeitung erwähnt, dass der Dichter ein viertes Kind hat, doch einige vermelden schon wieder seinen Tod, und Lotte kann sich kaum um ihr kleines Mädchen kümmern, denn noch immer sieht es aus, als läge ihr Mann im Sterben. Dass sie selbst völlig entkräftet ist, lässt sie niemanden merken. Erst Monate später rückt sie damit heraus.

Am 8. November 1804 schreibt sie an den geschätzten Freund Fischenich: »... ich fühlte mich so schwach, dass ich fürchtete, Ihnen zum letzten Mal zu schreiben. ... Ich bin seit drei Monaten Mutter einer kleinen Tochter, die Emilie heißt. ... Aber vorher war ich sehr krank und glaubte, ich könnte die Ankunft der Kleinen nicht erleben in dieser Angst und Not, wo ich Mühe hatte, mich aufrecht zu halten, um Schillers Mut nicht sinken zu lassen.«

Als das frisch geborene Kind zu ihm ans Krankenbett gebracht wird, ist ihm anzusehen, dass er von »heftiger und inniger Gemütsbewegung« ergriffen wird. Schiller ahnt bereits, dass er von diesem Wesen nicht mehr viel erleben, dass er nicht mehr zusehen wird, wie aus dem Säugling ein kleines Mädchen wird, das im Garten herumläuft.

Am 27. Juli geht es überraschend aufwärts mit ihm, am 19. August fühlt er sich stark genug, um mit den beiden Söhnen nach Weimar zu reisen. Er betätigt sich im Haus, um Mutter und Baby einen schönen Empfang zu bereiten. »Die Kinderstube ist jetzt recht komfortabel, und auch das Schlafzimmer daran ... Ein recht schönes Nachttischchen von Mahagoni steht schon für Dich bereit ...«

Lotte bleibt mit Karoline und dem Neugeborenen noch ein paar Tage in Jena, behütet von der chère mère. Sie hat mit ihrem Mann die schwerste Krise ihres Lebens durchlitten. Doch Mitleid kann sie deswegen nicht erwarten. »Lolos lichte Niederkunft wäre wirklich hübsch«, schreibt Humboldt nach einem Besuch an seine Li, »wenn sie selbst nicht überall so schlaff wäre. Aber so, fürchte ich, entfährt sie einmal sich selbst bei einer solchen Gelegenheit.«

Lotte weiß von solch liebevollen Bemerkungen zwar nichts, aber vielleicht wittert sie nun doch manches. Jedenfalls wendet sie sich wieder der ersten Freundin ihres Lebens zu und vergisst alles, was die ihr angetan hat: Karoline wird noch einmal Lottes engste Vertraute. »Die beiden Schwestern halten sehr viel voneinander und sind ... fast täglich beisammen«, beobachtet Voß.

Schiller wirft sich in die Bearbeitung von Goethes »Götz«, den sie gemeinsam noch in diesem Herbst auf die Bühne bringen wollen, aber er fühlt sich nach wie vor kraftlos. »... noch ist meine Gesundheit sehr schwach«, klagt er Körner. »Besonders ist der Kopf angegriffen, und das bisschen Schreiben wird mir sauer.«

Mag sein, dass der Kopf auch aus anderen Gründen angegriffen ist, denn offenbar sind Schillers Alkoholvorräte schon wieder so stark geschrumpft, dass er Ende September nachbestellen muss: 1 Eimer von seinem Hauswein, dem Burgunder von Ramann, und 1 Eimer Frankenwein. Wie ihm das bekommt, ist fraglich. »Sein fester Körperbau verspricht ihm noch viele Jahre«, äußert ein Besucher, aber gleichzeitig schätzt er Schiller vier Jahre älter, als er ist.

Hat die schwere, lebensbedrohliche Krise seinen Lebensstil geändert?

Seine Kinder genießt er noch intensiver als zuvor. Gerührt berichtet Voß: »Schiller hat seine Kinder gewiss so lieb, wie nur die zärtlichste Mutter lieben kann.« Doch von Alkoholexzessen kann ihn der Zusammenbruch in Jena und die verdächtig langsame Genesung nicht abhalten. Goethe behauptet später zwar in den Gesprächen mit Eckermann, Schiller sei kein Säufer gewesen, »aber in … Augenblicken der Schwäche suchte er seine Kräfte durch etwas Liqueur oder ähnliches Spirituoses zu steigern. Dies aber zehrte an seiner Gesundheit und war auch den Produktionen selbst schädlich.«

Heinrich Voß jedoch, den Schiller und Lotte bald wie einen großen Sohn behandeln, hat volles Verständnis dafür, dass der Dichter auch in diesem Winter wieder über die Stränge schlägt. Begeistert berichtet er seinem Freund Abeken, dass er sich mit Schiller auf der Maskerade getroffen habe. »Heute vor drei Wochen (Freitag 16. November) war Maskerade. Schon 8 Tage vorher hatte ich mich mit Schillern verabredet, dass wir uns dort treffen und recht lustig sein wollten … ›Kommen Sie‹, sagte er, ›ich habe Sie schon gesucht; bestellen Sie Champagner, und ich denke, wir suchen uns ein Plätzchen aus, wo es gemütlich ist.‹ Nun führte ich ihn an einen Tisch, wo Riemer, Stoll, Hain und der Schauspieler Becker saßen. Wir beiden füllten nun die übrigen Plätze aus, und auf der Stelle war der Tisch mit neun Champagnerflaschen, rotem und weißem, bepflanzt.«

Lotte wird dieser Anblick bestimmt weniger Freude als Sorgen gemacht haben. Sie kann es nicht mit ansehen, wie ihr Mann, den sie von morgens bis nachts in Watte packt, sich vorsätzlich betrinkt. Also versucht sie jetzt auf dezente Weise, ihn zum Nachhausegehen zu überreden. »Unterdessen war die Schillern [Lotte] es überdrüssig geworden, länger da zu bleiben«, erzählt Voß. »Sie schickte nacheinander drei Abgesandten an Schiller, um ihn zu bitten, sie nach Hause zu begleiten. Das stand aber dem Schiller gar nicht an; er sagte bei der letzten Botschaft: ›Man will mich durchaus fort haben, aber man soll durchaus seinen Willen nicht haben.‹ … da haben wir zusammen gesessen bis gegen drei Uhr, um unsern Trinkkönig herum, den herrlichen Schiller. … Der Champagner setzte ihn gerade in die Stimmung, in der er das Lied an die Freude gemacht haben muss.«

In seiner Schiller-Euphorie übersieht Voß, dass sein Genie sich zunehmend rücksichtslos verhält, gegen sich selbst und gegen seine Frau. Immerhin begleitet er Schiller schuldbewusst besorgt auf dem Heimweg – »dabei haben wir uns wohl zwölfmal geküsst. Zugleich gestand ich ihm, dass ich einen kleinen Rausch hätte und den nun ausschlafen wollte. ›Auch ich‹, gestand er dagegen, ›habe ein wenig viel getrunken.‹« Ein Eingeständnis, das aber keine Einsicht beschert, denn am nächsten Abend geht es schon weiter. »Den Tag darauf traf ich ihn im Schauspielhause auf seiner Loge. Da sagte er mir: ›Nun wollen wir bald einen vernünftigen Champagner auf meinem Zimmer haben: und‹, raunte er mir leise ins Ohr, ›da wollen wir unter uns sein‹, wobei er mit schalkhafter Miene auf seine Frau und die Frau von Wolzogen deutete, die dabei saßen.«

Auch wenn Lotte bei den Trinkgelagen nicht dabei ist, bekommt sie doch mit, wie Schiller mit sich umgeht. Vernunft kennt er nur, wenn es um die Abzahlung seines Eigenheims geht. Er unternimmt alles, um die Hypotheken zu tilgen, als wüsste er, dass ihm nicht mehr viel Zeit verbleibt, sein Ziel zu erreichen, den Kindern ein schuldenfreies Haus zu hinterlassen. So wird auch das Überraschungsgeschenk von seinem Schwager Wolzogen zu seinem 45. Geburtstag dazu benutzt. Wilhelm hat als weimarischer Gesandter erfolgreich Ehevermittler gespielt und die Hochzeit von Herzog Karl Friedrich von Sachsen-Weimar mit Maria Pawlowna, der achtzehnjährigen Tochter des ermordeten Zaren Paul I., eingefädelt. Und bei der Braut so viel Schiller-Begeisterung wachgekitzelt, dass sie ihm einen Brillantring schicken lässt. Eigentlich ein nettes Geburtstagsgeschenk für Lotte, die wohl immer noch das schmale Ringlein mit den zwei winzigen Diamanten aus ihrer Mädchenzeit trägt. Aber dieses teure Stück wird umgehend versetzt; 500 Reichstaler bringt es, die Schiller für die Hypothek verwendet – ganz in Lottes Sinn.

So beginnt also das Jahr 1805 ganz gut. Schiller sitzt an seiner Bearbeitung der »Phädra« und hat zumindest gute Vorsätze. Er möchte, von einer neuerlichen schweren Bronchial- und Lungenerkrankung ernsthaft erschreckt, eine Zeit lang nur passiv rauchen. Doch danach ist er süchtig. »Ich musste«, erinnert sich Voß, »die Nacht durchaus meine Pfeife bei ihm rauchen und mich so stellen, dass er wenigstens den Dampf davon kosten konnte.« Den hält der Arzt Friedrich Schiller nämlich für »den

Vorgeschmack von seiner Gesundheit«. Wieder auf den Beinen, raucht er, trinkt er und isst er. Lotte ist genauso froh über seinen Appetit wie Voß. »Wie zählte er die Bissen, die er aß, und freute sich, dass er wieder so kräftig speisen konnte!« Mit einer, vielleicht von Todesahnungen gesteigerten, Lust nimmt er sich Zeit für seine Kinder, »erlaubte der kleinen Karoline, sie dürfe in der Kaffeestunde ›schmarotzen‹. Die kleine sechsmonatliche Emilie nahm er auf den Arm, küsste sie und sah sie mit einem Blick von verschlingender Innigkeit an, recht als wenn er sein unendliches Glück im Besitz dieses holden Kindes zu Ende denken wollte.« Schillers aktuelles Drama heißt »Die Kinder des Hauses«.

Doch bald schon werden alle vier von den Windpocken befallen, den wackeligen Vater hält Krankenpflegerin Lotte von ihnen fern. Doch trotz dieser Vorsichtsmaßnahme wird er am 8. Februar, gleichzeitig mit Goethe, wieder aufs Lager geworfen. Der hilfsbereite Voß arbeitet sich bei seinen beiden Idolen als Krankenpfleger auf, rast vom Frauenplan zur Esplanade und wieder zurück, um auch Lotte etwas zu entlasten. Als es Goethe besser geht, geht es Schiller schlechter; »er sah blaß aus wie eine Leiche«, erinnert sich Voß, »er ging im Zimmer herum, aber seine Füße zitterten, und seine Stimme war matt wie sein (sonst so glühendes) Auge«.

Nach dem Eindruck des jungen Helfers ist Schiller im Gegensatz zu dem ungeduldigen Goethe ein musterhafter Patient, »nicht ein Mal war er launisch und unwillig«. Vor allem der Darm macht Schiller wieder zu schaffen. »Sein Leib war von Blähungen aufgetrieben, dabei hatte er hartnäckigste Verstopfung; und da er vier Tage nichts gegessen hatte, war er noch entkräfteter.« Manches der unsterblichen Dichterworte, die Voß dankbar aufsaugt, sind von unfreiwilliger Tragikomik. »Die verwünschten Verstopfungen«, schimpft Schiller, »sie rauben mir alle Jahre zwei Trauerspiele, die ich ohne sie schreiben würde.«

Jetzt, wo Schiller so elend ist, dass er zu Gott spricht und meint, er werde jeden Augenblick sterben, zeigt er deutlicher als je zuvor, dass er zu schätzen weiß, was Lotte für ihn leistet. Ihm ist bewusst, dass seine Frau, die selbstverständlich nicht darüber redet, am Ende ihrer Kräfte sein muss, und versucht alles, um ihr seine Todesängste und seinen wahren Zustand zu verbergen. Er gibt sich vor ihr angestrengt optimistisch, freut sich, dass er »mit steifem Arm« das Licht putzen kann. Und als die übernächtigte Lotte um Mitternacht noch immer mit Voß neben seinem Krankenlager sitzt, »ward er unruhig und trieb die Frau an, zu Bette zu gehen, mit einem Eifer, den ich nicht begreifen konnte. ... es war Vorsorge für seine Frau, denn er merkte eine herannahende Ohnmacht, und wollte seiner Frau einen Schrecken ersparen. Kaum war sie fort, so sank er mir in die Arme und lag wie tot da.« Voß reibt ihm die Schläfen und die Brust mit Weingeist ein, gibt ihm, als er wieder zu sich kommt, »Opium und Naphtatropfen« und wird sofort gefragt: »Hat meine Frau auch etwas gemerkt?«

Diese Fürsorge ist alles andere als selbstverständlich für einen Mann dieser Generation, schon gar nicht für einen, der als Genie angesehen wird und das auch weiß.

Sigrid Damm hat drastisch beschrieben, wie wenig Goethe sich um seine schwer kranke Christiane gekümmert hat, und schildert ergreifend, wie diese Frau mutterseelenallein einen qualvollen Tod an Urämie stirbt. Goethe lässt sie ohne Trost krepieren, während er »im hinteren Zimmer« liegt, wohin ihm »die Nachrichten über ihren Zustand nur selektiv überbracht« werden.

Vor so viel Kälte kann Lotte sicher sein. Schiller schont sie, weil er sie liebt, weil er sich um sie sorgt. Sie merkt natürlich trotzdem, wie es um ihren Mann steht. Und gewöhnt sich daran, dass Schiller den ganzen Tag über auf dem Topfstuhl im Zimmer sitzt, in der Hoffnung, sein Darm möge sich irgendwann einmal entleeren. Obwohl er alles dagegen unternimmt: Diätetisch ahnungslos, bildet sich der Mediziner Schiller ein, die von Voß gekochte Trinkschokolade sei die richtige Kost bei Verstopfung. Auch Kuchen und Tokaier, die er sich, kaum auf dem Weg der Besserung, einverleibt, können ihm nicht gut tun. Aber er erklärt, er fühle sich »unbeschreiblich wohl und kräftig« und macht »Pläne zu einer Reise nach Kuxhaven«.

Voß hatte ihm oft vom Meer erzählt, und nun erscheint Schiller, der nie südlicher gewesen ist als in Stuttgart, der seine Italienträume ebenso begraben hat wie die von einer Parisreise, nichts begehrenswerter, als einmal in seinem Leben das Meer zu sehen; »nie habe ich ihn einen Wunsch mit größerer Innigkeit äußern hören«. Bis Dresden spricht es sich sogar herum, dass Schiller, ganz egal wo, einmal am Meeresstrand stehen will. »Hier war ein Gerücht, du würdest ins südliche Frankreich eine Reise machen.«

In seinen Briefen klingt Schiller zuversichtlich: »... ich bin schneller, als ich hoffen konnte, wieder zu Kräften«. Und das sichtbare Zeichen für seinen Optimismus steht bald hinter dem Haus, im Stall: Er kauft sich im April ein Pferd, weil er der bizarren Ansicht ist, beim Reiten würde sein Gedärm ordentlich durchgeschüttelt und so zur Verdauungstätigkeit angeregt. Besteigen wird er das Pferd aber nicht mehr, ihn drängt es jetzt zu sehr, an seinem »Demetrius« weiterzuarbeiten. »In keinem Winter habe ich noch so viel ausgestanden als in diesem, und noch so wenig getan.«

Dass er zu sehr viel weniger kommt, als er vorhat, ist Goethe zu verdanken, denn der nutzt Schillers Freundschaft ohne Rücksicht auf dessen geschwächte Konstitution weidlich aus. Noch zwei Wochen vor seinem Tod nötigt er ihn, zu seiner Farbenlehre einen Kommentar abzugeben, dann soll er »eine Notiz des Meisters nach Durchsicht gen Leipzig expedieren« und außerdem für den Herrn Geheimrat den Geldeintreiber spielen. Der hat mit Göschen einen schlechteren Griff getan als Schiller mit dem redlichen, engagierten Cotta und ist von dem Verleger bis dato um fällige Nachhonorierungen geprellt worden. Kein einziger Groschen ist für die zwanzig Neuauflagen an Goethe ergangen. Ausgerechnet Schiller, nicht gerade als Finanzgenie bekannt, soll sich nun darum kümmern, weil Goethe offenbar der Ansicht ist, ein Kranker habe nichts Besseres zu tun.

Karoline bezeugt, wie angegriffen Schiller wirkt; er habe »sichtlich abgenommen« und »seine Gesichtsfarbe war verändert und fiel ins Graue, so dass sie mich oft erschreckte«. Goethe übersieht das geflissentlich, schon weil er panische Angst vor dem Tod hat, die Nähe zu schwer Kranken so konsequent meidet wie die Teilnahme an Beerdigungen. Er trifft den Freund zufällig noch einmal, am 1. Mai, Schiller ist auf dem Weg ins Theater. An seiner Seite ist bei diesem letzten Theaterbesuch nicht seine Frau, sondern seine Schwägerin Karoline.

Hat Lotte das gewollt? Ist sie zu erschöpft von den letzten Wochen? Oder hat Karoline sich dieses Privileg einfach genommen? Will sie die Hauptzeugin des herannahenden Todes sein, die Protokollantin vom Sterben des Mannes, den sie im Leben der Schwester überlassen musste? »... sein Zustand sei ganz seltsam«, sagt er, Karoline zufolge, an jenem Abend, »in der linken Seite, wo er seit langen Jahren immer Schmerz gefühlt, fühle er nun gar nichts mehr«.

Der besorgte Voß holt Schiller vom Theater ab und findet ihn in seiner Loge, von Schüttelfrost gebeutelt. Daheim kocht Lotte ihm Punsch, der nicht hilft. Er hustet die Nacht hindurch, das Fieber steigt, die Symptome einer schweren Lungenentzündung sind eindeutig. Schiller klammert sich fest an seiner Arbeit, schreibt weiter am »Demetrius«, begrüßt mit feuchten, fiebrigen Händen seinen Verleger Cotta, der ihn am 3. Mai ahnungsvoll aufsucht. Freunde kommen zum Krankenbesuch, Schiller gibt sich, als sei er krank wie so oft, nicht schwerer. Er denkt nicht daran, sich ins Bett zu legen, und spielt herunter, was andere erkennen. Voß notiert am 5. Mai: »Die Augen lagen tief im Kopfe, jeder Nerv zuckte krampfhaft.«

Am 6. Mai taucht Dr. Huschke auf, findet Schiller in angsterregendem Zustand vor, verordnet hilflos ein Kräuterbad. Doch was Lotte am Nachmittag in einem detaillierten Krankheitsbericht für Cotta, den sie als Freund empfindet, schreibt, klingt hoffnungsfroh. »Heut früh und diese vorige Nacht war es noch sehr, sehr beunruhigend, denn es hatte sich ein heftiger Krampf auf der Brust eingestellt, der uns mit der trockenen Hitze sehr viel Angst machte. Diesen Nachmittag aber hat Schiller ein Kräuterbad genommen, worauf er gleich Linderung verspürte. Ich habe ihn auch gleich in ein ordentlich zubereitetes Bett gebracht, auf Bitten des Arztes, und die Transpiration und besseres Ausdehnen des Körpers tut ihm wohl. Der Husten ist sehr mäßig diesen Abend, Schiller hat aufs neu Glauben an seine Gesundheit und guten Mut.«

Trotzdem weicht Lotte nun nicht mehr von seinem Bett und lässt sich nur von Karoline oder dem treuen Georg Rudolph ablösen. Am Tag darauf, dem 7. Mai, beginnt Schiller zu phantasieren. Und was er in seinem Fieberwahn schreit, hört sich an, als erblicke er bereits eine andere Welt:»Ist das euer Himmel, ist das eure Hölle!«

Als er abends aus seinen Halluzinationen auftaucht, isst er endlich etwas Suppe.»Ich denke, diese Nacht gut zu schlafen«, sagt er. Doch wieder holen ihn die Fieberphantasien ein. Einmal schreckt er auf und schreit:»Du von oben herab, bewahre mich vor langem Leiden!« Dann versinkt er erneut im Dämmerzustand. Nach vierundzwanzig Stunden kommt er zu sich, will unbedingt Emilie sehen. Küsst sie und weint. Es ist der 8. Mai.

Um besser atmen zu können, sitzt Schiller fast aufrecht im Bett. Lotte hat ihm Kissen ins Kreuz gestopft, die Gardinen und die Fenster geöffnet, er will in die Abendsonne schauen. Der Duft des großen weißen Flieders, den Lotte für ihn unter diesem Fenster hat pflanzen lassen, weht herauf. Als Karoline ihn fragt, wie es ihm gehe, sagt Schiller:»Immer besser, immer heitrer.« Doch Lotte weiß, wie es um ihn steht;»am 9. Mai wurden wir zu unserm Lehrer ... geschickt«, erinnert sich der älteste Sohn Karl,»um, da der Vater sehr schwach war, ihn nicht durch unser Lärmen zu stören«.

Was in den letzten Stunden geschieht, erzählt Karoline:»Ein ihm verordnetes Bad schien er ungern zu nehmen; doch war er in allem, was zu seiner Wartung geschehen musste, ergeben und geduldig. Der Arzt hatte nötig befunden, dass er ein Glas Champagner trinke ... Es war sein letzter Trunk.«

Am 9. Mai gegen 17.30 Uhr stirbt Schiller, fünfundvierzig Jahre und sechs Monate alt. Wenigstens fünfzig hatte er werden wollen. Er stirbt nicht in den Armen seiner Frau und auch nicht in denen von Karoline.

XXIV.

»Die Blume meines Lebens ist dahin ...«

Warum Lottes Biographie mit Schillers Tod enden darf

»... unter uns verlor keiner so viel als ich, ... weil ich in ihm die ganze Welt fand«.

Für Lotte endet mit Schillers Tod das, was sie als ihre Aufgabe, ihren Lebensinhalt, ihre Daseinsberechtigung empfunden hat. »Dieser schöne Zweck des Lebens ist nun nicht mehr für mich ...« Lotte war glücklich, sagt rückblickend sogar, »ich wurde immer glücklicher«, und will von jetzt an nur noch von diesem Glück zehren.

»Das Leben ist / Nur ein Moment, / Der Tod ist auch nur einer.«

Das hat Schiller seinen Mortimer in »Maria Stuart« sagen lassen.

Lotte, noch immer die »Dezenz«, liegt daran, dass über diesen Moment, über Schillers letzte Minuten, weder Gerüchte noch Spekulationen oder Legenden in die Welt gesetzt werden. »Eine Bitte habe ich an Dich und Deinen lieben Mann«, schreibt sie an Schwägerin Christophine. »Es gibt gar zu indiskrete Menschen, und erst unter der Larve des Mitleids ist die Unbescheidenheit am größten. Ich spreche mit niemand über die letzten Minuten unseres Geliebten, als mit Menschen, die ich kenne und die meine alten Freunde sind. Versprecht es auch, meine Freunde.«

Lotte will das Sterben ihres Mannes nicht zu einer Heiligenlegende stilisieren. Nur engen Vertrauten wie Schillers Schwester Louise Franckh schreibt sie, was sie erlebt hat. Sie macht keinen Hehl daraus, dass sie in den entscheidenden letzten Minuten nicht bei Schiller war. Sie hat sich, was Schillers Leben betrifft, in allem an die Wahrheit gehalten, warum sollte sie lügen, wenn es um seinen Tod geht?

»Ich hob seinen Kopf auf die bessere Seite, und er sah mich so an und küsste mich – ach Gott! dies war das letzte Zeichen seines Gefühls für mich! … Den letzten Tag schlief er gegen Nachmittag ein; ich saß, um ihn nicht zu wecken, in der Nebenstube mit meiner Schwester und sagte leise: ›da er jetzt schläft, habe ich Hoffnung, denn seine Natur ist gut;‹ … ich hatte Hoffnung – als der Mensch, den wir an das Bett gesetzt hatten, da wir hinausgingen, uns rief, und der Krampf verzog sein Gesicht, nach wenigen Minuten war er kalt, und ich suchte umsonst, die geliebte Hand zu erwärmen.« Wer da am Bett saß und rief, war Georg Rudolph, der seinem Herrn auch den letzten Dienst erwies.

Der älteste Sohn, noch keine zwölf, schreibt später nur: »Abends nach 5 Uhr so viel ich mich erinnern kann wurden wir nach Hause geholt und uns gesagt, dass der Vater gestorben sei.«

Doch Cotta, der kurz vorher von Lotte noch erfahren hatte, Schiller habe »aufs neu Glauben an seine Gesundheit und guten Mut«, bekommt eine ganz andere Version von Schillers Ende zu lesen. Die Nachricht von seinem Tod erhält er nicht von der Witwe, sondern von Wilhelm von Wolzogen; sie ist datiert auf den 12. Mai. »Gestern«, so Wolzogen, »erfuhr ich in Auerstädt, dass Schiller tot sei. Heute Nacht um 1 Uhr wurde er beigesetzt. Sein Tod sei sanft gewesen. … Die ganze Familie ist in meinem Hause. Seine Frau liegt krank darnieder. Meine Frau konnte ihn bis auf den letzten Atemzug abwarten, welches ihm ein großer Trost muss geworden sein, denn er liebte sie außerordentlich und ihr zarter Umgang beruhigte ihn jederzeit.« Diese bewusste Fehlinformation kann Wilhelm nur von seiner Frau haben. Karoline wollte sich also noch bei Schillers Tod vor ihre Schwester drängen, Schiller näher, für ihn wichtiger sein, sie wollte mit aller Gewalt als seine erste wahre und allerletzte Liebe in die Geschichte eingehen.

Cotta wird zu diskret gewesen sein, Lotte diesen Bericht zuzuspielen. Er will sie sicher nicht verletzen. Doch was offenbart sich eigentlich in Karolines Anmaßung, sie sei Schillers Seelengeleiter gewesen? Ist es Liebe, eine tragische große Liebe? Oder ist es Ehrgeiz, die Gier, mit ihm und durch ihn bedeutsam, groß und tragisch zu werden?

Was Karoline später noch zum Tod Schillers geschrieben hat, unterstützt leider letztere Vermutung. In ihrer Schiller-Biographie darf Lotte zwar am Bett knien, während sie, Karoline, »mit dem Arzte am Fuße des Lagers« steht, doch die Bedeutung Lottes spielt sie noch immer herunter: »sie sagte, ›dass er ihr noch die Hand gedrückt‹«. Diesen Halbsatz setzt sie in Anführungszeichen, um zu zeigen, dass es sich dabei nur um Lottes unbewiesene Behauptung handelt.

Auch in ihren Tagebuchaufzeichnungen wird sie nicht müde, sich und Schiller als ein mystisch vernetztes Paar darzustellen. Sie schildert zwei Träume, die sie direkt vor und direkt nach Schillers Tod gehabt haben will. Beide Träume sind so übersichtlich, so leicht durchschaubar konstruiert, dass sich die Vermutung aufdrängt, Karoline habe sie erfunden.

»Wenige Tage nach seinen [Schillers] Tod, träumte ich mit solcher Klarheit, dass es mir als Erscheinung dünkte, dass Schiller in mein Schlafzimmer kam, die Hände auf meine Brust legte u. – Patroklus! Zu mir sagte.«

Patroklus! Der tapferste, wichtigste und mutigste Weggefährte des Achill. Wenn sie schon nicht Schillers Frau war, dann möchte sie mehr als das, mehr als Lotte gewesen sein: ein ebenbürtiger Mitstreiter. Dass Patroklus zudem der Liebhaber des bisexuellen Achill war, gibt Karolines so genanntem Traum einen delikaten Beigeschmack. Patroklus opferte sein Leben für Achill. Und Karoline will der Nachwelt nahe legen, das habe sie für ihren Helden auch getan.

Schillers Tod wird Thema bleiben für Jahrzehnte, für Jahrhunderte. Gegenstand übler politischer Projektionen und persönlicher Profilierungssüchte.

Das, was direkt nach seinem Tod geschieht, wirft ein grelles Licht auf die Menschen, mit denen er lebte. Und die meisten sehen erschreckend aus in dieser Beleuchtung.

Zum Beispiel jene Pathologen, die Schillers Leichnam obduzieren, ohne Lottes Wissen, also auch ohne ihr Einverständnis, ohne Aufforderung der Polizeibehörde, ohne dass ein anderer Angehöriger es gewünscht hätte und gefragt worden wäre. Ein Skandal, der Stoff liefert für wildeste Gerüchte, zum Beispiel darüber, wie völlig zerfressen Schillers Eingeweide gewesen wären.

Der Grund für die Obduktion? War Schiller vielleicht für den ehrgeizigen Huschke ein »interessanter Fall«? Gab es den begründeten Verdacht auf Tuberkulose? Den haben die entsetzlichsten aller Schiller-Verehrer, die Nationalsozialisten, geifernd dementiert. Nachdem der nicht hundertprozentig arische Goethe als deutscher Geistesheros abgesetzt werden musste, durfte der verbliebene nicht an einer degenerativen Krankheit wie der Schwindsucht gestorben sein. War es die reine Sensationsgier, beim Sezieren auf etwas Abenteuerliches, Monströses zu stoßen? Ungesetzlich war die Obduktion jedenfalls, denn Lotte hätte sie mit Sicherheit untersagt.

Lotte versinkt in apathischer Trauer, überdreht in ihrem Schmerz. Die Möchtegernwitwe Karoline aber bleibt aktiv und macht sich nützlich. Bevor Schillers Sarg aus billigstem Tannenholz in der Nacht vom 11. auf den 12. Mai 1805 im Landschaftskassengewölbe auf dem Friedhof der Jakobskirche versenkt wird, einer Gruft für Weimars Prominenz, wo schon 53 Gerippe liegen, denkt sie daran, den Sarg zu kennzeichnen, wofür ihr später gedankt wird. Allerdings sind weder sie noch Lotte bei der nächtlichen Beerdigung dabei – sie sind beide körperlich nicht dazu imstande.

Freunden fällt auf, wie unterschiedlich die Schwestern auf Schillers Tod reagieren. »Wir sind fast täglich bei der Schillern«, schreibt Henriette Knebel an ihren Bruder, »deren Schmerz zwar tief, aber doch sanft ist. Die Wolzogen ist viel heftiger.« Karoline benimmt sich, als sei sie es, die ihren Mann verloren hat. Umgehend verfasst sie ein Gedicht auf Schillers Tod, das endet: »Mit Stolz beweinen Dich, die innig Dich erkannt.« Mit denen, die Schiller *wirklich erkannt* haben, meint Karoline vor allem sich selbst. Und unterschreibt mit »Caroline von Lengefeld, geb. v. Wol...« – da bricht sie ab, weil sie merkt, was ihr ungewollt passiert ist. Sie hat sich zu dem gemacht, was sie sein wollte: Schillers ewige Braut. Einundzwanzig Jahre ist es her, dass sie den Namen *von Lengefeld* aufgab. Nun verrät sie unfreiwillig, warum sie gerne länger so geheißen hätte. Und dass sie jenem verhassten *von Beulwitz* die Schuld gibt, nun nicht *Karoline, verwitwete Schiller* zu sein.

Karoline wird den Rest ihres Leben daran arbeiten, sich postum im Leben Schillers eine wesentliche, ihrer Schwester eine bedeutungslose Rolle zuzuweisen. *Mäßig, aber treu und anhaltend in ihren Neigungen, schien sie geschaffen, das reinste Glück zu genießen.* Sie wird die Wirklichkeit so zurechtbiegen, dass sie sich ihren, Karolines, Vorstellungen anpasst. Ihr gemeinsames Glück habe »kein Stachel des Verlangens leidenschaftlicher Zuneigung gestört«, behauptet sie. Und nachdem Lotte ihr gestanden habe, in Schiller verliebt zu sein, habe sie sich leise zurückgezogen. Die meisten Biographen haben diese verlogene Version kritiklos übernommen. »Ohne Murren«, schreibt Adolph Kohut 1905, »überließ sie Lotte den Mann ihrer Wahl und entsagte ihm frei ohne Groll.«

Ganz kann Karoline nie die Enttäuschung unterdrücken, die größte Enttäuschung ihres Lebens: nicht Schillers Frau geworden zu sein. Lange nach Schillers, nach Lottes Tod bricht es aus ihr heraus: »ich hätte eins der glücklichsten Wesen werden können; aber ich wurde sehr unglücklich.« Und daran ist in ihren Augen Schiller schuld. Als sie das schreibt, ist sie neunundsechzig Jahre alt, noch immer unfähig, zu vergessen, unfähig, loszulassen. Karoline, die im Leben auf Schiller sehr viel weniger Einfluss nehmen konnte als ihre Schwester, macht sich im Nachhinein daran, seinen Briefwechsel mit ihr zu korrigieren, zu fälschen oder zu vernichten, seinen Charakter und seine Ausdrucksweise zu korrigieren. Herunterziehen, schlecht und klein machen kann sie den vergötterten Mann nicht, also idealisiert sie ihn bis hin zur Peinlichkeit. Alles, was dem klassischen Ideal widerspricht, wird getilgt oder retuschiert. Selbst in banalen Kleinigkeiten. Überliefert ist, dass Schiller einmal bittet, ihm »2 oder 4 Pfund Maroccoschnupftoback« zu besorgen. Zu viel, befindet Karoline und reduziert die Menge auf »ein Pfund«. Voß hatte sich daran gefreut, dass Schiller »sehr unverblümt reden« konnte. Karoline stört das gewaltig. Dass Schiller den preußischen König ein »altes Schwein« nennt, wird also ebenso gestrichen wie die Worte »Hure«, »Hurenkind« oder ähnlich Deftiges.

Lotte will und muss nach Schillers Tod nichts retuschieren, sie hat ihn ja im Leben bereits als Ideal gesehen. Es gibt keine einzige Bemerkung von ihr, die ihn kritisiert, die etwas an ihm bemängelt. Und anstatt wie Karoline in der ersten Trauer einen pathetischen Abgesang auf Schiller zu dichten, sagt sie schlicht: »Die Blume ist hinweg aus meinem Leben.« Und: »er muss fühlen, dass ich ohne ihn nicht leben kann, und doch muss, so lange es das Schicksal gebietet«.

Wie zu Schillers Lebzeiten ist Lotte auch nach seinem Tod eine Frau, die für viele nicht zählt, deren Gefühle unwichtig sind, deren Liebesfähigkeit unterschätzt wird. Dorothea Schlegel fragt in einem Brief an Karoline Paulus nicht, wie es Lotte geht nach Schillers Tod. Vielmehr beschäftigt sie, »was wird der arme Goethe anfangen? ich bedaure jeden, der in diesem Alter einen Freund verliert. Friedrich meint, Voß würde jetzt zum Schiller avancieren, bei Goethe natürlich ...« Und kühl fügt sie hinzu: »Doch bin ich nicht schon wieder so närrisch, mich um die Frau zu ängstigen, die vielleicht an dem heutigen Tage schon wieder an eine hochadlige Vermählung denkt?« Noch ist sie – nach den mehrfachen Falschmeldungen über Schillers Tod kein Wunder – nicht ganz sicher, dass die Nachricht stimmt, dennoch fragt sie sich am Ende des Briefes abermals besorgt: »Was wird Goethe anfangen, wenn Schiller wirklich tot ist? Schade, schade um das gute Jena!«

Goethe, dem seine Christiane die Nachricht zunächst rücksichtsvoll vorenthalten und verspätet überbracht hat, fängt erst einmal gar nichts an, erscheint weder zur Beerdigung, noch schreibt er einen Kondolenzbrief. Am 12. Juni 1805 erst, fünf Wochen nach Schillers Tod, meldet er sich. Nicht etwa bei Lotte, die ihm viel vertrauter ist, sondern bei Karoline. Er schreibt: »Ich habe nicht den Mut fassen können Sie zu besuchen. Wie man sich nicht unmittelbar nach einer großen Krankheit im Spiegel betrachten soll; so vermeidet man billig den Anblick derer, die mit uns gleich großen Verlust erlitten haben. Nehmen Sie für sich und Ihre Schwester die herzlichsten Grüße aus diesem Blatt und lassen mich ein Wort von Ihrer Hand sehen.«

Eine grobe Enttäuschung für Lotte. Und eine gute Vorbereitung für das, was auf sie und ihre Familie noch zukommt.

Dem berühmten Freund Goethe übergibt Lotte Schillers Briefe. Er will sie publizieren und das Honorar mit Schillers Familie teilen. Doch nichts geschieht, obwohl Lotte für sich und die Kinder das Geld braucht. Ein Jahr vor ihrem Tod verpflichtet er sich zu guter Letzt schriftlich, der Familie »im Sinne der alten unverbrüchlichen Freundschaft« aus eigener Tasche einen Vorschuss von 2000 Talern zu zahlen bis spätestens Ende September 1825. Nichts geschieht.

Nach Lottes Tod erst wird ihr Sohn Ernst, der Jurist, endlich deutlich: »Er hat die Goethischen Ausflüchte gemacht«, und er beschließt: »Ich werde daher Goethe zusetzen und ihm, falls er nicht gleich die schönsten Schritte zur Erfüllung seiner Verbindlichkeit tut, mit der gerichtlichen Klage drohen. Ist die Drohung vergeblich, werde ich die Klage in Weimar selbst einleiten. Goethes Mitwelt wird unseren Schritt rechtfertigen. Denn es ist abscheulich, dass Goethe, der Freund, d.h. der angebliche Freund unseres Vaters, dass Goethe, der Minister und nun reiche Mann, erschlichene Vorteile gegen die bedürfenden Hinterbliebenen seines Freundes benutzt ... Die Sache ist so schreiend, dass ich glaube, Goethe wird sich schämen und zahlen.« Doch Goethe zahlt nicht. Gut, dass Lotte dieses *abscheuliche* Verhalten Goethes nicht mehr erlebt. Sie, die ihm versichert hatte, »ich stieg wohl um Ihretwillen auch zum Orkus«.

Nicht Goethe also, Cotta wird sich als der beste Freund der Witwe und ihrer Familie erweisen, wird den Schillers sofort die gesamten Schulden erlassen und sich sein Leben lang um Lotte und die Kinder kümmern, die er am liebsten zu sich, nach Stuttgart, holen möchte. Cotta übernimmt sogar Schillers arbeitslos gewordenen Diener, den das Heimweh allerdings bald wieder nach Weimar treibt.

Lotte weiß, dass ihre Rolle in Schillers Leben, ihre Bedeutung für ihn nach wie vor unterschätzt wird, dass man sie klein macht, damit er noch größer wirkt. Sie hätte sich nicht darüber gewundert, dass ihr Bildnis von Ludovike Simanowitz, das Schiller *eben von der Größe wie mein Portrait* bestellt hatte, später beschnitten wird, damit es nicht gleich groß, gleich wichtig wie das von Schiller dasteht. Aber Lotte weiß auch, was sie für Schiller war. »Ich war ihm so nötig zu seiner Existenz, als er mir. Er freute sich, wenn ich mit ihm zufrieden war, wenn ich ihn verstand. Dieses geistige Mitwirken, Fortschreiten, war ein Band, das uns immer fester aneinander knüpfte. – Nur zu Ihnen, lieber Freund, sonst zu keinem Menschen, würde ich so sprechen können«, schreibt sie ihrem engen Freund Fischenich.

Das klingt befremdlich: Warum sollte Lotte nur zu ihm, dem zwei Jahre jüngeren Vertrauten, den sie »mein Sohn« nennt, so sprechen können? Doch wohl, weil diese Worte von anderen als anmaßend empfunden würden, als schamlos oder überheblich selbstbewusst.

Lotte ist keine der Geniefrauen, die auf der Leiche des großen Gatten ihre Triumphe feiern, nicht enden wollende Totenfeiern zur Befriedigung der eigenen Eitelkeit, die so lange zurückstehen musste. Sie führt keinen Witwenhof wie Johanna Schopenhauer, sie brüstet sich nicht, seine geistige Erbin zu sein. Nur wenn jemand Fehlerhaftes über Schiller verbreitet, wird sie energisch.

Als Goethe ihr einen Aufsatz für das »Morgenblatt« schickt, in dem er »über das deutsche Theater« schreibt und auch über Schillers Jugenddramen, verlangt Lotte höflich, aber deutlich, er müsse eine Stelle ändern, »weil sie gegen meine Überzeugung spricht«. Auch wenn diese Werke ungestüm seien, »so

Lottes zweite Tochter, später allzu emsige
Nachlassverwalterin: Emilie Schiller.

möchte ich doch aus Ihrem Munde nicht gern vernehmen, dass
Sie diese Werke Produktionen der Roheit wie des Unwillens
nenneten«. Und Goethe ändert brav. Er hätte wissen müssen,
dass Lotte genauer liest als mancher Lektor, hatte sie ihm doch
in seinem »Wilhelm Meister« nachgewiesen, dass er ein und derselben Person aus Versehen unterschiedliche Namen verpasst
hatte.

Lottes weiteres Dasein ist für sie selbst nur die Erfüllung des
Auftrags, den Schiller ihr hinterlassen hat: die Kinder zu guten
und glücklichen Menschen zu machen. Nicht etwa zu erfolgreichen, genialen, ehrgeizigen. Und so ist sie damit zufrieden,

dass ihre Kinder zufrieden sind. Keines wird eine ungewöhnliche Karriere machen. Karl wird Förster, Ernst Jurist, Karoline Erzieherin. Und Emilie, die Schiller kaum mehr erlebte und ihm am ähnlichsten sieht, wird seinen Nachlass verwalten, als Schwiegertochter von Lottes Busenfreundin Friederike von Gleichen.

Nur langsam findet Lotte nach Schillers Tod aus ihrer Schwermut heraus. Noch im Juni erklärt sie: »Die Erde ist mir nun nichts mehr, ich finde keinen Ruhepunkt mehr.« Mühsam rappelt sie sich ihm zuliebe auf. »Sein Mut, mit dem er das Leben ertrug, ist mir auch eine schöne Lehre für das meinige.«

Dass auch Karoline später Lottes Existenz auf ein Mittelmaß, auf das Mittelmäßige zurechtstutzen wird, käme ihr nie in den Sinn.

Sie habe, schreibt Lotte an Louise Franckh, von ihrer Schwester Karoline immer nur »das Herzlichste und Beste im Leben« erwartet. Es ist ihr vermutlich gar nicht wichtig, was über sie gedacht und geredet wird. Davon, dass sie nicht nur Schillers wegen immer mit großer Energie gelesen, studiert, sich weitergebildet hat, hat sie kein Aufhebens gemacht.

Erst 1991 wird Christa Rudnik sich die Mühe machen, einmal Lottes Lektürepensum genauer zu betrachten. Und staunt: »Überschaut man allein die Namen der von Charlotte von Lengefeld, später Charlotte von Schiller exerpierten Autoren, so fällt es vom Umfang und von der inhaltlichen Zusammensetzung her schon schwer, sich vorzustellen, dass eine Frau – ohne spezielles berufliches Interesse veranlasst – von so unterschiedlichen Lektüreinhalten Kenntnis bekommen konnte.« Das Pensum Lottes weitet sich, als die Kinder aus dem Haus sind, noch aus. Zu Philosophie, Literatur, Religions- und Naturgeschichte kommt nun noch vermehrt Moralphilosophie, Kunstgeschichte, indische Veden und sogar spanische Lyrik im Original. Und gerade im Briefwechsel mit Knebel, den sie nach Schillers Tod kommentarlos wieder aufnimmt, findet sich, so Rudnik, »eine Bestätigung für Lottes außergewöhnliche Lektüre«.

Wie präzise sie formulieren konnte, belegen ihre kurzen Rezensionen von zwei Romanen der Madame de Staël und eine Stellungnahme zu Kant.

Doch Lotte liest und schreibt nicht nur, sie besucht Vorlesungen und Vorträge. Bereits im August nach Schillers Tod nimmt sie an einem Kurs des berühmten Phrenologen Franz Joseph Gall über seine neue Schädellehre teil – zwei Stunden jeden Tag. Sie zeigt einfach nach Schillers Tod nur dieselben Qualitäten wie zu seinen Lebzeiten: Sie neigt nicht zu Selbstmitleid, ist unsentimental, pragmatisch, gelassen und strukturiert.

Voß, der treueste Freund der letzten Monate, bekommt Schillers Stehpult und Pfeife geschenkt, der Schreibtisch aber wird zugedeckt als Erbstück für die Kinder. Geld, das für ein pompöses Schiller-Grabmal gesammelt worden ist, wird angelegt – 6000 Taler, immerhin. Hauslehrer für die Kinder werden organisiert und der Alltagsrhythmus wird beibehalten.

Was sie erst jetzt beweisen kann, ist Mut. Denn nach dem 14. Oktober 1806, als Napoleon bei Jena siegt und sein Marschall Davout bei Auerstedt, brechen schlimme Zeiten an. Lotte muss erleben, wie die Sieger in Weimar einziehen, plündern und vergewaltigen. Fast kein Haus bleibt verschont, fast alle Menschen werden ausgeraubt und viele so schwer misshandelt, dass sie an den Verletzungen sterben. »Ich bin ausgeplündert wie die meisten Einwohner«, schreibt Charlotte von Stein. »Durch besonderes Zusammentreffen von Umständen habe ich nichts retten können. All mein Silber, alles von Wert, alle Kleider sind geraubt.« Auch Goethes schönes Anwesen am Frauenplan wird gestürmt, und nur dem beherzten Einsatz Christianes ist es zu verdanken, dass eine völlige Verwüstung und angeblich auch Goethes Ermordung verhindert wird.

Es brennt in den Straßen, Lotte ist wie viele in die Residenz geflohen mit Christine Wetzel und den Kindern, bettet ihre zweijährige Emilie auf einen Pelzkragen, irrt durch die Gänge, in denen sterbende oder schwer verwundete Soldaten liegen. Und ist erstaunt, als sie zurückkehrt: Schillers Haus ist von den Siegern verschont worden. Möglicherweise wussten die französischen Soldaten, dass hier *Monsieur Gille, Publiciste* und Bürger von Frankreich, gewohnt hat. Lotte freut sich daran, dass Schillers Ruhm sie beschützt hat, und deutet es als Zeichen dafür, dass er da ist, teilnimmt an ihrem Leben und dem der Kinder. »Schiller kann nicht ganz von mir getrennt sein, er weiß von mir; dieses Bewusstsein ist mir heilig; ich hoffe, ich zeige mich seiner nicht unwürdig.«

Dass sie wie alle anderen in den folgenden Jahren ärmlich leben muss, ist für Lotte kein Grund zu jammern, wie die Freundinnen um sie her. »Heute, an meinem 64. Geburtstag«, klagt Charlotte von Stein im Dezember 1806, »ist mir's ein besonderes Gefühl, von Allem, was ich für mich und meine Kinder so vierzig Jahre her durch Sparsamkeit und Ordnung gesammelt habe, nichts mehr zu haben.« Und im Jahr darauf: »Seit den Tagen von 1806 habe ich bis heute nur ein Mädchen, ich esse nur ein Gericht. … Der glücklichere Zustand ist heute, ein Bettler von jeher gewesen zu sein. Wer etwas hat, dem wird die Haut über die Ohren gestreift.«

Lotte hingegen erklärt sachlich: »Jetzt gewöhne ich mich aber auch, mit Fassung zu erscheinen. Ich übe Kräfte aus, die ich nicht in mir suchte«, und sie bemerkt trocken, »Brot ist oft nur in gewissen Stunden zu haben«. Was sie jedoch umtreibt, ist der Anblick derer, denen es wirklich schlecht geht, und sie leidet, »wenn die abgehärmten Gesichter bei den früchtebeladenen Wägen stehen und nichts erlangen können. Das«, meint sie, »ist wohl die Nachtseite des Lebens.«

Vermutlich findet sie das Gejammer der Charlotte von Stein auch etwas unangemessen, die immerhin von der Herzogin eingeladen und spazieren gefahren wird. Und die mit dem *einen Gericht* meint, dass es bei jeder Mahlzeit am Tag nur noch einen Gang, nicht zwei oder drei Gänge gibt. Lotte setzt dagegen: »Die Not der Armen ist mir schmerzlich.«

Das Unangemessene hat die »Dezenz« immer gestört und stört sie weiterhin. Dass Goethe seinen Bettschatz Christiane heiratet, nachdem sie das Haus vor der Verwüstung und angeblich den geheimen Rat vor seiner Ermordung bewahrt hat, findet sie in Ordnung. Nicht aber, wie es geschieht. »Die Trauung hat mir etwas Grauenhaftes, gesteh ich. In einer Kirche, wo Tote und Verwundete tags vorher lagen ... eine Zeremonie vorzunehmen, die jeder Mensch nur in den glücklichsten Tagen oder nie feiern sollte, dieses ist mir ein Gefühl, das ich nicht ganz verdrängen kann.«

Unangemessen und beschämend findet Lotte auch immer wieder das Verhalten ihrer Schwester. Als deren Mann, Wilhelm von Wolzogen, auf grauenvolle Weise dahinsiecht und der Krebs ihm das Gesicht wegfrisst, verfällt Karoline einem neuen Schwarm, den sie nur »ami« nennt. Und sie erzählt davon begeistert herum. Auch Li von Humboldt weiß bald, dass Karoline »ein neues attachement« hat. Und neugierig erkundigt sie sich bei ihrem Mann: »Wer ist denn der neue Geliebte? Falls ich durch Frankfurt komme, möchte ich ihn doch auch sehen.« Und sie erfährt: »Der Geliebte ist ein Herr von Mühlemann. Er ist in naussauischen Diensten.«

Lotte muss Karolines Benehmen abgeschmackt finden. »Sie liebte so fort und doch nie recht ...«

Dass in Wilhelms Testament dann sehr betont die Forderung steht, Karoline möge sich jetzt ganz und gar ihrem Sohn widmen, lässt vermuten, dass er von ihrer Affäre wusste. Doch Karoline widmet sich lieber ihrem Amüsement, verzichtet auf die Trauerkleidung und die Einhaltung der Trauerzeit, geht ins Theater, dekolletiert wie üblich. Lotte ist entsetzt. Und selbst Humboldt, der sie früher noch entschuldigt hat, »ihre Beweglichkeit hat Zartheit und Lieblichkeit zugleich«, schreibt seiner Li: »Ich liebe Karolinen sehr, aber darin kann ich sie nicht billigen. Sie spricht von seinem Tode mit einer Ruhe, dass mir der Gedanke furchtbar ist, dass ich hätte eine Frau heiraten können, die das von mir täte ...«

Lotte verliert also ihre wiedergewonnene schwesterliche Freundin, noch bevor die ihr Haus in Weimar auflöst. Sie muss mit ansehen, wie der hoffnungslos verzogene Sohn Adolf auf die schiefe Bahn gerät und sich erschießt; der Selbstmord ist nur schlecht als Unfall getarnt.

Lottes Leben wird stiller. Und einsamer. Körner bezichtigt sie, Aufsätze und Vorlesungen Schillers zu unterschlagen, von denen er wisse. Sie verteidigt sich zwar: »seine Freunde, wie ich, wissen wie Schiller arbeitete, und dass er nicht gern halb ausgeführte Gedanken mit sich herum trug, und lieber den Flammen aufopferte was er nicht wollte gelten lassen, so ist es recht ungerecht mir nicht zu glauben, da mir doch jeder Zug aus Schillers Feder heilig ist«. Aber von Körner will sie nun nichts mehr wissen.

1809 verlässt Karl, 1812 auch Ernst das Elternhaus. Und Lotte kommt sich in Weimar nun »wie ein abgeschiedener Geist« vor. Denn »die Jugend außer meinem Hause erfreut mich selten, sie ist anmaßend, unwissend und leer«. Lieber unterhält sie sich mit ihren Büchern. Doch die Augen werden rapide schlechter und nicht mehr lesen zu können, heißt für Lotte geistig abzusterben. Solange die chère mère lebt, will sie das Risiko einer Operation aber nicht eingehen. 1823 stirbt die Mutter Lengefeld. Lotte ist fast blind, als sie sich schließlich zu einer Star-Operation entschließt. In Mannheim, damit sie in der Nähe von Ernst ist, der in Köln lebt.

Die Quittung über 60 Reichstaler, die der operierende Arzt ihr ausstellt, liegt im Schiller-Archiv in Marbach. Philipp Franz von Walther hat eine genialische Schrift, aber als Arzt ist er wohl weniger genial.

Die Operation am 3. Juli gelingt. Aber dann treten heftige Kopfschmerzen und Atemnot auf. Am 7. Juli klagt Lotte über Schwindelanfälle. Dr. Walther redet von einem Nervenschlag und erklärt, es sei nichts mehr zu machen. Ernst wird per Boten aus Köln geholt. Lotte erkennt noch seine Stimme beim Eintreten.

Am 9. Juli 1826, in jener Zeit des Jahres, die sie am meisten liebte, stirbt Louise Antoinette Charlotte Schiller morgens um sechs Uhr. Sie ist neunundfünfzig Jahre und sieben Monate alt. Manche behaupten, wenn sie mehr Geld gehabt hätte, zum Beispiel das ausstehende von Goethe, hätte sie sich einen besseren Arzt leisten können. Lotte war das wohl gleichgültig. Sie hatte schon zehn Jahre zuvor deutlich erklärt, sie habe hier nichts mehr zu tun und Sehnsucht, ihrem Mann nachzufolgen.

»Je älter meine Kinder werden, je mehr ich sie ihre Ausbildung nähern sehe, je tiefer fühle ich, dass mein Tagwerk vollendet ist, und dass ich die Sehnsucht nach dem, was ich verlor, immer schmerzlicher empfinde, je länger die Wunde blutet.« Begraben wird sie am 30. Geburtstag von Ernst. Nicht in Weimar, neben Schiller, wie sie es gewünscht hatte, sondern in Bonn.

In den Grabstein wird ein Zitat aus Schillers Gedicht »Der Genius« gemeißelt:

Muss ich ihn wandeln, den nächtlichen Weg?
Mir graut, ich bekenn' es!
Wandeln will ich ihn doch,
Führt er zu Wahrheit und Recht.

Lotte Schiller hat sich niemals vor dem Tod gefürchtet. »Wie viele Klagen über den Tod erschallen täglich«, hat sie schon 1803 erstaunt in ihr Tagebuch notiert. »Der Schritt ins Leben ist die Bedingung des Todes!« Gefürchtet hat Lotte sich vor manchen Menschen. Und ihr Weg ins Jenseits führte leider auch nicht zu *Wahrheit und Recht.*

Karoline und alle, die ihr nach dem Munde redeten, haben vermieden, uns Lottes wahres Bild zu vermitteln. Sie haben verhindert, dass die Nachwelt einer Frau gerecht werden konnte, die nicht ihr Mann, sondern der Maler Karl Gotthard Graß erfasst hat: »Ihre Klarheit, Innigkeit und Wahrheit ist wahres Öl des Lebens in die Lampe meines Geistes.«

Die Personen

(Rufnamen sind unterstrichen)

BAGGESEN, JENS (1764–1826), Schriftsteller aus ärmlichen Verhältnissen, Lyriker, der im Haus von Schimmelmann den Erbprinzen Friedrich Christian kennen lernte. Er wurde als »philosophischer Poet und empfindsamer Rationalist« eingeordnet.

BEULWITZ, FRIEDRICH WILHELM LUDWIG VON (1755–1829), Hof-, Legations- und Konsistorialrat, Vizekanzler in Rudolstadt, Lottes Schwager, genannt Bär, Urs oder Ours

BEULWITZ, KAROLINE siehe Wolzogen, Karoline

BÖHMER, CAROLINE siehe Schlegel, Caroline

CHRISTIAN-FRIEDRICH, PRINZ VON SCHLESWIG-HOLSTEIN-AUGUSTENBURG (1772–1843), seit 1786 Geheimer Staatsminister von Dänemark und Ehemann der dänischen Kronprinzessin Augusta.

BÖTTIGER, KARL AUGUST (1760–1835), Altphilologe, Schriftsteller und Gymnasialdirektor in Weimar, Verfasser eines viel zitierten Buches über »Literarische Zustände und Zeitgenossen«

BRACHMANN, LUISE (1777–1822/Selbstmord), Dichterin aus Rochlitz, von Schiller gefördert

CONZ, KARL PHILIPP (1762–1811), Prediger an der Karlsschule, später Diakon in Vaihingen, Jugendfreund Schillers

COTTA, JOHANN FRIEDRICH (1764–1832), Buchhändler und Verleger in Tübingen, Schillers Verleger und Freund der Familie

DACHERÖDEN, CAROLINE »LI« FRIEDERIKE VON (1766–1829),

Freundin Karolines und angeblich auch Lottes, Frau Wilhelm von Humboldts

DALBERG, CARL THEODOR ANTON MARIA VON (1744–1817), Reichsfreiherr, Koadjutor von Mainz, Statthalter von Erfurt, seit 1802 Kurfürst von Mainz

DANNECKER, JOHANN HEINRICH VON (1758–1841), Bildhauer in Stuttgart

FICHARD, JOHANN KARL VON (1773–1829), aus Frankfurt, der mit seinem Hofmeister Göritz unterwegs ist

FICHTE, JOHANN GOTTLIEB (1762–1814), Professor für Philosophie in Jena, später in Berlin

FICHTE, JOHANNA Maria geborene Rahn (1755–1819), Frau von Johann Gottlieb Fichte, Freundin Lottes

FISCHENICH, BARTHOLOMÄUS LUDWIG (1768–1831), Jurist, mit 22 bereits als Syndikus in Bonn designiert, zum weiteren Studium in Jena, Freund der Schillers

FRANCKH, LOUISE DOROTHEA KATHARINA geborene Schiller (1766–1836), Schwester Schillers, Frau von Johann Gottlieb Franckh (1760–1834), Pfarrer in Cleversulzbach

FUNCK, KARL WILHELM FERDINAND VON (1761–1828), Rittmeister, später sächsischer General

GÖRITZ, (auch GÖRIZ), LUDWIG FRIEDRICH (1764–1848), Dekan und Dauergast bei Schillers in Jena

GOETHE, JOHANN WOLFGANG VON (1749–1832), Dichter und Geheimrat in Weimar, ab Sommer 1794 Freund Schillers

GÖSCHEN, GEORG JOACHIM (1752–1828), Verleger in Leipzig

GRAFF, ANTON (1736–1813), schweizerischer Porträtmaler in Dresden, der eines der berühmtesten Schiller-Porträts schuf

GRASS, KARL GOTTHARD (1767–1814), livländischer Theologe, Maler und Dichter

GRIESBACH, JOHANN JAKOB (1745–1812), Kirchenrat und bekannter neutestamentlicher Textkritiker

GRIESBACH, FRIEDERIKE JULIANE geborene Schütz (1755–1831), Frau des Kirchenrats, Hauswirtin der Schillers in Jena

GROS, KARL HEINRICH (1765–1840), schwäbischer Hausfreund der Schillers, Jurist

HERDER, JOHANN GOTTFRIED (1744–1803), Generalsuperintendent und Geheimer Kirchenrat in Weimar, Schriftsteller

HÖLDERLIN, JOHANN CHRISTIAN FRIEDRICH (1770–1843), Dichter und eine Zeit lang Hauslehrer der Charlotte von Kalb

HOVEN, FRIEDRICH WILHELM DAVID DANIEL VON (1759–1838), Arzt in Ludwigsburg, ehemaliger Mitschüler von Schiller auf der Karlsschule

HOVEN, CHRISTIANE HEINERICA »HENRIETTE« VON (1769–1828), seine Frau und Freundin Lottes

HUBER, LUDWIG FERDINAND VON (1764–1804), Schriftsteller, Übersetzer, sächsischer Legationsrat in Mainz, der mit Dora Stock, Körners Schwägerin, verlobt war und später Therese Forster heiratete

HUBER, THERESE (1764–1829) geborene Heyne, geschiedene Forster, Hubers Frau seit 1794, Schriftstellerin und Chefredakteurin

HUFELAND, CHRISTOPH WILHELM FRIEDRICH (1762–1836), Hofmedikus in Weimar, seit 1793 Professor der Medizin in Jena, ab 1801 in Berlin

HUFELAND, GOTTLIEB (1760–1817), Jurist, seit 1788 Professor der Rechte in Jena, Bruder des Mediziners

HUMBOLDT, FRIEDRICH WILHELM HEINRICH ALEXANDER, FREIHERR VON (1769–1859), Naturforscher und Geograph, Bruder von Wilhelm

HUMBOLDT, FRIEDRICH WILHELM KARL FERDINAND FREIHERR VON (1767–1835), Gelehrter, Sprachwissenschaftler und Politiker/Gesandter, Bruder von Alexander, Freund von Schiller und angeblich Lotte, Ehemann von Li geborene Dacheröden

HUSCHKE, WILHELM ERNST CHRISTIAN (1760–1828), Hofmedikus in Weimar

IFFLAND, AUGUST WILHELM (1759–1814), Schauspieldirektor in Mannheim, später in Berlin

IMHOFF, AMALIE (1776–1831), Dichterin in Weimar, Nichte der Charlotte von Stein

JAGEMANN, KAROLINE FRIEDERIKE (1777–1848), Sängerin, Schauspielerin und Geliebte von Herzog Karl August, später von ihm geadelt und als Gräfin von Heygendorf dessen Gemahlin zur linken Hand

JEAN PAUL siehe Richter

KALB, CHARLOTTE SOPHIA JULIANE VON geborene Marschalk von Ostheim (1761–1843), Schriftstellerin, Geliebte Schillers und Jean Pauls

KÖRNER, CHRISTIAN GOTTFRIED (1756–1831), Jurist, Konsistorial- und Appellationsrat in Dresden, Freund und wichtigster Briefpartner Schillers

KÖRNER, ANNA MARIA JAKOBINA »MINNA« geborene Stock (1762–1843), Frau von Johann Christian, Gastgeberin und Freundin Schillers

LENGEFELD, KAROLINE siehe Wolzogen, Karoline

LENGEFELD, LOUISE JULIANE ELEONORE FRIEDERIKE VON geborene von Wurmb (1743–1823), Hofmeisterin in Rudolstadt, Mutter von Karoline und Lotte, chère mère genannt

LENGEFELD, CARL CHRISTOPH VON (1715–1775), Oberforstmeister und Kammerrat in Rudolstadt, Mann von Louise, Vater von Karoline und Lotte

MEREAU, SOPHIE FRIEDERIKE geborene von Schubart (1770–1806), Schriftstellerin, in zweiter Ehe mit Clemens von Brentano verheiratet

PAULUS, HEINRICH EBERHARD GOTTLOB (1761–1851); Theologe und Freund der Schillers

PETERSEN, JOHANN WILHELM (1858–1815), Bibliothekar und Professor in Stuttgart, Freund Schillers auf der Karlsschule

REINHOLD, KARL LEONHARD (1758–1823), Professor der Philosophie in Jena, seit 1793 in Kiel, Schwiegersohn von Wieland

REINWALD, CHRISTOPHINA »CHRISTOPHINE« FRIEDERIKE geborene Schiller (1757–1847), älteste und liebste Schwester Schillers, Malerin und Zeichnerin, Frau von Wilhelm Friedrich

REINWALD, WILHELM FRIEDRICH HERMANN (1737–1815), Bibliothekar und Rat in Meiningen, Schillers Schwager

RICHTER, JEAN PAUL FRIEDRICH (1763–1825), Schriftsteller und zeitweise Geliebter der Charlotte von Kalb

SACHSEN-WEIMAR-EISENACH, KARL AUGUST HERZOG VON (1757–1828), Sohn der Herzogin Anna-Amalia, die den so genannten Musenhof in Weimar gegründet hatte, enger Freund Goethes

SCHARFFENSTEIN, GEORG FRIEDRICH (1758–1817), Freund Schillers auf der Karlsschule, später Leutnant in Stuttgart

SCHILLER, JOHANN CASPAR (1723–1796), Hauptmann und Hofgärtner in Stuttgart, Schillers Vater

SCHILLER, ELISABETH DOROTHEA geborene Kodweiß (1732–1802), Gastwirtstochter aus Marbach, Frau von Johann Caspar, Schillers Mutter, die am Tag seines Einzugs ins Haus an der Esplanade stirbt

SCHILLER, CAROLINE CHRISTIANE »NANETTE« (1777–1796), Schillers jüngste Schwester, die Schauspielerin werden wollte

SCHILLER, KAROLINE HENRIETTE FRIEDERIKE LOUISE (1799–1850), drittes der Kinder von Lotte und Friedrich, Erzieherin, später verheiratet mit Franz Junot, einem verwitweten Bergrat

SCHILLER, EMILIE HENRIETTE LOUISE (1804–1872), jüngstes der vier Schiller-Kinder, später verheiratet mit Adalbert von Gleichen-Rußwurm, Sohn der Friederike von Gleichen geborene Holleben, Jugendfreundin Lottes, Herausgeberin des Briefwechsels Lotte – Schiller und Verwalterin des Schiller-Nachlasses auf Schloss Greifenstein ob Bonnland/ Unterfranken

SCHILLER, ERNST FRIEDRICH WILHELM (1796–1841), zweiter Sohn von Lotte und Friedrich, Jurist, Appellationsrat in Köln

SCHILLER, KARL FRIEDRICH LUDWIG (1793–1857), Ältester der Schillers, Forstbeamter, seit 1817 als Oberförster in Württemberg

SCHIMMELMANN, ERNST HEINRICH GRAF VON (1747–1831), von 1784 bis 1817 dänischer Finanz- und Handelsminister, ab 1824 Außenminister

SCHLEGEL, AUGUST WILHELM (1767–1845), Schriftsteller, Übersetzer, Sprach- und Naturwissenschaftler, in erster Ehe mit Caroline verheiratet

SCHLEGEL, CAROLINE ALBERTINE geborene Michaelis, geschiedene Böhmer, in dritter Ehe mit Schelling verheiratet (1763–1809), Schriftstellerin und Übersetzerin, seit 1796 Ehefrau von August Wilhelm Schlegel, ab 1803 von Friedrich Wilhelm Joseph von Schelling

SCHLEGEL, DOROTHEA, (eigentlich) BRENDEL, geschiedene Veit, geborene Mendelssohn (1763–1845), Tochter des Moses Mendelssohn, Geliebte Friedrich Schlegels, ab 1804 dessen Frau und literarische Mitarbeiterin, Übersetzerin und Romanautorin

SCHLEGEL, KARL WILHELM FRIEDRICH (1772–1829), Kulturphilosoph und Dichter, verheiratet mit Dorothea

SCHWAN, MARGARETE (1767–1796), Tochter des Inhabers der Mannheimer Hofbuchhandlung, Christian Friedrich Schwan, verheiratet mit dem Juristen Treffz, eine Jugendliebe Schillers

STAËL-HOLSTEIN, ANNE LOUSIE GERMAINE BARIONNE DE geborene Necker (1766–1817), *Madame de Staël*, Schriftstellerin

STARK, JOHANN CHRISTIAN (D. Ä.) (1753–1811), Professor der Medizin in Jena, Schillers Hausarzt

STEIN, CHARLOTTE ALBERTINE CHRISTINE VON geborene von Schardt (1742–1827), Freundin Goethes, Patin und enge Vertraute von Lotte

STEIN, FRIEDRICH »FRITZ« KONSTANTIN VON (1772–1844), Sohn der Charlotte, Zögling Goethes, Freund von Lotte

VISCHER, LUISE DOROTHEA (1751–1816), Hauptmannswitwe und Geliebte Schillers in Stuttgart, Tante der Wilhelmina »Minna« Andreä

VOIGT, CHRISTIAN GOTTLOB (1743–1819), Geheimer Regierungsrat und Geheimer Archivar in Weimar

Voss, Johann Heinrich d. J. (1779–1822), Sohn des berühmen Homer-Übersetzers, Hauslehrer bei Schillers, Studienrat in Weimar

Vulpius, Johanna Christiana »Christiane« (1765–1816), Goethes Lebensgefährtin, ab 1806 seine Ehefrau

Wieland, Christoph Martin (1733–1813), Schriftsteller und in seiner Zeit in Weimar (1787) von Schiller verehrt

Wolzogen, Friederike Sophie Karoline Augusta von geborene von Lengefeld, geschiedene von Beulwitz (1763–1847), ältere Schwester von Lotte, Schriftstellerin

Wolzogen, Henriette Freiin von geborene Marschalk von Ostheim (1745–1788), Mäzenin und Freundin Schillers, Mutter des Wilhelm von Wolzogen und der Charlotte, um die sich Schiller in jungen Jahren erfolglos bemühte.

Wolzogen, Wilhelm Friedrich Ernst Freiherr von (1762–1809), Karlsschüler, Kammerherr, Geheimer Rat und Hofarchitekt in Stuttgart, Gesandter Karl Augusts, Onkel zweiten Grades von Lotte und Karoline, zweiter Mann von Karoline, Schwager Lottes

Württemberg, Karl Eugen Herzog von (1728–1793)

Wurmb, Christiane (1788–1855), Tochter von Lottes Onkel, Hofdame in Rudolstadt, seit Ende Januar/Anfang Februar 1801 bei Schillers

Bibliographie (Auswahl)

ANEMÜLLER, Emil: Schiller und die Schwestern von Lengefeld, Weimar 1938

BAKE, Rita und Birgit KIUPEL: Unordentliche Begierden. Liebe,
Sexualität und Ehe im 18. Jahrhundert, Hamburg 1996

BAMBERG, Eduard von: Die Erinnerungen der Karoline Jagemann, 2 Bände, Dresden 1926

BÄR, Adolf: Charlotte von Lengefeld als Freundin und Braut
Schillers, Weimar 1905

BERGER, Karl: Vom Weltbürgertum zum Nationalgedanken.
Zwölf Bilder aus Schillers Lebenskreis und Wirkungsbe-
reich, München 1918

BERTHOLDT, Sybille: »Mir geht's mit Goethen wunderbar«.
Charlotte von Stein und Goethe – die Geschichte einer
Liebe, München 1999

BEULWITZ, Maria Donata von: Friedrich Wilhelm Ludwig von
Beulwitz und seine Ehe mit Caroline von Wolzogen. In:
34. Rechenschaftsbericht über das Jahr 1. April 1929/30 des
Schwäbischen Schillervereins Marbach-Stuttgart, Stuttgart 1930, S. 65–103

BIEDERMANN, Flodoard Freiherr von (Hrsg.): Schillers Gespräche, München o. J.

BIEDRZYNSKI, Effi: Goethes Weimar. Das Lexikon der Personen und Schauplätze, München 1992

BODE, Wilhelm: Charlotte von Stein, Berlin 1912

BOERNER, Peter (Hrsg.): Wolzogen, Caroline. Gesammelte
Schriften, 3 Bände, Hildesheim 1988–90

BORCHERDT, Hans Heinrich (Hrsg.): Schiller und die Romantiker. Briefe und Dokumente, Stuttgart 1948

BÖSE, Georg: Die himmlische und die irdische Liebe. Friedrich Schiller und die Frauen. In: Friedrich Schiller, Sonderheft der Zeitschrift Stuttgarter Leben, 34. Jg., Heft 8, 1959

BÖTTIGER, Karl August: Literarische Zustände und Zeitgenossen. Begegnungen im klassischen Weimar, Berlin 1998

BRAUN, Julius W. (Hrsg.): Schiller im Urtheile seiner Zeitgenossen. Zeitungskritiken, Berichte und Notizen, Schiller und seine Werke betreffend, aus den Jahren 1801–1805, Berlin 1882

BREDOW, Otto: Lotte Schiller. In: Frauenbilder, Stuttgart 1900, S. 69–108

CASTLE, Eduard (Hrsg.): Carl Künzels ›Schilleriana‹. Briefe an Schiller und Schillers Familienmitglieder nach den Abschriften im Besitz des Wiener Goethe-Vereins, Wien 1955

CONRADI-BLEIBTREU, Ellen: Im Schatten des Genius. Schillers Familie im Rheinland, Münster 1981

Dies.: Die Schillers. Der Dichter und seine Familie. Leben, Lieben, Leiden in einer Epoche der Umwälzungen, Münster 1986

DAMM, Sigrid: Christiane und Goethe. Eine Recherche, Frankfurt am Main 2001

DISCHNER, Gisela: Caroline und der Jenaer Kreis. Ein Leben zwischen bürgerlicher Vereinzelung und romantischer Geselligkeit, Berlin 1979

DORSCH, Rudi: Christian Friedrich Schwan, kurfürstlicher Hofbuchhändler zu Mannheim, Mannheim 1991

DÜNTZER, Heinrich (Hrsg.): Briefe von Schiller's Gattin an einen vertrauten Freund, Leipzig 1856

FAHRNER, Klaus: Der Bilddiskurs zu Friedrich Schiller. Veröffentlichungen des Archivs der Stadt Stuttgart, Band 82, Stuttgart 2000

FUCHS, Viktoria und Ursula WEIGL (Hrsg.): 150 nützliche Recepte. Das Kochbuch von Schillers Chère-mère, Louise von Lengefeld, mit einem Vorwort von Norbert Oellers und Anmerkungen zur Lengefeldschen Küche von Vincent Klink, Stuttgart 1997

FULDA, Karl: Leben Charlottens von Schiller geborenen von Lengefeld, Berlin 1878

GELLHAUS, Axel und Norbert OELLERS (Hrsg.): Schiller. Bilder und Texte zu seinem Leben, Köln, Weimar und Wien 1999

GERMANN, Dieter: Ich habe dir also von Schiller zu erzählen. Dokumente und Zeugnisse aus Schillers Jenaer Jahren. Schriftenreihe des Stadtmuseums Jena, Nr. 34, Jena 1982

GOLZ, Jochen (Hrsg.): Caroline von Wolzogen (1763–1847), Weimar und Marbach am Neckar 1998

GRÄF, Hans Gerhard (Hrsg.): Goethe und Schiller in den Briefen von Heinrich Voß dem jüngeren, Leipzig o. J.

GÜNTHER, Otto (Hrsg.): Marbacher Schillerbuch II, Stuttgart und Berlin 1907

Ders. (Hrsg.): Veröffentlichungen des Schwäbischen Schillervereins. 3. Band, Marbacher Schillerbuch III, Stuttgart und Berlin 1909

HAHN, Karl-Heinz: Im Schatten der Revolution – Goethe und Jena im letzten Jahrzehnt des 18. Jahrhunderts. In: Jahrbuch des Wiener Goethe-Vereins 79, 1975, S. 37–57

HECKER, Max und Julius Petersen: Schillers Persönlichkeit. Urteile der Zeitgenossen und Documente, 3 Bände in einem Band, Hildesheim und New York 1976

HENNES, J. H. (Hrsg.): Fischenich und Charlotte von Schiller. Aus ihren Briefen und Aufzeichnungen, Frankfurt am Main 1875

HERWIG, Wolfgang (Hrsg.): Johann Wolfgang von Goethe. Gespräche. Eine Sammlung zeitgenössischer Berichte aus seinem Umgang, 5 Bände, Zürich, Stuttgart und München 1965–1987

HOOCK-DEMARLE, Marie-Clair: Die Frauen der Goethezeit, München 1990

HOVEN, Friedrich Wilhelm von: Lebenserinnerungen, Berlin 1984

KAHN-WALLERSTEIN, Carmen: Die Frau im Schatten, Bern und München 1970

KALB, Charlotte: Briefe der Charlotte von Kalb an Schiller. Nach den Handschriften des Goethe-Schiller-Archivs mitgeteilt von Julius Petersen. In: Jahrbuch der Goethe-Gesellschaft, Band 12, 1928, S. 104–168

KAMMERLANDER, Ilse: Johanna Fichte. Ein Frauenschicksal der deutschen Klassik, Stuttgart, Berlin, Köln, Mainz 1969

KIENE, Hansjoachim: Schillers Lotte. Porträt einer Frau in ihrer Welt, Düsseldorf 1984

KLAUSS, Johann: Charlotte von Stein. Die Frau in Goethes Nähe, Zürich 1995

Ders.: Goethes Haus in Weimar, o. O., o. J.

KNESCHKE, Julius Emil: Goethe und Schiller in ihren Beziehungen zur Frauenwelt, Nürnberg 1958

KOCH, Herbert: Geschichte der Stadt Jena, Stuttgart, Lübeck, Ulm 1996; unveränderter Nachdruck des Ausgabe von 1966

KÜHNLENZ, Fritz: Schiller in Thüringen. Stätten seines Lebens und Wirkens, Rudolstadt 1976

LAUTH, Reinhard und Hans JACOB (Hrsg.): Johann Gottlieb Fichte. Gesamtausgabe der Bayerischen Akademie der Wissenschaften, Band 1 und 2 (Briefe), Stuttgart 1968 und 1969

LEMP, Eleonore: Schillers Welt- und Lebensanschauung in (hierin die von Christine Wurmb gesammelten »Aussprüche«) Aussprüchen aus seinen Werken und Briefen. 3 Bändchen, o. O. 1928

LENK, Emil: Schiller. In: Das Liebesleben des Genies, Radeburg/Dresden 1926, S. 273–289

LEITZMANN, Albert: Aus den Briefen von Karoline. In: Euphorion 15, S. 482 ff., Leipzig und Wien 1908

LIENHARD, Friedrich: Schillers Ehe. In: Wege nach Weimar, 11. Jg., Oktober 1906, Heft 1

LITZMANN, Berthold (Hrsg.): Schiller in Jena. Eine Festgabe zum 26. Mai 1889, Jena 1889

MANGOLD, Elisabeth: Caroline. Ihr Leben. Ihre Zeit. Ihre Briefe, Kassel 1973

MANN, Thomas: Versuch über Schiller, Frankfurt am Main 1955

MAURER, Doris: Charlotte von Stein. Ein Frauenleben aus der Goethezeit, Bonn 1985

MOSAPP, Hermann: Charlotte von Schiller. Ein Lebens- und Charàkterbild, Stuttgart 1902

MÜLLER, Ernst: Aus dem Nachlass der Karoline von Wolzogen. In: Marbacher Schillerbuch, Band 1, S. 358ff., Stuttgart 1909

Ders.: Intimes aus Schillers Leben nebst einer Einleitung über seine Bedeutung als Dichter und einer Geschichte der Schillerverehrung, Berlin 1905

NAUMANN, Ursula: »Das Geistige Leben steht mir hell vor der Seele«. Caroline von Wolzogen und Charlotte von Schiller. In: Deutsche Schwestern, Berlin 1997

Dies.: Charlotte von Kalb. Eine Lebensgeschichte (1761–1843), Stuttgart 1985

NERJES, H. Guenther: Ein unbekannter Schiller. Kritiker des Weimarer Musenhofs, Berlin 1965

PALLESKE, Emil (Hrsg.): Charlotte. Für die Freunde der Verewigten, Stuttgart 1978

PESTER, Thomas: Schillers Gartenhaus in Jena und der historische Gartenplan von 1799, Jena 2003

PETERSEN, Julius und Gerhard FRICKE, seit 1948 hrsg. von Julius PETERSEN und Hermann SCHNEIDER, seit 1961 von Lieselotte BLUMENTHAL und Benno von WIESE, seit 1980 von Norbert OELLERS und Siegfried SEIDEL, seit 1993 von Norbert OELLERS: Schillers Werke. Nationalausgabe. Hrsg. im Auftrag der Nationalen Forschungs- und Gedenkstätte der Klassischen deutschen Literatur in Weimar und des Schiller-Nationalmuseums in Marbach, Weimar, seit 1943 **Sämtliche Briefe von und an Schiller sind nach den Briefbänden dieser Ausgabe zitiert.**

REIN, Berthold: Schiller in Rudolstadt, Rudolstadt 1925

ROHMANN, Ludwig (Hrsg.): Briefe an Fritz von Stein, Leipzig 1917

RUDNIK, Christa: Literarische Exzerpte Charlotte von Schillers – ein Beitrag zur Rezeptionsgeschichte um 1800. Versuch einer summarischen Auswertung der Quellen aus dem Goethe-Schiller-Archiv. In: Im Vorfeld der Literatur. Studien, Weimar 1991, S. 140–146

SCHMIDT, Erich (Hrsg. und Erläuterungen): Caroline. Briefe aus der Frühromantik, Leipzig 1913

SCHULZ, Günter: Schillers Horen. Politik und Erziehung. Analyse einer deutschen Zeitschrift. In: Deutsche Presseforschung, Band 2, Heidelberg 1960, S. 7–92

SICHELSCHMIDT, Gustav: Caroline von Humboldt. Ein Frauenbild aus der Goethezeit, Düsseldorf 1989

STERN, Carola: »Ich möchte mir Flügel wünschen«. Das Leben der Dorothea Schlegel, Reinbek 1966

SYDOW, Anna von (Hrsg.): Wilhelm und Caroline von Humboldt in ihrem Briefwechsel, 7 Bände, Berlin 1906–1916

TEZKY, Christina und Viola GEYESBACH: Schillers Wohnhaus in Weimar, München und Wien 1999

THEML, Christine: Friedrich Schillers Jenaer Jahre, Jena 1999

Dies.: »Größe zu lieben war meine Seligkeit«. Biographische Skizzen zu Caroline von Beulwitz-Wolzogen, Jena 2003

Dies.: Zwischen Kinderstube und Secrétaire. Frauen um Schiller in Jena, Jena 2002

TÜMMLER, Hans: Das klassische Weimar und das große Zeitgeschehen, Köln 1975

UNSELD, Siegfried: Goethe und seine Verleger, Frankfurt am Main und Leipzig 1991

URLICHS, Ludwig (Hrsg.): Charlotte von Schiller und ihre Freunde, 3 Bände, Stuttgart 1860

VARNHAGEN VAN ENSE, Karl August: Tagebücher, Band 13, Hamburg 1870

WIENEKE, Ernst (Hrsg.): Caroline und Dorothea Schlegel in Briefen, Weimar 1914

WILPERT, Gero von: Chronik von Schillers Leben und Schaffen. In: Schillers Leben und Werk in Daten und Bildern, Frankfurt am Main 1966, S. 57–203

WILSON, W. Daniel: Das Goethe-Tabu. Protest und Menschenrechte im klassischen Weimar, München 1999

Ders.: Geheimräte gegen Geheimbünde. Ein unbekanntes Kapitel der klassisch-romantischen Geschichte Weimars, Stuttgart 1991

WOLZOGEN, Alfred von (Hrsg.): Schillers Beziehungen zu Eltern, Geschwistern und der Familie von Wolzogen. Aus den Familien-Papieren mitgeteilt, Stuttgart 1859

WOLZOGEN, Karoline von: Literarischer Nachlass, 2 Bände, Leipzig 1848 und 1849

Dies.: Schillers Leben. In: Schillers Werke. Auswahl in 4 Bänden, 1. Band, Leipzig o. J.

WYCHGRAM, Jakob: Charlotte von Schiller, Bielefeld und Leipzig 1904

Ders., Helene LANGE und Gertrud BÄUMER: Schiller und die Seinen, Berlin 1905

ZELLER, Bernhard (Hrsg.): Schillers Leben und Werk in Daten und Bilden. Darin: Gero von Wilpert, Chronik von Schillers Leben und Schaffen, Frankfurt am Main 1966, S. 57–203